聶石樵文集

第 九 卷

杜甫選集

中 華 書 局

目　録

前 言

　　杜甫是一位偉大的現實主義詩人。他的詩歌所反映的社會生活的深度和廣度，是很少有詩人可以與之并比的；他在藝術上所達到的純熟、精湛程度，也是很少有詩人所得以企及的。杜甫的創作態度非常嚴肅認真，可以説他是把畢生精力、全部心血都傾注到他的詩歌裏去了。這樣一位詩人，在我國古代文學史上享有極高的聲譽是理所當然的。他的詩歌一千二百多年來深受人們的喜愛，尤其是今天，更擁有了廣泛的讀者。杜詩在我們的民族文化中及全人類文化中都將永遠放射着絢爛的光輝！

　　杜甫，字子美。生於唐玄宗先天元年（七一二），死於代宗大曆五年（七七○），共活了五十八歲。這半個多世紀，從將近三百年的唐朝歷史看，正屬於由盛到衰的轉折階段，而發生在天寶十四載（七五五）的安史之亂，則是一個轉捩點。杜甫生逢安史之亂前的全盛時期，即開元盛世，又經歷了唐王朝衰落的開端，即安史之亂。杜甫祖上曾從原籍京兆（今陝西西安市）遷往襄陽（今湖北襄樊市），後來又遷到了鞏縣（今河南鞏縣），他就是在洛陽附近的鞏縣出生的。他自稱家世是“奉儒守官，未墜素業”（《進雕賦表》）。他的遠祖杜預是西晉時的名將，又是一位歷史學家。祖父杜審言是武則天時期的著名詩人，官至膳部員外郎。他曾自豪地説：“吾祖詩冠古”（《贈蜀僧閭丘師兄》）、“詩是吾家事”（《宗武生日》）。他的父親名閑，做過兗州（今山東濟寧市、鄒縣一帶）司馬、奉天（今陝西乾縣）縣令，外祖家是當時的名門望族清河崔氏。所以，杜甫出身於一個有悠久文化傳統的官僚地主家庭。

在童年，杜甫就有機會接觸到了當時很發達的文藝，受到有益的薰陶。像他六歲時在郾城（今河南鄴縣東南）曾看過著名舞蹈家公孫大娘的"劍器渾脱"舞。他長期居住在文化興盛的洛陽，受過比較充分的詩歌和書法的訓練，"七齡思即壯，開口詠鳳凰。九齡書大字，有作成一囊"（《壯游》）。到十四五歲時，便開始"出游翰墨場"，和當時文壇、官場的人士交結來往。他的詩文曾經受到洛陽名士崔尚、魏啟心等人的高度讚揚。

杜甫的青、少年時代正逢海内昇平、社會富庶、國勢强盛的"開元全盛日"，這給予他以很大的激勵。他爲自己的才能而自負，對于前程充滿信心。在後來寫的《奉贈韋左丞丈二十二韻》中他説自己是："讀書破萬卷，下筆如有神。賦料揚雄敵，詩看子建親。李邕求識面，王翰願卜鄰。自謂頗挺出，立登要路津。致君堯舜上，再使風俗淳。"他設想通過應進士試顯示自己出衆的才華，受到皇帝的重用，以實現那君明臣良、國泰民安的政治理想。開元十九年（七三一），杜甫二十歲時，爲了了解社會，增加知識并結識名流以提高聲譽，他開始了長期的漫游。他首先南游吳越，去過金陵、姑蘇，又到會稽、剡溪。開元二十三年（七三五），他曾一度回到洛陽參加進士考試，没有考中。接着又北游齊趙，到過趙王叢臺（今河北邯鄲市東北），登過泰山。按他的説法，這一段生活是"放蕩齊趙間，裘馬頗清狂"（《壯游》）。直到開元二十九年（七四一）纔回洛陽。天寶三載（七四四），杜甫在洛陽與李白相遇，同游梁宋，登單父（今山東單縣南）琴臺，到過大梁（今河南開封市）吹臺，并再同游齊魯。他和李白、高適一起痛飲高歌、論文賦詩、求仙訪道、走馬射獵，生活得非常快意。到天寶五載（七四六）他們才分手，李白去江東，高適回梁宋，杜甫也就"西歸到咸陽"了。

　　這是杜甫生活的第一個階段。這期間他已開始了文學創作，可是保存下來的作品卻極少，只有二十幾首；而且題材範圍不够寬廣，思想意義不够深刻，那獨特的“老杜風格”也還没有形成。但從《房兵曹胡馬》、《畫鷹》、《望嶽》、《贈李白》等詩中，已不難看出他的卓越才能。像他寫那“萬里可横行”的駿馬，寫“攫身思狡兔，側目似愁胡”的雄鷹，表達“會當凌絶頂，一覽衆山小”的願望，抒發“二年客東都，所歷厭機巧”的感受，都已預示出他未來的發展。

　　杜甫三十五歲來到長安，目的是要謀求一個官職，以實現自己的政治抱負。但這時的朝政已變得很腐敗、黑暗。玄宗於天寶四載(七四五)册立了楊貴妃後，便深居後宫，不理朝政，每日裏徵歌選舞、走馬鬥雞，求神仙、信符瑞。宰相李林甫獨攬權柄，上以諂諛、蒙蔽皇帝，下以遏制賢才，排斥正人。天寶十一載(七五二)，陰險狡詐的楊國忠繼李林甫爲右相，種種劣政，有增無已。這些人怎麼會召賢進能呢？天寶六載(七四七)時，玄宗曾詔令天下有一藝之長的人都到京城應試，杜甫也參加了這次考試。結果是李林甫把所有的人都斥退了，自己卻上表稱賀說“野無遺賢”。這個政治騙局使杜甫非常失望。他只得投詩求韋濟、張垍等達官貴人汲引，但也没能收到預期的結果。他又直接向皇帝上表獻賦自薦，天寶九載(七五〇)後，先後獻了《雕賦》、《三大禮賦》和《封西嶽賦》。文章雖然被玄宗賞識，但卻没有得到什麼官職。

　　杜甫懷着出仕從政的迫切願望，在長安一共等待了十年。這十年裏，他對唐王朝的政治局勢、社會矛盾有了更深入的了解。他目睹了貴族官僚們的專横貪婪和那種荒淫奢侈的生活，目睹了在最高統治者的擴邊政策下，農業經濟、人民生命財産所遭受的嚴重破壞。這期間杜甫個人的生活很貧苦，爲了求取官職，他“朝扣富兒門，暮隨肥馬塵。殘杯與冷炙，到處潛悲辛。”(《奉贈韋左丞丈二十二韻》）。他“日糴太倉五斗米”（《醉時歌》），來勉强維持生活，甚至“飢卧動即向一旬，敝衣何啻聯百結”（《投簡咸華兩縣諸子》）。縱然貧困，他也不願離去，因爲他越是見到政治腐敗、邊疆失利、社會凋敝、人民困苦，就越希望有機會爲改變這種狀況出一把力氣。直到天寶十四載（七五五），朝廷纔任命他爲河西（今雲南祥雲縣附近）縣尉。但他因不願當這種直接鞭撻百姓的官，所以辭卻了。又讓他改任右衛率府兵曹參軍，這是個看守兵甲器仗、管理門禁的從八品下的小官，他在無可奈何之下只好接受了。這對於“竊比稷與契”的杜甫來説，簡直是一種嘲弄，因而他寫了一首《官定後戲贈》，幽默地表達了自己傷心而又憤懣的感情。官定後，杜甫曾經一度去奉先縣（今陝西蒲城縣）看望寄住在那裏的妻兒。到家後才知道他的小兒子竟已餓死了。這時杜甫的生活處境已經和廣大人民越來越接近了。

這長安十年是杜甫生活的第二個階段。從他的詩歌創作來説，這是一個很重要的時期，保存下來的詩歌不但在數量上已達到了一百一十首左右，而且内容也發生了明顯的變化。像《兵車行》、《麗人行》、《同諸公登慈恩寺塔》、《前出塞》、《後出塞》等，或譴責皇帝、宰相、貴戚們的驕奢淫逸，揭露統治集團的窮兵黷武，指斥武將的位崇氣驕；或反映人民在租賦壓迫下的飢寒困苦，遠戍士兵的不幸遭遇；或表達對於國勢衰微的憂慮，對於人民的深切同情，都具有很强的現實性。長詩《自京赴奉先縣詠懷五百字》則是杜甫十年長安生活的總結，它抒發了作者内心的矛盾與苦悶，揭示了安史之亂行將爆發時的種種社會危機。它標志着杜甫的詩歌創作已跨入了一個光輝的新階段。

天寶十四載（七五五）十一月，正當杜甫去奉先探家時，安史之亂爆發了。安史之亂的首領安禄山、史思明都是邊地少數民族的上層人物,他們利用了唐王朝最高統治集團的昏潰腐敗,挑動民族矛盾,企圖奪取政權。但他們的身份是唐王朝的節度使,所以安史之亂主要是一場地方軍閥反對中央政權,破壞國家統一的叛亂。次年初,杜甫回到長安在率府供職。很快,安禄山叛軍就攻破了洛陽。六月,潼關失守,長安危急,皇帝、貴族和百官紛紛逃散。杜甫先在五月裏回到奉先,攜帶着妻子兒女到白水縣避難。潼關失守後,白水一帶也陷入戰亂之中,他們一家人便又和百姓一起忍受着飢餓、勞累,倉惶逃亡。最後,他才把家眷安置在鄜縣(今陝西富縣)的羌村暫住下來。八月,杜甫隻身北上,准備去靈武(今寧夏靈武縣西北)投奔新即位的肅宗,以期報效朝廷。但剛啟程就被安史叛軍俘虜了,并被押送到長安,一直困了八個多月。這期間,他親眼看到了都城淪陷的慘狀、叛軍燒殺擄掠的暴行,實地體驗了國破家亡的哀痛。

至德二載(七五七),肅宗又遷駐鳳翔(今陝西鳳翔縣)。五月,杜甫乘機冒着生命危險逃出長安,歷盡千難萬苦奔赴行在。到達後,肅宗任他爲左拾遺。在《述懷》詩中他記載當時的情況說:"麻鞋見天子,衣袖露兩肘","涕淚受拾遺,流離主恩厚"。他決心忠於職守,以匡扶君主,完成中興大業。正是在這種情況下發生了房琯罷相的事。杜甫"見時危急",認爲國家正在用人之際,不宜輕易地廢黜大臣,所以以諫官身份疏救房琯。他的直言諫諍竟觸怒了肅宗,被拘送御史臺推問。幸虧有張鎬等人出面營救,纔免受刑戮,從此以後肅宗對他便"不甚録用"了。到閏八月,肅宗特准他回鄜州去探望家室,於是,杜甫心情沉重地回到羌村。他把自己這時的心境、一路上的見聞和對時事的看法,都寫在長詩《北征》中。不久,長安、洛陽相繼收復,十月裏肅宗還京,杜甫也攜帶家眷回到了長安,繼續當他那左拾遺。他是本想在政治上有所作爲的,但房琯事件竟使他失去了這種條件。所以這時杜甫生活儘管比較安定，但精神卻是非常矛盾、痛苦的。他一面"避人焚諫草"（《晚出左掖》），小心謹慎地供職；一面"每愁悔吝作，如覺天地窄。"（《送李校書二十六韻》），因而"每日江頭盡醉歸"（《曲江二首》），以排遣自己的苦悶。這樣的仕宦生活只持續了半年多，到乾元元年（七五八）六月就又發生了意外的變化。肅宗把房琯、嚴武等人貶往外地，杜甫也被看作是他們的"同黨"而出爲華州司功參軍。這一打擊又把他的生活和創作推向了一個新的境界。

　　杜甫在華州任上，更有機會實地接觸了社會。他看到了那"寂寞天寶後，園廬但蒿藜"（《無家別》）、"積屍草木腥，流血川原丹"（《垂老別》）的悽慘景象；看到了人民在不合理的賦稅和兵役制度壓迫下所蒙受的深重災難。他更了解到朝政的乖張、腐朽。面對這種種情況，杜甫對於自己的政治前途已經絕望了，再加上關中饑饉，因之，在乾元二年（七五九）的秋天，他便以生活窮困爲理由而棄官了。而這時，老家洛陽正在騷亂，不能回去，於是，他就攜帶全家人從華州出發到了秦州（今甘肅天水市），由於飢寒交迫，只得靠采藥、賣藥維持生活。"無食問樂土，無衣思南州"（《發秦州》），他聽說同谷地方很好，所以住到九月又離開秦州南行到達同谷（今甘肅成縣）。但在同谷，生活并不如想像的那樣容易維持，他們甚至拾橡栗和到深山裏去挖山芋充飢。這樣過了約一個月，於十二月一日又出發前往成都。這一年之內，杜甫從洛陽到華州，到秦州，到同谷，從同谷又到成都，正像他在《發同谷縣》中所説，是"奈何迫物累，一歲四行役"，直到歲末才到達成都。

　　從天寶十五載（七五六）春到這時，是杜甫生活的第三個階段。這前後四年的時間裏，他逃難、陷賊、輾轉遷徙、飽經憂患；在政治上受冷遇、被貶謫，遭到了不少打擊，但是他的政治熱情和創作熱情卻是空前高漲的。杜甫在這個時期共流傳下來近二百五十首詩，像在淪陷的長安寫的《春望》、《哀江頭》、《悲陳陶》、《悲青坂》、《塞蘆子》，到鄜州探家時寫的長詩《北征》，在華州任上寫的《洗兵行》和“三吏”、“三別”等，都是很優秀的詩篇。它們最突出的特點是具有深刻的現實性和高度的愛國精神。杜甫常常是直接寫時事，真實地反映安史之亂帶給人民的災難，叛兵對於長安、洛陽一帶的嚴重破壞，并揭露統治集團內部的一些黑暗。如關於陳陶、相州的大敗，肅宗借兵回紇的決策，李輔國、王璵一流的得勢等等，都有所反映。在從華州到成都的途中，他也寫了很多詩。如《秦州雜詩二十首》記敘在秦州的游覽和感懷；《同谷七歌》記錄了自己的悲慘遭遇。從秦州到同谷、從同谷到成都又寫了很多紀行詩，記載沿途所見的各地山川景物、風土人情，這些詩中都充滿了一種憂國憂民的感情。杜甫這個時期的詩歌構成了他個人和整個唐詩的現實主義的高峰。

　　上元元年（七六〇）春季，杜甫依靠親友的資助，在成都浣花溪畔建成了一所草堂，開始定居下來。這時他已經四十八歲了，經過四年顛沛流離的生活，他總算得到了一個安身之所。草堂背向成都城郭，臨近百花潭，是一個極幽雅的江村。那裏的翠篠、紅蕖、楊柳、梅花、水鷗、黃鸝都吸引着他。他或流連山水，游覽名勝古迹，或經營藥圃，和鄰居農民往來。這時故人裴迪、高適、嚴武等都先後來到了西蜀，他們經常互相尋訪，飲酒唱和。在這樣的環境裏他詩興倍增，用詩歌描繪草堂周圍的風景，記敘自己的生活。可是，他這時內心卻不是安適平靜的。他念念不忘“蒼生未蘇息，胡馬半乾坤”（《建都十二韻》），時刻關懷着國家政治形勢的變化，像對於李輔國之流的“媚至尊”，玄宗、肅宗父子之間的矛盾，吐蕃的侵擾，他都感到很憂慮。他十分同情在“一物官盡取”的情況下人民受壓榨的處境,并常常因想到自己的政治遭遇而悒鬱不平。所以他這時寫的詩也具有明顯的現實意義。

　　寶應元年(七六二)四月,玄宗和肅宗相繼死去,代宗即位。七月,成都尹嚴武被召入朝。杜甫送嚴武直到綿州(今四川綿陽縣)纔分手。正在這期間,成都少尹徐知道叛變了,他不能回去,只得轉投梓州(今四川三台縣)去避亂。這樣,杜甫就又從安靜的草堂中走出,重新開始了那種憂患的生活。深秋,他把妻子接到梓州來寄住,自己奔走於閬州(今四川閬中縣)、綿州和漢州(今四川廣漢縣)之間,靠着應付那些地方官而得到些生活之資。到廣德元年(七六三)正月,史朝義戰敗并自縊死,其舊部紛紛投降,持續了七年多的安史之亂纔算結束了!杜甫遠處梓州,聽到這個消息後驚喜若狂,寫下了著名的《聞官軍收河南河北》。但他這種歡樂情緒并沒有維持多久,便又陷入愁苦之中。唐王朝經過多年的戰亂,再加以天災不斷,"戰伐乾坤破,瘡痍府庫貧"(《送陵州路使君之任》),其經濟和政治實力已很難恢復。可是統治集團并不去改革積弊,反而更加腐敗奢侈,窮事搜刮。諸鎮也多跋扈不臣,據地自雄。又有吐蕃等乘機侵擾,占據長安,掠府庫、焚宮室。西川的松、維、保(今四川理縣一帶)等州也都失陷了。各地人民負擔軍需、充備百役已到了無法支撑的地步。這種種情況杜甫都根據自己的見聞用詩歌作了真實的記録。

　　這時候的杜甫已是貧病交加,爲了避亂和尋求生路,在廣德二年(七六四)初春,他攜帶妻子到達閬州,準備從水路去渝州(今四川重慶市),轉道東下出峽。在即將成行時,又得到了嚴武重任成都尹兼劍南節度使的消息,他感到"殊方又喜故人來",於是決定再回成都草堂去。

　　回成都後,由於嚴武的推薦,杜甫當上了節度使署中的參謀、檢校工部員外郎,并賜緋魚袋。這時他已五十二歲了,因爲年老多病,又厭惡官場生活,只勉强地幹了半年,在永泰元年(七六五)正月就去職了。不久,嚴武忽然病死,他在成都失掉了憑依。所以,到五月裏便帶領全家人離開草堂,開始了他最後漂泊荆楚的生活。

杜甫自從乾元元年(七五九)十二月入蜀,到這時差不多已有五年半的時間,這是他生活的第四個階段。這中間他雖然曾有一年多到外地避亂,但主要的生活都是在成都度過的。這裏號稱“天府之國”,自然環境、經濟條件都比較好,他在這裏的生活相對來説比前一階段要好得多。他用詩歌盡情地歌詠自然景物、記述自己在那佳山秀水之間的活動,可是,他卻始終和那個時代保持着密切的聯繫,非常焦急地關注着政局的變化,時時不忘“兵革未息人未蘇”的現實。安史之亂中,他盼望早日平息戰亂;安史之亂平息後,他殷切地希望統治集團改絃更張,復興國家。他這時寫了四百四十首左右的詩歌,總的特點是具有很强的抒情性質,有很多是抒發傷時念亂、憂國憂民感情的律詩。這些抒情詩中反映出了當時的政治事件、戰爭消息和社會狀況,如《蜀相》、《枯椶》、《花鴨》、《聞官軍收河南河北》、《征夫》、《遣憂》、《有感五首》、《釋悶》等許多優秀的篇章,都是千古絶唱。

杜甫離開成都後,乘船南下行經嘉州(今四川樂山縣)、戎州(今四川宜賓縣),又過渝州(今四川重慶市)和忠州(今四川忠縣),直到九月抵達夔州的雲安(今四川雲陽縣),纔因爲肺病和風痺發作而不得不停留下來養病。半年後又遷往夔州(今四川奉節縣),居住了近二年之久。他仰仗別人的資助,租借了房屋、田地,并得到了一片柑林,他在那裏養雞、種菜、經營果木,生活還比較穩定。直到大曆三年(七六八)早春,才放船出瞿塘峽。這期間,西川節度使兼成都尹郭英驕奢暴戾,下屬和士兵都極怨恨。漢州刺

史崔旰率兵攻打郭英，邛州（今四川邛崍縣）等地，牙將們又聯合
起來討伐崔旰，於是蜀中大亂。同時，其他地方又有吐蕃、回紇進
擾，各鎮擁兵作亂的消息頻傳。杜甫所到之處，總要遇到避亂逃
亡、飢寒困苦的人民。尤其是夔州地方，物産不如成都富饒，人民
賦稅負擔奇重，生活處境極其悲慘。在這種情況下，他對人民生活
和思想感情的了解更加充分了，他“不眠憂戰伐，無力正乾坤”
（《宿江邊閣》），常常發出“亂世誅求急，黎民糠籺窄”（《驅豎子摘
蒼耳》）的感嘆。他常用詩歌反映當地人民的風俗和生活處境，在
夔州那雄壯奇險的山川之間，他也寫過不少歌詠自然風光景物的
詩。但總的來説，這時杜甫雖然身處偏僻的山城，而他的詩歌卻沒
有遠離那戰亂的時代和苦難的人民。

　　杜甫離開夔州後，在二月到達荆州（今湖北江陵縣）。因爲生
活沒有着落，到秋天遷往公安（今湖北公安縣東北），歲末又從公
安出發南行到岳州（今湖南岳陽縣）。大曆四年（七六九）春，繼續
南行入洞庭湖，抵達衡州（今湖南衡陽市）。從此，杜甫又“南北逃
世難”，在潭州（今湖南長沙市）和衡州之間往返漂泊了一年多。
他這時已耳聾失聽，右臂因風痺而不能動轉。全家人長年居住在
船上，爲了維持生活，他還得去漁市擺攤賣藥。他感到“乾坤萬里
內，莫見容身畔”（《逃難》），自己已經“處處是窮途”了！大曆五
年（七七〇）秋天，他想南下郴州（今湖南郴縣）投奔他的舅父，但
爲洪水所阻，不能成行。於是又計劃北上漢陽，沿水路回北方去。
船經洞庭湖時，他帶病伏枕寫成《風疾舟中伏枕書懷三十六韻》，
抒發了對於“戰血流依舊，軍聲動至今”的世事的感慨，叙述了自
己貧病交加的悲慘處境。過不久，杜甫就死在湘江上游他那條破
船上了。

　　以上這五年多時間是杜甫生活的第五個階段。這是他傷時念

亂、憂國憂民，內心最痛苦的時期；是他年老多病、南北流浪，生活
最悽慘的時期；也是他創作精力最旺盛的時期。這五年多他寫的
詩共有六百三十餘首，比以前任何階段都多。杜甫這時在生活上、
感情上和人民越來越接近了，所以他寫了很多直接反映人民生活、
思想感情的詩歌，這些詩在反映現實的深刻性上更超越了過去。
像《驅豎子摘蒼耳》、《遭遇》、《歲晏行》、《寫懷》、《晝夢》、《蠶穀
行》等，集中筆力揭露了封建剝削的罪惡，并提出了進步的政治主
張和社會理想。另外，面對戰亂不息、憂患重重的社會，和個人貧
病交加的處境，他不由得產生了一種窮途末路的悲傷。這時的詩
往往帶有總結的性質，像《變府書懷四十韻》、《遣懷》、《昔游》、
《壯游》、《歷歷》、《諸將五首》等，或回顧自己坎坷的一生，或回顧
安史之亂前後唐王朝由盛到衰的變化過程，反映時代面貌，總結歷
史教訓，具有很高的思想價值。

　　杜甫的一生是用詩歌譜寫的一個悲劇，它的意義在於揭露了
唐王朝盛極而衰這個歷史時期的各種矛盾、動亂、黑暗和腐朽，揭
露了形成他的悲劇的那個惡劣的社會環境，從而展示了他那種堅
韌、不屈、崇高、偉大的人格和精神。杜甫的詩歌流傳到現在的共
有一千四百五十多首，實際上他一生所作的并不止這些。在天寶
九載（七五〇）的《進雕賦表》中，他説自己"自七歲所綴詩筆，向四
十載矣，約千有餘篇"。但今天保存的天寶九載以前的作品不過四
五十篇，這以後的作品可能也有很多遺失，可以想見他的創作量該
是多麼大了！

　　杜甫的詩歌廣泛地、深刻地反映了他生活的那個時代的重大
事件和社會矛盾，即反映了自唐建國以來所推行的有利於農業發
展的均田制的破壞，在均田制基礎上建立起來的租庸調法和府兵
制的廢弛；反映了唐王朝統治集團的日益腐化，對內橫徵暴斂，對

外連年用兵，致使階級矛盾和民族矛盾進一步激化，最後爆發了安史之亂；反映了唐王朝與當時鄰近民族和部族政權之間的衝突，以及各地軍閥的長期混戰；反映了廣大人民在那特定的歷史背景下受壓迫、被剝削的悲慘處境。總之，它反映了唐王朝在那三四十年間由盛到衰的歷史轉變。所以，杜甫的詩歌一向享有"詩史"的稱譽。如宋胡宗愈説："先生以詩鳴於唐，凡出處去就、動息勞佚、悲歡憂樂、忠憤感激、好賢惡惡，一見於詩，讀之可以知其世，學士大夫謂之詩史。"(《成都新刻草堂先生詩碑序》)可以説，杜甫是以歷史見證人的身份，通過自己親身的經歷和實際的感受反映了他那個時代的。他是一位偉大的現實主義詩人，他的詩歌不僅應該看作是他個人一生的傳記，而且也是八世紀中葉唐代社會的可靠歷史。

　　杜甫的現實主義詩歌最輝煌的成就，主要在於它忠實地反映了封建社會中階級對立這樣一個基本事實。他前後不只一次地把地主階級的窮奢極欲和農民的飢寒困苦做了對比，如《自京赴奉先縣詠懷五百字》中的"朱門酒肉臭，路有凍死骨"；《驅豎子摘蒼耳》中的"富家厨肉臭，戰地骸骨白"；《歲晏行》中的"高馬達官厭酒肉，此輩杼柚茅茨空"。這些詩句都典型地概括了貧富懸殊的兩種階級生活。更可貴的是他還不自覺地接觸到了階級壓迫和階級剝削的問題。他揭露説："彤庭所分帛，本自寒女出。鞭撻其夫家，聚斂貢城闕"(《自京赴奉先縣詠懷五百字》)，"子實不得吃，貨市送王畿。盡添軍旅用，迫此公家威"(《甘林》)。官府運用殺戮、糾責的手段向人民索取繁重的賦稅，掠奪走他們生產的布帛和糧食。這種統治階級對人民的政治壓迫和經濟剝削，在杜甫的筆下反映得多麼明確！經過長期的觀察、分析，到晚年他對於封建社會中兩個對立階級之間的關係，做出了這樣的解釋："無貴賤不悲，無富貧亦足"(《寫懷》),指出貧賤者所以悲哀、困苦,正是由於有貴者、富者的存在。這些應當説是杜甫詩歌中現實主義的精髓。

杜甫在他的詩歌裏忠實地反映了廣大人民被殘酷壓榨、暴虐奴役的痛苦,和他們對這種處境的不滿。他總是把人民的遭遇和心理活動放在那特定的社會背景之下來寫,而且用藝術形象和詩的語言描寫,所以能够充分地顯現出當時黑暗、戰亂的時代特點。這些有的是正史所不載的,因而可以補史書之不足。

天寶年間,由於貴族官僚、地主富商以及寺院僧侶的兼并土地、廣置莊園,致使唐初推行的均田制遭到了破壞,許多農民失掉了賴以活命的土地。統治集團又窮兵黷武,連年發動擴邊戰爭,爲取得軍事經費和滿足其奢侈享樂生活的需求,他們大量徵兵,并利用名目繁多的賦税加强對人民的搜刮。在這種情況下,廣大人民的生活處境非常悲慘。作於天寶十載(七五一)的《兵車行》,就描寫了在連年的對外戰爭中,勞動人民的被迫離鄉背井,從軍服役。他們"或從十五北防河,便至四十西營田。去時里正與裹頭,歸來頭白還戍邊"。或長期守邊,或戰死沙場,以致農村勞動力大量流失,農業生産遭到嚴重破壞,出現了"縱有健婦把鋤犁,禾生隴畝無東西","千村萬落生荆杞"的現象。本來按唐舊制:"戍邊者,蠲其租庸,六歲免歸"(《新唐書·楊炎傳》),可是實際上却是戍邊兵士長期不返,家中的租税也并不蠲免,甚至士兵已經戰死在外,官府還照例向他家索取租税。這裏反映了在當時租庸調法和府兵制已經敗壞的情況下,戍邊士兵及其家庭的悲慘遭遇。"縣官急索租,租税從何出?"這正喊出了廣大人民的無比憤恨。《自京赴奉先縣詠懷五百字》一詩的結尾寫道:"默思失業徒,因念遠戍卒。憂端齊終南,澒洞不可掇!""遠戍卒",就是家中田地荒蕪,仍舊負擔着沉重租税的士兵;"失業徒",就是在土地兼并和賦税的壓榨下失掉了原有田地的農民。杜甫目睹了統治階級的奢侈揮霍,身經了幼子"無食致夭折"的悲痛,因而他很理解人民的困苦,對他們產生了真誠的同情。這種生活和感情正是他後來不斷用他那現實主義的詩歌反映被壓迫、被剝削人民的苦難的生活基礎和思想基礎。

　　杜甫的一組傑作"三吏"、"三別",不僅反映了安史之亂給唐朝社會及廣大人民帶來的巨大災難,也反映了唐王朝官吏的殘暴和人民在不合理的兵役制度下的痛苦遭遇。如《新安吏》:"府帖昨夜下,次選中男行。中男絶短小,何以守王城? 肥男有母送,瘦男獨伶俜。"按唐律:"揀點之法,財均者取强;力均者取富;財力又均,先取多丁"(《唐律疏議》卷十六"擅興")。又據唐朝的"丁中制"規定,人有黄、小、中、丁之分。天寶二年令民十八以上爲中男,二十三成丁。而這時體弱的瘦男和身量短小、未成丁的中男也都在點選之例。《石壕吏》中所寫的一家,三個兒子全被徵去當兵,老婦也被帶去服役。這些現象正反映了這個時期府兵制已幾乎蕩然無存了。安禄山叛軍所到之處燒殺擄掠,造成了"園廬但蒿藜","積屍草木腥,流血川原丹"的慘象。在朝廷不合理的兵役制度下,那些扶杖的老翁、不成丁的中男、新婚的青年、剛從沙場回來的軍人,都得去從軍服役。這時,飢餓與死亡嚴重地威脅着廣大人民,杜甫和他們一同發出了"何以爲蒸黎"的憤怒呼喊!

　　杜甫在西蜀和荊楚的長期憂患歲月中,更直接地接觸到苦難的人民,他念念不忘"蒼生未蘇息,胡馬半乾坤"(《建都十二韻》),時時憂慮"人今罷病虎縱橫"(《愁》)。他這時反映人民受賦役壓迫的詩歌的思想深度有了明顯的提高。他忠實地反映了安史之亂後在地方軍閥勢力互相殘殺,和吐蕃、回紇不斷進擾的情況下,朝廷更加重了對人民的勒索、搜刮。廣大人民在戰亂中生命没有保障,還得把財物輸往京城。如:"國步猶艱難,兵革未衰息。萬方哀嗷嗷,十載供軍食"(《送韋諷上閬州録事參軍》),"巴人困軍須,慟哭厚土熱"(《喜雨》),"平原獨憔悴,農力廢耕桑。非關風露凋,曾是戍役傷"(《又上後園山腳》),"分軍應供給,百姓日支離"(《贈崔十三評事公輔》),"亂世誅求急,黎民糠籺窄"(《驅豎子摘蒼耳》)。還有《遭遇》、《東屯北崦》、《甘林》等,也都有力地譴責了統治階級的"割剥及錐刀"、"索錢多門户"、"一物官盡取"。這時,人民被搶奪一空,已經是"欲須供給家無粟"了,甚至出現了"空村唯見鳥,落日未逢人"的悽慘景象。《歲晏行》更具體地描繪了在官府盤剥下人民的苦難生活,漁夫因天寒網凍而打不上魚來;獵人射得的鳥也賣不出去。"況聞處處鬻男女,割慈忍愛還租庸",他們只得賣兒鬻女去繳納賦税。《客從》則以寓言的方式控訴了統治階級吸髓吮血的殘酷剥削。

　　當時婦女所受的壓迫和剥削也是杜甫詩歌中着重寫到的一個問題。依唐律:"老及男廢疾、篤疾、寡妻妾、部曲、客女、奴婢及視九品以上官,不課。"(《新唐書·食貨志》)但這時原來的法令只不過是一紙空文而已。婦女的遭遇是:"八荒十年防盜賊,征戍誅求寡妻哭"(《虎牙行》),"哀哀寡婦誅求盡,慟哭秋原何處村"(《白帝》),"石間采蕨女,鬻市輸官曹。丈夫死百役,暮返空村號"(《遭遇》)。她們的丈夫都是在征戍中死去的,而她們都仍在負擔着沉重的賦税。《又呈吳郎》中無食無兒的老婦人,也是因爲"徵求貧到骨",只好打些別人家的棗子充飢。《兵車行》中的征人婦還可以在自己的土地上把鋤扶犁,而這時的寡婦則已失掉了所有的生產資料和生活資料,只有在哭泣中表達她們的悲憤了! 杜甫的詩歌中還常常寫到:"白水暮東流,青山猶哭聲"(《新安吏》),"路衢唯見哭,城市不聞歌"(《征夫》),"野哭千家聞戰伐,夷歌幾處起漁樵"(《閣夜》)。這白水青山、城市路衢之間的哭聲,千家萬户的哭聲，正是那個悲劇時代的真切反響。杜甫的現實主義的詩歌創作高度藝術地概括了那個時代的總面貌。

杜甫的詩歌還揭露了唐王朝統治階級政治上的腐朽、生活上的奢侈和道德上的敗壞，譴責了他們禍國殃民的種種罪惡。在杜甫的筆下，那由王侯將相組成的上流社會，實際上是一個極其醜惡齷齪的集團。他們都是些殘暴的“奸雄惡少”、無知的“鄉里小兒”。這些人“掌握有權柄，衣馬自輕肥”（《太子張舍人遺織成褥段》），“翻手作雲覆手雨，紛紛輕薄何須數”（《貧交行》），“攀龍附鳳勢莫當，天下盡化爲侯王”（《洗兵行》）。一個個窮奢極欲、專橫跋扈、趨炎附勢。杜甫對統治階級揭露和譴責的面是比較廣的，上自皇帝，下而后妃、貴戚、宰相、將帥，以至貪官、暴吏，他都觸及了。像玄宗信任的李林甫是“陰謀獨秉鈞”的奸相，楊國忠是“炙手可熱”的權豪勢要，安禄山是“氣驕凌上都”的野心家。肅宗、代宗朝的李輔國、魚朝恩、程元振等的弄權亂政，是“關中小兒壞紀綱”（《憶昔》），“政化錯迕失大體”（《石筍行》）。這些人執政掌權的結果，必然是“衣冠空穰穰，關輔久昏昏”（《建都十二韻》），把個國家搞得烏烟瘴氣，不可收拾。他們平時陪着皇帝歌舞宴飲，接受俸禄、賞賜，當國家危難時，竟沒有多少人能挺身而出。作者指責説：“狼狽風塵裏，群臣安在哉？”（《巴山》）“天地日流血，朝廷誰請纓？”（《歲暮》）表達了對這群人的鄙視與憤慨。如《諸將五首》、《草堂》、《絶句三首》等則揭露了將帥的無能、地方軍閥的擁兵作亂以及官軍的擾害百姓。那些“邊頭公卿”是“唱和作威福”，“談笑行殺戮”。又“聞道殺人漢水上，婦女多在官軍中”，官軍竟是“縱暴略與羌渾同”。作者通過他對統治階級的揭露，説明了這些人的昏庸、驕奢、暴虐，正是國家動亂、衰敗的根源。

杜甫在詩歌中還比較側重於揭露、譴責上層統治集團的奢侈

荒淫。如《樂游園歌》的"青春波浪芙蓉園，白日雷霆夾城仗。閶
闔晴開詇蕩蕩，曲江翠幕排銀牓。拂水低徊舞袖翻，緣雲清切歌聲
上"。寫玄宗通過夾城從大明宮往芙蓉園和曲江去游玩，在那裏觀
舞聽歌，縱情享樂。《壯游》的"國馬竭粟豆，官雞輸稻粱"，《鬥雞》
的"鬥雞初賜錦，舞馬既登床。簾下宮人出，樓前御柳長"。寫玄
宗用人民繳來的糧食養雞飼馬，以鬥雞走馬，尋歡取樂。《自京赴
奉先縣詠懷五百字》寫在驪山上"君臣留歡娛"的情況，他們不顧
國家興亡、人民死活，只管浪費從勞動人民那裏掠奪來的金銀、絹
帛。"況聞內金盤，盡在衛霍室"，揭露了昏庸的玄宗寵幸楊貴妃，
對楊國忠兄妹賞賜無度。《麗人行》則集中揭露了那些貴戚們的
揮霍享樂、蠻橫驕縱、荒淫糜爛的生活。作者寫到"就中雲幕椒房
親，賜名大國虢與秦"，"黃門飛鞚不動塵，御廚絡繹送八珍"，她們
是皇帝親封的國夫人，宴飲時有宦官特地送來御廚珍肴以助興佐
樂。"炙手可熱勢絕倫，慎莫近前丞相瞋"，他們蠻橫驕縱，氣勢凌
人。這就揭示出這些貴戚們的行為是受到最高統治者的直接支持
與庇護的。

　　《兵車行》、《前出塞》、《後出塞》等通過具體的事實揭露了天
寶年間統治集團不斷發動擴邊戰爭，致使士兵長期遠戍并大量死
亡，農業生產遭到嚴重的破壞。值得注意的是杜甫不只指斥了將
帥們以殺人略地去邀功請賞："古人重守邊，今人重高勳"（《後出
塞》)，還直接地批評了玄宗的窮兵黷武："君已富土境，開邊一何
多"，"邊庭流血成海水，武皇開邊意未已。君不聞漢家山東二百
州，千村萬落生荆杞"。他顯然是把擴邊戰爭的罪惡根源追到最高
統治者的頭上了。又如《洗兵行》中的"奇祥異瑞爭來送"，是諷刺
肅宗的迷信鬼神；"雞鳴問寢龍樓曉"是諷刺肅宗及玄宗父子之間
的矛盾。《憶昔》中的"張后不樂上為忙"，"犬戎直來坐御床，百官

跣足隨天王”,顯然是諷刺肅宗的畏懼張后和在平息戰亂上的昏庸懦弱。《有感五首》的“願聞哀痛詔,端拱問瘡痍”,《釋悶》的“天子亦應厭奔走,群公固合思昇平。但恐誅求不改轍,聞道變孽能全生”,則是諷刺代宗不能吸取前朝教訓,改弦更張,而是依然窮事搜刮、姑息養奸。總之,玄宗、肅宗、代宗三朝的一些弊端敗政,杜甫都觸及了,我們實在不能不欽佩他有膽有識的史筆!

　　杜甫的現實主義詩歌不只是真實地反映現實生活,表達他對人民疾苦的深切關懷與同情,并憤怒地揭露了統治階級的種種罪惡。他還提出了自己的政治主張和社會理想,用這種政治主張和社會理想批判統治集團,并傳達出廣大人民的願望。杜甫一生始終痛苦地思索着國家衰敗的癥結所在,探求着擺脱内外交困局勢的途徑。他很向往太宗朝那種“文物多師古,朝廷半老儒。直詞寧戮辱,賢路不崎嶇”(《行次昭陵》)的政治局面。他希望重見“開元全盛日”那種“叔孫禮樂蕭何律”,“公私倉廩俱豐實”,“男耕女桑不相失”(《憶昔》)的政治休明、經濟繁榮、社會安定的世道。他説:“殺人亦有限,立國自有疆。苟能制侵陵,豈在多殺傷”(《前出塞》);“君臣重修德,猶足見時和”(《傷春五首》);“衆僚宜潔白,萬役但平均”(《送陵州路使君之任》);“不過行儉德,盜賊本王臣”(《有感五首》)。他反對侵略戰爭,主張統治集團提高道德修養,做到上下節儉,百官廉潔,減輕賦税和勞役。在《往在》一詩中更具體地寫道:“主將曉逆順,元元歸始終。一朝自罪己,萬里車書通。鋒鏑供鋤犁,征戍聽所從。冗官各復業,土著還力農。君臣節儉足,朝野歡呼同。中興似國初,繼體如太宗。端拱納諫諍,和風日冲融。”這當然不是代宗朝已經做到了的,而實際上是杜甫在全面地勾勒自己政治理想的藍圖。他設想割據的藩鎮都歸順朝廷,以實現國家的統一;戰爭永遠停息,征人和流亡者都能回到家鄉從事農業生産；君臣節儉，上下同德；皇帝能够勵精圖治，從諫如流。總之，他殷切地希望恢復唐王朝建國之初那種欣欣向榮的景象。這種理想和那個現實恰成鮮明的對比，因而作者熱情描繪自己的理想，就具有揭露和批判那個現實的積極意義。再如在《晝夢》中，杜甫更提出了“安得務農息戰鬥，普天無吏橫索錢”的夢想，在《蠶穀行》中提出了“焉得鑄甲作農器，一寸荒田牛得耕”的願望。這樣的理想雖不能指導人們去變革那黑暗、動亂的社會，但它卻揭露和批判了現實，并且傳達出了廣大農民對於土地的要求，和他們恢復、發展農業生産，改變自己生活處境的願望。杜甫的很多優秀的現實主義詩篇，就正是在這種政治主張和社會理想的引導下創作出來的。因而，我們讀杜甫的詩常會感到在他批判統治階級、反映人民疾苦時，總有一個思想貫穿於其中。他是一個具有理想的偉大現實主義詩人。

　　作爲一個偉大的現實主義者，杜甫不但在觀察社會、分析社會、再現生活方面耗盡了畢生的精力，而且在探討詩歌的藝術手法上也嘔盡了心血，作出了極大的努力。“新詩改罷自長吟”（《解悶十二首》）就説明他爲了出語驚人而字斟句酌，爲了音律完美而反復吟詠的艱苦的創作實踐。他曾多次談到作詩的“苦用心”。在一些題畫詩裏也常説：“更覺良工心獨苦”（《題李尊師松樹障子歌》），“意匠慘淡經營中”（《丹青引》），其中也概括有他詩歌創作的深刻體會。杜甫就是在刻苦鑽研、琢磨並繼承前人創作經驗的基礎上，形成自己獨特的藝術風格的。

　　杜甫吸取了樂府歌辭的表現手法，但不沿用古題，不拘泥於古調，而是根據現實題材，另立新題，自由抒寫，創作了許多反映重大社會問題的詩篇。元稹所謂“率皆即事名篇，無復倚傍”（《樂府古題序》），即道出了杜甫詩歌這方面的開創意義。像《兵車行》、《麗人行》、《佳人》、《前出塞》、《後出塞》、《哀王孫》、《哀江頭》、《悲陳陶》、《悲青坂》、《塞蘆子》、《留花門》以及“三吏”、“三別”等等，都是這類名篇。在描寫方法上，他採取了樂府歌辭樸實的叙述、精細的雕琢的手法，但又有所創造，把樂府歌辭的意境提到新的高度。如《麗人行》中寫楊氏諸姨的豔冶意態和華麗衣著：“態濃意遠淑且真，肌理細膩骨肉勻。繡羅衣裳照暮春，蹙金孔雀銀麒麟。頭上何所有？翠微匎葉垂鬢脣。背後何所見？珠壓腰衱穩稱身。”又如《佳人》中寫喪亂中被遺棄的貴族婦女的落寞景象：“侍婢賣珠回，牽羅補茅屋。摘花不插髮，采柏動盈掬。天寒翠袖薄，日暮倚修竹。”其中有叙述，有對話，維妙維肖，入情入理，完全是樂府歌辭的意境。但對人物的形態、心理描寫的精確細膩，卻遠遠超過了樂府歌辭。

　　樂府歌辭本來是以叙事爲主，是一種叙事詩。但杜甫這類新體樂府，在叙事中卻有強烈的抒情性。他不把自己的思想觀點明白地説出，而是融化在客觀的具體描寫中，通過強烈的抒情表露出來。正像恩格斯所説：“傾向應當從場面和情節中自然而然地流露出來，而不應當特別把它指點出來。”（《致敏娜·考茨基》）。這是杜甫叙事詩最鮮明的現實主義特徵。《兵車行》寫的是士兵出征時的氣氛，父母、妻子送別時的情景，全是飽含激情的叙述，最後則説：“君不見青海頭，古來白骨無人收。新鬼煩冤舊鬼哭，天陰雨濕聲啾啾。”以強烈的抒情作結，流露了對擴邊戰爭的深惡痛絶。《哀江頭》開頭寫曲江的冷落、荒涼，接着回憶了楊貴妃生前的事，之後以“人生有情淚霑臆，江水江花豈終極”的抒情警語作結，顯示了對這一沉痛的歷史教訓的深切感受。《新安吏》在叙述抓兵的過程之後，把握住征人和母親生離死別的一刹那情景，發出“白水暮東流，青山猶哭聲”的申訴，表現了對被抓士兵的深切同情。

至于《新婚別》、《垂老別》、《無家別》、《前出塞》和《後出塞》等詩，作者都是以故事中主人公的身份出現的，因此其叙事和抒情結合得更緊密。在叙述中就包蘊着熾烈的感情、鮮明的態度，使全詩凝成滚動着熱情的完整形象，增强了震撼人心的藝術力量。這是杜甫的創造，也是以後其他寫新樂府的詩人所不能企及的。

杜甫不但吸取了樂府歌辭的表現手法，而且吸取了許多古代和當代優秀詩人的藝術成就。他曾追慕宋玉的"文彩"，低徊於其"江山故宅"（《詠懷古跡》），贊賞庾信的"凌雲健筆"（《戲爲六絶句》）和"清新"的風格（《春日憶李白》）。他稱譽孟浩然的詩"清詩句句盡堪傳"和王維的詩"最傳秀句寰區滿"（《解悶十二首》）。他頌揚王、楊、盧、駱的詩爲"江河萬古流"（《戲爲六絶句》）。對李白的詩，他更爲傾倒："白也詩無敵，飄然思不群。清新庾開府，俊逸鮑參軍"（《春日憶李白》）。他對他以前的詩人在遣詞造句上的功夫的稱贊，同時也就是他在表現方法上對前人的學習和繼承。他曾説："不薄今人愛古人，清詞麗句必爲鄰"（《戲爲六絶句》），把古今鑄造清詞麗句的詩人引爲同調。

文學是語言的藝術，詩歌的語言尤其要求精煉。杜甫在詩歌語言上是下過苦功的。"爲人性僻耽佳句，語不驚人死不休"（《江上值水如海勢聊短述》），就是説爲了出語驚人，他拚卻了自己的生命。他要求"賦詩新句穩"（《長吟》），這"穩"字，即指詩歌語言的準確、警闢，能把情、景極恰當地表達出來。他經常在自己的詩中錘鍊一些字句，這些字句在全詩中至關重要，起畫龍點睛的作用，即陸機《文賦》所謂"一篇之警策"。漢中王李瑀即喜愛杜甫詩中的"警策"，韋濟也經常稱贊杜甫詩歌的"佳句新"。杜甫也以此來評張九齡的詩："自我一家則，未闕隻字警"（《故右僕射相國曲江張公九齡》）。這種情況如他的《奉酬李都督表丈早春作》云：

“紅入桃花嫩，青歸柳葉新”，“入”字和“嫩”字相關聯，“歸”字和“新”字相關聯，用一“入”字和“歸”字，便寫出了初開的桃花和新生的柳葉。又如《旅夜書懷》云：“星垂平野闊，月湧大江流”，用一“垂”字，則顯示出夜晚平野的廣闊，用一“湧”字，便表現出月色如水和大江的宏偉。這種警策字句爲後世論詩者所豔稱，而在杜詩中則觸目皆是，不勝枚舉。其作用不但使詩歌的意境逼真、生動，而且增强了詩歌的藝術生命力。

　　和用心遣詞造句緊密聯繫的是，杜甫也很講究音律。他説：“遣詞必中律”（《橋陵詩三十韻》），“覓句新知律”（《又示宗武》），“晚節漸於詩律細”（《遣悶戲呈路十九曹長》）等。杜甫的詩歌創作，要求做到“毫髮無遺憾”（《敬贈鄭諫議十韻》），可見他對詩律重視的程度了。他作了很多律詩，從這些律詩看，他駕馭詩律的熟練，可謂得心應手。音律對他的思想不但不起束縛作用，而反有助於文思的表達，並更有激蕩人心的作用。“思飄雲物外，律中鬼神驚”（《敬贈鄭諫議十韻》），這自然是對朋友詩歌的稱贊，其中也包含着自己創作律詩的體會在。杜甫重視詩律，卻不死板地遵守詩律，他有時根據抒發自己真實感情的需要而衝破常格，創作一些拗體律詩。這種拗體詩的音節更加鏗鏘頓挫，適合於激烈的情感的表達。杜甫創作了大量的動人心弦的五律、七律，以及可以見出一個人的學力和藝術修養的排律，後來的詩人步武杜甫所作的排律，很多有餖飣、堆砌等形式主義的傾向，杜甫卻能使工整的形式不傷害豐富生動的內容，這是文學史上其他詩人不能比擬的，是他對我國古代珍貴文學遺產的重大貢獻。

　　杜甫創作的律詩都是抒情詩。這些抒情詩和其他詩人的抒情詩鮮明的不同點，在於他不僅抒發個人悲歡際遇之情，更重要的是抒發那個時代之情、人民之情。他的抒情詩中不少是直接指責時事,表現現實生活的,也有很多是寫登臨、紀游、送別贈友的。那些直接指責時事的作品不必説了,即使這些登臨、紀游、送友贈別之作,也都抒發了他對時代的憂慮和對人民的同情,對自然景物的描寫,也往往爲了抒發憂國憂民之情。如在《閣夜》中他藉寫"歲暮陰陽催短景,天涯霜雪霽寒宵。五更鼓角聲悲壯,三峽星河影動搖"那種悲涼的景色,來抒發對"野哭千家聞戰伐,夷歌幾處起漁樵"的悲憤。又如在《登岳陽樓》中他藉寫"昔聞洞庭水,今上岳陽樓。吴楚東南坼,乾坤日夜浮"那種磅礴的氣象,來表現"戎馬關山北,憑軒涕泗流"的憂傷。再如《登樓》、《登高》等詩都包含着熾熱的感情,其撼動人心的地方,不僅是因爲詩人晚年那種"艱難""潦倒"的遭遇,更重要的是因爲他概括了"萬方多難"、"萬里悲秋"的時代的苦難。這種描寫方法,是杜甫所慣用的,是他的抒情詩的一大特色。

作爲一個偉大的現實主義者,杜甫從對現實世界深刻的觀察和感受出發,以準確、精細的描寫,創造生動、真實的形象來發揮詩歌的藝術效能,無論是對景物還是對人事的描寫,都是如此。他筆下的景物,如"無風雲出塞,不夜月臨關"(《秦州雜詩二十首》),如"松浮欲盡不盡雲,江動將崩未崩石"(《閬山歌》),如"細雨魚兒出,微風燕子斜"(《水檻遣心二首》),如"江山如有待,花柳更無私"(《後游》)等等,都能創造出前所未有的境界,逼真地描寫出自然景物的形態。他筆下的人物,如寫自己和家人離亂後重見面時的驚疑心理:"夜闌更秉燭,相對如夢寐"(《羌村三首》);如寫他在夢中見到李白徬徨失意的情態:"出門搔白首,若負平生志"(《夢李白二首》);如寫農夫留客時粗爽率真的舉動:"高聲索果栗,欲起時被肘"(《遭田父泥飲美嚴中丞》)等等,都能燭幽索隱,把人物的精神狀態"毫髮無遺憾"地勾勒出來。杜甫的藝術表現力是卓越的，他把多方面的現實生活內容和自然景物的描寫緊密地結合起來，形成了豐富多彩的藝術形象。這方面是很少詩人能和他比肩的。

杜甫是真正的藝術巨匠，他在現實主義詩歌的思想、藝術方面，都作出了巨大的貢獻。他和李白都是唐代詩歌發展的高峰，都是盛唐文化之花所結的碩果。對他們的評價，韓愈講得比較公平："李杜文章在，光焰萬丈長。"(《調張籍》)李白、杜甫詩歌的燦爛光輝是永不衰息的！

爲了現出杜甫詩歌和他那個時代的關係，爲了真正現出他詩歌的社會生活史的價值，我們按年代編注了這部選集。編年的根據是四川省文史研究館編的《杜甫年譜》，個別篇章我們認爲編年不恰當，作了調整。

在編選時，我們主要是選取足以代表杜甫思想和藝術的傑作，對一些形象雖不很豐腴但具有積極意義的詩也有重點地選入，對那些藝術表現上具有特色而內容並不出色的詩，也斟酌選入了若干。同時照顧到不同時期的各種體裁和風格，以求儘量現出杜甫詩歌的豐富多彩的面貌。

在注釋方面，每一首都注明寫作年代、主要內容或某些藝術特點等。對詞語儘量注明語源和典故出處，并着重對與詩歌有關的史實的注釋，以闡明詩歌的思想內容。前人的注釋和評論也有選擇地採用。

杜甫詩集的版本很多，注釋也很分歧，我們主要是根據仇兆鰲《杜少陵集詳注》、蔡夢弼《草堂詩箋》、郭知達《九家集注杜詩》、王嗣奭《杜臆》、錢謙益《杜詩箋注》、黃生《杜詩説》、浦起龍《讀杜心解》、楊倫《杜詩鏡詮》等，同時參考北京師範大學圖書館所藏其他各家注本，比較後取其合理者。對原作的各本異文則斟酌去取，擇善而從，不做更多的考訂。建國以來出版的關於研究杜甫的專著、資料、選注等不下數十種，都給了我們的工作以很多啟發，特此向這些著作者和專家們致謝！

杜甫的文、賦爲數不多，較之他的詩歌，相形遜色。這是因爲他的精力都注入了詩歌，文、賦不足以代表他。因此，這個選集沒有選錄他的文、賦。

我們的編選工作是從六十年代初開始的。由于教學工作比較多，只能在工作之餘一首一首地進行注釋，興之所至，筆墨加之，沒有一定的計劃。十年浩劫中，深居簡出，經常以讀杜詩作爲精神寄託，因此這項工作就進行得快了一些。一九七六年粉碎了"四人幫"，我國革命開始了一個新的歷史階段，在大好形勢的鼓舞下，我們把舊稿子整理了一下，從中選錄了三百餘篇，成爲目前這個樣子。原稿承王汝弼先生仔細審閱一過，提了許多寶貴意見。古籍出版社的編者同志進行了認真的審定，也給予我們很大的幫助。對此，我們都衷心地感謝！

如今這本選集終於完成了，由於我們水平的限制，其中會有不少缺點和錯誤，誠懇地歡迎專家、讀者們的批評、指正！

一九八一年六月於北京師大

登兗州城樓〔一〕

東郡趨庭日，南樓縱目初〔二〕。浮雲連海岱，平野入青徐〔三〕。孤嶂秦碑在，荒城魯殿餘〔四〕。從來多古意，臨眺獨躊躇〔五〕。

〔一〕此詩爲杜甫開元二十八年（七四〇）第一次游齊、趙時所作。杜甫父杜閑，時任兗州司馬，杜甫前往省視。兗州：《元和郡縣志》：“河南道兗州：隋大業元年於兗州置都督府，二年改爲魯州，三年改爲魯郡，十三年爲賊徐圓朗所據，武德五年討平圓朗，改魯郡，置兗州。”即今山東省兗州縣。這是登兗州城南樓所詠。

〔二〕東郡：漢代兗州屬郡，此即指兗州。趨庭：古時稱子承父教爲“趨庭”。《論語·季氏》：“鯉（孔子之子）趨而過庭。”縱目初：第一次登臨眺望。

〔三〕海、岱、青、徐：《尚書·禹貢》：“海、岱惟青州。”又：“海、岱及淮惟徐州。”這四處都與兗州接壤。

〔四〕孤嶂：指嶧山。嶧山一名鄒嶧山，又叫邾嶧山，係一孤峰，在今山東省鄒縣東南。秦碑：秦始皇所刻石碑。《史記·秦始皇本紀》：“二十八年，始皇東行郡縣，上鄒嶧山。立石，與魯諸儒生議，刻石頌秦德。”荒城：指曲阜。魯殿：指魯靈光殿，在曲阜縣東二里。《文選·魯靈光殿賦序》：“魯靈光殿者，蓋景帝程姬之子恭王餘之所立也。……遭漢中微，‘盜賊’奔突，自西京未央、建章之殿，皆見隳壞，而靈光巋然獨存。”餘，殘存。《水經·泗水》注：“孔廟東南五百步，有雙石闕,即靈光之南闕,北百餘步,即靈光殿基,東西二十四丈,南北十二丈,高丈餘。”

〔五〕從來:猶自來,謂自有兗州城樓以來。古意:懷古之意。秦殿、秦碑都是先兗州城而有的古迹,故云“從來多古意”。躊躇:徘徊。《後漢書·馮衍傳》:“淹躊躇而弗去。”是説在此登高懷古,徘徊不忍離去。趙汸云:“曰‘從來’,則平昔懷抱可知;曰‘獨’,則登樓者未必皆知。”

望　嶽〔一〕

岱宗夫如何〔二〕? 齊魯青未了〔三〕。造化鍾神秀〔四〕,陰陽割昏曉〔五〕。盪胸生層雲,決眥入歸鳥〔六〕。會當凌絶頂,一覽衆山小〔七〕!

〔一〕此詩亦開元二十八年第一次游齊、趙時所作。嶽:指東嶽泰山。望嶽:近嶽而望,實際並没有登山。

〔二〕岱宗:即泰山。《風俗通義·五嶽》:“東方泰山,……尊曰岱宗。岱者,長也。萬物之始,陰陽交代,……故爲五嶽之長。”岱:即泰字的音轉。宗:是説泰山在五嶽中居首位,爲諸山所宗。《元和郡縣志》:“河南道兗州乾封縣:泰山一曰岱宗,在縣西北三十里。”即在今山東省泰安縣北五里。夫:猶“彼”。此句謂岱宗之爲山,彼竟如何呢? 是設問爲詞。《白虎通·巡狩》:“東方爲岱宗者何? 言萬物更相代於東方也。”

〔三〕齊魯:周代所封的兩個國家,都在今山東省地區。《史記·

貨殖列傳》：“泰山之陽則魯，其陰則齊。”青未了：是説泰山雄踞齊、魯
之間，其青翠的山色遠越齊魯之境而不盡。

〔四〕造化：大自然。鍾：聚集。神秀：山色的神奇、秀麗。孫綽
《游天台山賦序》：“天台者，蓋山嶽之神秀。”此句謂自然界將神奇秀
麗的景色都集中於泰山了。

〔五〕陰陽：山北背日爲陰，山南向日爲陽。割昏曉：即分昏曉。
言山前山後，此曉彼昏。《史記‧大宛列傳》：“崑崙其高二千五百餘
里，日月所相避隱爲光明也。”可以領會此句涵義。

〔六〕盪胸：心胸搖盪。眥（zì）：眼角。決眥：張目極視。二句意
爲山中雲氣層生，瀰漫飄盪，使人心胸亦隨之而振盪，極目遠望，極小
的歸鳥亦入視野之中。

〔七〕會當：應要，將然之詞。凌絶頂：攀登泰山的頂巔。一覽衆
山小：用《孟子》“登泰山而小天下”句意。

房兵曹胡馬[一]

胡馬大宛名，鋒棱瘦骨成[二]。竹批雙耳峻，風入四蹄
輕[三]。所向無空闊，真堪託死生[四]。驍騰有如此，萬里
可横行[五]。

〔一〕此詩應是開元二十九年（七四一）由齊魯回東都洛陽後所
作。房兵曹：名未詳。唐代諸衛府州，各有兵曹參軍。胡馬：泛指出産
在塞北或西域的馬。此詩和後面的《畫鷹》詩，均有爲自己寫照之意。

〔二〕大宛（yuān）名：産於大宛的馬最有名。大宛，漢代西域國

名，在今中亞細亞一帶。《史記·大宛列傳》：“大宛……多善馬，馬汗血，其先天馬子也。”鋒棱：尖銳而有棱角。寫馬的骨格瘦硬有神。

〔三〕竹批：猶削竹。峻：尖銳。《齊民要術》卷六：“（馬）耳欲得小而促，狀如斬竹筒。”風入句：形容馬蹄輕快如乘風。《拾遺記》卷七：“洪（曹洪）以其所乘馬上帝（魏武帝），其馬號曰白鵠。此馬走時唯覺耳中風聲，足似不踐地，……時人謂乘風而行。”

〔四〕無空闊：猶謂所向無前，視空闊如無物。託死生：危難時可以生命相託。

〔五〕驍騰：壯健、快捷。顏延年《赭白馬賦》：“料武藝，品驍騰。”

畫　鷹

素練風霜起，蒼鷹畫作殊〔一〕。㩳身思狡兔，側目似愁胡〔二〕。絛鏇光堪摘，軒楹勢可呼〔三〕。何當擊凡鳥，毛血灑平蕪〔四〕！

〔一〕素練：繪畫用的白絹。風霜：形容畫上鷹的神態與氣氛，其威猛如挾風霜而起。殊：特異不凡。朱鶴齡云：“此即《畫馬》詩‘縞素漠漠開風沙’意。”

〔二〕㩳：應作“愯”，古“竦”字，即聳動。竦身，即聳翅欲飛狀。思狡兔：想攫取狡兔。愁胡：焦慮凝神之胡人。語出孫楚《鷹賦》：“深目蛾眉，狀如愁胡。”

〔三〕絛（tāo）：同“縧”，絲繩。鏇（xuàn）：轉軸，此指金屬質圓棍。絛鏇，謂以絛繫鷹足於鏇。摘，解去。此句意爲絛鏇光彩逼真，似可解去。軒楹：堂前的廊柱，即畫中鷹的背景。勢可呼：勢，謂鷹在軒楹間之狀；可呼，謂似可呼出行獵。

〔四〕何當：何時方能。凡鳥：尋常的鳥。毛血句：化用班固《西都賦》“風毛雨血，灑野蔽天”句意。平蕪，荒草平原。趙汸云：“末聯兼有疾惡意。”兩句以詠畫鷹自抒奮發鷹揚的抱負。

夜宴左氏莊〔一〕

林風纖月落，衣露靜琴張〔二〕。暗水流花徑，春星帶草堂〔三〕。檢書燒燭短，看劍引杯長〔四〕。詩罷聞吳詠，扁舟意不忘〔五〕。

〔一〕此詩在洛陽時所作。莊：指莊園。左氏即莊園主人，名未詳。

〔二〕林風：一本作“風林”。林中之風是微風，風吹動林則是大風，當以“林風”爲是。且“林風”與下句“衣露”相對，於義爲長。纖月：初弦的新月。衣露：衣上沾露。靜琴：琴聲雅靜。《詩·鄭風·女曰雞鳴》：“琴瑟在御，莫不靜好。”張：彈琴。《禮記·檀弓上》：“琴瑟張而不平。”孔疏引鄭注：“張弦而不調平也”，故張弦即彈奏之意。

〔三〕暗水：月已落，但聞花徑間流水聲，故云“暗”。帶：映帶。黃生云：“上句妙在一‘暗’字，覺水聲之入耳。下句妙在一‘帶’字，見星光之遙映。”

〔四〕檢書：查閱詩書。燒燭短：喻檢書時間很久。看劍：一本作“說劍”。看劍激發人的豪興，較“說劍”義勝。引杯長：即引滿。

〔五〕聞吴詠：聞同座有客用吴音吟詩。扁舟句：由吴詠聯貫而及。《史記·貨殖列傳》："（范蠡）乃乘扁舟浮於江湖。"杜甫游齊、趙前，曾游過吴、越，時在開元十九年至二十二年（七三一—七三四）間，故聞吴詠而馳浮想於扁舟游湖的情景。

臨邑舍弟書至，苦雨，黄河泛溢，堤防之患，簿領所憂，因寄此詩，用寬其意〔一〕

二儀積風雨，百谷漏波濤〔二〕。聞道洪河坼，遥連滄海高〔三〕。職司憂悄悄，郡國訴嗷嗷〔四〕。舍弟卑棲邑，防川領簿曹〔五〕。尺書前日至，版築不時操〔六〕。難假黿鼉力，空瞻烏鵲毛〔七〕。燕南吹畎畝，濟上没蓬蒿〔八〕。螺蚌滿近郭，蛟螭乘九皋〔九〕。徐關深水府，碣石小秋毫〔一〇〕。白屋留孤樹，青天失萬艘〔一一〕。吾衰同泛梗，利涉想蟠桃〔一二〕。卻倚天涯釣，猶能掣巨鼇〔一三〕。

〔一〕此五言排律應是開元二十九年秋所作。《舊唐書·五行志》："（開元）二十九年七月，伊、洛及支川皆溢，害稼，毁天津橋及東西漕、上陽宫仗舍，溺死千餘人。是秋，河南、河北郡二十四水，害稼。"情景與此詩合。舍弟：杜甫的胞弟杜穎。時任臨邑（在今山東省）主簿。簿領：管理文書簿籍的佐吏。杜穎這時的職責是治河築堤。寬其意：杜穎爲黄河水災而憂慮，故寄此詩慰之。

〔二〕二儀：即天地。成公綏《天地賦》："何陰陽之難測，偉二儀之夌闊。”風雨:複詞偏義,側重在雨。積風雨,言久雨不停。漏:傾瀉意。波濤:形容河水泛濫,汹湧澎湃。

〔三〕洪河:即黃河。洪,大。黃河歷來稱大河。坼(chè):決口。

〔四〕職司:職掌防河的官。悄悄:憂慮貌。《詩・邶風・柏舟》:“憂心悄悄。”郡國:漢分天下爲郡、國,郡由中央直轄,國由諸侯藩王管理,統稱“郡國”。此處泛指地方行政長官。嗷嗷:啼飢聲。《詩・小雅・鴻雁》:“鴻雁于飛,哀鳴嗷嗷。”此句言地方官向中央申訴災民嗷嗷待哺的情況。

〔五〕卑棲:居官低下。簿曹:掌簿書的官吏。

〔六〕尺書:古時書信長約一尺,故云“尺書”。版築:用版夾土築堤。

〔七〕黿(yuán)鼉(tuó)力:據《竹書紀年》所記,周穆王東游至九江,叱黿鼉以爲橋梁。烏鵲毛:據《爾雅翼》載,七月七日烏鵲搭橋以渡織女,故頭上毛羽盡脫。句意爲希望黿鼉、烏鵲搭橋而不可得,故云“難假”、“空瞻”。

〔八〕燕南:即今河北省南部。畎(quǎn):田間水溝;吹畎畝,指水漫田野,迎風流動。濟上:即今山東省濟南、兗州一帶。

〔九〕螺蚌句:言螺蚌爬滿附近的城郭。蛟:古代認爲係一種龍屬動物。螭(chī):相傳係一種無角的龍。乘:爬上。九皋:九折之澤,即水澤深處。皋,澤中水溢形成之坎陷。此句言蛟螭升上陂澤。兩句極寫河水泛濫,歷久不退。

〔一〇〕徐關:地名,屬齊州,近黃河。深水府:深水裏的龍宮水府。碣石:山名,歷來注釋家多認爲在今河北省昌黎縣北,爲古黃河道。但杜甫此詩賦黃河水患,所舉地望都在唐代黃河附近,當非遠指河北昌黎之碣石。按《肇域志》:“山東海豐縣馬谷山,即大碣石。”海豐即今山東省無棣縣,臨河,瀕海,當即此詩所謂之碣石。秋毫:秋天鳥獸換生的毫毛。喻極細微之物。徐關成水府,碣石若秋毫,均喻水勢浩漫。

〔一〕白屋:即茅屋。茅屋被大水湮没,只剩下樹木,故云“留孤樹”。青天:没有風雨的天。雖無風雨,但洪水泛濫,舟楫難通,故云“失萬艘”。

〔二〕吾衰:語出《論語·述而》。杜甫這年才三十歲,謂“衰”除係用成語外,當指心境而言。集中《上水遣懷》詩:“我衰太平時,身病戎馬後。”太平時,指安史之亂前,其時杜甫尚係壯年,謂“衰”,亦指心境。泛梗:《國策·齊策》:“有土偶人與桃梗相與語。……土偶曰:‘……今子,東國之桃梗也,刻削子以爲人,降雨下,淄水至,流子而去,則子漂漂者將何如耳。’”梗:桃木偶。杜甫此時未入仕,隨處飄蕩,又遇水潦,故以“泛梗”自比。利涉:《易·需》:“利涉大川。”《正義》云:“以剛健而進,即不患於險。”蟠桃:神仙故事中的仙桃。《海内十洲記》:“東海有山,名度索山,上有大桃樹,蟠屈三千里,曰蟠木。”兩句意謂自己雖飄流無着落,猶思奮力渡水去摘取蟠桃。

〔三〕卻倚:一本作“賴倚”,非。卻倚與下句“猶能”相對,文意一句一轉。天涯釣:即垂釣東海。掣:牽掣拉曳。黿:海中大龜。《列子·湯問》:“而龍伯之國,有大人,舉足不盈數步而暨五山之所,一釣而連六黿。”設想涉水摘取蟠桃爲餌,釣出巨黿,以平水患。朱鶴齡云:“言我雖泛梗無成,猶思垂釣東海,以施掣黿之力,水患豈足憂耶!蓋戲爲大言以慰之耳。”

贈李白〔一〕

二年客東都,所歷厭機巧〔二〕。野人對腥羶,蔬食常不飽〔三〕。豈無青精飯,使我顔色好〔四〕?苦乏大藥資,山林跡如掃〔五〕。李侯金閨彦,脱身事幽討〔六〕。亦有梁宋游,方期拾瑶草〔七〕。

〔一〕此詩爲天寶三載(七四四)所作。時杜甫在洛陽,李白也由於玄宗信讒,從長安被放還,經游洛陽。

〔二〕東都:即洛陽。機巧:奸刁巧詐,鈎心鬥角。

〔三〕野人:杜甫自謂。腥:魚蝦之類。羶:牛羊肉之類。統指佳肴美味。句意爲相對於豪家之日食珍羞,自己連素食亦常不足。

〔四〕青精飯:用南燭草木葉,雜以莖皮,煮取汁,浸米蒸飯,曝干,作青色,叫"青精飯"。道家認爲久服可以益顔長壽,故云"使我顔色好"。

〔五〕大藥:道家服食用燒煉的金丹。唐代道教盛行,煉丹服藥以求長生者不少,李白即其中之一。跡如掃:絶跡。意謂本想到山林煉藥,但苦無資財。

〔六〕李侯:指李白,侯是敬稱。金閨彦:朝廷有用之材。江淹《別賦》:"金閨之諸彦。"注:"金閨,金馬門也。"天寶元年,李白到長安,供奉翰林,故云。脱身句:指脱離唐朝宮廷。事幽討:在山林中從事採藥訪道。

〔七〕梁、宋:今河南省開封至商丘一帶。杜甫於開元二十七年(七三九)六月與正在游梁、宋的高適相逢於齊南魯北的汶上後,就有出游梁、宋的打算,這時便和李白約定,同游梁、宋,採藥訪道。錢謙益云:"(杜)公在梁宋,亦與白同游,《遣懷》、《昔游》二詩所云是也。"拾瑶草:採玉芝。據説服後可長生不老。

陪李北海宴歷下亭〔一〕

東藩駐皂蓋，北渚凌清河〔二〕。海右此亭古，濟南名士
多〔三〕。雲山已發興，玉佩仍當歌〔四〕。修竹不受暑，交流
空湧波〔五〕。蘊真惬所遇，落日將如何〔六〕？貴賤俱物役，
從公難重過〔七〕！

〔一〕此詩爲天寶四載（七四五）夏第二次游齊、魯時所作。李北
海：即李邕，唐代著名的文學家和書法家。當時正做北海（郡名，故城
在今山東省昌樂縣東南）太守，世稱李北海。因不守細行，爲佞相李
林甫所忌，天寶六載正月被杖殺。歷下亭：在齊州（今濟南）大明湖
西，因歷山得名，面山背湖，風景絕勝，今名客亭。當時李邕從侄李之
芳任齊州司馬，杜甫和他同約李邕來齊，每日游宴，相得甚歡。詩是宴
歷下亭即席所賦。

〔二〕東藩：指李邕。北海在國境東，唐代的州牧郡守，相當於周、
秦的方伯諸侯，故稱“東藩”。皂蓋：青色的車蓋。漢代太守所用，這
裏借喻李邕。北渚（zhǔ 主）：齊州北面水中的沙洲。凌：經歷。清河：
即古濟水。意爲從北渚乘舟經清河去歷下亭。

〔三〕海右：一本作“海內”，不確。方位以西爲右，以東爲左。齊
州在海西，故稱“海右”。名士多：原注：“時邑人蹇處士輩在坐。”

〔四〕雲山：宴會時所面對。玉佩：侑酒的歌妓所佩帶，借指歌妓。

〔五〕交流：指歷水、灤水同流入鵲山湖。空湧波：言既有修竹蔭
蔽，便不用河水生凉，故河水交流，不過空自湧波而已。

〔六〕蘊真：蘊含自然真趣。謝靈運《登江中孤嶼》詩：“表靈物莫賞，蘊真誰爲傳？”愜（qiè）：遂心適意。所遇：指同游之人與所歷之景。落日句：言雖留戀此會此景，但暮色催人無可奈何。

〔七〕貴：指李邕。賤：杜甫自謂。物役：被世務驅使。公：指李邕。難重過，嗟嘆重游難期。

贈李白〔一〕

秋來相顧尚飄蓬，未就丹砂愧葛洪〔二〕。痛飲狂歌空度日，飛揚跋扈爲誰雄〔三〕！

〔一〕天寶四載秋在兗州與李白重逢時作。仇兆鰲云：“此詩自嘆失意浪游，而惜白之興豪不遇也。”

〔二〕飄蓬：蓬草無根，隨風飄蕩。李、杜此時均浪跡山東，故以蓬草爲喻。葛洪：東晉人。《晉書》本傳：“葛洪字稚川，丹陽句容人也。……從祖玄，吳時學道得仙，號曰葛仙公，以其鍊丹秘術授弟子鄭隱。洪就隱學，悉得其法焉。……以年老，欲鍊丹以祈遐壽，聞交阯出丹砂，求爲勾扁令。帝以洪資高，不許。洪曰：‘非欲爲榮，以有丹耳。’帝從之。……洪乃止羅浮山煉丹。”丹砂：即硃砂，煉丹用藥。杜甫因李白好煉丹服藥，其時方從道士高如貴受“道籙”，故云。

〔三〕飛揚：狂放不羈。跋扈：强梁，專橫暴戾。《後漢書·梁冀傳》：“帝（質帝）少而聰慧，知冀驕橫，嘗朝群臣，目冀曰：‘此跋扈將軍也。’”誰：猶那、何。如岑參《獻封大夫破播仙凱歌》：“天子預開麟閣待，祇今誰數貳師功。”誰數，言漢將之功何足數。爲誰雄，言究竟因何而稱雄。此句嘆息李白“飄蓬”之中而意氣不衰。

飲中八仙歌[一]

知章騎馬似乘船，眼花落井水底眠[二]。汝陽三斗始朝天，
道逢麴車口流涎，恨不移封向酒泉[三]。左相日興費萬錢，
飲如長鯨吸百川，銜杯樂聖稱避賢[四]。宗之瀟灑美少年，
舉觴白眼望青天，皎如玉樹臨風前[五]。蘇晉長齋繡佛前，
醉中往往愛逃禪[六]。李白一斗詩百篇，長安市上酒家眠，
天子呼來不上船，自稱臣是酒中仙[七]。張旭三杯草聖傳，
脫帽露頂王公前，揮毫落紙如雲烟[八]。焦遂五斗方卓然，
高談雄辯驚四筵[九]。

〔一〕此詩天寶五載(七四六)初抵長安時所作。蔡夢弼云：“此
歌分八篇，人人各異，雖重押韻，無害。亦周詩分章之意也。”詩中描
寫諸人性格特徵以及某些人的藝術成就，寫李白最爲突出。

〔二〕知章：即賀知章。《舊唐書》本傳：“賀知章，會稽永興（今浙
江蕭山縣境）人。……少以文詞知名。……性放曠，善談笑，當時賢
達皆傾慕之。……晚年尤加縱誕，無復規檢，自號四明狂客，又稱‘秘
書外監’，遨游里巷。”兩句極寫他的狂態。

〔三〕汝陽：即汝陽王李璡，唐玄宗兄寧王李憲長子。《舊唐書·
讓皇帝憲傳》：“（璡）與賀知章、褚庭誨爲詩酒之交。”杜甫另有《贈汝
陽王二十韻》和《贈太子太師汝陽王璡》詩。朝天：朝見天子。麴(qù)

車：裝酒麴的車。麴，酒母，所以釀酒。酒泉：郡名，即今甘肅省酒泉縣。相傳城下有泉，水味如酒，因此得名。寫李璡嚮往酒泉，以喻他的嗜酒。

〔四〕左相：即李適之。《舊唐書》本傳：“李適之，一名昌，恒山王承乾之孫也。……雅好賓友，飲酒一斗不亂。……天寶元年，代牛仙客爲左相，累封清和縣公。與李林甫爭權，不叶。適之性疏，爲其陰中。……五載，罷知政事，守太子少保，遂命親故歡會，賦詩曰：‘避賢初罷相，樂聖且銜盃。爲問門前客，今朝幾個來？’”日興費萬錢：每日興起不惜花費萬錢，極言他的豪奢。長鯨吸百川：極言他的豪飲。樂聖、避賢：均李適之詩中語，聖、賢，喻酒。事出《三國志·魏書·徐邈傳》：“時科禁酒，而邈私飲，至於沈醉。校事趙達問以曹事，邈曰：‘中聖人。’達白之太祖，太祖甚怒。度遼將軍鮮于輔進曰：‘平日醉客謂酒清者爲聖人，濁者爲賢人。邈性修慎，偶醉言耳。’竟坐得免刑。”

〔五〕宗之：即崔宗之。崔日用之子，襲封齊國公，爲李白好友。《舊唐書·李白傳》：“時侍御史崔宗之謫官金陵，與白詩酒唱和。嘗月夜乘舟自采石達金陵，白衣宮錦袍，於舟中顧瞻笑傲，傍若無人。”瀟灑：豁達無拘束。白眼：晉詩人阮籍能作青白眼，遇俗人即以白眼對之，見《晉書》本傳。此喻崔宗之傲世疾俗。玉樹：語出《世說新語·容止》：“魏明帝使后弟毛曾與夏侯玄共坐，時人謂蒹葭倚玉樹。”此句言崔宗之風度翩翩。

〔六〕蘇晉：蘇珦之子。《舊唐書》本傳：“晉數歲能屬文，作《八卦論》，吏部侍郎房穎叔、秘書少監王紹宗見而賞嘆曰：‘此後來王粲也。’弱冠舉進士，又應大禮舉，皆居上第。先天中，累遷中書舍人，兼崇文館學士。玄宗監國，每有制命，皆令晉及賈曾爲之。晉亦數進讜言，深見嘉納。……”長齋：常時齋戒吃素。蘇晉既長齋又喝酒，可見並非真心信佛，而是“逃禪”，即不守清規戒律。

〔七〕李白：《舊唐書》本傳：“白既嗜酒，日與飲徒醉於酒肆。玄宗度曲，欲造樂府新詞，亟召白，白已卧於酒肆矣。召入，以水灑面，即令秉筆，頃之成十餘章，帝頗嘉之。”即所謂“長安市上酒家眠”。又范傳正所作《唐左拾遺翰林學士李公新墓碑》：“（玄宗）泛白蓮池，公不在宴。皇歡既洽，召公作序。時公已被酒於翰苑中，仍命高將軍扶以登舟。”即所謂“天子呼來不上船”。不：猶“不能”。《國語·越語下》：“得時不成”，韋注：“言得天時而人弗能成。”又《漢書·淮南厲王長傳》：淮南民歌“兄弟二人不相容”。《淮南子》高誘《淮南鴻烈解叙》，其民歌云：“兄弟二人不能相容”，“不”下正有“能”字可證。此句謂李白醉甚不能上船，故須扶掖登舟，極寫李白的浪漫生活和狂放性格。

〔八〕張旭：唐代書法家。《舊唐書·賀知章傳》：“時有吴郡張旭，亦與知章相善。旭善草書而好酒，每醉後，號呼狂走，索筆揮灑，變化無窮，若有神助。時人號爲張顛。”草聖：草書之聖。脱帽露頂：李肇《國史補》：“旭飲酒輒草書，揮筆而大叫，以頭搵水墨中而書之，天下號爲張顛。醒後自視，以爲神異。”杜甫入蜀後，見張旭遺墨，還極其懷念。如《殿中楊監見示張旭草書圖》：“斯人已云亡，草聖秘難得。及兹煩見示，滿目一悽惻。”又高適《醉後贈張九旭》：“興來書自聖，醉後語猶顛。”李頎《贈張旭》：“露頂據胡床，長叫三五聲。興來灑素壁，揮筆如流星。”均可參看。

〔九〕焦遂：生平事跡不詳。袁郊《甘澤謡》：“陶峴，……開元末家於崑山。……自製三舟，……客有前進士孟彦深、進士孟雲卿、布衣焦遂，各置僕妾，共載。”孟雲卿既與焦遂同游，又是杜甫的詩友，杜甫在長安時可能也與焦遂有交往。卓然：指酒後精神振奮。高談句：四筵，猶四座。寫焦遂醉後精神益振，與一般酒徒不同。詩中寫八人醉後神態各殊，惟妙惟肖。寫一人，用兩句、三句、四句不等，着墨不多，而氣韻生動，評詩家向譽爲“創格”。

冬日有懷李白〔一〕

寂寞書齋裏，終朝獨爾思〔二〕。更尋嘉樹傳，不忘角弓詩〔三〕。短褐風霜入，還丹日月遲〔四〕。未因乘興去，空有鹿門期〔五〕。

〔一〕天寶五載，杜甫和李白同游齊、魯後，李白再次游吳、越，杜甫則從洛陽往長安，此詩爲是年冬所作。

〔二〕書齋：指長安所居的書齋。前此與李白同游，“醉眠秋共被”（《與李十二白同尋范十隱居》），今南北睽隔，故云“寂寞”。爾思：“思爾”之倒文。

〔三〕嘉樹傳：《左傳・昭公二年》：“晉侯使韓宣子來聘，……公享之，季武子賦《緜》之卒章，韓子賦《角弓》。……既享，宴于季氏，有嘉樹焉，宣子譽之。武子曰：‘宿敢不封殖此樹，以無忘《角弓》！’遂賦《甘棠》。宣子曰：‘起不堪也，無以及召公。’”角弓詩：指《詩・小雅・角弓》，其首章云：“騂騂角弓，翩其反矣。兄弟婚姻，無胥遠矣。”歌詠兄弟應親近而不應疏遠。李、杜情如兄弟，故用嘉樹傳、《角弓》詩喻己之不忘李白，猶如季武子之不忘韓宣子。

〔四〕短褐：用獸毛或粗麻製成，貧者所服。風霜入：暗用魏文帝令“衣或短褐不完”意，故風霜可侵入也。還丹：丹名。道家煉丹以九轉爲貴。《神仙傳》：“藥之上者，有九轉還丹。”日月遲：遲，等待之意，陶潛詩：“日月不肯遲”，即日月不可等待。此句言煉丹尚須待時日，是自傷流落蹉跎之意。

〔五〕乘興去：用王徽之雪夜訪戴故事。《晉書·王徽之傳》：
“（徽之）嘗居山陰，夜雪初霽，……忽憶戴逵。逵時在剡，便夜乘小船
詣之，經宿方至，造門不前而反。人問其故，徽之曰：‘本乘興而行，興
盡而反，何必見安道邪！’”按：《舊唐書·文苑傳》：“（李白）天寶初，
客游會稽，與道士吳筠隱於剡中（今浙江省嵊縣）。”杜甫開元末年也
曾游吳、越，故詩中用此典。鹿門期：相期于鹿門山隱居。鹿門山在今
湖北省襄陽縣東南三十里，東漢龐德公隱居於此，採藥而終。唐孟浩
然也在此隱居。杜甫原籍襄陽，曾和李白相約，同入鹿門山隱居，未能
如願，故云。

春日憶李白〔一〕

白也詩無敵，飄然思不群〔二〕。清新庾開府，俊逸鮑參
軍〔三〕。渭北春天樹，江東日暮雲〔四〕。何時一樽酒，重與
細論文〔五〕。

　　〔一〕天寶六載（七四七）春在長安作。
　　〔二〕白也：在人名後加助詞“也”字，係因與下句“飄然”的“然”
字對偶。《論語》、《左傳》等古書中均有此語法，如《禮記·檀弓上》：
“子上（子思之子孔白）之母死而不喪，門人問諸子思曰：‘……爲伋
（子思名）也妻者，是爲白也母；不爲伋也妻者，是不爲白也母。’”無
敵：既云“無敵”，又云似庾、鮑，貌似牴牾，故一本作“無數”，實後人妄
改。詩意蓋謂李白才兼庾鮑，庾有清新而李白以俊逸過之，鮑有俊逸
而李白以清新過之，故無敵也。一說“無”當作“何”解。《左傳·昭公

二十六年》引逸《詩》：“我無所監，夏后及商。”意爲周何所監？監於
夏、商。故詩無敵，即“詩何敵”意，亦可通。思不群：高出衆人之上，
鍾嶸《詩品》：“陳思王（植）粲溢今古，卓爾不群。”

〔三〕庾開府：即庾信，字子山，南北朝梁代詩人，後入北周。曾在
北周任驃騎大將軍，開府儀同三司，五言詩風格清新。鮑參軍：即鮑
照，字明遠，六朝劉宋時詩人。曾任臨海王子頊前軍參軍。七言歌行
風格俊逸豪放。

〔四〕渭北：泛指渭河兩岸，即自己所在地長安。江東：泛指長江
以東地區，即李白所在地越州。春天樹、日暮雲：互文見義，用江淹
《擬休上人怨别》詩“日暮碧雲合，佳人殊未來”意。

〔五〕論文：即論詩。六朝以來，通稱詩爲文。杯酒論文，是杜甫
和李白從前游齊、魯時事。故此詩重寄向往之意。

奉贈韋左丞丈二十二韻〔一〕

紈袴不餓死，儒冠多誤身〔二〕。丈人試靜聽，賤子請具
陳〔三〕。甫昔少年日，早充觀國賓〔四〕。讀書破萬卷，下筆
如有神〔五〕。賦料揚雄敵，詩看子建親〔六〕。李邕求識面，
王翰願卜鄰〔七〕。自謂頗挺出，立登要路津〔八〕。致君堯舜
上，再使風俗淳〔九〕。此意竟蕭條，行歌非隱淪〔一〇〕。騎驢
十三載，旅食京華春〔一一〕。朝扣富兒門，暮隨肥馬塵〔一二〕。
殘杯與冷炙，到處潛悲辛〔一三〕。主上頃見徵，欻然欲求
伸〔一四〕。青冥卻垂翅，蹭蹬無縱鱗〔一五〕。甚愧丈人厚，甚

知丈人真〔一六〕。每於百僚上，猥誦佳句新〔一七〕。竊效貢公喜，難甘原憲貧〔一八〕。焉能心怏怏，祗是走踆踆〔一九〕。今欲東入海，即將西去秦〔二〇〕。尚憐終南山，回首清渭濱〔二一〕。常擬報一飯，況懷辭大臣〔二二〕？白鷗没浩蕩，萬里誰能馴〔二三〕！

〔一〕天寶七載（七四八）作。韋左丞：即韋濟，時任尚書左丞。《唐六典》卷一：“尚書省左丞一人，正四品上。……左右丞掌管轄省事，糺舉憲章，以辨六官之儀制，而正百僚之文法，分而視焉。”杜甫當時困居長安，韋濟頗賞識其詩，杜甫先曾作《贈韋左丞丈濟》一詩相贈。此係再度贈詩，對韋濟表示感激，並抨擊當時社會和政治。

〔二〕紈袴：紈，絲織細絹，袴，即褲子。富貴家子弟所服，歷來作富貴子弟代稱。不餓死：對富貴家子弟的詛咒。儒冠：杜甫自謂。杜甫常以儒者自居。其《進鵰賦表》云：“自先君恕、預以降，奉儒守官，未墜素業。”兩句是牢騷憤慨之言，亦本詩的主旨。王嗣奭云：“儒冠誤身，乃通篇之主，紈袴句特伴語耳。”

〔三〕丈人：尊稱韋濟。賤子：杜甫自謙之稱。具陳：詳細陳述。“試”與“請”互文，都有“聊且”之義。

〔四〕觀國賓：觀國光的王賓，語本《易·觀》：“觀國之光，利用賓于王。”賓：“賓興”之意。《周禮·地官·大司徒》：“以鄉三物教萬民，而賓興之。”注：“鄉大夫舉其賢者能者，以飲酒之禮賓客之，既則獻其書於王矣。”後代地方設宴以待應舉之士，即此遺意。杜甫於開元二十三年（七三五）在洛陽參加進士考試，其時二十四歲，故云“少年日”。

〔五〕讀書句：萬卷，指博覽。破，見其精勤。杜甫多次言及讀萬卷書事。如《可嘆》：“羣書萬卷常暗誦，《孝經》一通看在手。”《題柏學士茅屋》：“古人已用三冬足，年少今開萬卷餘。”又《舊唐書》卷一六五《柳仲郢傳》稱柳仲郢：“廄無名馬，衣不薰香。退公布卷，不捨晝夜。《九經》、《三史》一鈔，魏晉以來南北史再鈔，手鈔分門三十卷，號《柳氏自備》。又精釋典，《瑜伽》、《智度大論》皆再鈔。自餘佛書，多手記要義，小楷精謹，無一字肆筆。”可見唐人讀書之精，記誦之勤，已成一代風氣。杜甫之讀破萬卷書，即反映了這一時代的風氣。

〔六〕揚雄：西漢大辭賦家。子建：曹植字，三國時魏國詩人。料：比量、估計。親：相近，不相上下。賦比揚雄，詩近子建，自言創作成就之高超。

〔七〕李邕：見前《陪李北海宴歷下亭》注。《舊唐書》本傳：“李邕，廣陵江都人。……早擅才名，尤長碑頌。雖貶職在外，中朝衣冠及天下寺觀，多齎持金帛，往求其文。前後所製，凡數百首，受納饋遺，亦至鉅萬。時議以爲自古鬻文獲財，未有如邕者。”求識面：《新唐書·杜甫傳》：“甫字子美，少貧不自振，客吳越、齊趙間。李邕奇其材，先往見之。”王翰：唐代名詩人。《新唐書》本傳：“王翰字子羽，并州晉陽人。少豪健恃才，……張嘉貞爲本州長史，偉其人，厚遇之。翰自歌以舞屬嘉貞，神氣軒舉自如。……家畜聲伎，……日與才士豪俠飲樂游畋，伐鼓窮歡。”卜鄰：擇鄰。一本作“爲鄰”，不確。二人於杜甫爲前輩。意即自己的才華能傾動前輩。

〔八〕挺出：猶突出。要路津：險要的渡口。《文選·古詩》：“何不策高足，先據要路津。”喻重要的職位。

〔九〕致君兩句：爲杜甫終生抱負。在《同元使君春陵行》詩中亦云：“致君唐虞際，淳樸憶大庭。”語與應璩《與弟書》“思致君於唐虞，濟斯民於塗炭”同義。《貞觀政要》卷二“王珪”條，王珪答太宗説：“每以諫諍爲心，恥君不及堯舜，臣不如魏徵。”蓋此爲儒家匡君濟時的正統思想。

〔一〇〕此意：指"致君堯舜"的抱負。蕭條：冷落、寂寞，這裏有"落空"之意。行歌：奔走作詩。隱淪：隱逸之士。兩句言素志未能實現，窮困行歌，卻非隱士一流人物。

〔一一〕十三載：一本作"三十載"，誤。杜甫是年三十七歲，當無七歲即騎驢出游之理。仇兆鰲云："公兩至長安，初自開元二十三年赴京兆之貢，後以應詔到京，在天寶六載爲十三載也。他本作三十載，斷誤。"旅食：客居謀生。京華：京師，華，言其壯麗。

〔一二〕富兒：即紈袴子弟。肥馬：富人所騎。兩句叙困厄委屈之狀。

〔一三〕殘杯冷炙：他人飲食之餘，形容寄食於人。《顏氏家訓·雜藝》："見役勳貴，處之下坐，以取殘杯冷炙之辱。"潛悲辛：暗含辛酸。集中《進鵰賦表》云："臣衣不蓋體，常寄食於人。"《進三大禮賦表》云："賣藥都市，寄食朋友。"《進封西岳賦表》云："臣本杜陵諸生，年過四十，經術淺陋，進無補於明時，退嘗困於衣食，蓋長安一匹夫耳。"可見杜甫當時窮困之況。黃生云："騎驢六句，極言困厄之狀，略不自諱，隱然見抱負如彼，而厄窮乃如此，俗眼無一知己矣。"

〔一四〕主上：指唐玄宗。見徵：被徵召。指天寶六載玄宗下詔徵求有一藝之長的人到長安應試一事。欻（xū）：忽然。伸：伸展才能抱負。

〔一五〕青冥：青雲。《楚辭·九章·悲回風》："據青冥而攄虹兮。"垂翅：鳥垂下翅膀。喻遭受蹉跌。蹭蹬：失勢貌。縱鱗：魚得意縱游。王褒《聖主得賢臣頌》："沛乎若巨魚縱大壑。"無縱鱗，即不得意。兩句以魚鳥爲喻，說明自己應試被逐事。按，當時雖下詔徵賢，但李林甫嫉忌人材，全部舉子落選，並且上表奏稱"野無遺賢"。

〔一六〕愧：心感。厚：指情意深厚。真：懇切。趙次公云："厚，言其相待之厚，如《世說》范達深愧其厚意。真，言其懷抱之真，如《莊子》云其爲人也真。”

〔一七〕猥:猶“辱”,謙詞。《後漢書・孔融傳》:“猥惠書教。”誦佳句:指韋濟向人稱誦杜甫詩作。唐人重詩,用詩求知己,也用詩推薦人。

〔一八〕貢公:指西漢貢禹。《漢書・王吉傳》:“吉與貢禹爲友,世稱‘王陽在位,貢公彈冠’。”謂王吉必引貢禹入仕。王吉字子陽,故云“王陽”。劉孝標《廣絶交論》:“王陽登而貢公喜。”此處杜甫自比貢禹,以王吉期望韋濟。原憲:孔子弟子。《莊子・讓王》:“原憲居魯,……(子貢)往見原憲。原憲華冠縱履,杖藜而應門。子貢曰:‘嘻!先生何病?’原憲應之曰:‘憲聞之,無財謂之貧,學而不能行謂之病。今憲,貧也,非病也。’子貢逡巡而有愧色。”後人常以原憲喻貧士。難甘:不能忍受。

〔一九〕怏怏:憤懑不平貌。踆(qūn)踆:且進且退、徘徊瞻顧貌。即捨不得離開。

〔二〇〕入海:《莊子・列禦寇》:“石戶之農,攜子入於海,終身不返。”去秦:用《史記・李斯列傳》“天下之士,退而不西向,裹足不入秦”意。兩句皆謂將失望而離長安。

〔二一〕終南山:在長安南五十里。清渭:即渭水。在長安北五十里。渭水清,涇水濁,故云“清渭”。潘岳《西征賦》:“北有清渭濁涇。”尚憐、回首:表明留戀不捨之意。

〔二二〕報一飯:《後漢書・李固傳》:“竊感古人一飯之報。”大臣:指韋濟。兩句謂一飯之恩,尚思報答,何況辭別賞識自己的大臣?説明贈詩的原因。

〔二三〕白鷗:杜甫自喻。沒浩蕩:出沒於浩蕩的烟波之中。一本“沒”作“波”,則神氣索然。朱鶴齡云:“韋必嘗薦公而不達,故有踆踆去國之思,今猶未忍決去者,以眷眷大臣也。然去志終不可回,當如白鷗之遠泛江湖耳。”

高都護驄馬行[一]

安西都護胡青驄,聲價歘然來向東[二]。此馬臨陣久無敵,與人一心成大功[三]。功成惠養隨所致,飄飄遠自流沙至[四]。雄姿未受伏櫪恩,猛氣猶思戰場利[五]。腕促蹄高如踏鐵,交河幾蹴曾冰裂[六]。五花散作雲滿身,萬里方看汗流血[七]。長安壯兒不敢騎,走過掣電傾城知[八]。青絲絡頭爲君老,何由卻出橫門道[九]。

〔一〕此詩作於天寶八載(七四九)。高都護:即高仙芝。唐朝在邊疆設六都護府,高仙芝開元末爲安西副都護,天寶六載平少勃律(在今克什米爾境内),八載入朝。當時杜甫正困處長安,故以此詩抒懷。

〔二〕安西都護:《唐會要》卷七十三:"貞觀十四年,九月二十二日,……於西州置安西都護府,治交河城(今新疆吐魯番縣西)。……(顯慶三年)五月二日,移安西都護府於龜兹國(今新疆庫車縣一帶)。"高仙芝任副都護。胡青驄:西域産毛色青白的駿馬。聲價:聲譽。言此馬在西域已有很高聲價。歘:忽然。來向東:漢郊祀歌《天馬》:"天馬來,歷無草,徑千里,循東道。"

〔三〕臨陣兩句:與《房兵曹胡馬》詩"所向無空闊,真堪託死生"意相仿。寫馬的品格出衆。

〔四〕惠養:猶豢養。隨所致:聽從使命。自流沙至:漢郊祀歌《天馬》:"天馬徠,從西極,涉流沙,九夷服。"言青驄馬建功後,從西域沙漠地帶隨高仙芝來至京師。

〔五〕伏櫪:指馬被豢養。曹操《步出夏門行》:"老驥伏櫪,志在千里。"兩句謂馬不願僅被豢養,而欲立功疆場。

〔六〕腕促蹄高:《齊民要術》卷六:"蹄欲得厚而大,腕欲得細而促。"馬腕要促,促則矯健有力;蹄應高,高則堅硬耐險峻。蹹(bó)鐵:四蹄如鐵塊踏地。蹹,踏。交河:西域河名。即今新疆鄯善、吐魯番一帶。王洙云:"唐安西去交河七十里。"蹴:踢。曾:同"層"。這是指高仙芝討伐少勃律時,度坦駒嶺,破阿弩越城,過娑夷河,斫藤橋等事。

〔七〕五花:馬的毛色作五花紋。《唐朝名畫錄》:"開元內廐有飛黃、照夜、浮雲、五花之乘。"李白《將進酒》:"五花馬,千金裘。"王琦注:"謂馬之毛色作五花文者。"雲滿身:滿身如雲錦。汗流血:指汗血馬。《漢書》注:"大宛舊有天馬種,蹋石汗血,汗從前肩髆小孔中出,如血。"兩句以五花、汗血等名馬,形容青驄之超衆。

〔八〕壯兒不敢騎:反襯高都護獨能騎。掣電:狀馬馳如電閃。

〔九〕青絲絡頭:馬羈勒。古樂府《日出東南隅》:"青絲繫馬尾,黃金絡馬頭。"爲君老:願意一直爲你立功到老。何由卻出:怎樣才能出。橫(guāng)門道:《三輔黃圖》卷一:"長安城北出西頭第一門曰橫門"。《雍錄》卷二:"自橫門渡渭而西,即是趨西域之路。"出橫門道,是渴望赴西域作戰。贊揚青驄馬的品格,亦借物抒情,自寄抱負。

樂游園歌[一]

樂游古園崒森爽,烟綿碧草萋萋長[二]。公子華筵勢最高,

秦川對酒平如掌〔三〕。長生木瓢示真率，更調鞍馬狂歡
賞〔四〕。青春波浪芙蓉園，白日雷霆夾城仗〔五〕。閶闔晴開
詄蕩蕩，曲江翠幕排銀牓〔六〕。拂水低迴舞袖翻，緣雲清切
歌聲上〔七〕。卻憶年年人醉時，只今未醉已先悲〔八〕。數莖
白髮那拋得，百罰深杯亦不辭〔九〕。聖朝亦知賤士醜，一物
但荷皇天慈〔一〇〕。此身飲罷無歸處，獨立蒼茫自詠詩〔一一〕。

〔一〕此詩《文苑英華》題作《晦日賀蘭楊長史筵醉歌》，係天寶十
載（七五一）參加游筵之作。樂游園：一名樂游原。《三輔黃圖》云：
“在杜陵（漢宣帝陵）西北”。《西京記》：“樂游園，漢宣帝所立。唐長
安中，太平公主於原上置亭游賞。其地四望寬敞，每三月上巳，九月重
陽，士女戲就此修禊、登高，……朝士詞人賦詩，翌日傳於京師。”此詩
極寫樂游園節日的繁華，譏刺玄宗及權貴的荒淫，並感慨自己的不遇。

〔二〕崒：高峻貌。森爽：陰森爽豁。烟綿：綿延不斷。萋萋：草長
茂盛貌。

〔三〕公子句：公子，指楊長史。《長安志》：“樂游原居京城之最
高，四望寬敞，京城之內，俯視如掌。”秦川：長安正南有秦嶺，嶺下爲
八百里關中平川，稱秦川。平如掌，形容居高俯視，秦川在目。

〔四〕長生木：木名。晉嵇含有《長生木賦》。傳説用長生木瓢酌
酒，飲之可以延年。用長生木雕的瓢酌酒，以示坦直不拘禮節。更調
句：酒後乘馬漫行，盡情游賞曲江諸勝。

〔五〕芙蓉園：在曲江西南、樂游園西，張禮《游城南記》謂即唐之
南苑。李肇《國史補》云即秦之宜春苑。園內有池，名芙蓉池。夾城：
即複道。唐玄宗喜游樂，爲避耳目計，於開元二十年，自大明宮沿長安
城東城牆築夾城，經興慶宮、春明門、延興門，至長安城東南角的曲江、
芙蓉園。仗：即儀仗。兩句形容玄宗和宮人貴戚通過夾城時，車馬儀

仗宛如白日雷霆。自此以下六句實爲感慨時事。浦起龍云："是時諸楊專寵,宮禁蕩軼,輿馬填塞,幄幕雲布。讀此如目擊矣。"

〔六〕閶闔:天門。《楚辭·離騷》:"倚閶闔而望予。"此處指宮城正門。詄蕩蕩:開闊清朗。《漢書·禮樂志》:"天門開,詄蕩蕩。"顏師古注引如淳曰:"詄蕩蕩,天體堅清之狀也。"曲江:一名曲江池,在今陝西省長安縣東南十里,本來是秦之隑州,漢武帝因秦宜春苑故址鑿而廣之,水流曲折,故名曲江。唐開元中更加疏鑿。池邊有紫雲樓、芙蓉園、杏園、慈恩寺、樂游園等名勝,花卉環植,煙水明媚。春秋佳日,游客如雲。翠幕:宴會時所設的華美帳幕。排銀牓:排列着銀製的牌匾。牓所以標示某家在此游宴。排,形容游宴的豪家之多。《開元天寶遺事》:"長安貴家子弟,每至春時,游覽供帳於園圃中,隨行載以油幕。"又:"都人士女每至正月半後,各乘車跨馬,供帳於園圃或郊野中,爲探春之宴。"

〔七〕拂水二句:寫宴會中舞袖起伏如水波翻動,歌聲清切似緣雲直上。《開元天寶遺事》:楊國忠一門,"每春游之際,以大車結彩帛爲樓,載女樂數十人,自私第聲樂前引,出游園苑中。"

〔八〕卻憶二句:謂今日與昔日游宴情緒大別。杜甫去年獻《鵰賦》,不報,貧困無以爲生;賣藥都市,寄食朋友以度日。故雖在歡筵席上,亦自傷落拓,未醉先悲。

〔九〕那拋得:擺脫不了。句意爲歲月催人,無可奈何!百罰:極言罰酒之多。不辭,暗喻求醉以忘憂之意。

〔一〇〕聖朝:指玄宗朝。賤士、醜,均杜甫自謙之稱。杜甫此時已進獻《三大禮賦》,玄宗命待制集賢院候用,故云。一物:猶一民,杜甫自指。梁武帝《報侯景書》:"朕爲萬乘之主,豈可失信於一物。"杜甫《朝享太廟賦》:"恐一物之失所。"

〔一一〕無歸處:杜甫此時正待制候用,未得官職。蒼茫:淒涼冷落，此處有慷慨悲涼之意。

投簡咸華兩縣諸子[一]

赤縣官曹擁才傑，軟裘快馬當冰雪[二]！長安苦寒誰獨悲？
杜陵野老骨欲折[三]。南山豆苗早荒穢，青門瓜地新凍
裂[四]。鄉里兒童項領成，朝廷故舊禮數絕[五]。自然棄擲
與時異，況乃疏頑臨事拙[六]。飢臥動即向一旬，敝衣何啻
聯百結[七]。君不見空牆日色晚，此老無聲淚垂血[八]。

〔一〕此詩作於天寶十載冬。簡：書簡，用作動詞“寄”。咸、華：
即咸寧（唐萬年縣，今併入長安縣）、華原（今陝西省耀縣）兩縣。諸
子：名未詳，可能是咸、華兩縣吏曹。

〔二〕赤縣：舊時京城轄縣，如唐代的長安、萬年兩縣。此處指長
安。官曹：分職治事的官署。擁才傑：人才濟濟。此處赤縣官曹，實亦
泛指長安貴人。當：通“擋”。

〔三〕杜陵：在長安城東南十五里。《元和郡縣志》：“關內道京兆
府萬年縣：杜陵在縣東南二十里，漢宣帝陵也。”古代杜伯國地，因名
杜陵。杜甫曾在杜陵居住，故自稱“杜陵野老”或“杜陵布衣”。兩句
自訴缺衣禦寒，心悲骨折。

〔四〕南山：即終南山，一名秦嶺，在長安南，自終南、太白連延至
商嶺統稱南山。豆苗早荒穢：楊惲《報孫會宗書》：“田彼南山，蕪穢不
治。”言豆苗枯死。青門瓜地：長安城東霸城門，色青。秦東陵侯邵
平，入漢後隱居青門種瓜，瓜有五色，世稱“東陵瓜”，又名“青門瓜”。

兩句既喻嚴寒凜冽，又以豆瓜無收，形容己之飢寒。

〔五〕鄉里兒童：喻官吏，語出《晉書·陶潛傳》：“吾不能爲五斗米折腰，拳拳事鄉里小兒。”項領成：脖子硬，喻倨傲。《詩·小雅·節南山》：“駕彼四牡，四牡項領，我瞻四方，蹙蹙靡所騁。”毛傳：“項，大也。”鄭箋：“四牡者，人君所乘駕。今但養大其領，不肯爲用。喻大臣自恣，王不能使也。”禮數絶：斷絶來往。句意爲無人體卹自己。

〔六〕棄擲句：言因己不合時宜，自然便被拋棄。疏頑：疏懶愚鈍。臨事拙：遇事不會湊趣、奉承。此言疏懶愚拙不善應酬，故貧困如此。

〔七〕向：猶近。百結：形容衣蔽，王隱《晉書》：“拾殘繒結爲衣，號曰百結。”杜甫在《進鵰賦表》中亦曾有“臣衣不蓋體”之句。

〔八〕君：指咸、華兩縣諸子，亦可泛指。此老：杜甫自謂。兩句意爲自己飢寒交迫，卻得不到一點同情。

同諸公登慈恩寺塔〔一〕

高標跨蒼穹，烈風無時休〔二〕。自非曠士懷，登兹翻百憂〔三〕。方知象教力，足可追冥搜〔四〕。仰穿龍蛇窟，始出枝撐幽〔五〕。七星在北戶，河漢聲西流〔六〕。羲和鞭白日，少昊行清秋〔七〕。秦山忽破碎，涇渭不可求〔八〕。俯視但一氣，焉能辨皇州〔九〕？回首叫虞舜，蒼梧雲正愁〔一〇〕。惜哉瑤池飲，日晏崑崙丘〔一一〕。黃鵠去不息，哀鳴何所投〔一二〕？君看隨陽雁，各有稻粱謀〔一三〕。

〔一〕此詩作於天寶十一載（七五二）秋。原注：“時高適、薛據先有作。”同：猶和。杜詩如《奉同郭給事湯東靈湫作》、《同元使君春陵行》，“同”均爲“和”義。諸公：指高適、薛據、岑參、儲光羲。慈恩寺：乃唐高宗李治爲其母文德皇后求福而建，故名。寺在長安東南區晉（一作“進”）昌坊。南院臨黄渠，水竹深邃，爲京都之最。西院寺塔六級，高三百尺，乃玄奘所建，爲新進士題名之處。此塔今仍完好，名大雁塔。杜甫此詩雖係即景唱和，但卻包含着對天寶時政的憂慮和抨擊。

〔二〕高標：立木作表記，其最高部分曰“標”。此處指塔。蒼穹（qióng）：蒼天。《詩·大雅·桑柔》：“靡有旅力，以念穹蒼。”孔穎達疏引李巡曰：“仰視天形，穹隆而高，色蒼蒼然，故曰穹蒼是也。”當時諸人所作登塔詩，均以天狀塔之高。如岑參云：“孤高聳天宫。”儲光羲云：“誰道天漢高。”高適云：“迥出虚空上。”杜甫亦然，惟更用高處多風加以烘染。

〔三〕曠士：超然出世之士。一本作“壯士”，不確。王粲《登樓賦》：“登兹樓以四望兮，聊暇日以銷憂。”此反用其意，自謙没有超然出世的胸懷，故登樓不但不能銷憂，反而憂愁無已。當時五人各抒所懷，惟杜甫獨寫憂思。

〔四〕象教：即佛教。王簡棲《頭陀寺碑》：“正法既没，象教陵夷。”五臣注：“象教，言爲形象以教人也。”冥搜：即探幽。孫綽《游天台山賦序》：“夫非遠寄冥搜，篤信通神者，何肯遥想而存之？”指下文的穿窟出穴。

〔五〕龍蛇窟：塔中磴道屈曲，往上攀登，如穿龍蛇的洞穴。枝撑：交木斜柱。王文考《魯靈光殿賦》：“枝撑杈枒而斜據。”詩意爲歷盡迂迴曲折，才從枝撑的幽暗層出來。黄山谷《杜詩箋》：“慈恩塔下數級，皆枝撑洞黑，出上級乃明。”

〔六〕七星:北斗七星。河漢:天河。曹丕《雜詩》:"天漢回西流。"白天見北斗在户,烈風中聽天河西流,極寫塔勢高危。

〔七〕羲和:神話傳説中太陽的御者。《楚辭·離騷》:"吾令羲和弭節兮。"鞭:用作動詞。鞭白日:説明日行之快。少昊:即白帝,古人以爲係司秋之神。《禮記·月令》:"孟秋之月,……其帝少皞。"皞,同昊。

〔八〕秦山:指終南山。破碎:指終南山諸峰,大小錯雜,登高眺望,山巒如破碎。涇渭:涇水和渭水。不可求:謂難分清濁。涇水濁,渭水清,涇水從西北來與渭水合流於昭應縣(今陝西省臨潼縣),薄暮遠望則清濁難辨。暗寓當時政局昏暗。

〔九〕一氣:渾沌一片。皇州:京城,指長安。兩句意爲俯視但見渾沌一片,難辨長安真相。錢謙益云:"焉能辨皇州,恐長安不可知。"

〔一○〕虞舜:古帝王。蒼梧:古郡名,包括今廣西、廣東、湖南部分地方。傳説舜死在蒼梧,葬於九疑山。九疑山在今湖南寧遠縣東南。《禮記·檀弓上》:"舜葬於蒼梧之野。"謝玄暉《新亭渚別范零陵》詩:"雲去蒼梧野",李善注引《歸藏啟筮》:"有白雲出自蒼梧,入於大梁。"詩用"蒼梧雲",本此。叫:即呼。兩句與《離騷》之"濟沅湘以南征兮,就重華而陳辭"的機軸相同。舊注以爲杜甫以虞舜比唐太宗,以蒼梧比昭陵,以舜之二妃娥皇、女英比文德皇后,當是。

〔一一〕瑶池飲:瑶池爲神話傳説中崑崙山西王母居處。《穆天子傳》卷三:"天子觴西王母於瑶池之上,西王母爲天子謡。"此處以周穆王比玄宗,以西王母比楊貴妃,以瑶池比華清池,諷刺玄宗與貴妃游宴驪山,荒淫無度。

〔一二〕黄鵠:天鵝,樂府《黄鵠曲》:"黄鵠參天飛,半道還哀鳴。"又《韓詩外傳》卷二:"田饒謂哀公曰:臣將去君,黄鵠舉矣。"杜甫以黄鵠自比,嘆欲去而無所投。

〔一三〕隨陽雁：《書·禹貢》“陽鳥攸居”句注云：“隨陽之鳥，鴻雁之屬。”雁秋南飛，春北飛，用以喻趨炎附勢者。稻粱謀：只顧營謀自己的衣食。劉孝標《廣絕交論》：“分雁鶩之稻粱。”

曲江三章章五句〔一〕

曲江蕭條秋氣高，菱荷枯折隨風濤〔二〕，游子空嗟垂二毛〔三〕。白石素沙亦相蕩，哀鴻獨叫求其曹〔四〕。

〔一〕此三章亦爲天寶十一載秋獻賦不遇後抒發失意情懷之作。章法獨特，前三句連韻作一頓。

〔二〕曲江：見前《樂游園歌》注。蕭條：寥落冷寂。隨風濤：菱荷隨風波倒折。

〔三〕游子：杜甫自稱。二毛：頭髮有黑白兩色。《左傳·僖公二十二年》：“君子不重傷，不禽（擒）二毛。”秋氣感人，因有年衰之嘆。

〔四〕白石素沙：即淨石白沙。曹：伴侶。哀鴻獨鳴，尋求伴侶，更引起身世孤獨之悲。第一首自嘆年衰流落不遇。

其二

即事非今亦非古，長歌激越捎林莽〔一〕，比屋豪華固難數〔二〕。吾人甘作心似灰，弟侄何傷淚如雨〔三〕。

〔一〕即事：根據眼前的情事吟詠。今、古：指今體詩與古體詩。此詩以五句成篇，似古；七言成句，似今，故云。長歌：詩以三章相連。王嗣奭云：“連章疊歌也。”激越：激烈高亢。捎：動搖。林莽（mǔ）：木曰林，草曰莽。言長歌激烈、聲動草木。

〔二〕比屋句：言曲江畔豪華宅第，櫛比難數。

〔三〕心似灰：《莊子·庚桑楚》：“身若槁木之枝，而心若死灰矣。”何傷：爲何傷心。兩句意爲本人對此豪華景象，已心灰意冷，無意於富貴，弟侄因何爲我傷心落淚？第二首表面作曠達語，實則不勝悲憤。

其三

自斷此生休問天〔一〕，杜曲幸有桑麻田，故將移住南山邊〔二〕。短衣匹馬隨李廣，看射猛虎終殘年〔三〕。

〔一〕斷：判斷、斷定。

〔二〕杜曲：在長安城南，杜氏世居於此。《雍録》：“樊川韋曲東有南杜、北杜，杜固謂之南杜，杜曲謂之北杜，皆名勝之地。”桑麻田：唐代均田制中有永業田。自北魏以來，永業田依法要種桑五十株，産麻地並須種麻十畝，故統稱桑麻田。永業田終身不還。南山：終南山。即《投簡咸華兩縣諸子》中“南山豆苗早荒穢”之南山。杜曲在終南山下。

〔三〕李廣：漢代名將，他嘗在藍田南山中射獵。《史記·李將軍列傳》：“廣出獵，見草中石，以爲虎而射之，中石没鏃，視之石也。”杜甫也善射，故欲學李廣射虎於南山，以終餘年。第三首寫功名無望，企圖歸隱。

兵車行〔一〕

車轔轔,馬蕭蕭,行人弓箭各在腰〔二〕。耶娘妻子走相送,
塵埃不見咸陽橋〔三〕。牽衣頓足攔道哭,哭聲直上干雲霄。
道旁過者問行人,行人但云點行頻〔四〕。或從十五北防河,
便至四十西營田〔五〕。去時里正與裹頭,歸來頭白還戍
邊〔六〕。邊庭流血成海水,武皇開邊意未已〔七〕！君不聞漢
家山東二百州,千村萬落生荆杞〔八〕。縱有健婦把鋤犁,禾
生隴畝無東西〔九〕。況復秦兵耐苦戰,被驅不異犬與
雞〔一○〕。長者雖有問,役夫敢伸恨〔一一〕？且如今年冬,未
休關西卒〔一二〕。縣官急索租,租稅從何出〔一三〕？信知生男
惡,反是生女好〔一四〕。生女猶得嫁比鄰,生男埋没隨百
草〔一五〕。君不見青海頭,古來白骨無人收〔一六〕。新鬼煩冤
舊鬼哭,天陰雨濕聲啾啾〔一七〕。

〔一〕此詩約作於天寶十一載。錢謙益謂係寫天寶十載征南詔
事,似非。尋繹詩意應是寫征吐蕃事。在此前一年六月間,哥舒翰攻
克吐蕃石堡城,但唐兵死傷數萬人,故云“邊庭流血成海水”;本年冬
十二月,關西游奕使王難得又與吐蕃交戰,故云“且如今年冬,未休關
西卒”。朱鶴齡云:“玄宗季年,窮兵吐蕃,征戍繹騷,内郡幾遍。故公
託爲征夫自訴之辭以諷切之。”此説法最可取。按:唐玄宗好大喜功,
用兵邊地,頗有人規諫。《舊唐書·王忠嗣傳》:“玄宗方事石堡城,詔

（忠嗣）問以攻取之略，忠嗣奏云：'石堡險固，吐蕃舉國而守之。若頓兵堅城之下，必死者數萬，然後事可圖也。臣恐所得不如所失，請休兵秣馬，觀釁而取之，計之上者。'玄宗因不快。……其後哥舒翰大舉兵伐石堡城，拔之，死者大半，竟如忠嗣之言。"可見這種戰爭，統治階級內部有識見的將領亦表反對。此詩即係諷刺玄宗黷武擴邊。詩的體裁前無所承，爲杜甫開創的新題樂府。

〔二〕轔轔：車行聲。《詩·秦風·車鄰》："有車鄰鄰"，鄰，同轔。蕭蕭：馬鳴聲。《詩·小雅·車攻》："蕭蕭馬鳴。"行人：出征的人。即《唐六典》卷五"兵部尚書"條注的"諸色征行人"。

〔三〕耶娘：同"爺娘"。《木蘭辭》："不聞耶娘喚女聲。"咸陽橋：陝西省咸陽縣的西渭橋，即便橋。《元和郡縣志》："關內道京兆府咸陽縣：便橋在縣西南十里，架渭水上。"由長安出征吐蕃，此爲必經之路。

〔四〕過者：杜甫自稱。點行：即按戶籍編造之軍書點名強行徵調。頻：言徵丁之頻繁。"點行頻"三字以下至"歸來白髮還戍邊"，係出征人訴詞。

〔五〕十五、四十：均指年歲。河：指河西。約當今甘肅、寧夏一帶。防河：亦稱"防秋"。調集各處兵力守禦河西，以防吐蕃於秋高馬肥時擾邊。《通鑑》卷二一三，開元十五年十二月："制以吐蕃爲邊患，令隴右道及諸軍團兵五萬六千人，河西道及諸軍團兵四萬人，又徵關中兵萬人集臨洮，朔方兵二萬人集會州防秋，至冬初，無寇而罷。"營田：即屯田，《通典·食貨》二："開元二十五年令：諸屯隸司農寺者，每三十頃以下、二十頃以上爲一屯。隸州鎮諸軍者，每五十頃爲一屯。應置者，皆從尚書省處分。"又《新唐書·食貨志》："唐開軍府以捍要衝，因隙地置營田，……有警，則以兵若夫千人助收。"

〔六〕里正：即里長。《通典·食貨》三："大唐令諸戶以百戶爲里,五里爲鄉,……每里置正一人。掌按比户口,課植農桑,檢察非違,催驅賦役。"里正裹頭:古時用皂羅三尺裹頭。因出征人年稚,故須里正代爲裹頭。唐代丁制,人有黄、小、中、丁之分。天寶二載,令民十八以上爲中男,二十三成丁。此詩寫當時兵役徵發,已及丁、中以下十五歲的小男。唐初,武德七年定租庸調法,丁男歲役二十日,若不役,可用絹折庸,通正役不得過五十日,至杜甫作此詩時,早已成爲空文。歸來句:言役滿後雖已頭白,仍須征往戍邊。

〔七〕邊庭流血:指哥舒翰將兵攻吐蕃石堡城事。《通鑑》卷二一六,天寶八載:"上命隴右節度使哥舒翰帥隴右、河西及突厥阿布思兵,益以朔方、河東兵,凡六萬三千,攻吐蕃石堡城。……拔之,獲吐蕃鐵刃悉諾羅等四百人,唐士卒死者數萬。"武皇:本指漢武帝,唐人多借稱唐玄宗。如王昌齡《青樓曲》:"白馬金鞍從武皇。"韋應物《逢楊開府》:"少事武皇帝。"杜甫《秋興》:"武帝旌旗在眼中。"意未已:貪得無饜。征戍之苦,完全由於開邊。《新唐書·楊炎傳》:租庸調法中本規定"戍邊者,蠲其租、庸,六歲免歸。玄宗事夷狄,戍者多死。"又《唐大詔令集》卷一百七記載開元五年正月詔:"其鎮兵宜以四年爲限,散支州縣,務取富户多丁。差遣後,量免户内雜科税。"然至天寶時,已不復如此。杜甫因此反對這種内部統治已經腐朽還要窮兵黷武的開邊政策。

〔八〕山東:指華山以東地區,即關東。二百州:據《十道四番志》記載,唐朝關東凡二百十七州,這裏舉其成數。荆、杞:荆棘和枸杞等灌木叢。

〔九〕無東西:田中南北爲阡,東西爲陌。無東西即阡陌不分,言耕植不善。

〔一○〕耐苦戰:勇敢善戰。驅:驅策,役使。

〔一一〕長者:出征人對杜甫的尊稱。役夫:出征人自稱。敢:豈敢。自此以下至"生男埋没隨百草"，又是出征人陳訴。

〔一二〕今年：指天寶九載。《通鑑》卷二一六，天寶九載十二月："關西游弈使王難得擊吐蕃，克五橋，拔樹敦城；以難得爲白水軍使。"關西卒：函谷關以西的士兵，即此次徵調的秦兵。古代應役士兵，及期輪休。今及休期而反點行不止，故以"未休"爲恨。

〔一三〕縣官：古代指天子。《史記·絳侯周勃世家》："庸知其盜買縣官器。"司馬貞《索引》："縣官謂天子也。……王者官天下，故曰縣官也。"兩句謂：名隸軍籍，本應豁免租税，今既不豁免，家中復無勞力，租税何能繳納？

〔一四〕信知：誠知，此處有至今纔確知之意。兩句慨嘆生男不如生女。《水經·河水》注引楊泉《物理論》："秦始皇使蒙恬築長城，死者相屬。民歌曰：生男慎勿舉，生女哺用餔。不見長城下，屍骸相支拄。"蓋亦此意。封建社會本重男輕女，今因苛役暴徵，故造成人民反常心理。

〔一五〕鄰：唐制，五家爲鄰。比鄰：猶近鄰，《新唐書·食貨志》："凡田，鄉有餘以給比鄉，縣有餘以給比縣，州有餘以給近州。"比亦近鄰意。隨百草：人死埋屍，與百草同腐。

〔一六〕青海：即今青海省西寧以西一帶，因有大湖名青海，故稱。古來句：錢謙益云："《舊書》（《西戎傳》）吐谷渾有青海，周圍八九百里，唐高宗龍朔三年，爲吐蕃所併。唐自儀鳳中，李敬玄與吐蕃戰敗於青海。開元中，王君、張景順、張忠亮、崔希逸、皇甫惟明、王忠嗣先後破吐蕃，皆在青海西。"連年戰爭，造成屍橫青海的景象。"白骨無人收"語出梁鼓角横吹曲《企喻歌》："屍喪狹谷中，白骨無人收。"

〔一七〕天陰：李華《弔古戰場文》："往往鬼哭，天陰則聞。"啾啾：《楚辭·九歌·山鬼》："猨啾啾兮狖夜鳴。"

前出塞九首〔一〕

戚戚去故里,悠悠赴交河〔二〕。公家有程期,亡命嬰禍
羅〔三〕。君已富土境,開邊一何多〔四〕！棄絕父母恩,吞聲
行負戈〔五〕。

〔一〕此九章爲天寶十一載與《兵車行》同時所作。“出塞”、“入
塞”是漢樂府《横吹曲》中的曲名。《晉書・樂志下》:“李延年因胡曲
更造新聲二十八解,……有《出塞》《入塞》。”葛洪《西京雜記》卷一:
“戚夫人……歌《出塞》《入塞》《望歸》之曲。”杜甫此詩即從這一曲調
演變而來。朱鶴齡云:“天寶末,哥舒翰貪功於吐蕃,安禄山構禍於契
丹,於是徵調半天下。《前出塞》爲哥舒發,《後出塞》爲禄山發。”此詩
與《兵車行》同爲諷刺玄宗窮兵黷武的開邊戰爭,哀傷秦隴人民横被
徵調的痛苦。九首詞意連貫,均作被徵從軍的征夫申訴口氣。

〔二〕戚戚:愁苦貌。悠悠:遥遠貌。交河:見前《高都護驄馬
行》注。

〔三〕公家:即官家。程期:行程期限。亡命:即逃亡。嬰:同
“攖”,遭遇。禍羅:猶法網。唐代行府兵制,天寶末年還未盡廢,仍按
户籍徵丁,非如以後募兵制之難以稽查,所以不敢逃跑。

〔四〕君:指玄宗。開:拓。

〔五〕吞聲:忍淚吞聲。第一首訴出發時心情。

其二

出門日已遠，不受徒旅欺〔一〕。骨肉恩豈斷？男兒死無時〔二〕。走馬脱轡頭，手中挑青絲〔三〕。捷下萬仞岡，俯身試搴旗〔四〕。

〔一〕徒旅欺：唐代軍隊中常有長欺幼、强凌弱的現象。《通典·兵》二：“諸將士不得倚作主帥及恃己力强，欺傲火（伙）人，全無長幼，兼笞撻懦弱，減削糧食衣資，并軍器火具，恣意令擎，勞逸不等。”此禁令正反映此種現象之存在。離家日久，一切熟習，故不再受欺。

〔二〕骨肉句：王嗣奭云：“前言棄絶父母恩，此云骨肉恩豈斷，乃徘徊輾轉之意。”死無時：隨時可死。句意爲生死無時，遂不暇計及骨肉。

〔三〕走馬：跑馬。轡（pèi）頭：絡頭。因馬奔疾速，故轡頭脱卻。挑青絲：挑勒韁繩。

〔四〕捷下：迅馳而下。仞：一本作“丈”，古代八尺爲仞。萬仞岡係極言其高。搴：拔取。《漢書·季布傳贊》：“身履軍搴旗者數矣。”以上四句言屢蹈危地，應上“死無時”。第二首訴入伍後蹈危履險，無暇計及骨肉之情。

其三

磨刀鳴咽水，水赤刃傷手。欲輕腸斷聲，心緒亂已久〔一〕。丈夫誓許國，憤惋復何有〔二〕？功名圖麒麟，戰骨當速朽〔三〕。

〔一〕嗚咽水：即水聲嗚咽如哭。腸斷聲：指水的嗚咽聲。輕：輕忽，不在意。兩句意爲本不欲令水聲嗚咽觸動鄉思，無奈心亂已久，聞流水嗚咽，不覺慌亂而傷手。《樂府詩集·梁鼓角橫吹曲》有《隴頭歌辭》：“隴頭流水，鳴聲幽咽。遥望秦川，心肝斷絶。”杜詩即由此運化而來。

〔二〕丈夫：猶男兒、壯士，征夫自謂。憤惋：怨恨。

〔三〕麒麟：即麒麟閣，《漢書·蘇武傳》：“甘露三年，上（宣帝）……圖畫大將軍霍光等一十八人於麒麟閣。”後遂以圖麒麟爲建功之代稱。戰骨句：寫征夫不惜一死酬國之決心，語似壯而情實悲。第三首訴説出發途中紊亂的心情和故作壯語以自慰。

其四

送徒既有長，遠戍亦有身〔一〕。生死向前去，不勞吏怒瞋〔二〕。路逢相識人，附書與六親〔三〕。哀哉兩決絶，不復同苦辛〔四〕！

〔一〕送徒長：押送士兵的胥吏。古代一般由里正、亭長擔任。如《史記·高祖本紀》：“高祖以亭長爲縣送徒酈山。”身：自身。《爾雅·釋詁下》疏：“身者，我之躬也。”又《三國志·蜀書·張飛傳》：“身是張翼德也。”此句意爲拚着這條命遠戍，係憤慨之詞。

〔二〕吏：指押送士兵的官吏。兩句爲受押送者呵斥時自憐之詞。

〔三〕附書：捎信。六親：父、母、兄、弟、妻、子。

〔四〕決絶：永别。同苦辛：與家人共同辛勤勞作。同：一本作

“問”，非。孤身遠戍，欲與家人同辛苦而不可得，語意更慘戚。第四首訴途中被官吏驅迫的痛苦。

其五

迢迢萬里餘，領我赴三軍[一]。軍中異苦樂，主將寧盡聞[二]？隔河見胡騎，倏忽數百群[三]。我始爲奴僕，幾時樹功勳[四]？

〔一〕三軍：古代兵制，分前軍、中軍、後軍（或左、右、中）。此處泛指軍隊。此爲寫征夫正式編入營伍。

〔二〕異苦樂：軍隊中等級森嚴，上下有別，官、兵苦樂不齊。寧：豈，哪裏。

〔三〕隔河：指交河。胡騎：指吐蕃騎兵。倏忽：瞬間。形容胡騎往來疾走，刹那間數百成群。

〔四〕爲奴僕：當時府兵多被邊將役使如奴隸。《通鑑》卷二一六，天寶八載：“府兵入宿衛者，謂之侍官，言其爲天子侍衛也。其後本衛（宿衛）多以假人，役使如奴隸。……其戍邊者，又多爲邊將苦使，利其死而没其財。”樹：建立。第五首訴説軍中待遇不平，立功之望渺茫。

其六

挽弓當挽强，用箭當用長。射人先射馬，擒賊先擒王[一]。殺人亦有限，立國自有疆[二]。苟能制侵陵，豈在多殺傷〔三〕？

〔一〕挽弓：拉弓。强：硬弓，彈力大的弓。射馬、擒王：《射經·辨的》：“射人先射馬，擒賊必擒頭。”此爲古代人民對作戰經驗的總結，可能是當時軍中流傳的作戰歌訣。馬倒則人被俘，擒王則敵自潰。

〔二〕立國：一本作“列國”，亦通。自有疆：各有其轄治的疆土。

〔三〕制侵陵：制止侵略。苟能兩句：意爲立國但應抵禦外侮，不應貪功務得，殺傷無辜。第六首申述對窮兵黷武的不滿。

其七

驅馬天雨雪〔一〕，軍行入高山。徑危抱寒石，指落曾冰間〔二〕。已去漢月遠，何時築城還〔三〕？浮雲暮南征，可望不可攀〔四〕。

〔一〕雨雪：下雪。“雨”作動詞。

〔二〕徑危：山路險峻。抱寒石：運石以築城。曾：同“層”。指落：喻酷寒。《漢書·蒯通傳》：“會大寒，士卒墮指者什二三。”

〔三〕漢月：喻故國、家鄉。見明月而思故鄉，以狀離家之遠。築城：指哥舒翰率兵築城防吐蕃事。《舊唐書·哥舒翰傳》，天寶七載：“築神威軍於青海上，吐蕃至，攻破之；又築城於青海中龍駒島，有白龍見，遂名爲應龍城。”

〔四〕浮雲句：家鄉在南方，日暮見浮雲南行，不禁觸鄉關之思，欲追攀，則可望而不可即。第七首訴天寒築城、遠戍思鄉之苦。

其八

單于寇我壘,百里風塵昏〔一〕。雄劍四五動,彼軍爲我奔〔二〕。虜其名王歸,繫頸授轅門〔三〕。潛身備行列,一勝何足論〔四〕?

〔一〕單(chán)于:匈奴首領的稱謂。吐蕃人稱其首領爲贊普。此借以泛指外族君長。以下的"名王"等,皆同此例。寇:侵擾。壘:營壘。風塵:喻戰亂。

〔二〕雄劍:春秋時干將所鑄寶劍。《吳地記》:"干將……遂成二劍。雄號干將,作龜文;雌號莫邪,作鰻文。……進雄劍於吳王,而藏雌劍,時時悲鳴。"李白《獨漉篇》:"雄劍掛壁,時時龍鳴。"此處衹取其名,説明寶劍鋒利。四五動:揮動四五下。彼軍句:言敵人被我擊敗。奔,奔北,潰退。

〔三〕名王:指匈奴渠帥如左賢王、右賢王之類。此亦泛指敵酋。虜其名王:即"擒賊先擒王"之意。繫頸:繫俘虜的頸。轅門:主將的軍門。古代行軍,以車轅相向爲營門,故稱。

〔四〕潛身行列:沉淪卒伍。一勝句:言雖得勝仗,也不能受封賞,仍不免"爲奴僕"。第八首發抒奮戰立功,亦未得酬之憤。

其九

從軍十年餘,能無分寸功〔一〕?衆人貴苟得,欲語羞雷同〔二〕。中原有鬥爭,況在狄與戎〔三〕。丈夫四方志,安可辭固窮〔四〕？

〔一〕能：猶寧、哪。與《贈花卿》詩“此曲祇應天上有，人間能得幾回聞。”之“能”同義。

〔二〕苟得：苟且貪得，指冒功邀賞。羞雷同：羞於和“貴苟得”之輩同流。

〔三〕中原句：指統治集團內部的鬥爭。當時李林甫擅權，連續殺戮杜有鄰、王曾、柳勣、李邕、裴敦復、楊慎矜兄弟等多人，海內側目。狄與戎：古稱北方少數民族曰狄，西方少數民族曰戎，此處泛指外族。兩句意謂中原且爭鬥不安，況遠征戎狄，爭功之事更不可免矣。一說，中原尚有鬥爭，況能責及戎狄乎？亦可通。

〔四〕固窮：守素志而不改節操。語出《論語·衞靈公》：“君子固窮，小人窮斯濫矣。”兩句謂大丈夫志在四方，豈能因未得封賞，即改變從軍報國之志！第九首訴說軍中爭功邀賞的現象。九首詩前後連貫，章法井然。於抒情中敘事，怨而不怒，含蘊深厚。

送高三十五書記十五韻〔一〕

崆峒小麥熟，且願休王師〔二〕！請公問主將，焉用窮荒爲〔三〕？飢鷹未飽肉，側翅隨人飛〔四〕。高生跨鞍馬，有似幽并兒〔五〕。脱身簿尉中，始與捶楚辭〔六〕。借問“今何官，觸熱向武威〔七〕？”答云“一書記，所愧國士知〔八〕。”人實不易知，更須慎其儀〔九〕！十年出幕府，自可持旌麾〔一〇〕。此行既特達,足以慰所思〔一〕。男兒功名遂,亦在老大時〔一二〕。常恨結歡淺,各在天一涯〔一三〕。又如參與商,慘慘中腸悲〔一四〕。驚風吹鴻鵠,不得相追隨〔一五〕。黃塵翳沙漠,念子何當歸〔一六〕。邊城有餘力,早寄從軍詩〔一七〕!

〔一〕天寶十一載冬作。高三十五:即高適,字達夫,渤海人,排行三十五。由河西節度使哥舒翰表薦爲左驍衛兵曹,在元帥府掌書記。天寶十一載,高適隨哥舒翰入朝,曾與杜甫同游賦詩。高適返河西節度幕時,杜甫作此詩送之。

〔二〕崆峒:山名,在今甘肅省平涼縣西,唐代屬河西節度治。休王師:休息兵甲。《通鑑》卷二一五,天寶六載:"每歲積石軍麥熟,吐蕃輒來穫之,無能禦者,邊人謂之'吐蕃麥莊'。翰先伏兵於其側,虜至,斷其後,夾擊之,無一人得返者,自是不敢復來。"兩句意爲今雖是麥熟之時,但自天寶六載後,吐蕃已不再前來掠奪,應休息兵甲,與少數民族和平相處,不宜輕啟邊釁。

〔三〕公:即高適。主將:即哥舒翰。荒:邊陲,邊疆。窮荒:邊遠貧瘠之地。《通鑑》卷二一六,天寶八載:"哥舒翰帥隴右、河西及突厥阿布思兵,益以朔方、河東兵,凡六萬三千,攻吐蕃石堡城。……唐士卒死者數萬。"以上四句請高適勸告哥舒翰休兵息甲,不應窮兵黷武開邊啟釁。

〔四〕飢鷹句:喻高適貧窮而依賴哥舒翰。《舊唐書》本傳:"適少濩落,不事生業,家貧,客於梁、宋,以求丐取給。"自此以下,至"亦在老大時",均寫高適的爲人和對高適的勸勉。

〔五〕幽:幽州,今河北省一帶。并:并州,今山西省一帶。幽、并二處民風強悍,善騎射,多健兒。

〔六〕脫身簿尉:指高適辭去封丘縣(在今河南省)尉事。《舊唐

書》本傳："解褐汴州封丘尉,非其好也,乃去位。"與捶楚辭:不幹鞭笞
人民的事。高適《封丘作》詩："祇言小邑無所爲,公門百事皆有期。
迎拜官長心欲碎,鞭撻黎庶令人悲!"

〔七〕觸熱:冒暑。武威:郡名,在今甘肅省武威縣,唐時屬河西
道治。

〔八〕國士知:指哥舒翰以國士待他。國士,全國推仰之士。《舊
唐書》本傳："客游河右,河西節度哥舒翰見而異之,表爲左驍衛兵曹,
充翰府掌書記。從翰入朝,盛稱之於上前。"

〔九〕人實句:言人心難料,事人不易。慎其儀:注意自己的禮貌。
哥舒翰稟性粗暴,在王忠嗣手下做副使,討吐蕃於新城時,有同列傲慢
不遜,被他搥殺。故杜甫勸高適不應因感激哥舒翰的知遇而脱落形
跡,須謹慎行事。

〔一○〕幕府:古代將軍的府署。借指居幕僚之職。高適在幕府任
書記十年。旌麾:指揮軍隊的旗幟,代表主將。兩句勸勉高適守時以
求騰達。

〔一一〕特達:特出,前途遠大。慰所思:一本作"慰遠思"。所思,
指思念他的友好。

〔一二〕功名遂:功成名就。老大時:高適這年五十五歲,故云"老
大"。兩句勉勵高適休因年老而消極,當思有所建樹。

〔一三〕結歡淺:杜甫與高適於開元二十八年初見於齊南魯北的汶
上,至此共十三年,時間不能言短,但以未嘗長期同處,故云。涯,盡
頭。自此以下至結尾,皆抒惜别之意。

〔一四〕參、商:二星名。參星在西方,商星在東方,出没各不相見。
借喻人之永不相遇。杜詩《贈衛八處士》:"人生不相見,動如參與
商。"慘慘:悲戚貌。《詩·小雅·北山》:"憂心慘慘。"

〔一五〕鴻鵠:俗稱天鵝,常用以喻志氣遠大者,杜甫自喻恨不能隨

同前往建功。

〔一六〕翳:蔽。沙漠:指高適所去的武威郡方向。子:指高適。何當:何時才能。

〔一七〕邊城:指武威。餘力:指幕府公務餘暇。從軍詩:後漢建安年間,王粲曾從曹操出征,作《從軍行》。高適從哥舒翰出征,又爲詩人,故用此爲喻。

麗人行〔一〕

三月三日天氣新,長安水邊多麗人〔二〕。態濃意遠淑且真,肌理細膩骨肉勻〔三〕。繡羅衣裳照暮春,蹙金孔雀銀麒麟〔四〕。頭上何所有？翠微匎葉垂鬢脣〔五〕。背後何所見？珠壓腰衱穩稱身〔六〕。就中雲幕椒房親,賜名大國虢與秦〔七〕。紫駝之峰出翠釜,水精之盤行素鱗〔八〕。犀筯厭飫久未下,鸞刀縷切空紛綸〔九〕。黃門飛鞚不動塵,御厨絡繹送八珍〔一○〕。簫鼓哀吟感鬼神,賓從雜遝實要津〔一一〕。後來鞍馬何逡巡！當軒下馬入錦茵〔一二〕。楊花雪落覆白蘋,青鳥飛去銜紅巾〔一三〕。炙手可熱勢絕倫,慎莫近前丞相瞋〔一四〕！

〔一〕此詩作於天寶十二載(七五三)春。時楊國忠任右丞相,姊妹或爲貴妃,或封國夫人,勢焰熏天,權幸無比。國忠私於虢國夫人,常同騎出游,相互調笑,不以爲恥。杜甫因作此詩諷刺楊國忠兄妹游宴曲江的荒淫奢侈生活。

〔二〕三月三日：上巳節。古代風俗，是日至水邊袚除不祥，稱“修禊”。以後演變成在水邊飲宴、郊外游春的一個節日。長安水邊：指曲江。

〔三〕態濃意遠：體態濃豔，神情蘊藉。淑且真：和善而端莊。仇兆鰲云：“濃如紅桃裹露，遠如翠竹籠烟，淑如瑞日祥雲，真如澄川朗月，一句中寫出絕世丰神。”肌理：皮膚的紋理。細膩：細嫩柔滑。《楚辭·招魂》：“靡顏膩理。”骨肉勻：胖瘦適度。

〔四〕蹙金孔雀：用金綫繡的孔雀圖案。蹙，一種刺繡方法。銀麒麟：用銀綫繡的麒麟圖案。趙次公云：“杜牧自謂其詩‘蹙金結繡’，知‘蹙金’乃唐人常語。”兩句謂羅衣上金銀刺繡圖案，在暮春的陽光下閃爍奪目。

〔五〕翠微：天然的翠藍色，古人稱山色爲翠微。微，一本作“爲”。翠爲，與下句“珠壓”相對。匌(è)葉：即彩葉，古代婦女的髮飾匌彩上的花葉。《玉篇·勹部》：“匌彩，婦人頭花鬢飾也。”鬢脣：即鬢邊、鬢腳。句意爲頭髻上翠藍色的彩葉下垂到鬢邊。

〔六〕袥(jié)：衣服後襟。腰袥：即裙帶。稱身：合體。把珠子綴於裙帶，壓使下垂，不被風吹動，既合體，又沉甸，故云“穩稱身”。以上寫一般貴婦人容貌服飾的華美，所以襯托秦國、虢國二夫人的妖冶。

〔七〕就中：其中。雲幕：《西京雜記》：“漢成帝設……雲幕於甘泉殿。”注曰：“謂鋪設幕帳如雲霧也。”椒房親：皇后親屬。椒房係用椒和泥塗壁的房子，取其溫暖有香氣。漢代未央宮有椒房殿，爲皇后居住之室。後世因用爲皇后代稱。此處喻楊貴妃地位等同皇后。賜名：指賜封號。古時貴族婦女有“國夫人”的封號。《舊唐書·楊貴妃傳》：“有姊三人，皆有才貌，玄宗并封國夫人之號：長曰大姨，封韓國；三姨，封虢國；八姨，封秦國。并承恩澤，出入宮掖，勢傾天下。”大國：

國夫人雖無土地實封，但這些國名在當時官制上都是大國稱號。虢與秦：虢國夫人和秦國夫人。由於詩句字數的限制，舉二以概三。自此以下專寫楊氏姊妹。

〔八〕紫駝之峰：峰，一本作“珍”，駱駝背上隆起的肉。唐代貴族豪門用作珍異食品，名駝峰炙。《酉陽雜俎》卷七：“今衣冠家，名食……有將軍曲良翰，能爲驢駝峰炙。”釜：鍋；翠，形容其華美。水精：即水晶。行：傳遞，端送。素鱗：銀白色的魚。

〔九〕犀筯：犀牛角做的筷子。厭飫：飽食生膩。厭，同“饜”。久未下：好久不下筷子。鸞刀：環上裝有鸞鈴的刀。縷切：切成細絲。空紛綸：白忙亂了一陣。

〔一〇〕黃門：即宦官、太監。飛鞚：即飛馬。鞚，馬勒頭。不動塵：騎術高超，馬快如飛，塵土不揚。《明皇雜錄》：“虢國每入禁中，常乘驄馬，使小黃門御。紫驄之俊健，黃門之端秀，皆冠絶一時。”即“黃門飛鞚”景象。御廚：皇帝的廚房。八珍：八種珍貴的食品，如駝峰、熊掌、鹿脣等。《新唐書·楊貴妃傳》：“帝所得奇珍及貢獻，分賜之使者，相銜於道，五家如一。”

〔一一〕賓從(zòng)：隨楊氏來的賓客和僚屬。雜遝(tà)：雜亂而衆多。要津：見前《奉贈韋左丞丈二十二韻》注。實：此處作“占據”解。謂賓從皆當朝權貴。

〔一二〕後來鞍馬：最後騎馬來的人，指楊國忠。楊國忠原名釗，楊貴妃的從兄，天寶十一載十一月任右丞相。逡巡：欲行又止貌，此處有“大模大樣、旁若無人”之意。軒：敞廳。錦茵：錦繡地毯。極寫楊國忠的驕慢和他與主人的親密關係。自此以下全寫楊國忠。

〔一三〕蘋：即四葉菜、田字草，生於淺水中。《廣雅》：“楊花入水化爲萍。”大萍叫蘋。故俗以楊花與白蘋同源，而且楊花諧楊姓，故用“楊花覆蘋”來影喻楊氏兄妹的淫亂關係。又北魏胡太后和楊白花私

通,白花懼禍,南逃降梁,改名楊華。胡太后懷之,作《楊白華歌》,有
"秋去春還雙燕子,願銜楊花入窩裏"之句。此處也化用此事以暗喻
楊國忠的淫亂。青鳥:神話傳説中西王母使者,後用爲傳遞消息者的
代稱。紅巾:貴婦人慣用的手帕。此句意爲楊氏兄妹暗中傳情達意。

〔一四〕炙手可熱:形容氣焰灼人。勢絶倫:勢,一本作"世"。丞
相:即楊國忠,當時任右丞相。瞋:即惱怒。一本作"嗔",盛氣貌。以
"瞋"爲是。句意謂游人切勿近前觀看,否則將引起楊國忠的瞋怒。
浦起龍云:"無一刺譏語,描摹處,語語刺譏;無一慨嘆聲,點逗處,聲
聲慨嘆。"

醉時歌〔一〕

諸公袞袞登臺省,廣文先生官獨冷〔二〕。甲第紛紛厭粱肉,
廣文先生飯不足〔三〕。先生有道出羲皇,先生有才過屈
宋〔四〕。德尊一代常坎軻,名垂萬古知何用〔五〕!杜陵野客
人更嗤,被褐短窄鬢如絲〔六〕。日糴太倉五升米,時赴鄭老
同襟期〔七〕。得錢即相覓,沽酒不復疑〔八〕。忘形到爾汝,
痛飲真吾師〔九〕。清夜沉沉動春酌,燈前細雨簷花落〔一〇〕。
但覺高歌有鬼神,焉知餓死填溝壑〔一一〕?相如逸才親滌
器,子雲識字終投閣〔一二〕。先生早賦《歸去來》,石田茅屋
荒蒼苔〔一三〕。儒術於我何有哉?孔丘盜跖俱塵埃〔一四〕。
不須聞此意慘愴,生前相遇且銜杯〔一五〕!

〔一〕此詩作於天寶十三載（七五四）春。原注：“贈廣文館博士鄭虔。”廣文館設於天寶九載（七五〇），屬國子監。置博士四人，掌管國子監學生準備考進士的事。《新唐書》本傳：“鄭虔，鄭州滎陽人。……玄宗愛其才，欲置左右，以不事事，更爲置廣文館，以虔爲博士。虔聞命，不知廣文曹司何在，訴宰相，宰相曰：‘上增國學，置廣文館，以居賢者，令後世言廣文博士自君始，不亦美乎？’虔乃就職。”他是杜甫在長安時期好友，能詩，善書畫，玄宗曾稱之爲“鄭虔三絶”。此詩雖贈鄭虔，實亦自抒憤慨。因寫與鄭虔同在窮困中借酒遣悶，故名《醉時歌》。

〔二〕袞袞：衆多貌。臺：即御史臺，包括臺院、殿院、察院三院。省：即中書省、尚書省、門下省三省。均爲唐中央政府秉政機關。廣文先生：即鄭虔。《新唐書》本傳：“諸儒服其善著書，時號鄭廣文。”官獨冷：地位冷寞。本傳載廣文館後被風雨所壞，鄭虔移寓國子監，不爲朝廷所重視。

〔三〕甲第：漢代貴族的居處分甲乙次第，故以“第”稱府邸，引申而作豪門士族的代稱。厭：同饜，飽足。梁肉：泛稱美食。《新唐書》本傳：“（虔）在官貧約甚，澹如也。”

〔四〕出：超越。羲皇：即伏羲氏，傳説中古代帝王。《尚書大傳》以燧人、伏羲、神農爲三皇。上古時代生活簡陋，原爲生産力低下之故，古人卻歸之於人心淡泊寡欲、道德高尚。才：一本作“文”，非。才指文才，與上句“道”相對。屈宋：屈原和宋玉，均戰國時代辭賦家。

〔五〕德尊一代：品德爲一代所尊。坎軻：同坎坷、轗軻。本義是行車顛簸，引申爲人生不得意。名垂句：意謂身後縱垂名千秋，又有何用？即《夢李白》詩“千秋萬歲名，寂寞身後事”之意。以上概述鄭虔遭遇。

〔六〕杜陵野客：杜甫自謂。人更嗤：言自己之受嗤笑，更盛於鄭虔之受冷遇。被:同披。褐:見前《冬日有懷李白》注。

〔七〕太倉:京師所設御倉。《舊唐書·玄宗本紀》:天寶十二載"八月,京城霖雨,米貴,令出太倉米十萬石,減價糶與貧人。"同襟期:彼此性情懷抱相同。

〔八〕得錢兩句:言一人得錢即買酒找對方同飲,毫不遲疑。

〔九〕忘形:不拘形迹。爾汝:彼此親昵,以"爾""汝"相稱。《文士傳》:"禰衡有逸才,與孔融爲爾汝交,時衡年二十餘,融年已五十。"這年杜甫四十四歲,鄭虔可能比他大二十多歲,故比作禰衡與孔融的爾汝之交。真吾師:真,一作"直"。以上叙彼此友情。

〔一〇〕沉沉:夜深貌。簷花落:王嗣奭云:"簷水落,而燈光映之,如落銀花。"

〔一一〕但覺句:言詩句可驚動鬼神。即《寄李十二白二十韻》"筆落驚風雨,詩成泣鬼神"之意。焉知:此處作"不顧"解。

〔一二〕相如:即司馬相如,漢代辭賦家。親滌器:《漢書·司馬相如傳》:"相如與(卓文君)俱之臨邛,盡賣車騎,買酒舍,乃令文君當壚。相如身自著犢鼻褌,與庸保雜作,滌器於市中。"子雲:即揚雄。識字:史稱揚雄博學,多識奇字(古文字)。投閣:《漢書·揚雄傳贊》:"王莽時,劉歆、甄豐皆爲上公。莽既以符命自立,即位之後欲絕其原以神前事。而豐子尋、歆子棻復獻之。莽誅豐父子,投棻四裔,辭所連及,便收不請。時雄校書天禄閣上,治獄使者來,欲收雄。雄恐不能自免,乃從閣上自投下,幾死。莽聞之曰:'雄素不與事,何故在此?'間請問其故,乃劉棻嘗從雄學作奇字。雄不知情,有詔勿問。然京師爲之語曰:'惟寂寞,自投閣。'……"兩句謂高才博學如司馬相如、揚雄,尚不免操賤役、遭禍患。蓋借古人以自慰也。

〔一三〕歸去來:即《歸去來辭》,《宋書·隱逸傳》:"陶潛解印綬去職,賦《歸去來》。"其辭云:"田園將蕪胡不歸?"石田:原指無用之物,此處指瘠田。《史記·楚世家》:"子胥曰:譬猶石田,無所用之。"此以石田等三物喻窮儒之貧困,且與下句"何有"相映。

〔一四〕儒術:儒家之道,此指飽學。何有:何用,何助。盜跖:傳爲春秋時魯國大盜。句意爲不論賢愚,終歸一死。

〔一五〕聞此:指聞上"塵埃"句。銜杯:即飲酒。王嗣奭云:"此篇總屬不平之鳴,無可奈何之詞,非真謂垂名無用,非真謂儒術可廢,亦非真欲孔、跖齊觀,又非真欲同尋醉鄉也。公《詠懷》詩云'沉醉聊自遣,放歌破愁絶',即可移作此詩之解。"

渼陂行〔一〕

岑參兄弟皆好奇,攜我遠來游渼陂〔二〕。天地黤慘忽異色,波濤萬頃堆琉璃〔三〕。琉璃汗漫泛舟入,事殊興極憂思集〔四〕。鼉作鯨吞不復知,惡風白浪何嗟及〔五〕。主人錦帆相爲開,舟子喜甚無氛埃〔六〕。鳧鷖散亂棹謳發,絲管啁啾空翠來〔七〕。沉竿續縵深莫測,菱葉荷花淨如拭〔八〕。宛在中流渤澥清,下歸無極終南黑〔九〕。半陂以南純浸山,動影裊窕冲融間〔一〇〕。船舷暝戛雲際寺,水面月出藍田關〔一一〕。此時驪龍亦吐珠,馮夷擊鼓群龍趨〔一二〕。湘妃漢女出歌舞,金支翠旗光有無〔一三〕。咫尺但愁雷雨至,蒼茫不曉神靈意〔一四〕。少壯幾時奈老何,向來哀樂何其多〔一五〕!

〔一〕此詩爲天寶十三載在長安未授官時所作。渼陂(měi bēi):

《長安志》卷十五:“渼陂在縣(鄠縣)西五里,出終南山諸谷,合胡公泉爲陂。……又《説文》曰:‘渼陂在京兆鄠縣,其周一十四里,北流入澇水。’”陂上爲紫閣峰,峰下陂水澄湛,爲當時游賞勝地。

〔二〕岑參:南陽(今河南省南陽縣)人。天寳三載中進士,始佐安西節度使高仙芝幕,又攝監察御史,充安西、北庭節度判官。後官至左補闕,出爲嘉州(今四川省樂山縣)刺史,世稱岑嘉州。他早年孤貧,能自砥礪,是杜甫的詩友。這時岑參辭安西幕府職回長安,經常和杜甫同游。兄弟:岑參的親兄弟五人,即渭、況、參、秉、亞,從兄弟尤多。此處不知確指。好奇:喜尋奇訪勝。《唐才子傳》卷三亦云:“(參)放情山水,故常懷逸念,奇造幽致。”

〔三〕黤(yǎn)慘:天色昏暗貌。王粲《登樓賦》:“天慘慘而無色。”異色:天色驟變。堆琉璃:形容波濤湧起。琉璃,喻水之明澈。梁簡文帝《西齋行馬》:“雲開瑪瑙葉,水淨琉璃波。”

〔四〕汗漫:漫無邊際,《淮南子·俶真訓》:“徙倚於汗漫之宇。”琉璃汗漫,即波濤萬頃。事殊興極:經歷特殊,興致高昂。兩句意爲在波濤汹湧中泛舟入渼陂,雖興致很高,不免有冒風險之虞。

〔五〕鼉(tuó):鱷魚類,又名猪婆龍。作:起。不復知:不能預料。何嗟及:嗟何及之倒詞。意猶悔之已晚。或謂原作“嗟何及”。如《哭台州鄭司户蘇少監》之“流慟嗟何及”,《哭李尚書》之“風雨嗟何及”,都作“嗟何及”。仇兆鰲據今本《詩·王風·中谷有蓷》“啜其泣矣,何嗟及矣”作“何嗟及”。或謂鄭箋云:“及,與也。泣者傷其君子棄己,嗟乎將復何與爲室家乎?”可見鄭本原作“嗟何及矣”。今本誤倒,當據鄭箋乙正。

〔六〕主人:指岑參及其兄弟。氛埃:霧氣。張衡《西京賦》:“消氛埃於中宸”。兩句謂刹那間風平波靜,主人張帆,舟子色喜。

〔七〕鳧(fú):野鴨。鷖(yī):水鷗。棹謳:船歌,船夫搖楫時所

唱。絲:絃樂器,琴、瑟之類;管:管樂器,簫、笛之類。啁啾(zhōu jiū):
鳥鳴聲,唐王維《黃雀癡》詩:"到大啁啾解游颺,各自東西南北飛。"此
喻樂器聲。空翠:翠藍的天空。兩句謂雲淨天霽,鳥飛樂奏,一片歡欣
之象。

〔八〕沉竿續縵:將竿插入水中,再接續上纜繩,所以測渼陂的深
淺。縵,絲絃。此處指纜繩。淨如拭:極寫菱葉、荷花的青翠豔麗。

〔九〕宛在中流:猶《詩・秦風・蒹葭》:"宛在水中央。"渤澥
(xiè):海的別枝。司馬相如《子虛賦》:"浮渤澥,游孟諸。"裴駰集解:
"《漢書音義》曰:'海別枝名也。'"此指渼陂。無極:無盡,無底。終
南黑:終南山倒映的陰影。

〔一○〕裊窕:動搖不停貌。沖融:水波平定貌。

〔一一〕舷:船邊。暝:昏暗。戛(jiá):船舷和篙楫摩擦聲。雲際
寺:《長安志》卷十五:"雲際山大定寺在縣(鄠縣)東南六十里。"藍田
關:《長安志》卷十六:"藍田關在縣(藍田縣)東南九十八里,即秦嶢關
也。"又《雍錄》卷六:"藍田關在其(渼陂)東南也。"兩句謂黃昏時船
行經雲際山大定寺,月出水面,光照藍田關。

〔一二〕驪龍吐珠:古代傳說驪龍頷下有寶珠。《莊子・列禦寇》:
"夫千金之珠,必在九重之淵而驪龍頷下,子能得珠者,必遭其睡也。"
此處喻游船上的燈火遙映。馮(píng)夷:又作"冰夷",傳說中的水
神。曹植《洛神賦》:"馮夷鳴鼓,女媧清歌。"此處喻游船上音樂遠揚。
群龍趨:游船劃動,如群龍爭趨。

〔一三〕湘妃:傳說中舜的二妃,劉向《列女傳》卷一:"有虞二妃者,
堯之二女也。長娥皇,次女英。……舜陟方死於蒼梧,號曰重華。二
妃死於江湘之間,俗謂之湘君。"漢女:傳說中漢水的女神。《詩・周
南・漢廣》:"漢有游女,不可求思。"曹植《洛神賦》:"從南湘之二妃,
攜漢濱之游女。"此處喻船上歌女的輕歌曼舞。金支:黃金的花枝。

翠旗：翠羽的旌旐。均喻歌女服飾豔麗。光有無：光彩忽明忽滅，閃爍不定。

〔一四〕咫尺：喻距離很近。周制，八寸爲咫。蒼茫：曠遠迷茫貌。神靈：指風雨之神。《楚辭·九歌·山鬼》：“東風飄兮神靈雨。”兩句謂所慮者頃刻之間雷雨復來，自然變化渺茫難測。

〔一五〕向來句：言從來哀樂無常。漢武帝《秋風辭》：“歡樂極兮哀情多，少壯幾時兮奈老何。”詩人由天氣驟變聯想到人生的哀樂亦復如此，故以感嘆作結。

夏日李公見訪〔一〕

遠林暑氣薄，公子過我游〔二〕。貧居類村塢，僻近城南樓〔三〕。傍舍頗淳樸，所須亦易求〔四〕。隔屋喚西家，借問有酒不〔五〕？牆頭過濁醪，展席俯長流〔六〕。清風左右至，客意已驚秋〔七〕。巢多衆鳥鬥，葉密鳴蟬稠〔八〕。苦遭此物聒，孰謂吾廬幽〔九〕？水花晚色淨，庶足充淹留〔一〇〕。預恐樽中盡，更起爲君謀〔一一〕。

〔一〕此詩作於天寶十三載夏。李公：當係唐宗室李炎，當時爲太子家令（主管太子倉穀飲食的官），故詩題又作“李家令見訪”。

〔二〕遠林兩句：杜甫此時居於長安南十五里的下杜，距都城遠而多樹林，暑氣淡薄，故李炎來訪。

〔三〕塢：村子周圍所築土堡。城南樓：長安城樓之南。

〔四〕所須句：言鄰人厚道，求物必予，與城中達官貴人之吝嗇不同。

〔五〕不：同“否”。

〔六〕牆頭過：從牆頭傳送。濁醪：濁酒。指村酒，以顏色渾濁，故稱。展席：布席。長流：指潏（jué）水。杜陵樊鄉有樊川，潏水自樊川西北流經下杜城下。

〔七〕客：指李炎。兩句謂李炎來訪，本意是避暑，今左右清風吹拂，使他感到秋意。

〔八〕衆鳥鬥、鳴蟬稠：即下句所謂“物聒”。稠：密。

〔九〕此物：指鳥和蟬。聒（guō）：聲音嘈雜。兩句反用梁王籍《入若耶溪》“蟬噪林逾靜，鳥鳴山更幽”句意。

〔一〇〕水花：即荷花。晚色淨：荷花晚來色澤明淨。淨：一本作“靜”。庶足：猶“差足”，勉強能够。淹留：久留。意謂別無款待之物，唯此花差足留客。

〔一一〕預恐兩句：謂恐杯中酒盡，起而別去籌借。係勸客開懷暢飲之意。

九日寄岑參〔一〕

出門復入門，雨腳但如舊〔二〕。所向泥活活，思君令人瘦〔三〕。沉吟坐西軒，飲食錯昏晝〔四〕。寸步曲江頭，難爲一相就〔五〕。吁嗟乎蒼生，稼穡不可救〔六〕！安得誅雲師，疇能補天漏〔七〕？大明韜日月，曠野號禽獸〔八〕。君子強逶迤，小人困馳驟〔九〕。維南有崇山，恐與川浸溜〔一〇〕。是節東籬菊，紛披爲誰秀〔一〕？岑生多新詩，性亦嗜醇酎〔一二〕。
采采黄金花，何由滿衣袖〔一三〕？

〔一〕天寶十三載九月作，大致與後《秋雨嘆三首》同時。岑參：
見前《渼陂行》注。九日：指九月九日重陽節。是年秋，長安大雨，傷
稼成災，《舊唐書·玄宗本紀》天寶十三載：“是秋，霖雨積六十餘日，
京城垣屋頹壞殆盡，物價暴貴，人多乏食，令出太倉米一萬石，開十場
賤糶以濟貧民。東都瀍、洛暴漲，漂没一十九坊。”又《通鑑》卷二一
七，天寶十三載：“自去歲水旱相繼，關中大饑。……上憂雨傷稼，國
忠取禾之善者獻之，曰：‘雨雖多，不害稼也。’上以爲然。扶風太守房
琯言所部水災，國忠使御史推之。是歲，天下無敢言災者。高力士侍
側，上曰：‘淫雨不已，卿可盡言。’對曰：‘自陛下以權假宰相，賞罰無
章，陰陽失度，臣何敢言！’上默然。”此詩因重陽節久雨不能訪問岑
參，深致懷念之意，兼及對時政的憤慨。

〔二〕雨腳：下垂如綫的雨點。

〔三〕所向：到處。活活（kuò）：泥濘，又水流聲，《詩·衛風·碩
人》：“河水洋洋，北流活活。”泥深而多，行走活活作聲。君：指岑參。
《文選·古詩十九首》：“思君令人老。”

〔四〕沉吟：遲疑不決。西軒：西邊小屋。錯昏晝：晨昏錯亂。兩
句意謂欲訪岑而困雨，踟躕莫決，故坐西軒沉吟；因久陰故昏晝不辨，
飲食錯亂。

〔五〕寸步：猶近在咫尺。曲江頭：岑參住處。就：趨。《孟子·告
子上》：“猶水之就下也。”

〔六〕蒼生：即百姓。稼穡：播種和收穫，指各種農作物。

〔七〕雲師：即雲神，名豐隆，一説名屏翳。疇：即“誰”。

〔八〕大明：《廣雅》：“日曰大明。”但此處語意似指天空。韜：隱

匿。晝夜下雨,故日月隱匿。號:啼叫。禽獸無處栖息,故哀號於
曠野。

〔九〕强逶迤:勉强緩慢行進,因車馬阻於泥濘。困馳驟:爲衣食
所迫,在陰雨連綿中疲於奔走。以上八句,仇兆鰲云:"詩中蒼生稼穡
一段,確有所指。雲師,惡宰相之失職;天漏,譏人君之闕德;韜日月,
國忠蒙蔽也;號禽獸,禄山恣橫也;君子小人,貴賤俱不得所也。"

〔一○〕維:發語詞。南有崇山:指終南山。浸:沁漬。溜:水流
急瀉。

〔一一〕是節:指重陽節。東籬菊:陶淵明《雜詩》:"采菊東籬下,悠
然見南山。"紛披:盛開狀。兩句言因久雨,雖重陽菊花呈秀,亦無人
欣賞。

〔一二〕醇酎(zhòu):酒名。《西京雜記》卷一:"漢制……以正月旦
作酒,八月成,名曰酎,一曰九醖,一名醇酎。"

〔一三〕黄金花:即菊花,采以釀酒。《詩·周南·卷耳》:"采采卷
耳,不盈頃筐,嗟我懷人,寘彼周行。"兩句化用其意。逆料岑參興在
詩酒,此景此時,亦必無心采黄花矣。寄詩代爲悵惋,益見懷想之深。

秋雨嘆三首〔一〕

雨中百草秋爛死,階下決明顔色鮮〔二〕。著葉滿枝翠羽蓋,
開花無數黄金錢〔三〕。涼風蕭蕭吹汝急,恐汝後時難獨
立〔四〕。堂上書生空白頭,臨風三嗅馨香泣〔五〕。

〔一〕此三首作於天寶十三載秋。《舊唐書·韋見素傳》:"天寶

十三載秋，霖雨六十餘日，京師廬舍垣墉頹毀殆盡，凡一十九坊汙潦。”餘見前《九日寄岑參》題注。杜甫感事傷時，因作此三首，悼嘆人民苦難及旅居寥落。

〔二〕決明：即馬蹄決明，豆科，一年生草本，葉似苜蓿而稍大，夏秋開黄花，實成莢，似豇豆，《本草》謂入藥功能清肝明目，故名“決明”。一説決明爲甘菊。宋人史鑄《百菊集譜》：“注杜者以爲《本草》決明子。此物乃七月作花，形如白扁豆，葉極稀疏，焉得有‘翠羽蓋’與‘黄金錢’耶？彼蓋不知甘菊一名石決，爲其明目去瞖，與石決明同功，故吴楚間呼爲‘石決’。子美所嘆，正指此花。注家乃認爲決明子，疏矣。”按，杜集中同年有《詠庭前甘菊花》一首，亦可爲此説佐證。

〔三〕翠羽蓋：古帝王所乘舟車以翠羽飾蓋，張衡《東京賦》：“樹翠羽之高蓋。”此指決明葉作羽狀複葉，形如青色傘蓋。黄金錢：決明花色淡黄，形如金錢。葉如翠蓋，花如金錢，應上句“顔色鮮”。

〔四〕吹汝急：用《詩·鄭風·蘀兮》“蘀兮蘀兮，風其吹汝”意。後時：失其當發之時。兩句謂秋後草木凋落，恐亦不能獨自存活。詠物同時引出下面的自我感嘆。

〔五〕堂上書生：杜甫自謂。空白頭：指年老而一事無成。三嗅：語出《論語·鄉黨》：“曰：‘山梁雌雉，時哉，時哉。’子路供之，三嗅而作。”詩人睹物感時，身處天下危機四伏之秋，爲國爲身，均不勝傷感。

其二

闌風伏雨秋紛紛，四海八荒同一雲〔一〕。去馬來牛不復辨，濁涇清渭何當分〔二〕？禾頭生耳黍穗黑，農夫田父無消息〔三〕。城中斗米換衾裯，相許寧論兩相直〔四〕？

〔一〕闌風：謝靈運《永初三年七月十六日之郡初發都》："述職期闌暑。"闌，猶殘，盡。一本作"蘭"，非。伏雨：沉伏的雨。《左傳·昭公四年》："夏無伏陰。"伏，一本作"仗"，當係形訛。闌風伏雨：形容風雨不停。四海八荒：劉向《説苑·辨物》："八荒之内有四海，四海之内有九州。"故八荒，意爲極遠之地，猶普天之下。同一雲：《詩·小雅·信南山》："上天同雲。"句意爲滿天陰霾。

〔二〕馬牛不辨：語出《莊子·秋水》："秋水時至，百川灌河，涇流之大，兩涘渚涯之間，不辨牛馬。"濁涇清渭：見前《奉贈韋左丞丈》注。何當分：猶何嘗分。晉樂府《前溪歌》："花落逐水去，何當順流還。"傅玄《秦女休行》："百男何當益，不如一女良。"何當都作"何嘗"解。兩句謂天久陰雨，百川灌河，涇、渭的清濁何嘗分清。

〔三〕禾頭生耳：張鷟《朝野僉載》引唐俚語："秋雨甲子，禾頭生耳。"言禾頭水浸日久，萌芽卷曲如耳狀。黍穗黑：黍是穀子，其米富黏性，不耐雨水，久雨則穗將黑腐。父：一本作"婦"，非。潘岳《秋興賦》："談話不過農夫田父之客。"無消息：言秋雨傷禾，收成無望。

〔四〕斗米換衾裯：用衾裯換取一斗米。衾，大被；裯，幬帳，單被。《舊唐書·玄宗本紀》天寶十二載："八月，京城霖雨，米貴，令出太倉米十萬石，減價糶與貧人。"朝廷減價出售，但當事官吏卻要從中勒索。相許句：言只求能獲得療飢之米，哪能管價值相當與否？直：古通"值"。

其三

長安布衣誰比數，反鎖衡門守環堵〔一〕。老夫不出長蓬蒿，稚子無憂走風雨〔二〕。雨聲颼颼催早寒，胡雁翅濕高飛難〔三〕。秋來未曾見白日，泥污后土何時乾〔四〕？

〔一〕長安布衣:即杜陵布衣,杜甫自謂。布衣,平民無官職者。比數:猶今語"看得起"。司馬遷《報任安書》:"刑餘之人,無所比數。"衡門:以横木爲門,喻居處簡陋。環堵:牆高廣一丈爲堵,周圍爲環。言除四堵牆外别無他物。陶淵明《五柳先生傳》:"環堵蕭然,不蔽風日。"

〔二〕老夫:杜甫自稱。長蓬蒿:因不出門,故門外亂草叢生。稚子:指兒子宗文。

〔三〕颼颼:雨聲。鄭谷《鷺鷥》詩:"閑立春塘烟淡淡,静眠寒葦雨颼颼。"胡雁:塞北南飛之雁。

〔四〕后土:即大地。《楚辭·九辯》:"皇天淫溢而秋霖兮,后土何時而得乾。"此用其意。

天育驃圖歌〔一〕

吾聞天子之馬走千里,今之畫圖無乃是〔二〕? 是何意態雄且傑,鬃尾蕭梢朔風起〔三〕。毛爲緑縹兩耳黄,眼有紫焰雙瞳方〔四〕。矯矯龍性含變化,卓立天骨森開張〔五〕。伊昔太僕張景順,監牧攻駒閲清峻〔六〕。遂令大奴字天育,别養驥子憐神駿〔七〕。當時四十萬匹馬,張公嘆其材盡下〔八〕。故獨寫真傳世人,見之座右久更新〔九〕。年多物化空形影,嗚呼健步無由騁〔一〇〕。如今豈無騕褭與驊騮? 時無王良伯樂死即休〔一一〕!

〔一〕天寶十三載作。天育:馬厩名。驃:駿馬的一種,黄白色。

此詩借詠天育驃圖，自抒品格、抱負和政治上無出路的憤慨不平。

〔二〕天子之馬：指周穆王的八駿。《穆天子傳》卷一："天子之馬走千里。"無乃：揣測之詞，猶"豈非"。

〔三〕意態：猶神態。鬣：馬鬃。一本作"駿"。蕭梢：搖尾貌。句意謂鬣尾動搖可引起朔風。

〔四〕縹：青白色。兩耳黃：《穆天子傳》卷一郭璞注："魏時鮮卑獻千里馬，白色而兩耳黃，名曰黃耳。"紫焰：發紫光。《太平御覽·獸部八》引伯樂《相馬經》："眼欲得高巨，眼睛欲如懸鈴紫豔光。"雙瞳方：雙瞳仁呈方形。顏延之《赭白馬賦》："雙瞳夾鏡。"

〔五〕矯矯：雄傑貌。龍性：古代有駿馬爲龍種之説。顏延之《五君詠·嵇中散》："龍性誰能馴。"天骨：非凡的骨格。森開張：聳立開展。森，挺立貌。

〔六〕伊：語助詞。太僕：官名，監牧馬。《新唐書·兵志》："馬者，兵之用也。監牧，所以蕃馬也。其制起於近世……其官領以太僕。"張景順：開元年間太僕少卿兼秦州都督監牧都副使。張説《大唐開元十三年隴右監校頌德碑》："元年牧馬二十四萬匹，十三年乃四十三萬匹。……上（玄宗）顧謂太僕少卿監牧使張景順曰：'吾馬繁育，君之力也。'"攻：攻治，即訓練。駒：馬兩歲曰"駒"。閲：檢閲。清峻：指馬之骨格清高者。

〔七〕大奴：指牧馬奴頭目。字：撫字養育。一本作"守"，非。唐初從赤岸澤得良馬，令張景順在隴右進行馴育，因此以"字"爲是。驃子：指黃驃馬。兩句謂命大奴撫養天育厩的馬，而將黃驃馬另行單獨牧養，因喜愛其神駿之故。

〔八〕四十萬匹：《通典·職官》七："貞觀初，僅有牧牝三千匹，從赤岸澤徙之隴右。十五年，始令太僕卿張萬歲勾當群牧。至麟德四十年間，馬至七十萬六千匹。置八使，領六監，初置四十八監，跨蘭、渭、

秦、原四州之地，猶爲隘狹，更析八監，布於河曲。其時天下以一縑易
一馬。儀鳳三年，少卿李思文檢校隴右諸牧監，方稱使。爾後或戎狄
外侵，或牧圉乖散，洎乎垂拱，潛耗大半。開元初，牧馬二十四萬匹，十
三年，加至四十五萬匹。”材盡下：皆凡庸下劣之馬。

〔九〕寫真：畫像。見之座右：張挂在座右。見，同“現”。久更新：
百看不厭，歷久彌新。

〔一〇〕年多：馬係開元時物，至天寶末，已歷多年。物化：化爲異
物，即死亡。語本《莊子・天道》：“其死也物化。”空形影：馬已早死，
徒留畫像。嗚呼句：馬畫得再好，但紙上的健步終不能馳騁。

〔一一〕騕褭（yǎo niǎo）：古代駿馬。《呂氏春秋・離俗》：“飛兔要
褭，古之駿馬也。”漢應劭謂：騕褭“金喙赤身，一日行萬里”。驊騮：周
穆王八駿之一。《穆天子傳》卷一：“天子之駿，赤驥、盜驪、白義、踰
輪、山子、渠黄、華騮、綠耳。”又《水經注》：“桃林多野馬，造父於此得
驊騮。”舊稱色如華而赤，故亦名棗騮。王良：春秋時趙人，善御馬。
《淮南子・覽冥訓》：“昔者，王良、造父之御也，上車攝轡，馬爲整齊而
斂諧，投足調均，勞逸若一。”伯樂：春秋時秦人，善相馬。據《淮南
子・道應訓》載，伯樂曾薦九方堙爲秦穆公相馬，認爲相千里馬必須
“得其精而忘其粗，在内而忘其外”。枚乘《七發》：“於是伯樂相其前
後，王良、造父爲之御。”死即休：言世無識者，老死無所用而已。兩句
感慨世無識才之士，賢才亦委之塵土。蓋自嘆不遇也。評者謂韓愈
“世有伯樂，然後有千里馬”之文，本此。

奉先劉少府新畫山水障歌〔一〕

堂上不合生楓樹，怪底江山起烟霧〔二〕？聞君掃卻赤縣圖，

乘興遣畫滄洲趣〔三〕。畫師亦無數,好手不可遇〔四〕。對此
融心神,知君重毫素〔五〕。豈但祁岳與鄭虔,筆迹遠過楊契
丹〔六〕。得非玄圃裂,無乃瀟湘翻〔七〕?悄然坐我天姥
下〔八〕,耳邊已似聞清猿。反思前夜風雨急,乃是蒲城鬼神
入〔九〕。元氣淋漓障猶濕,真宰上訴天應泣〔一〇〕。野亭春
還雜花遠,漁翁暝踏孤舟立〔一一〕。滄浪水深青溟闊,敧岸
側島秋毫末〔一二〕。不見湘妃鼓瑟時,至今斑竹臨江
活〔一三〕。劉侯天機精,愛畫入骨髓〔一四〕。自有兩兒郎,揮
灑亦莫比〔一五〕。大兒聰明到,能添老樹巔崖裏〔一六〕。小兒
心孔開,貌得山僧及童子〔一七〕。若耶溪,雲門寺〔一八〕,吾獨
胡爲在泥滓,青鞋布襪從此始〔一九〕。

　　〔一〕此詩《文苑英華》本下注:"奉先尉劉單宅作。"可見劉少府
即劉單。唐人每稱縣尉爲少府,蓋沿漢代稱謂。奉先:今陝西省蒲城
縣,唐時屬同州。山水障:畫山水的屏障。天寶十三載秋,杜甫因長安
米貴,送家屬至奉先縣寄居。此詩即作於是時。詩中贊揚劉單繪畫藝
術,並流露歸隱之想。

　　〔二〕不合:不應。楓樹生於山野間,非堂上物,故云"不合"。底:
因何,爲何。楊萬里《立春日舟前細雨》:"急風陣陣吹白塵,着入怪底
濕衣巾。"楓樹和江山烟霧均屏上畫景,詩極寫其形象逼真。

　　〔三〕掃卻:畫完。掃:提筆揮灑。赤縣圖:即奉先縣圖。唐、宋時
京城的屬縣有赤有畿。《元和郡縣志》:"關内道京兆府奉先縣,次
赤。"錢謙益云:"劉爲奉先尉,寫其邑之山水,故曰赤縣圖。"滄洲趣:
指山水畫。謝朓詩:"復協滄洲趣。"

　　〔四〕畫師兩句:贊劉單畫藝罕見。

〔五〕融心神:畫師將心神融入毫素。毫素:毛筆和素絹。顏延之《五君詠·向常侍》:“深心託豪素。”“豪”與“毫”字同。或解爲此畫能使觀者心神融入畫幅,可徵畫家用筆之精心。亦可通。

〔六〕祁岳:杜甫同時畫家。李嗣真《畫録》、朱景玄《唐朝名畫録》均載其名,但不詳其事迹。岑參《送祁樂歸河東》詩:“有時忽乘興,畫出江上峰。牀頭蒼梧雲,簾下天台松。忽如高堂上,颯颯生清風。……”可能就是祁岳,“樂”“岳”同音致訛。鄭虔:見前《醉時歌》注。楊契丹:隋代畫家。張彦遠《歷代名畫記》卷八:“隋:楊契丹,官至上儀同,僧悰云:六法備該,甚有骨氣,山東體製,允屬伊人,品在閻立本下。”

〔七〕得非:反詰語,“得非”與“無乃”互文,兩詞同義。韓愈《南山詩》:“得非施斧斤,無乃假詛咒?”杜甫《收京三首》之一,一本作“得非群盜起,難作九重居?”玄圃:又作“縣圃”,傳説中崑崙山的頂巔,神仙所居。《淮南子·墜形訓》:“崑崙之丘,或上倍之,是謂涼風之山,登之而不死,或上倍之,是謂懸圃,登之乃靈。”裂,形容畫中之山似從玄圃分裂而成。瀟、湘:二水名,都在今湖南省境内。《山海經·中山經》:“洞庭之山,帝之二女居之,是常游於江淵。澧、沅之風,交瀟湘之淵。”翻,形容畫中的水如瀟、湘二水的波浪翻騰。

〔八〕悄然:形容深山寂無人聲。坐我,猶“置我身於”。天姥:山名,在今浙江省新昌縣東五十里。杜甫《壯游》有“歸帆拂天姥”之句。

〔九〕反思兩句:意爲回想前夜蒲城(即奉先)急風驟雨,當是鬼神入此山水所致。亦形容畫上形象逼真,可欺鬼神。

〔一○〕元氣:大自然的真氣。淋漓:沾濕貌。真宰:天神。兩句意爲此畫筆墨元氣淋漓,奪天地造化之妙,感動天神,上訴天帝,天也爲之雨泣。暗用倉頡造字,天雨粟,鬼夜哭之意。

〔一一〕野亭句:言畫中的野亭仿佛坐落在春歸時鮮花夾雜的遠

處。漁翁句:言畫中漁翁仿佛夜間立在孤舟之上。

〔一二〕滄浪:水名,即漢水。在今湖北省境内。《水經·沔水注》:"縣(武當縣)西北四十里,漢水中有洲,名滄浪洲。"青溟:大海。滄浪在楚,與大海遠隔千里。句意謂畫家能收千里於尺幅。欹:歪斜不正。側:傾斜。欹岸側島一本作"欹峰側岸"。秋毫末:鳥獸至秋更毛,細而末鋭,稱秋毫。秋毫的末端更細微,故用以喻極細微之物。《孟子·梁惠王上》:"明足以察秋毫之末。"言此畫大則收攝滄浪、青溟,小則畢具欹岸側島的細微。

〔一三〕不見:猶云"豈不見"。湘妃:舜的二妃,堯的二女娥皇、女英,傳説是湘水之神,叫湘靈。《楚辭·遠游》:"使湘靈鼓瑟兮。"斑竹:《博物志》卷九:"舜崩,二妃啼,以涕揮竹,竹盡斑。"活:猶云生動。此復以神話傳説形容畫幅之栩栩如生。

〔一四〕劉侯:即劉單。天機精:天性聰明。入骨髓:愛繪事入迷。

〔一五〕兩兒郎:劉單的兩個兒子。揮灑:揮筆灑墨,指繪畫。

〔一六〕聰明到:猶云聰明所到之處。

〔一七〕心孔:心竅。貌(mò):描繪。杜甫《丹青引贈曹將軍霸》:"先帝御馬玉花驄,畫工如山貌不同。"又:"即今漂泊干戈際,屢貌尋常行路人。"又其《韋諷録事宅觀曹將軍畫馬圖歌》:"曾貌先帝照夜白,龍池十日飛霹靂。"《新唐書·楊貴妃傳》:"命工貌妃於别殿。"貌都音"莫",作動詞。楊倞注《荀子·禮論篇》"貌而不功",曰:"'貌'讀爲'邈',像也,今畫物爲。""貌"古"貌"字,"邈"同"莫"。唐人叫摹寫、描繪爲貌,是杜甫所用爲唐人的俗語。

〔一八〕若耶溪、雲門寺:《大清一統志》:"浙江紹興府:若耶溪在會稽縣南二十里若耶山下,北流入鏡湖。……雲門寺在會稽縣雲門山。"兩處都以風景秀麗著稱。《水經·漸江水注》:"(若耶)溪水上承嶕峴、麻溪,溪之下孤潭周數畝,甚清深。……麻潭下注若耶,溪水至清,照衆山倒影,窺之如畫。"又:"又有玉笥、竹林、雲門、天柱精舍,並疏山創基,架林裁宇,割澗延流,盡泉石之好。"

〔一九〕泥滓:泥濁,喻當時混濁的社會。《史記·屈原列傳》:"皭然泥而不滓者也。"青鞋布襪:隱士所服。意爲我何必還要留在混濁的社會裏? 從此將開始歸隱於若耶溪、雲門寺等山水佳勝之處。結句以畫上山水能引動歸隱之想,愈證此圖畫之入妙。

後出塞五首[一]

男兒生世間,及壯當封侯[二]。戰伐有功業,焉能守舊丘[三]? 召募赴薊門,軍動不可留[四]。千金買馬鞍,百金裝刀頭[五]。閭里送我行,親戚擁道周[六]。斑白居上列,酒酣進庶羞[七]。少年別有贈,含笑看吳鈎[八]。

〔一〕此五詩作於天寶十四載(七五五)四月。錢謙益云:"《前出塞》爲征秦隴之兵赴交河而作。《後出塞》爲征東都之兵赴薊門而作也。"當時安禄山身兼范陽、平盧、河東三鎮節度使,雄踞一方,位高氣驕。爲了誇耀邊功,常向奚、契丹發動戰爭,擁兵自重,叛迹已萌。詩人通過一個被安禄山召募去的士兵,見安禄山行將叛亂,脱身而歸的經歷,揭露唐玄宗的好大喜功,寵信邊將,造成安禄山驕恣謀叛的隱患,流露出作者對時局的關懷和憂慮。五首詩結構嚴密,前後一貫,從辭家到歸來,次序井然。

〔二〕男兒兩句:用《後漢書·班超傳》"(超)嘗輟業投筆嘆曰:'大丈夫無他志略,猶當效傅介子、張騫立功異域,以取封侯,安能久事筆研間乎！'"之意。

〔三〕戰伐句：指玄宗好大喜功，時人多藉立邊功獲致爵禄事。舊丘：舊居，故鄉。

〔四〕召募：時府兵制已廢弛，開始實行募兵制的"礦騎"，故云"召募"。薊門：指范陽郡。唐代范陽節度使大都督府設在幽州，幽州城即古薊城，薊門是薊的別稱。故城址在今北京市廣安門一帶。錢謙益云："安禄山欲以邊功市寵，數侵掠奚、契丹。開元四年（應爲天寶四載），各殺公主以叛（唐朝以公主嫁給奚、契丹），禄山討破之。天寶九載，禄山誘熟蕃、奚、契丹，置鴆殺之，函其首以獻。十載，禄山討契丹，大敗而歸。十一載，大舉以報去秋之役。阿布思叛去，遂頓兵不進。十四載，禄山奏破奚、契丹，是年十一月遂叛。"召募赴薊門，即從事此類征討之事。軍動：軍隊出發。

〔五〕千金二句：化用古樂府《木蘭辭》"東市買駿馬，西市買鞍韉"詩意。形容裝備的貴重。

〔六〕閭、里：古代以五家爲比，五比爲閭；又以五家爲隣，五隣爲里。閭、里均二十五家。此泛指鄰里。親戚：《禮記·曲禮上》："兄弟親戚稱其慈也。"孔穎達疏："親指族内，戚言族外。"與今意專指族外姻戚不同。道周：道旁。

〔七〕斑白：頭髮花白，指老年。庶羞：多樣菜肴。

〔八〕吳鈎：春秋時吳王闔閭所造寶劍。《吳越春秋·闔閭内傳》："闔閭既寶莫耶，復命於國中作金鈎，令曰：能爲善鈎者賞之百金。吳作鈎者甚衆，而有人貪王之重賞也，殺其二子，以血釁金，遂成二鈎，獻於闔閭。"此泛指寶劍。士兵以少年所贈寶劍與封侯之志暗合，故喜而摩娑觀賞之。第一首寫士兵應募出發時的豪情壯志。

其二

朝進東門營，暮上河陽橋〔一〕。落日照大旗，馬鳴風蕭蕭〔二〕。平沙列萬幕,部伍各見招〔三〕。中天懸明月,令嚴夜寂寥。悲笳數聲動,壯士慘不驕〔四〕。借問大將誰? 恐是霍嫖姚〔五〕。

〔一〕東門:又稱上東門。錢謙益云:"胡三省曰:此言漢晉洛城諸門,非隋唐所徙洛城也。上東門之地,唐爲鎮。按《通鑑》:李光弼將詣河陽,諸將請曰:今自洛城而北乎? 當石橋而進乎? 光弼曰:當石橋而進。夜至河陽。石橋之地,蓋即所謂東門營也。"東門營指上東門的軍營。河陽橋:河陽縣浮橋。河陽即古孟津(今河南省孟縣南),是通往河北的要道。

〔二〕大旗:大將所用紅旗。《通典·兵一》:"陳(陣)將門旗,各任所色,不得以紅,恐亂大將。"蕭蕭:風聲。《楚辭·九懷·蓄英》:"秋風兮蕭蕭。"風蕭蕭,則馬有感奮而長鳴。

〔三〕平沙,猶平野。列萬幕:言帳幕林立之盛。部伍句:趙次公云:"士卒多則將各有一幕,故一部伍之人,各相招認以居幕也。"

〔四〕笳:軍中號角。慘不驕:軍令森嚴,笳聲悲涼,士兵情緒緊張,慘然不樂,不敢縱恣。

〔五〕大將:統軍將領,指安禄山。《新唐書·安禄山傳》:"(禄山)入朝,奏對稱旨,進驃騎大將軍。"恐是:疑詞,實有否定之意。霍嫖姚:即霍去病。《史記·衛將軍驃騎列傳》:"霍去病善騎射,再從大將軍,受詔與壯士,爲嫖姚校尉。"漢武帝時曾任嫖姚校尉,從大將軍衛青出塞征匈奴。此處用以喻對奚、契丹戰爭的安禄山。而以"恐是"顯示嘲諷之意。第二首寫行軍途中見聞,豪情壯志漸轉爲凄慘不樂。

其三

古人重守邊，今人重高勳〔一〕。豈知英雄主，出師亘長
雲〔二〕。六合已一家，四夷且孤軍〔三〕。遂使貔虎士，奮身
勇所聞〔四〕。拔劍擊大荒，日收胡馬群〔五〕。誓開玄冥北，
持以奉吾君〔六〕！

〔一〕古人、今人：都指邊將。重高勳：重視邀功請賞。

〔二〕英雄主：指玄宗。亘長雲：形容興師暴衆，連綿不絕。暗諷
玄宗黷武。

〔三〕六合：天地四方。《莊子·齊物論》：“六合之外，聖人存而
不論。”四夷：古代對中國四周少數民族的蔑稱。

〔四〕貔(pí)：猛獸名，虎豹之屬。勇所聞：勇敢聞名於當世。人
主好武，遂使邊將貪功，奮不顧身，以勇敢殺敵爲事。

〔五〕大荒：即窮荒，邊疆荒遠之地。收胡馬：擄獲北方的良馬。
《安祿山事蹟》卷上：“祿山包藏禍心。……蓄單于護真大馬習戰鬥者
數萬疋，……已八九年矣。”即指此。

〔六〕玄冥：幽奧深遠之意。《莊子·大宗師》：“於謳聞之玄冥。”
成玄英疏：“玄者，深遠之名也。冥者，幽寂之稱。”玄冥北，即北方遥
遠之地。仇兆鰲評此兩句云：“末言闢土奉君，蓋逢君之惡，禍及生民
矣。”第三首譏諷玄宗好武，邊將邀功。

其四

獻凱日繼踵，兩蕃靜無虞〔一〕。漁陽豪俠地，擊鼓吹笙

竽〔二〕。雲帆轉遼海，粳稻來東吳〔三〕。越羅與楚練，照耀
輿臺軀〔四〕。主將位益崇，氣驕凌上都〔五〕。邊人不敢議，
議者死路衢〔六〕。

〔一〕獻凱：獻俘奏捷。日繼踵：言絡繹不絕。《通鑑》卷二一七，
天寶十三載：“夏四月癸巳，安禄山奏擊奚破之，虜其王李日越。”又十
四載：“夏四月，安禄山奏破奚、契丹。”兩蕃：指奚、契丹。無虞：無須
憂慮。《通鑑》卷二一七，天寶十四載：“上（玄宗）謂國忠等曰：禄山，
朕推心待之，必無異志，東北二虜，藉其鎮遏，朕自保之，卿等勿
憂也！”

〔二〕漁陽：郡名。唐開元中分幽州三縣置薊州，漁陽郡治在今天
津市薊縣。唐人習慣以漁陽爲幽州（范陽、平盧）的代稱。安禄山曾
爲范陽、平盧、河東三鎮節度使。豪俠地：古稱燕趙多慷慨悲歌之士，
聶政荆軻，皆出其地，故云。擊鼓句：形容漁陽地區平靜，主將日事
宴樂。

〔三〕轉：運輸。遼海：遼東南面臨渤海，故云“遼海”。言軍需品
以帆船從遼東轉運而來。粳稻：晚熟而不黏的稻米，多產於江南。東
吳：今江蘇省蘇州市一帶。

〔四〕越羅：越地產的綺羅。楚練：楚地產的素絹。越：今浙江省。
楚：今湖南、湖北一帶。輿臺：古代下等奴隸。《左傳·昭公七年》：
“人有十等：……王臣公，公臣大夫，大夫臣士，士臣皁，皁臣輿，輿臣
隸，隸臣僚，僚臣僕，僕臣臺。”輿、臺均指執賤役者，此指安禄山僕從
的衣飾亦豪奢逾分。《通鑑》卷二一七，天寶十三載：“己丑，安禄山
奏：‘臣所部將士討奚、契丹、九姓、同羅等，勳效甚多，乞不拘常格，超
資加賞，仍好寫告身付臣軍授之。’於是除將軍者五百餘人，中郎將者
二千餘人。禄山欲反，故先以此收衆心也。”

〔五〕主將:指安禄山。位益崇:安禄山天寶七載封柳城郡公,九載進爵東平郡王,十三載領三鎮節度使,加授左僕射。上都:京城。凌上都:驕氣侵凌京師,即目無朝廷。

〔六〕邊人二句:指玄宗寵信安禄山,杜塞言路。《通鑑》卷二一七,天寶十三載:"有言禄山反者,上(玄宗)皆縛送之,由是人皆知其將反,無敢言者。"衢:四通八達的道路。第四首揭露安禄山的驕橫、圖謀叛亂。

其五

我本良家子,出師亦多門〔一〕。將驕益愁思,身貴不足論〔二〕。躍馬二十年,恐孤明主恩〔三〕。坐見幽州騎,長驅河洛昏〔四〕。中夜間道歸,故里但空村〔五〕。惡名幸脱免,窮老無兒孫〔六〕。

〔一〕此首據仇兆鰲注:"今按末章,是説禄山舉兵犯順後事,當是天寶十四載冬作。"良家子:古代大抵以罪人、贅壻、商賈入軍籍,平民入籍者稱"良家子"。《漢書·李廣傳》:"廣以良家子從軍擊胡。"多門:謂可投奔之處甚多,不必專從一鎮服役。一説"多門",猶"多端",當是,此戰士應募赴薊門前已從軍多次,故下文有"躍馬二十年"句。

〔二〕將驕兩句:謂主將驕橫,遂增憂國之思。故不圖身貴,但爲國憂。

〔三〕躍馬:指從軍。孤:一本作"辜",兩字古通。

〔四〕幽州騎:指安禄山所部。長驅:指安禄山叛攻中原。河洛:黄河洛水一帶。《安禄山事蹟》卷中:"十一月九日,禄山起兵反,……馬步相兼十萬,鼓行而西。"

〔五〕間道歸:抄小路回家。故里句:言故鄉已遭兵亂。

〔六〕惡名:助逆之醜名。無兒孫:言己從軍二十年,未能成家。第五首寫士兵堅決不肯叛國。王嗣奭云:"當時附賊者衆,而獨有此一人在其間,……公特表而出之。"其實杜甫所作,不必一定係某一真人之寫照,其意義,實遠超一人一事。

官定後戲贈〔一〕

不作河西尉,凄涼爲折腰〔二〕。老夫怕趨走,率府且逍遙〔三〕。耽酒須微禄,狂歌託聖朝〔四〕。故山歸興盡,回首向風飇〔五〕。

〔一〕此詩作於天寶十四載。原注:"時免河西(今雲南省通海縣)尉,爲右衞率府兵曹。"他被任爲河西尉,未赴,又改任右衞率府兵曹參軍。職務爲看守兵甲器仗,管理門禁鎖鑰,與詩人政治抱負相去甚遠。故作此詩解嘲,實係憤慨當權者不能用賢。贈,自贈。因有自嘲意,故云"戲"。

〔二〕折腰:鞠躬致敬。用晉陶淵明不肯爲五斗米折腰事。《宋書·陶潛傳》:"(潛)爲彭澤令……郡遣督郵至縣,吏白應束帶見之,潛嘆曰:'我不能爲五斗米折腰向鄉里小人。'"

〔三〕趨走:奔走,指拜謁、迎送上司。兩句叙就任率府兵曹參軍的原因。

〔四〕託:託庇。句意爲託朝廷之庇,賴閑職微禄,得以縱飲狂歌。此固戲語,實含不得已的悲痛。

〔五〕故山：指當時家屬所在地奉先。歸興盡：言職務羈身，無還家之興。颷：暴風。句意謂思家時惟臨風回首而已。

去矣行〔一〕

君不見鞲上鷹，一飽即飛掣〔二〕。焉能作堂上燕，銜泥附炎熱〔三〕？野人曠蕩無靦顏，豈可久在王侯間〔四〕？未試囊中餐玉法，明朝且入藍田山〔五〕。

〔一〕天寶十四載作。時杜甫任右衛率府兵曹參軍，欲辭官，作此以明志。

〔二〕鞲：架鷹人所縛臂衣。《史記・滑稽列傳》："髡犁鞲鞠臆。"索隱云："鞲音溝，臂扞也。"飛掣：飛走。杜詩《送高三十五書記十五韻》："飢鷹未飽肉，側翅隨人飛。"鷹未飽隨人，一飽即飛，自喻野性難馴。

〔三〕燕：喻勢利小人。附炎熱：趨炎附勢。謂寧效鷹之飛揚天空，不願效燕之趨炎附勢。

〔四〕野人：杜甫自謂。曠蕩：胸懷灑脫。靦（tiǎn）顏：即厚臉皮。自陳胸懷曠蕩，無奴顏媚骨，何能周旋於王侯之間？

〔五〕餐玉法：道家吞食玉屑，以圖長生不老之法。《魏書・李預傳》："（李預）居長安，每羨古人餐玉之法，乃采訪藍田，躬往攻掘。得若環璧雜器形者大小百餘。……預乃椎七十枚爲屑，日服食之。"藍田山：《大清一統志》："陝西西安府：藍田山在藍田縣東。"產美玉，又名玉山。藍田餐玉，申足辭官遁世之意。

自京赴奉先縣詠懷五百字^{〔一〕}

杜陵有布衣,老大意轉拙^{〔二〕}。許身一何愚,竊比稷與契^{〔三〕}。居然成濩落,白首甘契闊^{〔四〕}。蓋棺事則已,此志常覬豁^{〔五〕}。窮年憂黎元,嘆息腸内熱^{〔六〕}。取笑同學翁,浩歌彌激烈^{〔七〕}。非無江海志,蕭灑送日月^{〔八〕}。生逢堯舜君,不忍便永訣^{〔九〕}。當今廊廟具,構厦豈云缺^{〔一〇〕}?葵藿傾太陽,物性固難奪^{〔一一〕}。顧惟螻蟻輩,但自求其穴^{〔一二〕}。胡爲慕大鯨,輒擬偃溟渤^{〔一三〕}?以兹悟生理,獨恥事干謁^{〔一四〕}。兀兀遂至今,忍爲塵埃没^{〔一五〕}?終愧巢與由,未能易其節^{〔一六〕}。沉飲聊自適,放歌破愁絶^{〔一七〕}。歲暮百草零,疾風高岡裂^{〔一八〕}。天衢陰崢嶸,客子中夜發^{〔一九〕}。霜嚴衣帶斷,指直不得結^{〔二〇〕}。凌晨過驪山,御榻在嵽嵲^{〔二一〕}。蚩尤塞寒空,蹴踏崖谷滑^{〔二二〕}。瑶池氣鬱律,羽林相摩戛^{〔二三〕}。君臣留歡娱,樂動殷膠葛^{〔二四〕}。賜浴皆長纓,與宴非短褐^{〔二五〕}。彤庭所分帛,本自寒女出^{〔二六〕}。鞭撻其夫家,聚斂貢城闕^{〔二七〕}。聖人筐篚恩,實欲邦國活^{〔二八〕}。臣如忽至理,君豈棄此物^{〔二九〕}?多士盈朝廷,仁者宜戰慄^{〔三〇〕}。況聞内金盤,盡在衛霍室^{〔三一〕}。中堂舞神仙,烟霧蒙玉質^{〔三二〕}。煖客貂鼠裘,悲管逐清瑟^{〔三三〕}。勸客駝蹄羹,霜橙壓香橘^{〔三四〕}。朱門酒肉臭,路有凍死骨〔三五〕。榮枯咫尺異，惆悵難再述〔三六〕！北轅就涇渭，官渡又改轍〔三七〕。群水從西下，極目高崒兀〔三八〕。疑是崆峒來，恐觸天柱折〔三九〕。河梁幸未坼，枝撐聲窸窣〔四〇〕。行李相攀援，川廣不可越〔四一〕。老妻寄異縣〔四二〕，十口隔風雪。誰能久不顧，庶往共飢渴〔四三〕。入門聞號咷，幼子餓已卒〔四四〕。吾寧捨一哀，里巷亦嗚咽〔四五〕。所愧爲人父，無食致夭折。豈知秋禾登，貧窶有倉卒〔四六〕？生常免租稅，名不隸征伐〔四七〕。撫迹猶酸辛，平人固騷屑〔四八〕。默思失業徒，因念遠戍卒〔四九〕。憂端齊終南，澒洞不可掇〔五〇〕！

〔一〕天寶十四載十一月杜甫由長安去奉先縣探望家屬，路過驪山，玄宗與楊貴妃正在驪山宴游，而安禄山已在范陽興亂，消息雖未傳至長安，詩人卻已預感到危機。此詩寫自己的抱負，旅途的見聞，到家後不幸的情況，用“詠懷”作標題，表達了他的憂時憤世的感情。

〔二〕杜陵：地名。見前《投簡咸華兩縣諸子》注。杜甫的遠祖杜預是杜陵人，故祖籍是杜陵。在長安時，也曾居於杜陵東南的杜曲，故自稱杜陵布衣。老大：杜甫是年四十四歲。拙：憤詞，言不合時宜。

〔三〕許身：自期，自許。竊比：私比。稷與契（xiè）：稷，堯時賢臣，教民種植五穀；契，舜時賢臣，掌管教化。《孟子·離婁下》：“禹思天下有溺者，由己溺之也；稷思天下有飢者，由己飢之也。”此爲杜甫自比稷契的用意所在。以契代禹，是爲了押韻，也有不敢自比帝王之意。

〔四〕濩落：同“瓠落”。《莊子·逍遙游》：“剖之以爲瓢，則瓠落無所容。”空大而無所容貌，《新唐書》本傳：“甫曠放不自檢，好論天下大事,高而不切。"故爲世俗所不容。愛國愛民而不爲人所理解,實爲他始料所未及,故曰"居然成濩落"。契闊:勤苦,困頓。《詩·邶風·擊鼓》:"死生契闊。"句意謂寧窮困到老,也不放棄素志。

〔五〕蓋棺句:猶死而後已。《韓詩外傳》卷八:"孔子曰:故學而不已,蓋棺乃止。"覬(jì)豁:希望能達到目的。覬:希求。豁:達到。

〔六〕窮年:整年,累年。黎元:百姓。《漢書·谷永傳》:"永對曰……使天下黎元咸安家樂業。"腸:一本作"腹",非。腸是心腸,腸熱即焦慮之意。

〔七〕取笑:爲人所竊笑。同學:猶同輩,時人。翁:猶今所謂"老爺們",暗寓諷刺。浩歌:慷慨高歌。彌:更加。兩句謂他人越竊笑,則意志彌堅。

〔八〕江海志:放浪江海之志。瀟灑:無拘無束貌。晁冲之《僧舍小山》詩:"此老絕瀟洒,久參曹洞禪。"

〔九〕堯舜:見前《奉贈韋左丞丈》注。此喻玄宗。永訣:長別。

〔一〇〕廊廟具:國家棟梁之材。廊廟,朝廷。《陳書·杜之偉傳》:"彊識俊才,頗有名當世,吏部尚書張纘深知之,以爲廊廟器也。"構厦句:言朝廷不乏棟梁之材,構造大厦難道缺人嗎?言外之意爲朝廷自認爲人材濟濟,毫無訪求遺賢之心。杜甫此語係針對李林甫借口"野無遺賢",堵死出身寒族的知識分子仕進之路一事而發。

〔一一〕葵:冬葵,園蔬類。藿:荳葉,草類。葵藿性均向陽。曹植《求通親親表》:"若葵藿之傾太陽,雖不爲回光,然向之者誠也。"唐太宗《賦得白日半西山》詩:"藿葉隨光轉,葵心逐照傾。"此係杜甫自喻向君之誠。難:一本作"莫"。奪:强取,改易。《論語·子罕》:"三軍可奪帥也,匹夫不可奪志也。"難奪,即本性難移。

〔一二〕螻蟻輩:喻目光短淺的文武朝臣。《韓詩外傳》卷八:"夫吞舟之魚大矣,蕩而失水,則爲螻蟻所制。"杜甫常將身居朝廷的王侯視同螻蟻，集中《謁文公上方》詩："王侯與螻蟻，同盡隨丘墟。"求其穴：意爲目光短淺，但知營謀眼前的榮華富貴。

〔一三〕鯨：大魚。《文選·海賦》："其魚則橫海之鯨，……夏岩，偃高濤。"偃：側身於其中。《莊子·庚桑楚》："觀室者周於寢廟，又適其偃焉。"注云："偃，謂屏側也。"轉爲動詞用，則作"屏側於其間"解。溟渤：大海。詩意謂朝中皆識見淺陋之輩，自己何必懷抱壯志，便擬模效栖息於海中的大鯨？其意實與賈誼《弔屈原賦》"彼尋常之污瀆兮，豈能容夫吞舟之巨魚？橫江湖之鱣鯨兮，固將制於螻蟻"同一機軸。集中《短歌行贈王郎司直》"鯨魚跋浪滄溟開"是正説，這兩句是反説。

〔一四〕悟生理：明人生處世之道。語本嵇康《養生論》："悟生理之易失。"一本"悟"作"惧"，意亦可通，但不及"悟"字義勝，蓋謂不屑如螻蟻輩之自求其穴，以此悟人生之應恥向此輩干謁也。干謁：求請權貴。

〔一五〕兀兀：孤獨窮困貌。韓愈《進學解》："焚膏油以繼晷，恒兀兀以窮年。"忍：豈甘心。

〔一六〕巢與由：巢父、許由。都是傳説中唐堯時避世隱居的高士。阮籍《詠懷》詩："巢、由抗高節。"其：指代杜甫自己。節：志節。即竊比稷、契的節操。意爲自己和巢父、許由異趣，不能學兩人之高蹈，故云"終愧"。

〔一七〕沉飲：沉湎於酒。自適：自得其樂。《莊子·大宗師》："是役人之役，適人之適，而不自適其適者也。"適，一本作"遺"，意較淺，不可取。破愁絶：破除極端的愁悶。破，一本作"頗"，非。

〔一八〕歲暮句：杜甫去奉先縣在十一月初，故云。高岡裂：極言寒風之烈。

〔一九〕天衢：天空。崢嶸：山高貌，喻陰寒濕氣瀰漫之狀。客子：杜甫自謂。中夜發：半夜啟程。

〔二〇〕得：一本作“能”。結：指繫結衣帶。

〔二一〕驪山：在今陝西省臨潼縣東南。山上有温泉，築有温泉宮，後改名華清宮。《新唐書·楊國忠傳》：“帝常歲十月幸華清宮，春乃還，而諸楊湯沐館在宮東垣，連蔓相照，帝臨幸，必遍五家，賞賚不訾計。”嵽嵲（dié niè）：山高峻貌。謂御床在高峻的驪山上。

〔二二〕蚩尤：傳説蚩尤與黃帝戰於涿鹿之野，興大霧，黃帝的軍隊爲之昏迷。這裏以“蚩尤”代表大霧。蹴踏：步履踢踏。崖谷滑：凌晨霜露未乾，又有大霧，所以山路濕滑。

〔二三〕瑶池：傳説中西王母宴會之處。此指驪山的温泉。鬱律：暖氣蒸騰貌。羽林：皇家禁衛軍。唐分禁衛軍爲左右神策、左右羽林、左右龍武六軍。《唐會要》卷七十二：“垂拱元年五月十七日，置左右羽林軍。”又《漢書·百官公卿表》顏師古注：“羽林亦宿衛之官，言其如羽之疾，如林之多也。”摩戛：兵器摩擦時的輕微響聲。

〔二四〕殷（yīn）：盛大，厚重。《易·豫》：“先王以作樂崇德，殷薦之上帝。”王弼注：“用此殷盛之樂薦祭上帝也。”膠葛：一本作“樛嶱”，非。司馬相如《上林賦》：“張樂乎膠葛之。”郭璞注：“言曠遠深貌也。”

〔二五〕長纓：貴官領下冠帶。這裏指代貴官。《明皇雜録》：“玄宗幸華清宮，新廣湯池。……又嘗於宮中置長湯屋數十間。”鄭嵎《津陽門詩》注：“宮内除供奉兩湯池内外，更有湯十六所，長湯每賜諸嬪御，其修廣與諸湯不侔，甃以文瑶寶石，中央有玉蓮捧湯泉，噴以成池。又縫綴錦繡爲鳧雁於水中。上時於其間泛鈑鏤小舟以嬉游焉。”又《安禄山事蹟》卷上：“禄山將及戲水，楊國忠兄弟、虢國姊妹並至新豐，……所至之處，皆御賜膳，……至温泉賜浴。”短褐：見前《冬日有懷李白》注。貧賤者所服，指代平民。賈誼《過秦論》：“夫寒者利裋褐。”兩句謂與宴樂者皆貴官而無平民。

〔二六〕彤庭：即朝廷。彤：朱紅色。古代宮殿都用朱漆塗飾。班固《西都賦》："玉階彤庭。"帛：絹帛。《通鑑》卷二一六："（天寶）八載春二月戊申，引百官觀左藏，賜帛有差。是時州縣殷富，倉庫積粟帛動以萬計。楊釗（國忠）奏請所在糶變爲輕貨，及徵丁租地稅皆變布帛輸京師；屢奏帑藏充牣，古今罕儔，故上帥群臣觀之，賜釗紫衣金魚以賞之。上以國用豐衍，故視金帛如糞壤，賞賜貴寵之家，無有限極。"出：生產，織造。

　　〔二七〕城闕：指京城，皇家。闕，宮門上的望樓。《通考·國用》一："唐天寶以來，海內富實，天下歲入之物，租錢二百餘萬緡，粟千九百八十餘萬斛，庸調絹七百四十萬疋，綿百八十餘萬屯，布千三十五萬餘端。天子驕於佚樂，而用不知節，大抵用物之數，常過於所入。於是錢穀之臣，始事朘削。太府卿楊崇禮句剝分銖，有欠折漬損者，州縣督送，歷年不止。其子慎矜專知太府，次子慎名知京倉，亦以苛刻結主恩。王鉷爲户口色役使，歲進錢百億萬緡，非租庸正額者，積百寶大盈庫，以供天子燕私。"又《通典·食貨》六："天寶中天下計帳，户約有八百九十餘萬，其稅錢約得二百餘萬貫。其地稅約得千二百四十餘萬石。課丁八百二十餘萬，……大凡都計租稅庸調，每歲錢、粟、絹、綿、布約得五千二百三十餘萬端、疋、屯、貫、石，諸色資課及句剝所獲不在其中。"兩句即反映上述史實。

　　〔二八〕聖人：古代對皇帝的慣稱。《通鑑》卷二一八："軍士指之（指肅宗）竊言曰：'衣黃者，聖人也'。"此處指玄宗。筐、篚：竹器名。古制，皇帝賜宴，宴罷用筐、篚盛幣帛賞賜群臣，意在誘勉群臣效忠國家。《詩·小雅·鹿鳴序》："《鹿鳴》，燕群臣嘉賓也，既飲食之，又實幣帛筐篚，以將其厚意，然後忠臣嘉賓，得盡其心矣。"欲：一本作"願"。邦國活：國家得到治理。《梁書·王珍國傳》："齊高帝手敕云：卿愛人活國，甚副吾意也。"活，猶甦生，喻治理。

　　〔二九〕臣如兩句：意謂臣下如忽視受賞必須勉力治國之理，君王豈非虛糜財物？黃生云："本諷朝廷賞賚無節，然但歸咎臣下虛糜主上之賜，深得立言之體。”言杜詩明刺群臣，實諷人君。

〔三〇〕多士：群臣。語出《詩·大雅·文王》：“濟濟多士。”戰慄：警惕戒懼。

〔三一〕内金盤：宫廷中的器用。皇帝宫禁稱大内。唐朝有東内、西内、南内。衛、霍：衛青、霍去病的略稱。兩家均漢武帝時外戚。此喻楊國忠兄弟姊妹。衛、霍猶知效忠漢室，楊國忠一家則奸佞導亂，性質有異，此僅取其同爲外戚一點。

〔三二〕中堂：即廳堂。神仙：指舞女歌妓。或謂即指楊貴妃姊妹，亦通。司馬相如《子虚賦》：“眇眇忽忽，若神仙之髣髴。”舞：一本作“有”，未若“舞”字生動。烟霧：指輕薄的紗羅。玉質：即玉體。《藝文類聚·樂部三》引張衡《舞賦》：“粉黛施兮玉質粲。”

〔三三〕悲管、清瑟：絲竹合奏。悲、清：形容音樂聲調之美。逐：伴隨。

〔三四〕駝蹄：駝背隆起的肉叫駝峰，《麗人行》：“紫駝之峰出翠釜。”蹄可能指某種獸蹄，泛指珍貴食品。橙、橘：都産在南方，北方爲珍貴果品。霜、香：言其精潔甘美。壓：猶堆、垛。橙、橘相壓，極寫其多。

〔三五〕朱門：指富貴人家。路：猶“野”。《藝文類聚·人部八》引王孫子《新書》：“楚莊王攻宋，厨有臭肉，樽有敗酒，將軍子重諫曰：‘今君厨肉臭而不可食，樽酒敗而不可飲，而三軍之士皆有飢色。’”又《三國志·魏書·袁術傳》：“后宮數百，皆服綺縠，餘粱肉，而士卒凍餒，江、淮間空盡。”杜甫從富貴人家衣食輿馬歌舞之盛，聯想到民間飢寒疾困，痛斥統治階級剥削的罪惡。

〔三六〕榮：申上朱門的尊榮。枯：申上凍死骨。咫尺異：宫牆内外，近在咫尺，一榮一枯，有天淵之别。難再述：猶不忍細叙。

〔三七〕北轅：駕車北駛。涇、渭：見前《奉贈韋左丞丈》注。官渡：

公家設立的渡口,趙次公云:"涇渭二河官所置渡也。"並非指曹操與
袁紹作戰的官渡。改轍:改道。指轉向洛河。杜甫這次回家,出長安,
東經昭應,到涇、渭二水合流處,在華陰渡口轉入洛河,然後到奉先
(奉先在洛河西),故云"又改轍"。

〔三八〕群水:一本作"群冰",非。洛河西受漆、沮二水及葫蘆河
水,故云。崒兀:高峻貌。形容波浪高涌如山。

〔三九〕崆峒:山名。見前《送高三十五書記》注。涇水、蒲水、馬連
河等群水,都來自西北。天柱折:形容水勢猛烈。《淮南子・天文
訓》:"昔者共工與顓頊爭爲帝,怒而觸不周之山,天柱折,地維絕。"集
中《送從弟亞赴安西判官》詩"宗廟尚爲灰,君臣俱下淚。崆峒地無
軸,青海天軒輊。"作於天寶之亂以後,此詩則作於天寶之亂以前。憂
慮國家的危亡,寄託相同。

〔四〇〕河梁:河橋。坼:坍毀。枝撐:交叉支柱。窸窣(xī sū):動搖
聲。李賀《神弦》:"海神山鬼來座中,紙錢窸窣鳴旋風。"窸窣均象聲。

〔四一〕行李:行人,使者。《左傳・僖公三十年》:"行李之往來,共
(供)其乏困。"杜預注:"行李,使人也。"李,一本作"旅"。攀援:牽
引。不可越:一本作"且可越",謂僅能互相牽挽而過,亦可通。坼,一
本作"拆"。朱鶴齡云:"禄山反書至,帝雖未信,一時人情恇擾,議斷
河橋,爲奔竄地,所以行李攀援而急渡也,觀'河梁幸未坼'句可見。"

〔四二〕寄:僑寓、客居。異縣:指奉先縣。

〔四三〕庶:庶幾,希冀之詞。共飢渴:猶共患難。

〔四四〕號咷:啼哭呼號。饑:一本作"餓"。

〔四五〕寧捨一哀:語本《禮記・檀弓上》:"夫子曰:予鄉者入而哭
之,遇於一哀而出涕。"里巷:鄰居。嗚咽:哭泣聲。兩句謂即使肯割
捨喪子之痛,然鄰里尚爲之哭泣,爲人父者怎能不悲哀呢?

〔四六〕登:成熟。《孟子・滕文公上》:"五穀不登。"窶(jù):窮

困。《詩·邶風·北門》:"終窶且貧,莫知我艱。"倉卒(cù):急遽。《漢書·王嘉傳》:"臨事倉卒乃求。"引申爲意外事故。意爲孰知秋穀方熟人皆獲食時,貧困之家卻有餓死兒子之變呢?

〔四七〕免租税:據《新唐書·食貨志》載:"若老及男廢疾、篤疾、寡妻妾、部曲、客女、奴婢及視九品以上官,不課。"隸征伐:名列應徵兵役之册。杜甫任右衛率府兵曹參軍,享有豁免租税和兵役之權。

〔四八〕撫迹:猶撫事,指幼子餓死。猶:一本作"獨"。平人:即平民,唐人避太宗李世民諱,改"民"爲"人"。騷屑:騷動不安。《楚辭·九嘆·思古》:"風騷屑以搖木兮。"兩句謂自己身爲下級官員,可免租免役,孩子尚不免餓死,平民之騷動不安,理有固然矣。

〔四九〕失業徒:失去土地産業者,與今語"失業者"含義不同。《漢書·高帝紀》:"上奉玉卮爲太上皇壽,曰:始大人常以臣亡賴,不能治産業,不如仲力(力耕),今某之業所就孰與仲多?"又《三國志·魏書·司馬朗傳》:"以爲宜復井田,往者以民各有累世之業,難中奪之。"遠戍卒:遠守邊疆的士兵。

〔五〇〕終南:見前《奉贈韋左丞丈》注。形容憂憤之高。澒(hòng)洞:無邊際貌。《淮南子·精神訓》:"古未有天地之時,……澒濛鴻洞,莫知其門。"高誘注:"皆無形之象。"掇:收拾。形容憂思漫無邊際,不可收拾。

月　夜〔一〕

今夜鄜州月,閨中只獨看〔二〕。遥憐小兒女,未解憶長安〔三〕。香霧雲鬟濕,清輝玉臂寒〔四〕。何時倚虛幌,雙照淚痕乾〔五〕？

〔一〕天寶十五載（七五六）秋作。是年六月，安禄山叛軍陷潼關，杜甫攜家逃難至鄜州。七月，蕭宗在靈武（今寧夏回族自治區靈武縣西北）即位。杜甫單身投奔行在，途中被叛軍所俘，帶至長安。此詩在被俘後八月裏對月懷念妻子而作。

〔二〕鄜州：《元和郡縣志》：“關内道鄜州：漢爲上郡雕陰縣之地。按漢雕陰在今洛交縣北三十里，雕陰故城是也。”地即今陝西省富縣。閨中：本義是内室，後多指女子臥室。江淹《別賦》：“閨中風暖，陌上草熏。”不寫自己看月，而寫妻子看月，思家之切可知。

〔三〕未解句：言小兒無知，不解其母望月思夫心事，寫兒女不解，正寫妻之閨愁；寫妻之閨愁，正寫己思家之切。

〔四〕香霧：雙關語，言夜霧着鬟而香，香霧又指髮鬟中膏沐香氣。雲鬟：蓬鬆如雲的環形髮髻。范成大《新作景亭程咏之提刑賦詩次其韻》：“花邊霧鬢風鬟滿，酒畔雲衣月扇香。”即承襲杜甫句意。清輝：指月光。霧濕雲鬟，光寒玉臂，係設想妻子望月之久、耿耿不眠情景。

〔五〕虛幌：稀薄透明的帷幕。江淹《王徵君養疾》詩：“煉藥矚虛幌，泛瑟臥遥帷。”兩句謂何時方能同倚薄帷望月，讓月光照乾眼淚呢？王嗣奭云：“公本思家，而偏想家人思己，已進一層。至念及兒女不能思，又進一層。鬟濕臂寒，看月之久也。月愈好而苦愈增，語麗情悲。末又想到聚首時，對月舒愁之狀，詞旨婉切，見此老鍾情之至。”

悲陳陶^{〔一〕}

孟冬十郡良家子，血作陳陶澤中水^{〔二〕}。野曠天清無戰聲，
四萬義軍同日死^{〔三〕}。群胡歸來血洗箭，仍唱夷歌飲都
市^{〔四〕}。都人回面向北啼，日夜更望官軍至^{〔五〕}。

〔一〕此詩作於至德元載（七五六）冬。陳陶：地名，又稱陳陶斜
或陳濤斜，在今陝西省咸陽市東。《舊唐書・房琯傳》：“（琯）自請將
兵以誅寇孽，收復京都，肅宗望其成功，許之。詔加持節、招討西京兼
防禦蒲、潼兩關兵馬節度等使。乃與子儀、光弼等計會進兵。琯請自
選參佐，乃以御史中丞鄧景山爲副，户部侍郎李揖爲行軍司馬，中丞宋
若思、起居郎知制誥賈至、右司郎中魏少游爲判官，給事中劉秩爲參
謀。既行，又令兵部尚書王思禮副之。琯分爲三軍：遣楊希文將南軍，
自宜壽（今陝西省周至縣）入；劉悊（《通鑑》卷二一九作劉貴哲）將中
軍，自武功（今陝西省武功縣）入；李光進將北軍，自奉天（今陝西省乾
縣）入；琯自將中軍，爲前鋒。十月庚子，師次便橋。辛丑（二十一日）
二軍（中軍和北軍）先遇賊於咸陽縣之陳濤斜，接戰，官軍敗績。”杜甫
時在淪陷中的長安，得悉極痛，作此詩以哀悼是役捐軀官軍。
〔二〕孟冬：農曆十月。十郡：指西北十郡。指戰士籍貫。良家
子：參見前《後出塞》注。《漢書・李廣傳》：“廣以良家子從軍擊胡。”
王先謙補注：“周壽昌曰：漢制，凡從軍不在七科謫内者，謂之良家
子。”陳陶澤：即陳陶斜，因係一片沼澤地，故名。血作澤水：極言死人
之多。

〔三〕野曠兩句：形容不戰自潰後的戰場景象。《舊唐書·房琯傳》：“時琯用春秋車戰之法，以車二千乘，馬步夾之。既戰，賊順風揚塵鼓噪，牛皆震駭，因縛芻縱火焚之，人畜撓敗，爲所傷殺者四萬餘人，存者數千而已。”此戰主要因房琯係書生，倉卒率領未經訓練協調的軍隊，又無實際作戰經驗，食古不化，妄用古代戰術，以至兩軍未接，即告潰敗。

〔四〕群胡：指安禄山叛兵。安禄山爲胡人，部下又多蕃將，所部亦均胡化。血洗箭：血，一本作“雪”。兩字均可通。夷歌：胡人歌曲。兩句極寫群胡的驕縱。

〔五〕向北啼：當時肅宗在靈武即位，靈武在長安之北。兩句寫長安人民盼望官軍之殷切。《通鑑》卷二一八，至德元載：“（安禄山）既得長安，命大索三日，并其私財盡掠之。……民間騷然，益思唐室。自上（肅宗）離馬嵬北行，民間相傳太子北收兵來取長安，長安民日夜望之。或時相驚曰：‘太子大軍至矣！’則皆走，市里爲空。”杜甫所寫均當時事實。

悲青坂[一]

我軍青坂在東門，天寒飲馬太白窟[二]。黃頭奚兒日向西，數騎彎弓敢馳突[三]。山雪河冰野蕭瑟，青是烽烟白是骨[四]。焉得附書與我軍：忍待明年莫倉卒[五]！

〔一〕此詩與《悲陳陶》爲同時所作。青坂：地名，不詳確切地點。錢謙益云：“陳陶斜，在咸陽。房琯師次便橋。便橋，在咸陽縣西南十里。青坂去陳陶、便橋當不遠。”陳陶斜敗後，房琯本持重不進，以待戰機，但被監軍宦官邢延恩等督促，蒼黃失據，遂及於敗。《舊唐書·房琯傳》：“癸卯（二十三日），琯又率南軍即戰，復敗。希文、劉秩並降於賊。琯等奔赴行在，肉袒請罪。”這次戰爭，唐軍主力大傷，短期不能恢復了。

〔二〕太白：山名，在武功縣西南，離長安二百里，爲終南山西部高峰，山頂長年積雪，故稱太白。古有“武功太白，去天三百”之謠。窟：指泉水、水塘。從地望言，青坂離終南較近，離太白較遠。時當冬季，終南也積雪皚皚，與太白相似，或者即以太白稱終南。錢謙益云：“琯先分三軍，劉秩將中軍，自武功入，故曰‘飲馬太白窟’。”此說亦可通。

〔三〕黃頭奚兒：指安禄山所部邊疆少數民族士兵。奚屬東夷部族。黃頭奚是奚族部落之一。《舊唐書·北狄傳》：“室韋者，契丹之別類也。居猞越河北。……我唐有九部焉。所謂嶺西室韋、山北室韋、黃頭室韋……”《舊唐書·北狄傳》：“奚國，蓋匈奴之別種也，所居亦鮮卑故地。”又《新唐書·北狄傳》：“奚亦東胡種，……元魏時自號庫真奚。……至隋始去‘庫真’，但曰奚。”一說奚兒即胡兒，亦可通。日向西：天天向西進犯。安禄山反於范陽，長安在范陽之西。《安禄山事蹟》卷中：“十一月九日，禄山起兵反，以同羅、契丹、室韋曳落河，兼范陽、平盧、河東、幽、薊之衆，號爲父子軍。”數騎句：言少數敵軍馬隊就敢彎弓搭箭馳驟衝鋒。極寫唐兵潰敗後叛軍驕縱之狀。

〔四〕蕭瑟：蕭條冷落。野：原野，一本作“晚”，一本作“已”。兩句點染兵燹中原野蕭條淒涼景象。

〔五〕附書：捎信。倉卒：此處有急躁冒進之意。謂盼官軍能忍耐，等待明年再收復兩京，切忌倉卒作戰。“倉卒”二字正是對房琯這次用兵錯誤的確評。《舊唐書·房琯傳》：“及與賊對壘，琯欲持重以伺之，爲中使邢延恩等督戰，蒼黃失據，遂及於敗。”朱鶴齡云：“陳陶之敗，與潼關之敗，其失皆以中人促戰，不當專爲琯罪也，故子美深悲之。"杜甫深謀遠慮，建議充實力量，以待時機。其後，至德二載，唐兵果然在香積寺一戰獲捷，説明杜甫料事之確。

對　雪〔一〕

戰哭多新鬼，愁吟獨老翁〔二〕。亂雲低薄暮，急雪舞迴風〔三〕。瓢棄樽無緑，爐存火似紅〔四〕。數州消息斷，愁坐正書空〔五〕。

〔一〕此詩作於至德元載冬。是年十月，房琯大敗於陳陶斜，形勢不振。詩人雖題作"對雪"，實係慨嘆時事。寫獨自陷在賊中萬分焦愁的心情。

〔二〕多新鬼：指陳陶斜一戰敗死之衆。老翁：杜甫自謂。當時京城達官貴人紛紛投降安禄山，無人關心國家的危亡，故用一"獨"字。

〔三〕亂雲兩句：寫冬景蕭殺，實寓情於景，自抒陷身賊中的焦愁心情。

〔四〕瓢棄：無酒可舀，瓢自可棄。緑：即酒，亦稱"緑蟻"。謝朓《在郡卧病呈沈尚書》："緑蟻方獨持。"爐存句：言有火爐而無火，但存想像中火的紅光。兩句極寫雪天窮困景況。

〔五〕數州句：當時杜甫的家屬和弟、妹分處數州，身陷賊中，音信隔絶。書空：《世説新語・黜免》："殷中軍（浩）被廢，在信安終日恒書空作字……竊視，唯作‘咄咄怪事’四字而已。"後人遂常以"咄咄書空"形容悲憤愁悶之狀。

春　望〔一〕

國破山河在，城春草木深。感時花濺淚，恨別鳥驚心〔二〕。烽火連三月，家書抵萬金〔三〕。白頭搔更短，渾欲不勝簪〔四〕。

〔一〕此詩爲至德二載（七五七）三月身陷賊中時所作。寫國破家亡後的内心痛苦。

〔二〕山河在：山河依舊。草木深：草木叢生。花濺淚：可解爲人見花而濺淚，亦可解爲花似有知，亦感時而濺淚。下“鳥驚心”句同。集中《贈王二十四契侍御四十韻》：“曉鶯工迸淚，秋月解傷神。”爲後一義；司馬光云：“‘國破山河在’，明無餘物矣；‘城春草木深’，明無人跡矣。花鳥平時可娛之物，見之而泣，聞之而悲，則時可知矣。”爲前一義。

〔三〕烽火句：是年春季，史思明、蔡希德等圍攻太原，受到李光弼的抵禦；郭子儀引兵自鄜州出擊崔乾祐於河東；安守忠從長安出兵西犯武功；各方戰事緊張，烽火不息。抵：猶當、值。

〔四〕白頭句：用《詩·邶風·靜女》“搔首踟躕”句，以表惶急無奈之情。髮本稀，頻搔則愈短少矣。渾：簡直。渾欲句：鮑照《擬行路難》詩：“白髮零落不勝簪。”簪：用以插髮髻連冠的飾具。杜甫時年四十六歲，未必頭白髮稀，係自嘆苦厄憔悴之狀。

塞蘆子〔一〕

五城何迢迢？迢迢隔河水〔二〕。邊兵盡東征，城内空荆
杞〔三〕。思明割懷衛，秀巖西未已〔四〕。迴略大荒來，崤函
蓋虛爾〔五〕。延州秦北户，關防猶可倚〔六〕。焉得一萬人，
疾驅塞蘆子？岐有薛大夫，旁制山賊起〔七〕。近聞昆戎
徒〔八〕，爲退三百里。蘆關扼兩寇，深意實在此〔九〕。誰能
叫帝閽，胡行速如鬼〔一〇〕！

〔一〕此詩作於至德二載春。時官軍東征安禄山，詩人心懼史思
明、高秀巖乘北方邊防空虛之機，向西侵擾，威脅靈武，故主張分兵扼
守延州之北的蘆子關，以防不虞。王嗣奭云：“此篇直作籌時條議，剴
切敷陳，灼見情勢，真可運籌決勝。”蘆子：關名。在今陝西省安塞縣
西北。塞：堵防。屯兵以塞蘆子關，故云“塞蘆子”。

〔二〕五城：指朔方節度使所領定遠、豐安及東、中、西三受降城。
定遠，在今寧夏回族自治區平羅縣東南。豐安，在今寧夏回族自治區
中衛縣境。三受降城，東城、中城、西城都在今内蒙古自治區境内。五
城都在黄河以北，故云“隔河水”。

〔三〕邊兵：指原來鎮守五城的兵。空荆杞：言城空無人，但有荆
棘枸杞叢生。

〔四〕思明：即史思明。《舊唐書》本傳：“史思明，本名窣干……
突厥雜種胡人也。”玄宗改名思明，爲安禄山舊將。割懷衛：放棄懷、

衛。指史思明引兵北向攻取太原。懷州,即今河南省沁陽縣;衛州,即今河南省汲縣。秀巖:即高秀巖。本哥舒翰部將,後降安禄山,爲僞河東節度使。西未已:指高秀巖與史思明、蔡希德合攻太原,西窺延州事。《通鑑》卷二一九,至德二載:"史思明自博陵,蔡希德自太行,高秀巖自大同,牛廷介自范陽,引兵共十萬寇太原。李光弼麾下精兵皆赴朔方,餘團練烏合之衆不滿萬人,思明以爲太原指掌可取,既得之,當遂長驅取朔方河隴。"

〔五〕迴略:迂迴經略。略,有圖、徇之意。大荒:指西北荒涼的朔方、隴右等地。史思明等進攻太原,意在長驅西進,爭取朔方、隴右之地,包圍關中。崤函:崤即崤山,是函谷關的東端,在今河南省陝縣;函即函谷關,是從崤山到潼津(唐縣名,即今陝西省潼關縣)的要隘。賈誼《過秦論》中有"崤函之固"一語,係關中與中原咽喉。蓋虛爾:言若賊兵迂迴朔方、河隴,包圍關中,則"崤函之固"雖有若無。

〔六〕延州:即今陝西省延安市。秦北户:秦地的北門,出入要衝。關防:指蘆子關。

〔七〕岐:唐扶風郡(今陝西省扶風縣),即古代岐地。薛大夫:即薛景仙,至德元載爲扶風太守兼防禦使。虢國夫人及其子、楊國忠家屬從馬嵬驛逃亡,均由他捕殺。扶風失陷亦由他克復。故頗爲豪傑所歸附。《通鑑》卷二一八,至德元載:"以陳倉令薛景仙爲扶風太守兼防禦使。……賊遣兵寇扶風,薛景仙擊卻之。……京畿豪傑往往殺賊官吏,遥應官軍。……賊兵力所及者,南不出武關,北不過雲陽,西不過武功。江淮奏請貢獻之蜀之靈武者,皆自襄陽取上津路抵扶風,道路無壅,皆薛景仙之功也。"山賊:指吐蕃。安、史亂後,吐蕃曾於至德年間誘使党項爲向導以入侵。唐朝當時的主要敵人是安、史叛軍;吐蕃、党項僅如山寇趁火打劫,薛景仙除擊退安、史胡兵外,並防禦吐蕃侵襲,故云"旁制"。

〔八〕昆戎:即昆夷,古代西戎國名。《孟子・梁惠王下》:"文王事昆夷。”此處指屬西方羌族的吐蕃、党項。

〔九〕兩寇：指史思明、高秀巖。深意：即塞蘆子的策劃。

〔一〇〕帝閽：揚雄《甘泉賦》：“選巫咸兮叫帝閽。”原指天帝之門，借指朝廷。胡行句：言胡兵行動迅速，防禦事急。

哀江頭〔一〕

少陵野老吞聲哭，春日潛行曲江曲〔二〕。江頭宮殿鎖千門，細柳新蒲爲誰緑〔三〕？憶昔霓旌下南苑，苑中萬物生顔色〔四〕。昭陽殿裏第一人，同輦隨君侍君側〔五〕。輦前才人帶弓箭，白馬嚼齧黄金勒〔六〕。翻身向天仰射雲，一笑正墜雙飛翼〔七〕。明眸皓齒今何在？血污游魂歸不得〔八〕！清渭東流劍閣深，去住彼此無消息〔九〕。人生有情淚沾臆，江草江花豈終極〔一〇〕？黄昏胡騎塵滿城，欲往城南望城北〔一一〕。

〔一〕此詩爲至德二載春陷賊時所作。江：即曲江，見前《樂游園歌》注。此詩揭露唐代最高統治者因荒淫召禍，描寫國破家亡的慘象。

〔二〕少陵：見前《自京赴奉先縣詠懷五百字》注。吞聲哭：飲泣。潛行：陷身賊中，不敢拋頭露面，故潛行。曲：江灣，此指隱蔽處。

〔三〕江頭宮殿：指曲江邊的紫雲樓、芙蓉苑、杏園、慈恩寺等。鎖千門：宮殿盡鎖，無人居住。細柳新蒲：康駢《劇談録》卷下，記曲江

“入夏則菰蒲葱翠,柳陰四合,碧波紅蕖,湛然可愛。”爲誰緑:言無人欣賞。兩句寫曲江戰亂後冷落景象,有故宮禾黍之悲。

〔四〕霓旌:皇帝儀仗中如虹霓般綴着五色羽毛的彩旗。南苑:即芙蓉苑,見前《樂游園歌》注。生顔色:充滿生機,顔色鮮豔。

〔五〕昭陽殿:漢朝宮殿名。漢成帝寵幸趙飛燕,立爲皇后,令居昭陽殿。此借喻楊貴妃。輦:帝后所乘之車。同輦隨君:暗用班倢伃不肯與漢成帝同輦故事。《漢書·外戚傳》:“成帝游於後庭,嘗欲與倢伃同輦載,倢伃辭曰:‘觀古圖畫,聖賢之君皆有名臣在側,三代末主乃有嬖女。今欲同輦,得無近似之乎?’上善其言而止。”詩人不但譏楊貴妃無班倢伃之德,同輦侍君,亦暗諷玄宗之不能持正。

〔六〕才人:《新唐書·百官志》:“内官才人七人,正四品。”皇帝出行時,才人武裝騎馬在輦前侍衛。齧(niè):咬。勒:馬嚼口。《明皇雜録》卷下:“上將幸華清宮,貴妃姊妹……競購名馬,以黄金爲銜轡,組繡爲障泥,……將同入禁中,炳炳照灼,觀者如堵。”

〔七〕仰射雲:仰射雲中飛鳥。一笑,一本作“一箭”。雙飛翼:即雙飛鳥。楊貴妃見才人武藝高超,因而爲之一笑。

〔八〕明眸皓齒:傅毅《舞賦》:“眄般鼓則騰清眸,吐哇咬則發皓齒。”此處指楊貴妃之美貌。血污游魂:指楊貴妃在馬嵬驛(在今陝西省興平縣西二十五里)被縊死事。《舊唐書·后妃傳》:“(玄宗)幸至馬嵬,禁軍大將陳玄禮密啟太子誅國忠父子。既而四軍不散,玄宗遣力士宣問。對曰:‘賊本尚在。’蓋指貴妃也。力士復奏,帝不獲已,與妃詔,遂縊死於佛室。”人已死,長安又陷,故云“歸不得”。

〔九〕清渭:即渭水。馬嵬驛南靠渭水,楊貴妃葬地在此。劍閣:由長安入川之地,玄宗入蜀所經。去住:猶死生。楊妃槁葬渭濱,玄宗西逃入蜀,彼去此住,兩無消息,即白居易《長恨歌》所謂“一别音容兩渺茫”。

〔一〇〕臆:胸膛。豈終極:言花自開,草自緑,年年依舊,永無盡期。但花草無情,不知興亡之恨。與上句"人生有情"相對。草:一本作"水"。

〔一一〕城南:原注:"甫家居城南。"城北:指唐代朝廷。唐朝廷在長安城北,白居易《賣炭翁》"市南門外泥中歇","回車叱牛牽向北"可證。自曲江回家,須往城南,但因懷念朝廷,不禁屢"望城北"。一本作"忘城",又作"忘南"。錢謙益謂杜甫神傷意亂,不辨南北。亦可作一解。

雨過蘇端〔一〕

雞鳴風雨交,久旱雨亦好〔二〕。杖藜入春泥,無食起我早〔三〕。諸家憶所歷,一飯跡便掃〔四〕。蘇侯得數過,歡喜每傾倒〔五〕。也復可憐人,呼兒具梨棗〔六〕。濁醪必在眼,盡醉攄懷抱〔七〕。紅稠屋角花,碧秀牆隅草〔八〕。親賓縱談謔,喧鬧慰衰老〔九〕。況蒙霈澤垂,糧粒或自保〔一〇〕。妻孥隔軍壘,撥棄不擬道〔一一〕。

〔一〕此詩作於至德二載春。原注:"端置酒。"蘇端,生平不詳。僅《新唐書·楊綰傳》記有:"蘇端,憸人也。……帝以其言醜險不實,貶端巴州員外司馬。"杜甫此年元旦曾應蘇端、薛復邀飲,作《蘇端薛復筵簡薛華醉歌》。錢起也有《題蘇公林亭》、《蘇端林亭對酒喜雨》兩詩。從以上諸詩視之,蘇端似爲一慷慨而有才華者,與《新唐書·楊縮傳》所謂“憸人”不同。

　〔二〕雞鳴句：用《詩·鄭風·風雨》“風雨如晦，雞鳴不已”意。久旱：是年春長安久旱。蘇端置酒之日，恰逢微雨，故云“雨亦好”。

　〔三〕杖藜：拄着藜杖行走。無食句：因飢不得不早起覓食。亦陶淵明《乞食》詩“飢來驅我去”之意。

　〔四〕諸家：指往求食之家。跡便掃：言絕跡不復能去。便：一本作“更”。

　〔五〕蘇侯：指蘇端，侯，敬稱，杜甫稱李白亦謂“李侯有佳句”。得數過：可以多次去。傾倒：酌酒，一説傾心，因蘇端與一飯便不再邀請之家不同，故使他歡喜傾倒。

　〔六〕可憐人：言蘇端情誼，令人由衷地喜愛。憐：猶愛。梨棗：泛指食物。

　〔七〕必：果真、假使。《史記·廉頗藺相如列傳》：“王必無人，臣願奉璧往使。”句意謂眼前假使有酒。攄：抒發，傅毅《舞賦》：“攄予意以弘觀兮。”

　〔八〕紅稠：紅密。碧秀：青秀。均形容雨後花草的茂盛芊綿。

　〔九〕親賓兩句：描叙在蘇端處笑談融洽之狀。

　〔一〇〕霑澤垂：即天降甘霖。兩句謂久旱逢雨，雖陷賊中，糧粒有望。

　〔一一〕妻孥：即妻子。隔軍壘：言家人分處敵對雙方轄地。杜甫的妻子此時在鄜州羌村。撥棄句：猶言置之不談。王嗣奭云：“語似寬，心愈苦矣。”

自京竄至鳳翔喜達行在所〔一〕

西憶岐陽信，無人遂卻回〔二〕。眼穿當落日，心死著寒

灰〔三〕。霧樹行相引,連山望忽開〔四〕。所親驚老瘦,辛苦
賊中來〔五〕。

〔一〕此詩共三章,作於至德二載。是年二月,肅宗抵鳳翔(今陝
西省鳳翔縣)郡。四月,杜甫由長安出金光門,間道逃至鳳翔。五月,
肅宗任他爲左拾遺。詩當在得官後作。《文苑英華》及別本詩題均無
前六字。行在所:皇帝離京城臨時駐在之地。趙汸云:“題曰‘喜達行
在所’,而詩多追説脱身歸順、間道跋涉之情狀,所謂痛定思痛,愈於
在痛時也。”
〔二〕岐陽:即鳳翔,地在岐山之陽,故名。《元和郡縣志》:“關内
道鳳翔府:後魏太武於今州理東五里築雍城鎮,文帝改鎮爲岐州,隋開
皇元年,於州城内置岐陽宮,岐州移於今理。大業三年,罷州爲扶風
郡,武德元年復爲岐州。至德元載,改爲鳳翔郡。乾元元年,改爲鳳翔
府。”又岐陽在長安之西,故云“西憶”。信:消息。無人句:言竟無人
自鳳翔逃回長安者。
〔三〕眼穿:相望迫切,承上“西憶”句。蓋落日之方爲岐陽也。心
死句:承上“無人”句。言未得消息而失望。《莊子·齊物論》:“而心
固可使如死灰乎?”黄生云:“岐陽信,望官軍之再舉,唯眼穿心死,因
始爲脱身之計也。”
〔四〕霧樹:指遠樹,迷濛如在霧中。《文苑英華》作“茂樹”。行
相引:人向前走,言前方樹木似在招引自己。連山:指太白山和武功
山,都在鳳翔附近。句意謂鳳翔已在望中,含有無限喜悦之情。兩句
言間道奔竄景色。
〔五〕所親:向所親近之人,猶故人。辛苦句:抵鳳翔時故友慰問
之辭。第一首叙自長安至鳳翔。

其二

愁思胡笳夕,淒涼漢苑春〔一〕。生還今日事,間道暫時人〔二〕。司隸章初覩,南陽氣已新〔三〕。喜心翻倒極,嗚咽淚霑巾〔四〕。

〔一〕胡笳夕:胡笳悲鳴之夕。漢苑:《三輔黄圖》卷四:"(漢)三十六苑。"此處借喻長安曲江、南苑等地。兩句以陷賊時聞見追述其時之愁苦。

〔二〕間(jiàn)道:間隙小路。暫時人:生死懸於刹那間的人。兩句謂今日已獲生還,昨日尚生死未卜。

〔三〕司隸:指後漢光武帝劉秀。《後漢書·光武帝紀》:"更始將北都洛陽,以光武行司隸校尉,使前整修宫府。於是置僚屬,作文移,從事司察,一如舊章。時三輔吏士東迎更始,見諸將過,皆冠幘而服婦人衣,諸於繡镼,莫不笑之。……及見司隸僚屬,皆歡喜不自勝。老吏或垂涕曰:'不圖今日復見漢官威儀!'"南陽氣:劉秀爲南陽人,起兵舂陵(今湖北省棗陽縣)。《後漢書·光武帝紀》:"後望氣者蘇伯阿,爲王莽使至南陽,遥望見舂陵郭,唶曰:'氣佳哉! 鬱鬱葱葱然。'"兩句以東漢光武帝劉秀喻肅宗,言初到鳳翔即見唐朝有中興氣象。

〔四〕喜心兩句:謂喜極而悲,不禁泣下。第二首寫喜達行在所。

其三

死去憑誰報,歸來始自憐〔一〕。猶瞻太白雪,喜遇武功天〔二〕。影靜千官裏,心蘇七校前〔三〕。今朝漢社稷,新數中興年〔四〕。

〔一〕死去兩句:追想如途中遇難,亦無人報信;今已生還,轉覺當時之可憐。趙汸云:"脱一生於萬死,在道時猶不覺,及歸乃自憐耳。"

〔二〕太白:山名,在今陝西省眉縣東南。《地圖記》:"太白山甚高,上常積雪,無草木。"武功:亦山名,在今陝西省武功縣南。《三秦記》:"俗云:武功、太白,去天三百。"二山均離行在(鳳翔)不遠,喻己重歸朝廷。

〔三〕影靜句:謂己列身朝班之中。影,身;靜,安。心蘇:心神振發。由心如死灰而至活躍,故用一"蘇"字。七校:武臣,與上句"千官"之爲文臣相對。漢武帝增設七校尉爲京都衛戍軍。仇兆鰲云:"奔波初定,故曰影靜。精神頓爽,有似心蘇。"寫身列朝班的愉快心情。

〔四〕漢社稷:借指唐朝。新數中興:言可重見復興。中(zhòng),與"百年垂死中興時"的"中"字同聲。最後一首寫授官立朝後對國家復興的希望。

述　懷〔一〕

去年潼關破,妻子隔絶久〔二〕。今夏草木長,脱身得西走〔三〕。麻鞋見天子,衣袖露兩肘〔四〕。朝廷愍生還,親故傷老醜〔五〕。涕淚受拾遺,流離主恩厚〔六〕。柴門雖得去,

未忍即開口〔七〕。寄書問三川〔八〕，不知家在否？ 比聞同罹
禍〔九〕，殺戮到雞狗。山中漏茅屋，誰復依户牗〔一〇〕？ 摧頹
蒼松根，地冷骨未朽〔一一〕。幾人全性命，盡室豈相偶〔一二〕？
嶔岑猛虎場，鬱結迴我首〔一三〕。自寄一封書，今已十月
後〔一四〕。反畏消息來，寸心亦何有〔一五〕？ 漢運初中興，生
平老耽酒〔一六〕。沉思歡會處，恐作窮獨叟〔一七〕。

〔一〕此詩爲至德二載夏任左拾遺後作。

〔二〕潼關：在今陝西省潼關縣。安禄山破潼關在天寶十五載，即
至德元載六月，故云“去年”。《舊唐書·玄宗本紀》：“辛卯，哥舒翰至
潼關，爲其帳下火拔歸仁（蕃將）以左右數十騎執之降賊，關門不守，
京師大駭。”潼關破後，杜甫就和家室隔絕，至此已一年，故云“隔絕
久”。

〔三〕夏：指初夏。杜甫於四月逃出長安。草木長：本晉陶淵明
《讀山海經》“孟夏草木長”句意。鳳翔在長安西北，故云“西走”。

〔四〕露兩肘：露，一本作“見”。《莊子·讓王》：“曾子居衛，緼袍
無表。……捉衿而肘見。”兩句寫逃歸時衣履不完的窮困狀況。

〔五〕憖：同“愍”，哀憐。老醜：形容憔悴衰憊。

〔六〕涕淚：因感激皇帝的恩典而涕零。受拾遺：受，一本作“授”，
皇帝涕淚以授，以杜甫身份似不稱。杜甫在至德二載五月十六日任左
拾遺。《唐六典》卷八：“門下省，左拾遺二人，從八品上……掌供奉諷
諫，扈從乘輿。凡發令舉事有不便於時，不合於道，大則廷議，小則上
封。”據錢謙益云，他曾見到唐授左拾遺告，全文是：“襄陽杜甫，爾之
才德，朕深知之，今特命爲宣義郎行左拾遺，授職之後，宜勤是職，毋
怠。”（見《錢注杜詩》）流離句：言在亂離中授官，倍覺皇帝厚恩。

〔七〕柴門：指妻子所居的鄜州。開口：指請求回家探親。言方任

左拾遺,未便請求探親。

〔八〕三川:舊縣名,在今陝西省富縣南。《元和郡縣志》:"關内道鄜州三川縣:古三水郡,以華池水、黑源水及洛水三川同會,因爲名。"杜甫家屬居住之地。

〔九〕比:近。罹:遭遇。朱鶴齡云:"《通鑑》:禄山初反,自京畿、鄜坊至於岐隴皆附之。時所在寇奪,故以家之罹禍爲憂。"

〔一〇〕漏茅屋:指羌村的家室。誰復句:言妻子生死莫卜。

〔一一〕摧頽兩句:言摧折敗壞的蒼松根旁,因兵燹而死者屍骨橫陳。

〔一二〕盡室句:言全家豈能僥倖齊全。

〔一三〕嶔岑:一本岑作"崟"。山勢高峻貌。張衡《思玄賦》:"嘉曾氏之歸耕兮,慕歷阪之嶔崟。"猛虎場:喻叛軍縱亂之地。兩句謂因家屬處於危地,不禁愁結胸懷,思念顧望。

〔一四〕十月後:趙次公云:"十月,謂自去年寄書已經十月,非指孟冬之十月。公往問家室,在閏八月初吉,此詩尚在閏月之前。"

〔一五〕反畏句:言懼聞惡耗,無消息尚可冀其幸存也。有:猶在。高適《燕歌行》:"邊風飄飄那可度,絶域蒼茫更何有?"何有,即"何在"。李賀《苦晝短》詩:"神君何在,太一安有?""有"與"在"互文,寸心何有,即寸心何在,猶言神不守舍。

〔一六〕漢運:以漢喻唐。此時形勢已有轉機,故云"初中興"。耽酒:嗜酒。句意謂生平喜酒,當茲國運好轉之時,本可開懷痛飲,此句爲結尾兩句作一波瀾。

〔一七〕歡會處:猶歡會時。岳飛《滿江紅》詞:"怒髮衝冠,憑欄處。"即憑欄時。兩句謂誠恐此刻沉湎於全家歡會之時,家人已不復在世矣。極寫得不到家信,忐忑不安的焦慮之情。

北　征〔一〕

皇帝二載秋，閏八月初吉〔二〕。杜子將北征，蒼茫問家室〔三〕。維時遭艱虞，朝野少暇日〔四〕。顧慚恩私被，詔許歸蓬蓽〔五〕。拜辭詣闕下，怵惕久未出〔六〕。雖乏諫諍姿，恐君有遺失〔七〕。君誠中興主，經緯固密勿〔八〕。東胡反未已，臣甫憤所切〔九〕。揮涕戀行在，道途猶恍惚〔一〇〕。乾坤含瘡痍，憂虞何時畢〔一一〕？靡靡踰阡陌，人烟眇蕭瑟〔一二〕。所遇多被傷，呻吟更流血〔一三〕。回首鳳翔縣，旌旗晚明滅〔一四〕。前登寒山重，屢得飲馬窟〔一五〕。邠郊入地底，涇水中蕩潏〔一六〕。猛虎立我前，蒼崖吼時裂〔一七〕。菊垂今秋花，石戴古車轍〔一八〕。青雲動高興，幽事亦可悦〔一九〕。山果多瑣細，羅生雜橡栗〔二〇〕。或紅如丹砂，或黑如點漆〔二一〕。雨露之所濡，甘苦齊結實〔二二〕。緬思桃源内，益嘆身世拙〔二三〕！坡陀望鄜畤，巖谷互出没〔二四〕。我行已水濱，我僕猶木末〔二五〕。鴟鴞鳴黄桑，野鼠拱亂穴〔二六〕。夜深經戰場，寒月照白骨〔二七〕。潼關百萬師，往者散何卒〔二八〕。遂令半秦民，殘害爲異物〔二九〕。況我墮胡塵，及歸盡華髮〔三〇〕。經年至茅屋，妻子衣百結〔三一〕。慟哭松聲迴，悲泉共幽咽〔三二〕。平生所嬌兒，顔色白勝雪〔三三〕。見耶背面啼，垢膩腳不襪〔三四〕。牀前兩小女，補綻才過膝〔三五〕。海圖坼波濤，舊繡移曲折〔三六〕。天吳及紫鳳，顛倒在短褐〔三七〕。老夫情懷惡，嘔泄臥數日〔三八〕。那無囊中帛，救汝寒凜慄〔三九〕？粉黛亦解包，衾裯稍羅列〔四〇〕。瘦妻面復光，癡女頭自櫛〔四一〕。學母無不爲，曉妝隨手抹〔四二〕。移時施朱鉛，狼籍畫眉闊〔四三〕。生還對童稚，似欲忘飢渴〔四四〕。問事競挽鬚，誰能即瞋喝〔四五〕？翻思在賊愁，甘受雜亂聒〔四六〕。新歸且慰意，生理焉得説〔四七〕？至尊尚蒙塵，幾日休練卒〔四八〕？仰觀天色改，坐覺妖氛豁〔四九〕。陰風西北來，慘淡隨回紇〔五〇〕。其王願助順，其俗善馳突〔五一〕。送兵五千人，驅馬一萬匹〔五二〕。此輩少爲貴，四方服勇決〔五三〕。所用皆鷹騰，破敵過箭疾〔五四〕。聖心頗虛佇，時議氣欲奪〔五五〕。伊洛指掌收，西京不足拔〔五六〕。官軍請深入，蓄鋭可俱發〔五七〕。此舉開青徐，旋瞻略恒碣〔五八〕。昊天積霜露，正氣有肅殺〔五九〕。禍轉亡胡歲，勢成擒胡月〔六〇〕。胡命其能久？皇綱未宜絕〔六一〕。憶昨狼狽初，事與古先別〔六二〕。姦臣竟菹醢，同惡隨蕩析〔六三〕。不聞夏殷衰，中自誅褒妲〔六四〕。周漢獲再興，宣光果明哲〔六五〕。桓桓陳將軍，仗鉞奮忠烈〔六六〕。微爾人盡非，於今國猶活〔六七〕。淒涼大同殿，寂寞白獸闥〔六八〕。都人望翠華，佳氣向金闕〔六九〕。園陵固有神，掃灑數不缺〔七〇〕。煌煌太宗業，樹立甚宏達〔七一〕。

〔一〕此詩題下原注："歸至鳳翔，墨制放往鄜州作。"杜甫任左拾遺後，因上疏爲房琯辯解，觸怒蕭宗，幸由宰相張鎬解救，才得免罪。

不久,肅宗允許他回鄜州探親。詩作於回家後。鄜州在鳳翔東北,故稱"北征"。蔡夢弼云:"後漢班彪更始時避地涼州,發長安,作《北征賦》。故公因之作《北征》詩。"近人胡光煒云:"其結構出賦,班叔皮《北征》、曹大家《東征》、潘安仁《西征》,皆其所本,而與曹、潘兩賦尤近。"諸説皆有所據。但就其鋪陳時事,直抒憤懣言,則更近於庾信的《哀江南賦》。全詩雖言家室情況,而其中心思想,則在憂國憂民。

〔二〕皇帝二載:肅宗至德二載。初吉:月初的吉日,爲"初一"的習慣用語。

〔三〕蒼茫:曠遠迷茫貌。問:探望。時值亂世,生死不保,故詩人懷着蒼茫之感出行。以上四句爲全詩總綱。曹大家《東征賦》:"惟永初之有七兮,余隨子乎東征。時孟春之吉日兮,撰良辰而將行。"潘安仁《西征賦》:"歲次玄枵,月旅蕤賓。丙丁統日,乙未御辰。潘子憑軾西征,自京徂秦。"爲此四句體例所本。

〔四〕維:發語辭。艱虞:艱苦、危難。朝野句:言國家多事,在朝的官吏和在野的百姓都忙迫少暇。

〔五〕顧慚:自覺慚愧。恩私被:蒙皇帝私恩照顧。蓬蓽:蓬門蓽户。貧賤人所居。《晉書・皇甫謐傳贊》:"士安(皇甫謐字)好逸,棲心蓬蓽。"兩句説肅宗下詔許可他回鄜州探家。

〔六〕詣闕下:叩見皇帝。詣,到;闕,宮門。怵惕:惶恐畏懼貌。《書・冏命》:"怵惕惟厲,中夜以興,思免厥愆。"久未出:言依戀朝廷,倉卒不忍離去。

〔七〕諫諍姿:諫官的風度。下對上規勸叫"諫",直言爭論叫"諍"。《孔叢子》卷四:"能犯顏諫諍,公正無私者。"杜甫作左拾遺,上疏救房琯觸怒肅宗,故云"雖乏諫諍姿"。恐君句:申足上"久未出"句。

〔八〕中興主:有才略從危局中復興國家之君主。經緯:紡織的縱綫曰“經”，橫綫曰“緯”。用以比喻治理國家的方略。《左傳·昭公二十九年》：“夫晉國將守唐叔之所受法度，以經緯其民。”密勿：勞心勤力。《漢書·劉向傳》：“故其《詩》曰：‘密勿從事，不敢告勞。’”顏師古注：“此《小雅·十月之交》篇刺幽王之詩也。密勿猶黽勉從事也。”

〔九〕東胡：指安禄山之子安慶緒。時安慶緒已弒其父禄山，仍僭號稱帝，繼續叛亂，故云“反未已”。臣甫：杜甫身爲諫官，故自稱“臣”。憤所切：憤恨之所以激切。

〔一〇〕行在：見前《自京竄至鳳翔喜達行在所》注。戀行在，意即戀君。恍惚：心神不安貌。宋玉《神女賦》：“精神恍惚，若有所喜。”

〔一一〕乾坤：天地，猶普天之下。瘡痍：創傷，指社會災難。憂虞：憂患。

〔一二〕靡靡：行路緩慢貌。《詩·王風·黍離》：“行邁靡靡。”踰：跨過。阡陌：田間小道，南北叫阡，東西叫陌。曹操《短歌行》：“越陌度阡，枉用相存。”眇：少。蕭瑟：瑟，一本作“索”。言戰亂之後，人烟稀少。

〔一三〕被傷：帶傷，受傷。至德元載，房琯有陳陶之敗，二載，郭子儀又有清渠之敗，故云。

〔一四〕回首：心在朝廷，所以不時回顧行在所。明滅：忽明忽滅。集中《雨》詩：“明滅洲景微，隱見巖姿露。”

〔一五〕寒山：時在舊曆閏八月，已是深秋，故云。重：重疊。句意爲攀登重重疊疊的寒山，表明跋涉之苦。飲馬窟：古代行軍，在山澗中飲馬的水池。《文選》引《水經注》：“余至長城，其下往往有泉窟，可飲馬。古詩《飲馬長城窟行》，信不虛也。”多次逢到飲馬窟，説明多軍馬經過遺留之跡。

〔一六〕邠：即邠州。在今陝西省彬縣。郊：郊原。涇水從邠州北邊流過，形成盆地。《大清一統志》：“邠州：涇水遶其北，邠崖峙其南。”蕩潏(yù)：水波流動貌。木華《海賦》：“蕩潏島濱。”詩人在山上，故俯瞰邠郊盆地低平，涇水流動。

〔一七〕猛虎：指山間如虎的怪石。蒼崖句：進一步刻畫怪石似虎，能吼裂蒼崖。與曹操《苦寒行》“熊羆對我蹲，虎豹夾路啼”之形容怪石同一機軸。

〔一八〕戴：猶印上。言石上印着古代的車轍之痕。一本作“帶”，亦可通。

〔一九〕青雲兩句：言山行見青雲引起興致，眼前的幽景亦令人喜悦。以下六句，鍾惺曰：“當奔走愁絶時，偏有閑心清眼，看景入微。”

〔二〇〕羅生：羅列生長。宋玉《高唐賦》：“箕踵漫衍，芳草羅生。”橡栗：櫟樹果實，似栗而小，可食。兩句謂細小的山果夾着橡栗，在四周叢生。

〔二一〕丹砂：見前《贈李白》注。點漆：《晉書·杜乂傳》：“美姿容，……王羲之見而目之曰：膚若凝脂，眼如點漆，此神仙人也。”此處分別形容果實紅與黑的色澤。

〔二二〕濡：沾濕、滋潤。苦：一本作“酸”。

〔二三〕緬思：遥想。桃源：即桃花源。晉陶淵明作《桃花源記》，描寫一個與現實隔絶的世外桃源。杜甫見山景清幽，因而羡慕桃花源的隱居生活。自嘆身世坎坷而不悟，可謂愚蠢已極。

〔二四〕坡陀：地勢高低不平貌。韓愈《記夢》詩：“石壇坡陀可坐卧，我手承顙肘拄坐。”也作“坡陁”。杜詩《贈秘書監江夏李公邕》：“坡陁青州血，蕪没汶陽瘞。”時：祭祀天神的臺壇。鄜時爲春秋時秦文公所築。《漢書·郊祀志》：“（秦）文公夢黄蛇自天下屬地，其口止於鄜衍。……於是作鄜時，用三牲郊祭白帝焉。”杜甫回鄜州，離家已近，因而鄜時在望。巖谷句：言高山深谷交互隱現。

〔二五〕我行兩句：言因望見鄜時，離家已近，歸心如箭，急奔下達水濱,而僕人則尚在山間也。木末:樹梢,喻山巔。杜甫長於點綴景物,出語驚人。如《白水崔少府十九翁高齋》:“高齋坐林杪”,齋在林梢;《丹青引》:“玉花卻在御榻上”,馬竟登床;《奉先劉少府新畫山水障歌》:“堂上不合生楓樹”,樹生堂上;《嚴鄭公廳事岷山沱江畫圖》:“沱水流中座,岷山到北堂。白浪吹粉壁,青嶂插雕梁。”浪吹壁而壁不塌,嶂插梁而屋不穿,都是詩中的畫境。

〔二六〕鸱鴞:鳥名。《詩·豳風·鸱鴞》:“鸱鴞鸱鴞,既取我子,無毀我室。”陸機《毛詩草木鳥獸蟲魚疏》:“鸱鴞,似黃雀而小,其喙尖如錐。”一說係貓頭鷹。黃桑:桑樹的一種。或謂指秋後將隕落的桑樹,如《詩·衛風·氓》“桑之落矣,其黃而隕”之比。野鼠拱穴:山陝沙漠地帶有鼮鼠,毛黃色,又名黃鼠,尾足俱短,見人則交前足於頸,似人拱手作揖。南朝宋劉敬叔《異苑》卷三:“拱鼠形如常鼠,行田野中,見人即拱而立。人近欲捕之,跳躍而去。秦川有之。”

〔二七〕寒月句:申上句戰場殘迹。

〔二八〕潼關兩句:指天寶十四載,安禄山陷洛陽,哥舒翰率兵二十萬守潼關,大敗於靈寶事。《舊唐書·哥舒翰傳》:“安禄山反,上以封常清、高仙芝喪敗,召翰入,拜爲皇太子先鋒兵馬元帥,……將河隴、朔方兵及蕃兵與高仙芝舊卒共二十萬,拒賊於潼關。……(翰)請持重以弊之,……楊國忠恐其謀己,屢奏使出兵,……中使相繼督責。翰不得已,引師出關。六月四日,次於靈寶縣之西原,八日,與賊交戰,……死者數萬人。……軍既敗,翰與數百騎馳而西歸,爲火拔歸仁執降於賊。”此處“百萬師”并非實數,而是極言其多。散何卒:言潰散何以如此之快。卒,倉卒。

〔二九〕半秦民:關中人民之半。秦,指關中。異物:即死亡。

〔三〇〕墮胡塵:指陷身賊中。墮,一本作“隨”,非。華髮:花白頭髮,憂國思家所致。杜甫詩中屢言白頭,天寶十五載以前寫的《投贈哥舒開府翰》詩：“未爲珠履客，已是白頭翁。”經過亂離情況加甚，故云“盡”。後在夔州作《入宅》詩：“半頂梳頭白。”則又禿頂了。

〔三一〕經年：杜甫至德元載七月離鄜州，至德二載閏八月方回，正好一年。百結：見前《投簡咸華兩縣諸子》注。

〔三二〕松聲迴：宋玉《高唐賦》：“虛聞松聲。”言慟哭之聲使松林亦發出回響。悲泉句：古樂府《隴頭歌辭》：“隴頭流水，鳴聲幽咽。”言悲泣聲使溪泉也同聲嗚咽。

〔三三〕嬌兒：指次子宗武，字驥子。嬌：一本作“驕”。白勝雪：形容面無血色。杜甫有三子，幼子已餓死。

〔三四〕耶：見前《兵車行》注。垢膩句：言髒而赤裸，形容窮困之態。

〔三五〕補綻：猶言補綴過的敝衣。綻，一本作“綴”。才過膝：極言衣裳之短而不合身。

〔三六〕海圖兩句：言布帛上繡着海景的圖案，其波濤因東補西縫而坼裂扭曲。

〔三七〕天吳：神話中的水神。《山海經·海外東經》：“朝陽之穀神曰天吳，是爲水伯。……其爲獸也，八首八面，八足八尾，皆青黃。”紫鳳：神話中以紫色爲主的五彩鳳鳥。以上兩者指衣上圖案。短褐：一本作“裋（shù）褐”。見前《冬日有懷李白》注。顛倒：花紋圖案因補縫而錯亂顛倒。以上四句形容敝衣東拼西湊之狀，同時也反映了唐人喜歡用珍禽異獸裝飾衣物的風習。杜詩《太子張舍人遺織成褥段》：“客從西北來，遺我翠織成。開緘風濤湧，中有掉尾鯨。逶迤羅水族，瑣細不足名。”亦可見唐代時尚。

〔三八〕嘔泄：上吐下瀉。此句一本作“數日臥嘔泄。”

〔三九〕那：猶“奈”。與李白《長干行》“那作商人婦，愁水復愁風”之“那”同。杜詩《奉送郭中丞兼太僕卿充隴右節度》：“漸衰那此别,忍淚獨含情。”“那”亦作“奈”解。凜慄:顫抖。

〔四〇〕粉黛:粉以搽臉;黛以畫眉。是古代婦女的兩種化妝品。解包:言解包取出粉黛。衾裯:被與帳。

〔四一〕面復光:因施粉黛而臉色復見光潤。櫛:梳篦。此處用作動詞。

〔四二〕學母句:言事事仿母所爲。隨手抹:信手塗抹,形容年幼未諳打扮。

〔四三〕移時:言費時甚久。朱鉛:猶脂粉。狼籍:零亂。畫眉闊:唐代女子以畫寬闊的眉爲美。劉績《霏雪録》:“唐時婦女,畫眉尚闊。”張籍《倡女詞》:“輕鬢叢梳闊掃眉。”以上四句描寫幼女的稚氣天真,頗與左思對女兒的描寫相近。左思有二女,一名織素,一名惠芳。其《嬌女》詩寫織素:“明朝弄妝臺,黛眉類掃迹。濃朱衍丹唇,黃吻瀾漫赤。”寫惠芳:“輕妝喜縷邊,臨鏡忘紡績。”“脂膩漫白袖,烟熏染阿錫。”杜甫善於用古,本其意而造語若天成。

〔四四〕生還兩句:言患難中生還,重見子女,樂以忘飢。

〔四五〕問事:問陷賊和逃歸之事。競挽鬚:爭着拉鬍鬚。即瞋喝:立即惱怒喝止。極寫對兒女之愛。

〔四六〕翻思兩句:謂回想陷身賊中的愁苦,甘心忍受嬌兒幼女的糾纏吵鬧。

〔四七〕慰意:心情獲得慰藉。生理:生計,謀生之路。杜詩《引水》:“人生留滯生理難,斗水何直百憂寬。”又《遣遇》:“自喜遂生理,花時甘縕袍。”生理都作生計解。兩句謂歷盡艱辛,能歸來重叙天倫,且宜喜慰,何必談家庭生計?

〔四八〕至尊:指肅宗。蒙塵:皇帝流亡在外,蒙受風塵之苦。語出《左傳·僖公二十四年》:“臧文仲對曰:‘天子蒙塵於外。’”休練卒:停止練兵。引申爲指停止戰爭。

〔四九〕天色改：喻氣運改變，中興有望。坐覺：遂覺。白居易《別元九後咏所懷》詩：“同心一人去，坐覺長安空。”妖氛：指災禍、叛亂敵兵等。李白《塞下曲》：“横行負勇氣，一戰靜妖氛。”豁：開朗，澄清。此處指安史叛軍氣燄已被遏制。

〔五〇〕回紇：即今維吾爾族。兩京淪陷後，郭子儀曾勸肅宗借回紇兵來平定安、史之亂。《通鑑》卷二二〇：“（至德二載九月），郭子儀以回紇兵精，勸上益徵其兵以擊賊。”以後引起回紇對唐朝的干擾。陰風、慘淡，均形容回紇兵過處殺氣騰騰，剽悍異常。

〔五一〕其王：指回紇王懷仁可汗。願助順：歸順助戰。《通鑑》卷二二〇：“懷仁可汗遣其子葉護及將軍帝德等將精兵四千餘人來至鳳翔。上引見葉護，宴勞賜賚，惟其所欲。丁亥，元帥廣平王俶，將朔方等軍及回紇、西域之衆十五萬，號二十萬，發鳳翔。俶見葉護，約爲兄弟，葉護大喜，謂俶爲兄。”馳突：騎馬衝鋒陷陣。《新唐書·回鶻傳》：“其人驍强，……善騎射，喜盜鈔。”

〔五二〕送兵五千：即葉護帶領的四千精兵，這裏只舉其成數。一萬匹：良將必用兩馬，五千人，故得一萬匹。

〔五三〕此輩：指回紇兵。少爲貴：杜甫反對多用回紇兵。服勇決：四方都服其驍勇善戰。

〔五四〕鷹騰：飛騰搏擊如鷹。箭疾：迅疾如箭。庾信《同盧記室從軍》：“箭飛如疾雨。”過：一本作“如”。

〔五五〕聖心：皇帝之意。虛佇：虛心期待。當時肅宗一心倚賴回紇破賊。時議句：言當時朝臣的議論，懾於皇帝威嚴，氣爲之奪，不敢諫諍。

〔五六〕伊、洛：指東都洛陽，伊水洛水流經之處。指掌收：指顧間即可收復。西京句：言長安不費全力可取。

〔五七〕請深入：請求深入直搗敵人巢穴。蓄銳：積蓄的精銳，指精兵。可俱發：言可分路並進。可：一本作“伺”，非。按當時李泌建議，建寧郡王李俶自塞北出，與李光弼軍犄角，直取范陽。杜甫謂“深入”、“俱發”，指此。詳下注。

〔五八〕青、徐：見前《登兗州城樓》注。旋瞻：轉眼看到。略：略取。恒、碣：恒山、碣石山，在今山西、河北省境內。青、徐在伊、洛之東，恒、碣則在伊、洛之北與東北，兩句謂此舉可開闢青、徐，自南翼迂迴包抄；青、徐既克，自可合兵直搗安禄山的巢穴了。《通鑑》卷二一九：“上（肅宗）問李泌曰：‘今敵强如此，何時可定？’對曰：‘臣觀賊所獲子女金帛，皆輸之范陽，此豈有雄據四海之志邪！今獨虜將或爲之用，中國之人，惟高、尚等數人，自餘皆脅從耳。以臣料之，不過二年，天下無寇矣。’……復命建寧爲范陽節度大使，並塞北出，與光弼南北犄角，以取范陽，覆其巢穴。賊退則無所歸，留則不獲安，然後大軍四合而攻之，必成擒矣。”杜甫贊成李泌之議，蓋預見過分依仗回紇，民族間易起糾紛，流患將來，不如自力靖亂爲善。

〔五九〕昊天：秋天。蕭殺：嚴酷蕭瑟貌。《漢書・禮樂志》：“秋氣蕭殺。”兩句謂國家伸張威嚴，蕭清妖氛，此其時矣。

〔六〇〕禍轉：厄運已經轉換。亡胡歲、擒胡月：互文見義。言叛胡安、史之輩的戎首即將摧滅。

〔六一〕胡命：胡人的統治。皇綱：唐王朝的正統。

〔六二〕昨：一本作“昔”。指安、史之亂初起時。狼狽：指潼關失守，朝廷潰散，玄宗倉皇奔蜀事。古先：古代。兩句領起下文評安、史亂起時誅除奸邪與古代昏君賞罰不明的對比。

〔六三〕姦臣：指楊國忠。葅醢（zū hǎi）：剁成肉醬。《新唐書・外戚傳》：“右龍武大將軍陳玄禮謀殺國忠，不克。進次馬嵬，將士疲、乏食，玄禮懼亂，召諸將曰：‘今天子震蕩，社稷不守，使生人肝腦塗地，豈非國忠所致！欲誅之以謝天下，云何？’衆曰：‘念之久矣，事行身

死,固所願。'……殺之,爭啖其肉且盡,梟首以殉。"同惡:指楊國忠的
親屬和黨羽。蕩析:掃蕩、摧破,即消滅清除之意。《新唐書·外戚
傳》:"御史大夫魏方進責衆曰:何故殺宰相! 衆怒,又殺之。四子:
暄、昢、曉、晞。暄……身貫百矢,乃踣。昢……陷賊見殺。曉……爲
漢中王瑀搒死。晞及國忠妻裴柔……爲追兵所斬。……其黨翰林學
士張漸、竇華,中書舍人宋昱,吏部郎中鄭昂,俱走山谷。……昱……
爲亂兵所殺。餘坐誅。"

〔六四〕夏、殷:夏朝和商朝。褒妲:褒姒和妲己。周幽王寵幸褒
姒,招致犬戎入侵而亡國。殷紂王寵幸妲己而亡國。有人認爲"夏、
殷"應作"殷、周",或"褒、妲",應作"妹、妲",因夏桀的寵妃是妹喜。
顧炎武《日知錄》卷二十七:"不聞夏殷衰,中自誅褒妲。不言周,不言
妹喜,此古人互文之妙。"是爲確論。杜甫以古史比喻馬嵬坡兵變,玄
宗賜楊貴妃死一事,實則有譏刺玄宗和夏桀、殷紂、周幽王一樣,以寵
妃替自己開脫罪責。魯迅《花邊文學·女人未必多説謊》:"譬如罷,
關於楊妃,禄山之亂以後的文人就都撒着大謊,玄宗逍遥事外,倒説是
許多壞事情都由她,敢説'不聞夏殷衰,中自誅褒妲'的有幾個。就是
妲己、褒姒,也還不是一樣的事? 女人的替自己和男人伏罪,真是太長
遠了。"魯迅的意思是:没有聽説夏殷的衰亡,其間誅了兩個女人作替
罪羊嗎! 敢説這話的,只有杜甫一人。魯迅揭示了杜甫這兩句詩的真
正含義,即安、史之亂的主要禍根在唐玄宗。這是歷來注釋者所不敢
想的。

〔六五〕宣、光:周宣王和漢光武帝。兩人使周、漢中興。兩句期望
肅宗明哲,能中興唐朝。暗譏肅宗並非明哲。

〔六六〕桓桓:威武貌。《尚書·牧誓》:"尚桓桓,如虎如貔,如熊如
羆,於商郊。"陳將軍:即陳玄禮。仗鉞:手持節鉞。古時拜帥授節鉞,
仗鉞,就是仗節。鉞:大斧。奮忠烈:指陳玄禮代表軍民的要求殺死楊
國忠及其黨羽事。

〔六七〕微:非,無。爾:指陳玄禮。人盡非:人事盡非,即國亡。此句化用《論語·憲問》"微管仲,吾其被髮左衽矣"之意。國猶活:國家仍然存在。贊美陳玄禮有再造國家之功。

〔六八〕大同殿:在長安興慶宮中勤政樓之北。《唐六典》卷七:"興慶宮在皇城之東南,……宮之西曰興慶門,……次南曰金明門,門內之北曰大同門,其內曰大同殿。"玄宗常在此朝見文武百官。白獸闥:即白獸門,長安宮中禁苑南門。白獸:即白虎。唐代因避高祖李淵的祖父李虎諱,改"虎"爲"獸"。淒涼、寂寞:均形容尚在淪陷中的長安宮殿的荒涼冷落。

〔六九〕都人:指長安人民。望翠華:盼望皇帝平叛回京。皇帝車仗中用翠鳥羽裝飾的旗稱"翠華"。《漢書·司馬相如傳上》:"建翠華之旗。"引申以代皇帝。佳氣:祥瑞之氣。《後漢書·光武帝紀》:"後望氣者蘇伯阿爲王莽使至南陽,遥望見舂陵郭,唶曰:氣佳哉!鬱鬱葱葱然。"金闕:金飾的宮門,指朝廷。兩句盼望光復舊京,中興國家。

〔七〇〕園陵:皇帝陵墓。神:指太宗等的英靈。掃灑句:言陵寢無恙,祭掃禮數不缺。《舊唐書·玄宗本紀》:天寶十載,"太廟置內官,供灑掃諸陵廟。"

〔七一〕煌煌:光明宏大貌。《詩·陳風·東門之楊》:"昏以爲期,明星煌煌。"太宗業:指太宗李世民統一天下,建立唐朝的大業。宏達:宏偉、廣闊。結句係以太宗的宏業勉勵肅宗。

羌村三首[一]

嶒嶸赤雲西,日腳下平地[二]。柴門鳥雀噪,歸客千里至〔三〕。妻孥怪我在，驚定還拭淚〔四〕。世亂遭飄蕩，生還偶然遂〔五〕。隣人滿牆頭，感嘆亦歔欷〔六〕。夜闌更秉燭，相對如夢寐〔七〕。

〔一〕此三首與《北征》爲同時所作。其思想情景，兩詩可互相參證。羌村：在鄜州城外，因曾爲由西東移的羌族人聚居而得名。杜甫家屬寄居於此。

〔二〕崢嶸：見前《自京赴奉先縣詠懷五百字》注。此處形容雲峰。赤雲：即火燒雲。日脚：太陽由雲隙中射到地面的光綫。兩句意爲日脚從赤雲西邊透射地面。暗示日已西斜。

〔三〕鳥雀噪：雀，應作“鵲”。《西京雜記》卷三：“陸賈曰：乾鵲噪而行人至。”鳥爲人所驚，故鳴聲嘈雜。歸客：杜甫自謂。千里：自鳳翔到鄜州不及千里，此盛言其遠歸。

〔四〕怪：没料到。在：生存。《論語·學而》：“父在，觀其志；父没，觀其行。”驚定句：言驚魄既定，悲喜交集，不禁淚下。

〔五〕飄蕩：顛沛流離。遂：如願。言偶然，謂兵亂中生還之不易。

〔六〕牆頭：杜甫喜用此詞以形容村野風光。如《夏日李公見訪》：“牆頭過濁醪，展席俯長流。”又《王十七侍御掄許攜酒至草堂》：“江鸛巧當幽徑浴，隣雞還過短牆來。”農村人少，偶有人來，隣家均關心觀望。歔欷：抽泣聲。《楚辭·離騷》：“曾歔欷余鬱邑兮，哀朕時之不當。”

〔七〕夜闌：夜將盡。蔡琰《胡笳十八拍》：“更深夜闌兮，夢汝來斯。”更：讀去聲，猶“再”。秉：本義爲秉持。“秉燭”連用，一般解作燃燭，與“炳燭”同。（唐人避高祖李淵父李昞諱，改炳爲“秉”。）《古詩十九首》：“晝短苦夜長，何不秉燭游？”如夢寐：猶如夢境。寫悲喜交集、欲信還疑的心情。

其二

晚歲迫偷生，還家少歡趣〔一〕。嬌兒不離膝，畏我復卻去〔二〕。憶昔好追涼，故繞池邊樹〔三〕。蕭蕭北風勁，撫事煎百慮〔四〕。賴知禾黍收，已覺糟牀注〔五〕。如今足斟酌，且用慰遲暮〔六〕。

〔一〕晚歲：杜甫是年四十六歲，因飽經憂患，心境已經先衰。少歡趣：杜甫此次奉詔回家，實係肅宗有意對他疏遠，故杜甫情懷不佳。

〔二〕嬌兒：指宗武，是杜甫最鍾愛的兒子。杜甫於陷賊時曾作《遣興》詩："世亂憐渠小，家貧仰母慈。"對他表示深切懷念。卻：退，離。

〔三〕憶昔：指去年（至德元載）六月移家至鄜州時。池邊樹：水木清華之處，宜於納涼。

〔四〕蕭蕭：風聲、草木搖落聲。《史記·刺客列傳》："風蕭蕭兮易水寒。"時在閏八月，西北早寒，已有冬意。撫事句：言思量身經之事。國事則胡騎猖獗，山河破碎，《北征》所謂"乾坤含瘡痍，憂虞何時畢"。家事則寒冬將至，無禦寒之具，《北征》所謂"那無囊中帛，救汝寒凜慄"。本人的遭遇則政治理想不能實現，故百慮並集，憂心如焚。

〔五〕賴：猶"幸"。漢樂府《艷歌行》："故衣誰當補，新衣誰當綻。賴得賢主人，覽取爲吾組。"賴得，猶"幸有"。張潮《采蓮詞》："賴逢鄰女曾相識，并著蓮舟不畏風。"賴逢，猶"幸逢"。禾黍：稻粱。一本作"黍秋"，即高粱，北方釀酒用的主要原料。糟牀：榨酒器。注：流，指酒。兩句言禾熟知釀酒有望。正如今日農民所謂"觀麥苗秀，聞麴包香"之意。

〔六〕足斟酌：有足够喝的酒。斟酌，篩酒。遲暮：指晚年生活。《楚辭·離騷》：“恐美人之遲暮。”亦兼有歲暮意。

其三

群雞正亂叫，客至雞鬥爭〔一〕。驅雞上樹木，始聞叩柴荆〔二〕。父老四五人，問我久遠行〔三〕：手中各有攜，傾榼濁復清〔四〕。苦辭酒味薄，黍地無人耕〔五〕。兵革既未息，兒童盡東征〔六〕。請爲父老歌，艱難愧深情〔七〕！歌罷仰天嘆，四座涕縱橫。

〔一〕客：來客。即下文的“父老”。

〔二〕驅雞句：現代的雞絕少上樹，但古代雞棲於樹卻是慣常現象。如漢樂府《雞鳴》：“雞鳴高樹顛，狗吠深巷中。”阮籍《詠懷》：“晨雞鳴高樹，命駕起旋歸。”陶淵明《歸園田居》：“犬吠深巷中，雞鳴桑樹顛。”柴荆：即柴門。謝靈運《初去郡》：“促裝返柴荆。”

〔三〕問：問遺，贈禮慰問。

〔四〕榼：盛酒器。《左傳·成公十六年》：“使行人執榼承飲。”劉伶《酒德頌》：“止則操卮執觚，動則挈榼提壺。”濁復清：見前《飲中八仙歌》注。

〔五〕苦：猶極。一本作“莫”。句意謂極力謙稱攜來之酒太薄。黍地：種黍秫的田地。

〔六〕兵革：兵器，衣甲，指代戰爭。兒童：一本作“兒郎”，非。意爲未成年兒童亦須服役。《新安吏》：“縣小更無丁，次選中男行。”此處徵的是比“中男”更幼的“兒童”。至《垂老別》則徵及“老翁”，《石壕吏》更驅及“老嫗”了。東征：指收復兩京之役。

〔七〕爲父老歌：即爲父老作此詩。歌，當讀如《詩·陳風·墓門》“歌以訊之”之“歌”。鄭箋：“歌謂作此詩也。”上文“苦辭”四句，仇兆鰲所謂“代述父老之語”也。艱難句：言年時艱困，此酒來之不易。雖然味薄，父老深情亦足令人感愧。

行次昭陵^{〔一〕}

舊俗疲庸主，群雄問獨夫^{〔二〕}。讖歸龍鳳質，威定虎狼都^{〔三〕}。天屬尊《堯典》，神功協《禹謨》^{〔四〕}。風雲隨絶足，日月繼高衢^{〔五〕}。文物多師古，朝廷半老儒^{〔六〕}。直辭寧戮辱？賢路不崎嶇^{〔七〕}。往者災猶降，蒼生喘未蘇^{〔八〕}。指麾安率土，蕩滌撫洪爐^{〔九〕}。壯士悲陵邑，幽人拜鼎湖^{〔一〇〕}。玉衣晨自舉，石馬汗常趨^{〔一一〕}。松柏瞻虛殿，塵沙立暝途^{〔一二〕}。寂寥開國日，流恨滿山隅^{〔一三〕}。

〔一〕此詩爲至德二載自鳳翔回鄜州路過昭陵時作。昭陵：唐太宗墓園。《元和郡縣志》：“關内道京兆府醴泉縣：太宗昭陵在縣東北二十五里九嵕山。”即今陝西省醴泉縣東北之九嵕山。行次：行道所止。此篇追頌唐太宗的文治武功，暗寓對當前動亂現象的慨嘆！

〔二〕舊俗：指奢靡頹廢之風。疲：使動詞，使之疲困。庸主：指六朝昏庸無能之主。群雄：指李密、竇建德、王世充等隋末起義群雄。問：問罪。獨夫：指隋煬帝。朱鶴齡注引《隋書》：“楊玄感謂游元曰：‘獨夫肆虐，陷身絶域，此天亡之時也。’”兩句概括六朝至隋末形勢。

〔三〕讖:圖讖。帝王受命的徵兆。實係封建統治者用以神化自己的政權天授説。龍鳳質:喻貴相。温大雅《大唐創業起居注》卷一:李淵“自以姓名著於圖錄”,對李世民言:“隋曆將盡,吾家繼膺符命。”又卷二:“隋主以李氏當王,又有桃李之歌,謂密應於符讖。”又《新唐書·太宗本紀》:“方四歲,有書生……見太宗,曰:‘龍鳳之姿,天日之表,其年幾冠,必能濟世安民。’”句意爲唐太宗應符命當得天下。虎狼都:指長安。長安是秦舊地。《史記·蘇秦傳》:“夫秦,虎狼之國也。”隋末李密、王世充相持於洛口時,李世民父子引兵從太原渡河直趨關中,入據長安,戰略上有制勝之宜。因長安爲中古時期政治、經濟、軍事要地,當時在突厥、吐蕃、回紇威脅下,更有以首都作要塞,加强邊防的作用。故張綖注云:“太宗得天下根本,在先據關中。”

〔四〕天屬:皇帝的統屬。指李淵、李世民父子。《堯典》:《尚書》篇名。唐高祖李淵謚號神堯。他禪位太宗李世民,如堯之禪位舜,故云“尊《堯典》”。禹謨:即《大禹謨》,《尚書》篇名。《大禹謨》有“九功惟叙”語。唐太宗樂有“九功舞”,歌頌其開國業績。神功:指開創之功。言唐太宗功業可追配夏禹,故云“協禹謨”。

〔五〕風雲:《易·乾·文言》:“雲從龍,風從虎,聖人作而萬物睹。”喻風雲際會。隨絕足:指李靖、房玄齡、杜如晦等人佐治之盛。絕足,一作“逸足”,指駿馬,引申爲征討立功之人。日月:喻唐太宗的君臨天下。繼:繼統,繼承帝位。高衢:大道、王道之意。王粲《登樓賦》:“惟日月之逾邁兮,俟河清其未極。冀王道之一平兮,假高衢而騁力。”李善注:“高衢,謂大道也。”兩句謂君臣風雲際會,遂致天下治平。

〔六〕文物:指典章制度。唐初制度多襲用隋朝舊制,而隋、唐制度則是總結兩漢、晉、南北朝而來,故云“多師古”。半老儒:唐太宗重用隋朝儒學舊臣,所謂文學館十八學士,如杜如晦,隋進士;房玄齡,隋羽騎校尉;孔穎達,隋大業明經高第;虞世南,隋大業中秘書郎;魏徵原依李密，又入李建成幕府等。

〔七〕直辭：直諫之辭。兩句寫唐太宗能納諫，臣下直言觸犯亦不至被戮辱，君臣相得，是以進賢之路暢通，人皆能盡其才。

〔八〕往者句：言太宗即位初年亦有災荒。據《通鑑》卷一九三：“（貞觀）元年，關中饑，米斗直絹一匹；二年，天下蝗；三年，大水。”蒼生：見前《九日寄岑參》注。喘：喘息、吐氣困難。蘇通“甦”，恢復生氣。

〔九〕指麾：同指揮。率土：猶全國。《詩·小雅·北山》：“率土之濱，莫非王臣。”蕩滌：清除。《漢書·谷永傳》：“蕩滌邪辟之惡志。”洪爐：大爐，喻治理國家的功能。撫洪爐：比喻太宗治理天下如陶冶洪爐。《通鑑》卷一九三，貞觀四年，敘連續三年災荒後載云：“上勤而撫之，民雖東西就食，未嘗嗟怨。是歲，天下大稔，流散者咸歸鄉里，斗米不過三、四錢，終歲斷死刑纔二十九人。東至於海，南極五嶺，皆外戶不閉，行旅不齎糧，取給於道路焉。”兩句謂太宗於荒亂之後，又兼歲歉，仍能安撫全國，盪滌穢邪，治平天下。

〔一○〕壯士句：黃生云：“有志之士，皆爲當路沮抑而不得進，安得不望昭陵而興悲乎？”幽人：幽居之士，杜甫自謂。鼎湖：《史記·封禪書》：“黃帝采首山銅，鑄鼎於荊山下。鼎既成，有龍垂胡髯，下迎黃帝。黃帝上騎，群臣後宮從上者七十餘人，龍乃上去……故後世因名其處曰鼎湖。”並引申而將鼎湖作爲皇帝死亡的代稱。

〔一一〕玉衣：即金縷玉衣。是漢代帝王死後的殮服，用玉片由金絲編綴而成。晨自舉：用《漢書·王莽傳》“杜陵便殿乘輿虎文衣，藏在室匣中者，出自樹立外堂上，良久乃委地”事，以喻太宗英靈如生。石馬：一本作“鐵馬”，非，從《文苑英華》改。指昭陵石刻六駿。《唐會要》卷二十：“上欲闡揚先帝徽烈，乃令匠人琢石，寫諸蕃君長……十四人，列於陵司馬北門內……又刻石爲常所乘破敵馬六匹於闕下也。”汪常趨:《安禄山事蹟》卷下:潼關之戰,唐軍既敗,“(崔)乾祐領白旗引左右馳突往來。……又見黄旗軍數百隊,官軍潛謂是賊,不敢逼之。須臾,又見與乾祐鬥,黄旗不勝,退而又戰者不一,俄然不知所在。後昭陵奏:是日靈官石人馬汗流。”此當爲其時民間神化唐太宗的傳説,言其死後尚爲國馳驅。

〔一二〕虚殿:空殿。《唐會要》卷二十:“開元十七年十一月十六日,朝於昭陵,……掌事者仿佛遥觀太宗立神游殿前;及上入寢宫,聞室中謦欬之音。”句意爲太宗已死,僅留陵前松柏殿堂,供人瞻仰。暝:日暮。句意爲站在塵沙瀰漫的昏暗道路上,長久不忍離開。

〔一三〕寂寥句:言開國時期的盛況已成陳跡。流恨:遺恨。山隅:山邊。鮑照《擬行路難》:“高墳累累滿山隅。”昭陵在九嵕峰,故云“流恨滿山隅”。

彭衙行〔一〕

憶昔避賊初,北走經險艱〔二〕。夜深彭衙道,月照白水山〔三〕。盡室久徒步,逢人多厚顔〔四〕。參差谷鳥鳴,不見游子還〔五〕。癡女飢咬我,啼畏虎狼聞〔六〕。懷中掩其口,反側聲愈嗔〔七〕。小兒强解事,故索苦李餐〔八〕。一旬半雷雨,泥濘相攀牽〔九〕。既無禦雨備〔一〇〕,徑滑衣又寒。有時經契闊,竟日數里間〔一一〕。野果充粮糧,卑枝成屋椽〔一二〕。早行石上水,暮宿天邊烟〔一三〕。小留同家窪,欲出蘆子關〔一四〕。故人有孫宰,高義薄曾雲〔一五〕。延客已曛黑,張燈啟重門〔一六〕。煖湯濯我足，剪紙招我魂〔一七〕。從此出妻孥，相視涕闌干〔一八〕。衆雛爛漫睡，喚起沾盤飧〔一九〕。"誓將與夫子，永結爲弟昆〔二〇〕！"遂空所坐堂，安居奉我歡〔二一〕。誰肯艱難際，豁達露心肝〔二二〕！別來歲月周，胡羯仍構患〔二三〕。何當有翅翎，飛去墮爾前〔二四〕！

〔一〕此詩作於至德二載秋。至德元載（七五六）潼關失守，杜甫從白水縣攜家逃難北走，路經彭衙，到達同家窪，曾得友人孫宰的殷勤招待。現又由鳳翔回鄜州，路經彭衙西邊，回憶舊情，又不能會晤，故作此詩寄贈。彭衙：即彭衙堡。《元和郡縣志》："同州白水縣：漢衙縣地，春秋時秦晉戰於彭衙是也。"在今陝西省白水縣東北六十里。

〔二〕避賊：指安祿山攻陷潼關，甫攜家避難事。北走：鄜州在白水縣北，故北走。"憶昔"二字貫全篇，詩中均述往事，僅末四句述作詩時的懷念。

〔三〕道：一本作"門"，非。白水山：白水縣的山。

〔四〕逢人句：言無車馬代步，逢人自覺羞慚。厚顏，語出《書·五子之歌》："顏厚有忸怩。"

〔五〕參差：鳥鳴雜亂狀。鳴：一本作"吟"。仇兆鰲云："鳥鳴無人，一路荒涼之景。"

〔六〕飢咬我：極言飢餓難忍之苦。啼畏句：言小女飢啼，又懼爲虎狼所聞，尋聲而至。虎狼，一本作"猛虎"。

〔七〕反側：翻身、掙扎。聲愈嗔：哭聲更大。嗔，見前《麗人行》注。

〔八〕強解事：強不知以爲知。苦李：一種野李，味苦澀。庾信《歸田》："苦李無人摘，秋瓜不直錢。"兩句謂小兒雖不哭鬧，卻強作懂事，要苦李來充飢，同樣使父母爲難。

〔九〕旬:十日。相攀牽:互相牽引而走。

〔一〇〕禦雨備:防雨工具。

〔一一〕經契闊:經,一本作“最”。契闊:見前《自京赴奉先縣詠懷五百字》注。兩句謂萎頓難行,有時一日只走幾里路。

〔一二〕糇糧:乾糧。《詩·大雅·公劉》:“乃裹糇糧。”卑枝:樹枝低下者。椽:屋頂上的圓木條。言露宿樹下。兩句形容食住兩缺。

〔一三〕早行兩句:涉水而行,望烟而宿,極寫旅途艱難。

〔一四〕小留:稍留。小,一本作“少”。同家窪:孫宰居處,今何地不詳,當在白水、鄜州之間。蘆子關:見前《塞蘆子》注。當時肅宗在靈武,杜甫初擬攜家前往,須經蘆子關,故云“欲出蘆子關”。

〔一五〕孫宰:一說姓孫名宰,一說稱“宰”係此孫某曾任縣令之故。薄:迫近。曾雲:即層雲。《宋書·謝靈運傳論》:“高義薄雲天。”

〔一六〕客:杜甫自稱。曛黑:暮夜。謝靈運《擬魏太子鄴中集詩》:“朝游窮曛黑。”

〔一七〕濯足:洗腳。《孟子·離婁上》:“滄浪之水濁兮,可以濯我足。”剪紙招魂:古代一種迷信習俗,當人患重病或經歷驚恐之事時行之。此處作壓驚解。蔡夢弼云:“剪紙作旗,以招其魂,不必果有此事,只是多方安慰耳。”

〔一八〕從此:猶今語“接着”。出妻孥:一說杜甫引妻兒見宰,一說孫宰喚出妻子與杜甫全家相見,均可通。淚闌干:涕淚縱橫。

〔一九〕雛:小鳥,喻癡女小兒。爛漫睡:睡得天真而香甜之狀。霑:此處作“吃”解。盤飱:泛指飯菜。

〔二〇〕夫子:對人的尊稱。這裏指杜甫。弟昆:弟兄。兩句代述孫宰語。

〔二一〕空:騰空,讓出。兩句謂騰出居室供我歡樂安居。

〔二二〕豁達:寬宏大量。潘岳《西征賦》:“觀夫漢高之興也,非徒聰明神武、豁達大度而已也。"露心肝:即推心置腹。

〔二三〕歲月周:滿一年。胡羯:同羯胡,指安慶緒、史思明等叛軍。安禄山之父系出羯胡,即中亞月支種。構患:作亂。《通鑑》卷二一九:"(至德二載)史思明自博陵、蔡希德自太行、高秀巖自大同、牛廷介自范陽引兵共十萬寇太原。"同年又云:"慶緒以尹子奇爲汴州刺史、河南節度使,甲戌,子奇以歸檀及同羅奚兵十三萬趣睢陽。"即此句所詠的歷史事實。

〔二四〕何當:那得。兩句意謂那得插翅飛至君前,暢叙别後思念之情。

送鄭十八虔貶台州司户,傷其臨老陷賊之故,闕爲面别,情見於詩〔一〕

鄭公樗散鬢成絲,酒後常稱老畫師〔二〕。萬里傷心嚴譴日,百年垂死中興時〔三〕。蒼惶已就長途往,邂逅無端出餞遲〔四〕。便與先生應永訣,九重泉路盡交期〔五〕。

〔一〕此詩作於至德二載冬。是年九月郭子儀等收復長安,十月收復洛陽。肅宗由鳳翔回京。杜甫亦於十一月回朝,仍任左拾遺。鄭十八:即鄭虔,行十八。見前《醉時歌》注。鄭因安禄山陷長安時被俘,授以僞職水部郎中,託疾未就。長安收復後,陷賊官吏處分有差。《通鑑》卷二二〇,至德二載十二月:"上從峴議,以六等定罪,重者刑之於市,次賜自盡,次重杖一百,次三等流、貶。"鄭虔罪在後三等,貶台州司户參軍。台州:即今浙江省臨海縣。闕爲面别:未能親自送别。

情見於詩:寄詩言情。

〔二〕樗(chū)散:樗木爲散材,比喻不爲世用。《莊子·逍遥
游》:"吾有大樹,人謂之樗。其大本擁腫而不中繩墨,其小枝卷曲而
不中規矩,立之塗,匠者不顧。"這裏比喻鄭虔作風散誕,不拘禮法。
鄭虔善畫山水,得到玄宗的賞識,但玄宗並不真正瞭解他,當時社會風
尚又卑視畫家,他醉後常自稱老畫師,以表示牢騷和不平。

〔三〕萬里:言其極遠,指流貶台州。垂死:鄭虔年已衰老,又遭貶
斥,可能離死更近。中興時:時兩京收復,有中興之望,死亡爲可悲之
事,死於國家復興之時,更其可悲。

〔四〕蒼惶:也作"倉黃"、"蒼黃"。匆促、急遽貌。孔稚珪《北山
移文》:"豈期終始參差,蒼黃反覆。"就:就道,啟程。言已登上去台州
的長途。邂逅:不期而會。《詩·鄭風·野有蔓草》:"邂逅相遇,適我
願兮。"無端:無緣無故。意謂遇上偶然事故,出來餞別爲時已晚。

〔五〕應永訣:當係永別。應,意料之詞,鄭虔已年高,貶謫遠方,再
見無期,故謂。九重泉路:路,一本作"下",意即地下,死後。兩句謂生
當不能相見,願死後在九泉之下完成交誼。詩人真情流露,極爲沉痛。

春宿左省〔一〕

花隱掖垣暮,啾啾棲鳥過〔二〕。星臨萬户動,月傍九霄
多〔三〕。不寢聽金鑰,因風想玉珂〔四〕。明朝有封事,數問
夜如何〔五〕?

〔一〕此詩作於乾元元年(七五八)春。杜甫時在長安任左拾遺。

左拾遺屬門下省,在皇宮之東,故稱"左省"。宿:值宿,即值夜班。此詩寫自日暮至夜深情景,層次井然。

〔二〕掖垣:皇宮的旁垣。故作門下、中書兩省的代稱。門下爲左掖,中書爲右掖。啾啾句:上句言日暮花隱,故接以飛鳥鳴叫回巢,點染暮色降臨。

〔三〕臨:居高臨下。《詩·邶風·日月》:"日居月諸,照臨下土。"句意爲星光照見宮中千門萬户,光輝往來流蕩,自是月出前光景。九霄:天的最高處。宮殿高聳雲霄,所以得月獨多。此句寫明月初升。

〔四〕寢:一本作"寐"。金鑰:即金鎖。因凝神靜聽何時朝門金鑰開鎖,故不能入睡。玉珂:馬絡頭上貝製飾物。張華《輕薄篇》:"文軒樹羽蓋,乘馬鳴玉珂。"因風動而聯想及乘馬上朝的百官。

〔五〕封事:即封奏,百官奏事封牘以進。唐代拾遺的職務是掌供奉諷諫,大則廷諍,小則上封事。夜如何:《詩·小雅·庭燎》:"夜如何其? 夜未央。"《唐會要》卷二十六:"景雲二年六月敕,南衙北門及諸門進狀、及封狀意見、及降墨敕,並於狀上書題時刻,夜題更籌。"兩句意頻頻問時刻,以便紀於封狀上。另一説以爲頻頻問時者,蓋不睡以待天明,可向皇帝上奏書也。《晉書·傅玄傳》:"玄天性峻急……每有奏劾,……辣踴不寐,坐而待旦。於是貴游懾伏,台閣生風。"詩人之情,猶若傅玄。兩説皆可通。

洗兵行〔一〕

中興諸將收山東,捷書夜報清晝同〔二〕。河廣傳聞一葦過,

胡危命在破竹中〔三〕。袛殘鄴城不日得,獨任朔方無限
功〔四〕。京師皆騎汗血馬,回紇餧肉蒲萄宮〔五〕。已喜皇威
清海岱,常思仙仗過崆峒〔六〕。三年笛裏關山月,萬國兵前
草木風〔七〕。成王功大心轉小,郭相謀深古來少〔八〕。司徒
清鑒懸明鏡,尚書氣與秋天杳〔九〕。二三豪俊爲時出,整頓
乾坤濟時了〔一〇〕。東走無復憶鱸魚,南飛覺有安巢
鳥〔一一〕。青春復隨冠冕入,紫禁正耐烟花繞〔一二〕。鶴駕通
宵鳳輦備,雞鳴問寢龍樓曉〔一三〕。攀龍附鳳勢莫當,天下
盡化爲侯王〔一四〕。汝等豈知蒙帝力?時來不得誇身
強〔一五〕!關中既留蕭丞相,幕下復用張子房〔一六〕。張公一
生江海客,身長九尺鬚眉蒼〔一七〕;徵起適遇風雲會,扶顛始
知籌策良〔一八〕。青袍白馬更何有?後漢今周喜再昌〔一九〕。
寸地尺天皆入貢,奇祥異瑞爭來送〔二〇〕:不知何國致白環,
復道諸山得銀甕〔二一〕。隱士休歌紫芝曲,詞人解撰清河
頌〔二二〕。田家望望惜雨乾,布穀處處催春種〔二三〕。淇上健
兒歸莫懶,城南思婦愁多夢〔二四〕。安得壯士挽天河,淨洗
甲兵長不用〔二五〕!

　　〔一〕此詩原注:“收京後作。”至德二載九月和十月,唐軍先後收
復長安和洛陽,詩作於第二年,即乾元元年,當在楚王李俶改封成王的
三月和張鎬罷相的五月之間。當時形勢好轉,詩人對國家中興寄以無
限的喜悅和希望;同時也覺察到存在的問題,提出了諷刺和警告。詩
題一本作“洗兵馬”。李白《戰城南》:“洗兵條支海上波,放馬天山雪
中草。”洗兵:淨洗兵器,以備收藏。意即盼戰爭早日勝利結束。

〔二〕中興諸將：即下文的成王、郭相、司徒、尚書等。山東：古代對崤山或華山以東地區的稱謂。長安、洛陽收復後，安慶緒出走河北，退守鄴郡，仍據有七郡六十餘城。肅宗命諸將收復之。夜：一本作"夕"，又作"日"。捷報句，意謂捷報頻傳，夜與晝相同。説明勝利消息，確切可信。

〔三〕河廣：《詩·衛風·河廣》："誰謂河廣，一葦航之。"此處化用其意。一葦可航，極言乘勝渡黃河之易。胡：指安、史叛軍。破竹：喻順利無阻。《晉書·杜預傳》："今兵威已振，譬如破竹，數節之後，皆迎刃而解，無復着手處也。"我軍勢如破竹，故胡命危殆。《舊唐書·肅宗本紀》：至德二載十一月，下制曰："朕興言痛憤，提戈問罪，靈武聚一旅之衆，至鳳翔合百萬之師，親總元戎，掃清群孽。……勢若摧枯，易同破竹。"詩句援用制文語。

〔四〕殘：唐人口語，以"餘"爲"殘"。杜甫《秦州雜詩》："聞説真龍種，仍殘老驌驦。"又《鸚鵡》："未有開籠日，猶殘舊宿枝。"又《偶題》："南海殘銅柱，東風避月支。"殘均作"餘"意。鄴城：即相州。武德元年以魏郡置相州，天寶元年改爲鄴郡，乾元二年改爲鄴城。在今河南省安陽縣。時安慶緒困守於此。《通鑑》卷二二〇，至德二載十二月："雖相州未下，河北率爲唐有矣。……郭子儀還東都，經營河北。"又乾元元年三月："安慶緒之北走也，……凡有謀歸者，誅及種、族，乃至部曲、州縣、官屬，連坐死者甚衆。又與其群臣歃血盟於鄴南，而人心益離。"以上各句描寫敵人岌岌可危，故云："不日得。"朔方：唐代方鎮名。開元元年爲防禦突厥，改朔方行軍大總管置，爲玄宗時邊防十節度使之一。治所在靈州（今寧夏靈武西南）。此指朔方節度使郭子儀所率朔方軍。肅宗雖倚朔方軍爲根本，但又以宦官魚朝恩爲觀軍容使，兵權不一。杜甫深爲憂慮，故要求專任郭子儀，以收無限戰功。

〔五〕汗血馬：見前《高都護驄馬行》注。此指來自西北的回紇馬。

餧:同“喂”,飼養。蒲萄宮:漢上林苑宮殿名。漢元帝時匈奴單于來朝,安置於蒲萄宮。借喻肅宗在宣政殿接待回紇葉護可汗一事。《通鑑》卷二二,至德二載十月:“癸酉,回紇葉護自東京還,上命百官迎之於長樂驛。上與宴於宣政殿。”

〔六〕海、岱:見前《登兗州城樓》注。時已收復海、岱,故曰“清”。仙仗:皇帝儀仗。崆峒:山名。見前《送高三十五書記》注。爲肅宗即位前由馬嵬往靈武必經之地,兩句言勝固可慶,但應居安思危,不忘昔日過崆峒狼狽情形。

〔七〕三年:指天寶十四載(七五五)十一月初安禄山作亂至乾元元年(七五八)三月寫此詩時。時間尚不足三年,此僅舉其成數。《關山月》:漢樂府《橫吹曲》調名,是戍兵傷別懷鄉的一種曲調。形容三年來戰爭連綿。萬國:猶萬方。草木風:《晉書·苻堅載記》:“堅與苻融登城而望王師,見部陣齊整,將士精銳,又北望八公山上,草木皆類人形。”楊倫云:“此言興師以來,笛咽關山,兵驚草木,征戍之勤,鋒鏑之慘,爲不可忘也。”

〔八〕成王:李俶封號。不久即立爲皇太子,後改名李豫,即唐代宗。他於乾元元年三月自楚王徙封成王,收復兩京時,任天下兵馬元帥。心轉小:言其功雖大而反小心謹慎。《舊唐書·孫思邈傳》:“膽欲大而心欲小,智欲圓而行欲方。”郭相:即郭子儀。他在乾元元年三月以前即任中書令,故稱“相”。謀深:一本作“謀猷”。《唐大詔令集》卷五十九《郭子儀東京畿山東河南諸道元帥制》:“識度弘遠,謀略衝深。……以今觀古,未足多之。”

〔九〕司徒:指李光弼。至德二載四月加檢校司徒。清鑒懸明鏡:言其識見清明,高瞻遠矚,如他曾逆料史思明詐降,終必再反。尚書:指王思禮,時任兵部尚書。杳:深遠。言其氣度如秋空之明朗高遠。杜甫《八哀詩》中贊揚王思禮“爽氣春淅瀝”,亦同此意。

〔一〇〕二三豪俊：指李俶、郭子儀、李光弼、王思禮等，也即首句的
"中興諸將"。爲時出：應運而生。整頓乾坤：即光復國家。《通鑑》卷
二二〇，至德二載十一月："廣平王俶、郭子儀來自東京，上勞子儀曰：
'吾之家國，由卿再造。'"了：完成。

〔一一〕憶鱸魚：西晉時吳人張翰，爲齊王東曹掾，因見秋風起，思
吳中蓴羹、鱸魚，曰："人生貴得適志，何能羈宦數千里，以要名爵乎？"
（《晉書·張翰傳》）便辭官東歸。張翰辭官還鄉，本意在於避西晉末
年的大亂，杜甫反用其意，謂即今戰亂將平，不必思鄉東歸了。安巢
鳥：喻人民安居樂業。曹操《短歌行》："月明星稀，烏鵲南飛。繞樹三
匝，何枝可依。"寫亂世人民流離之苦，杜甫亦反用其意，謂人民已不
再有無枝可依之嘆。

〔一二〕青春：比喻朝廷欣欣向榮氣象。冠冕：大臣上朝的服飾。
指代大臣。紫禁：皇宮。古人以紫微星垣喻皇帝居處。正耐：正合、正
相稱。烟花：景色靡麗狀。集中《奉和賈至舍人早朝大明宮》"九重春
色醉仙桃"，"朝罷香烟攜滿袖"，與此處所寫是同樣境界，均形容百官
上朝，朝廷新氣象與明媚的春光相稱。

〔一三〕鶴駕：太子車駕。據《列仙傳》，周靈王太子晉嘗乘白鶴駐
緱氏山頭，後因稱太子的車駕爲鶴駕。此喻被立爲皇太子的成王李
俶。鳳輦：皇帝乘車。問寢：請早安。龍樓：皇帝宮室，指玄宗所住興
慶宮。兩句謂肅宗父子深夜備好車駕，雞鳴時便至玄宗處問安。肅宗
即位所下制文，中有"復宗廟於函雒，迎上皇於巴蜀，導鑾輿而反正，
朝寢門以問安，朕願畢矣"。詩正制文中語。

〔一四〕攀龍附鳳：喻臣下追隨帝王建立功業。《後漢書·光武帝
紀》："（士大夫）從大王於矢石之間者，其計固望其攀龍鱗，附鳳翼，以
成其所志耳。"此指攀附肅宗和張淑妃的宦官和官僚，如王璵、李輔國
等。李輔國等因在靈武擁立肅宗，肅宗爵賞極濫，使彼等得左右政柄。

《通鑑》卷二二〇,乾元元年:"二月癸卯朔,以殿中監李輔國兼太僕卿。輔國依附張淑妃,判元帥府行軍司馬,勢傾朝野。……(三月)戊寅,立張淑妃爲皇后。"盡侯王:指兩京收復後,凡隨玄宗入蜀及肅宗靈武扈從之臣,都加封受賞。此句化用《漢書·敘傳下》"雲起龍驤,化爲侯王"語。

〔一五〕汝等:指濫膺官爵者。蒙帝力:蒙受皇帝的恩惠。時來句:言爾等不過乘時走運,並無尺寸之功可誇。

〔一六〕關中:今陝西省關中地區。因在函谷關、武關、散關、蕭關四關之中,故稱。蕭丞相:即蕭何。楚、漢相爭時,劉邦任蕭何爲丞相,留守關中。錢謙益以爲杜甫係以蕭何喻房琯。因房琯自蜀奉傳國寶及玉册至靈武傳位,並留相肅宗。幕下:即帳下、幕府。子房:張良字。劉邦用張良作謀士,隨軍籌劃。此處喻張鎬。張鎬任諫議大夫,後代房琯爲相。兩句謂中樞得人,中興指日可待。

〔一七〕張公:即張鎬。江海客:放情江海,未嘗入仕之人。《舊唐書》本傳:"鎬爲人簡澹,不事中要。"身長句:形容張鎬的容貌。《舊唐書》本傳也云張鎬:"風儀魁岸。"

〔一八〕徵起:徵召起用。張鎬隱居於終南山,天寶十四載由布衣隱逸召拜左拾遺。風雲會:用《易·乾·文言》"雲從龍,風從虎"語,喻賢臣與明主遇合。扶顛:扶救國家於顛危之中。籌策良:《舊唐書》本傳:"時賊帥史思明表請以范陽歸順。鎬揣知其僞,恐朝廷許之,手書密表奏曰:'思明凶豎,因逆竊位,兵強則衆附,勢奪則人離。包藏不測,禽獸無異,可以計取,難以義招。伏望不以威權假之。'又曰:'滑州防禦使許叔冀,性狡多謀,臨難必變,望追入宿衛。'……肅宗以鎬不切事機,遂罷相位,授荆州大都督府長史。後思明、叔冀之僞皆符鎬言。"足見籌策之良。

〔一九〕青袍白馬:用梁侯景作亂故事。《梁書·侯景傳》:"普通中,童謠曰:‘青絲白馬壽陽來。’後景果乘白馬,兵皆青衣。”侯景是胡人亂梁,故用以比擬安、史亂唐。後漢:指東漢光武帝。今周:指西周宣王。均中興之主,用以比擬唐肅宗。

〔二〇〕寸地兩句:言天下皆賓服朝貢,各地爭獻祥瑞。

〔二一〕白環:《竹書紀年》:“帝舜,九年西王母來朝:西王母之來朝獻白環、玉玦。”銀甕:古傳說帝王刑罰公平,有銀甕出現,不汲自滿。兩句言奇祥異瑞不知來處,極言獻者之多。

〔二二〕紫芝曲:漢初隱士商山四皓,作《紫芝歌》。此處隱士指李泌。錢謙益云:“肅宗即位八九日,泌謁見於靈武,調護玄、肅父子之間,爲張良娣、李輔國所惡。及上皇東行有日,泌求歸山不已,乃聽歸衡山。公以四皓擬泌,蓋惜其有羽翼之功,而飄然隱去也。”清河頌:古時以黃河清象徵天下太平。趙次公云:“是歲七月,嵐州合關河黃河三十里清如冰。”此句蓋寫實事。清河,一作“河清”,似是實非,蓋與上句“紫芝”對仗,故顛倒作“清河”耳。

〔二三〕望望:頻望貌,喻切盼之意。《禮記·問喪》:“其往送也,望望然,汲汲然。”布穀:即鳲鳩,候鳥,穀雨後始鳴,鳴聲如呼“布穀”。兩句謂官吏爭獻祥瑞,文人們競撰頌詞,而其時農民卻爲天旱土乾,無法春播而焦急。

〔二四〕淇上:淇河之北。淇河在衛地,與鄴城相鄰。健兒:《玉海》卷一三八《兵制》引《鄴侯家傳》:“舊制,〔府兵〕三年而代,後以勞於途路,乃募能更住三年者,賜物二十段,謂之召募,遂令諸軍皆募,謂之健兒。”杜甫《哀王孫》:“朔方健兒好身手,昔何勇銳今何愚。”《秦州雜詩》:“東征健兒盡,羌笛暮吹哀。”均指召募之士兵。歸莫懶:圍攻鄴城之兵速勝速歸。城南思婦:指士兵的妻子。城南,長安城南;唐代長安宮廷在城北,住宅區在城南,故云。思婦,用《詩·豳風·東山》“婦嘆於室”意。沈佺期《獨不見》:“白狼河北音書斷,丹鳳城南秋夜

長。"高適《燕歌行》："少婦城南欲斷腸,征人薊北空回首。"均用"城
南"言思婦,可知自是唐人慣語。

〔二五〕挽天河:引天河之水。兩句盼禱速平叛亂,使天下安寧。
朱鶴齡云:"中興大業,全在將相得人。前曰'獨任朔方無限功',中曰
'幕下復用張子房',此是一詩眼目。"詩人心目中的壯士,當爲郭子
儀、張鎬等人。

曲江二首〔一〕

一片花飛減卻春〔二〕,風飄萬點正愁人。且看欲盡花經眼;
莫厭傷多酒入脣〔三〕。江上小堂巢翡翠,苑邊高塚臥麒
麟〔四〕。細推物理須行樂,何用浮名絆此身〔五〕!

〔一〕此題兩首作於乾元元年(七五八)春。杜甫時仍任左拾遺。
曲江:見前《樂游園歌》注。王嗣奭云:"(此二詩)蓋憂憤而託之行樂
者。公雖授一官,而志不得展,直浮名耳,何用以此絆身哉! 不如典衣
沽酒,日游醉鄉,以送此有限之年。"

〔二〕減卻:減去。言春隨花落而漸去,王嗣奭云:"語奇而意深。"

〔三〕且看兩句:謂且放眼看眼前欲盡之花,勿因感傷多而厭酒。

〔四〕翡翠:鳥名,紅羽稱翡,青羽稱翠。翡翠築巢,明堂空無人。
苑:指芙蓉苑,在曲江西南。臥麒麟:《西京雜記》卷三:"五柞宫……
西有青梧觀,觀前有三梧桐樹,樹下有石麒麟二枚。刊其脇爲文字,是
秦始皇驪山墓上物也。"石麒麟偃臥在墓道旁,明塚廢不修。

〔五〕細推:細心推尋。物理:事物興衰無常之理。《淮南子·覽

冥訓》：“耳目之察，不足以分物理。”絆此身：羈絆自己。句意謂何必
爲浮名所累！

其二

朝回日日典春衣，每日江頭盡醉歸[一]。酒債尋常行處有，
人生七十古來稀[二]。穿花蛺蝶深深見，點水蜻蜓款款
飛[三]。傳語風光共流轉，暫時相賞莫相違[四]。

〔一〕朝回：退朝回來。典：以物爲質貸錢。江頭：曲江邊。典衣
沽酒，言貧而興豪。

〔二〕行處：到處。人生句，稱七十爲“古稀”，本古諺語。

〔三〕蛺蝶：蝴蝶。深深見(xiàn)：時隱時現貌。款款：一本作“緩
緩”，徐緩貌。葉夢得《石林詩話》卷下：“‘深深’字若無‘穿’字，‘款
款’字若無‘點’字，亦皆無以見其精微。然讀之渾然，全似未嘗用力，
所以不礙其氣格超勝。”

〔四〕傳語：寄語，轉告。共：對蛺蝶、蜻蜓而言，讓春光和蛺蝶、蜻
蜓一同流轉。莫相違：莫誤時機。言春去匆匆，須及時欣賞。兩句本
其祖父杜審言《春日京中有懷》“寄語洛城風日道，明年春色倍還人”
句，雖命意不同，均對景生情，其家法之脈絡可見。

義鶻行[一]

陰崖有蒼鷹[二]，養子黑柏巔。白蛇登其巢，吞噬恣朝

餐〔三〕。雄飛遠求食,雌者鳴辛酸。力强不可制,黄口無半
存〔四〕。其父從西歸,翻身入長烟〔五〕。斯須領健鶻,痛憤
寄所宣〔六〕。斗上捩孤影,嗷哮來九天〔七〕。修鱗脱遠枝,
巨顙坼老拳〔八〕。高空得蹭蹬,短草辭蜿蜒〔九〕。折尾能一
掉,飽腸皆已穿〔一〇〕。生雖滅衆雛,死亦垂千年〔一一〕。物
情有報復,快意貴目前〔一二〕。兹實鷙鳥最,急難心炯
然〔一三〕。功成失所往,用舍何其賢〔一四〕。近經滫水湄〔一五〕,
此事樵夫傳。飄蕭覺素髮,凛欲衝儒冠〔一六〕。人生許與
分,只在顧盼間〔一七〕。聊爲義鶻行,用激壯士肝〔一八〕。

〔一〕此詩應是乾元元年在長安時所作。詩人於結尾處自述經過
滫水邊,聽樵夫講述此事,遂有所感而作。用以批判世風的磽薄。鶻
(hú):鷹類猛禽,又名隼。杜甫頗贊賞鶻的風神,《畫鶻行》中稱:"高
堂見生鶻,颯爽動秋骨。"

〔二〕有:一本作"二",又一本作"有二"。

〔三〕噬:咬。《易·噬嗑》:"噬臘肉。"恣:放縱。《吕氏春秋·禁
塞》:"夫無道者之恣行,幸矣。"

〔四〕黄口:雛鳥。謝朓《詠竹》詩:"青扈飛不礙,黄口得相窺。"

〔五〕其父:指鷹雛之父。禽鳥稱父子,亦見於左思《吴都賦》:
"猨父哀吟,子長嘯。"長烟:指空中雲霧。

〔六〕斯須:片刻、須臾。《禮記·祭義》:"禮樂不可斯須去身。"
領健鶻:帶來一隻雄健的鶻。痛憤:一本作"憤懣",又一本作"冤憤"。
寄所宣:言將悲痛與憤怒,寄於向鶻宣訴之語中。

〔七〕斗上:突然飛升。斗,通"陡":突然。韓愈《答張十一功曹》
詩:"吟君詩罷看雙鬢,斗覺霜毛一半加。"捩(liè):扭轉。韓愈《送窮

文》：“捒手覆羹。”孤影：指鶻的身影。嗷（jiào）哮：厲聲長鳴。九天：指天的最高處。兩句言健鶻陡然直上，又厲聲長鳴而俯衝。

〔八〕修鱗：指長蛇的身軀。巨顙（sǎng）：指蛇的額頭。坼（chè）老拳：爲鶻爪所抓破。

〔九〕蹭蹬：見前《奉贈韋左丞丈》注。木華《海賦》：“或乃蹭蹬窮波，陸死鹽田。”得蹭蹬，猶那能蹭蹬，不能再掙扎。短：一本作“茂”。辭：辭謝，引申爲失。蜿蜒：蛇類曲折爬行貌。張衡《七辯》：“螭虹蜿蜒。”辭蜿蜒：失去行動能力。

〔一〇〕能：猶“恁”，與今語“這般”同義，爲唐人口語。掉：一本作“擺”，義同，形容死前之掙扎扭動。飽：一本作“饑”，非。蛇已攫食雛鷹，應以飽爲是。

〔一一〕垂千年：指白蛇之死可以垂鑒千年。

〔一二〕物情：事物之常情，即人之常情。報復：古代稱報恩、報仇爲報復。《三國志·蜀書·法正傳》：“一餐之德，睚眦之怨，無不報復。”兩句言要求報仇是人之常情，可貴者在眼前即能滿足此願望。

〔一三〕鷙鳥：猛禽，《淮南子·覽冥訓》：“鷙鳥不妄搏。”最：指功最大、最傑出。《史記·絳侯周勃世家》：“攻槐里、好時，最。”急難：急人所難。炯然：明亮貌。此喻心地坦蕩。

〔一四〕失所往：往，一本作“在”。不知所往。指鶻在長空中消逝。用舍：進退出處。言義鶻不矜其能，羞伐其德，功成身退。

〔一五〕潏（yù）水湄：潏水，在長安杜陵附近，即今陝西長安縣東南的潏河上游。自縣南皇子陂以下，漢、晉時故道大致即今之皂河。水邊曰“湄”。

〔一六〕飄蕭：稀疏貌。素髮：白髮。凛：通“慄”，敬畏。衝儒冠：《史記·廉頗藺相如列傳》：“相如因持璧卻立，倚柱，怒髮上衝冠。”十字應作一句讀。詩人謂聞知鶻的俠義行爲後，不禁肅然震敬，以致稀疏的白髮衝冠而起。

〔一七〕許與:應許給對方以幫助。一本作“計有”,非。分:情分。
顧盼間:一瞬間。兩句肯定人與人之間只在刹那間激於義憤即以身相
許的高誼。

〔一八〕肝:心肝。指思想情操。兩句言作詩目的在於激勵人們見
義勇爲的精神。

至德二載,甫自京金光門出,間道歸鳳翔,乾元初,從左拾遺移華州掾,與親故別,因出此門,有悲往事〔一〕

此道昔歸順,西郊胡正繁〔二〕。至今猶破膽,應有未招
魂〔三〕。近侍歸京邑,移官豈至尊〔四〕? 無才日衰老,駐馬
望千門〔五〕。

〔一〕乾元元年六月作。時杜甫因疏救房琯,爲賀蘭進明所彈劾,
房琯罷相,他也被貶爲華州司功參軍。這是杜甫政治上的轉折點,從此
他由侍奉皇帝轉向沈滯下僚,接近人民,對他的詩歌創作,影響甚大。
金光門:《長安志》卷七:“(唐京城)外郭城……西面三門:北曰開遠門,
中曰金光門,南曰延平門。”移:改官、貶官的婉辭。華州掾:即華州司功
參軍。掾,古代對屬官的通稱。華州,唐屬關内道,即今陝西省華縣。
〔二〕此道:指金光門之路。歸順:指脫賊歸鳳翔,投奔肅宗。西
郊:長安西郊。正,一本作“騎”。
〔三〕招魂:見前《彭衙行》注。句意謂心有餘悸,似魂尚未招回。

〔四〕近侍：指左拾遺職。京邑：指華州。華州爲京畿近縣，故稱。移官：指貶華州司功參軍。豈至尊：謂非皇帝本意，隱指受賀蘭進明等人之譖。

〔五〕無才：不說被譖，反以無才自解，暗寓不平。千門：指宮殿。極駐馬回望，依依不捨之情。

望　嶽[一]

西嶽崚嶒竦處尊，諸峰羅立似兒孫[二]。安得仙人九節杖，拄到玉女洗頭盆[三]？車箱入谷無歸路，箭栝通天有一門[四]。稍待秋風涼冷後，高尋白帝問真源[五]。

〔一〕乾元元年初抵華州時作。嶽：指西嶽華山。在今陝西省華陰縣南。

〔二〕崚嶒：高峻突兀貌。何遜《渡連圻二首》：“懸崖抱奇崛，絕壁駕崚嶒。”一本作“危稜”。竦處：猶聳立。尊：崇高。羅立：羅繞而立。

〔三〕九節杖：傳說中仙人竹杖。《真誥》卷十七：“左邊有一老翁（指蓬萊仙翁），著繡衣裳芙蓉冠，拄赤九節杖而立，俱視其白龍。”洗頭盆：據《集仙錄》記載，華山玉女祠前有五石臼，號玉女洗頭盆，其中水色碧綠澄澈，下雨不溢，天旱不竭。

〔四〕車箱入谷：《太平寰宇記》卷二十九：“關西道華州華陰縣：車箱谷，一名車水渦，在縣西南二十五里，……深不可測。祈雨者以石投之，其中有一鳥飛出，應時獲雨。”箭栝：按諸地理志，華山並無箭栝。栝,應是“柏”字之訛。箭柏,應即列柏。《初學記》卷五“地部”引郭緣生《述征記》及《華山記》云:“山下自華岳廟列柏,南行十一里,又東迴三里,至中祠。又西南出五里,至南祠。南入谷口七里,又至一祠,又南一里,至天井。天井纔容人上,可長六丈餘。出井如望空視明,如在室窺窗矣。”“通天有一門”,當指此。兩句言山路艱難,有不能迴轉車輛的峽谷和僅有一綫光明的小道。

〔五〕白帝:指華山。古稱少昊爲白帝,治西岳。真源:仙道。古人以高山爲神仙聚居之處,故要上華山尋仙訪道。

瘦馬行〔一〕

東郊瘦馬使我傷,骨骼硉兀如堵牆〔二〕。絆之欲動轉欹側,此豈有意仍騰驤〔三〕?細看六印帶官字,衆道三軍遺路旁〔四〕。皮乾剥落雜泥滓,毛暗蕭條連雪霜〔五〕。去歲奔波逐餘寇,驊騮不慣不得將〔六〕。士卒多騎内厩馬,惆悵恐是病乘黄〔七〕。當時歷塊誤一蹶,委棄非汝能周防〔八〕。見人慘澹若哀訴,失主錯莫無晶光〔九〕。天寒遠放雁爲伴,日暮不收烏啄瘡〔一〇〕。誰家且養願終惠,更試明年春草長〔一一〕。

〔一〕此詩爲乾元元年所作。蓋杜甫被貶爲華州司功參軍後,借詠馬以抒懷者。

〔二〕東郊:至德二載冬,曾在長安東郊追擊安、史叛軍。硉(lù)

兀：岩石突兀貌。郭璞《江賦》：“巨石硉兀以前卻。”此用以形容馬的瘦骨嶙峋。

〔三〕欹側：歪斜。騰驤：奔躍。張衡《西京賦》：“負筍業而餘怒，乃奮翅而騰驤。”兩句言絆之有抗拒狀，豈尚有意於爲國奔馳乎？

〔四〕六印帶官字：唐内廄馬皆烙官印。《唐六典》卷十七：“太僕寺諸牧監，……凡在牧之馬，皆印。”注：“印右膊以小官字，右髀以年辰，尾側以監名。皆依左右廂。若形容端正，擬送尚（上）乘，不用監名。二歲（馬齒）始春，則量其力。又以飛字印印其左髀、膊，細馬次馬以龍形印印其項左。送尚乘者，尾側依左右閑（馬廄）印以三花。其餘雜馬送尚乘者，以風字印印左膊，以飛字印印左髀。……官馬賜人者，以賜字印。配諸軍及充傳送驛者，以出字印。並印左右頰也。”遺：棄。

〔五〕連雪霜：點明時方冬季。

〔六〕去歲奔波：指至德二載收復兩京戰役。驊騮：駿馬名。杜甫《奉簡高三十五使君》：“驊騮開道路，鷹隼出風塵。”不慣：調習未慣，即没有訓練好。將：與、共。庾信《春賦》：“眉將柳而爭緑，面共桃而競紅。”“將”與“共”爲同義互文。兩句謂未經訓練有素，雖良馬亦不能參與逐寇。表明此馬材養兼備。

〔七〕内廄：即御廄。惆悵：慨嘆其失意。乘黃：千里馬的一種。《管子·小匡》：“地出乘黃。”尹知章注：“乘黃，神馬也。”《山海經·海外西經》：“白民之國……有乘黃，其狀如狐，其背上有角，乘之壽二千歲。”一説因黄帝曾乘而登仙，故名。《唐六典》卷十七：“太僕寺，乘黄署令一人。”内廄多名馬，故推想爲有病的乘黄。

〔八〕歷塊：土丘。此句用王褒《聖主得賢臣頌》“縱騁馳騖，忽如影靡；過都越國，蹶如歷塊。”之句。言千里馬奔城越池，如躍過幾個土丘。“忽”與“蹶”互文。“忽”爲“飄忽”，“蹶”爲“急遽”，意思相同。皆形容馬行迅速。此句“誤一蹶”，則訓“蹶”爲失足跌倒，疑是誤讀王褒的原文所致。汝：指馬。周防：提防、預防。兩句意爲在追逐賊寇中失足，遂被抛棄，非爾意料所及。暗喻自己因疏救房琯，觸怒蕭宗，遭受遷謫，亦事出意外，非所逆料。

〔九〕慘澹：思慮深至貌。集中《送從弟亞赴安西判官》：“踊躍常人情，慘澹苦士志。”失主：爲主人所棄。錯莫：猶落寞、索寞。鮑照《擬行路難》：“今日見我顔色衰，意中索寞與先異。”無晶光：無精神。

〔一〇〕放：牧放。雁爲伴：言荒寂之極。烏啄瘡：北方有一種烏鴉，狀如大雞，善啄物，喜在牛馬槖駝脊間啄食。瘦馬而又創瘍，至爲烏所啄，悲狀可見。

〔一一〕誰家句：謂希望有人施恩到底，予以收養。顔延年《赭白馬賦》：“願終惠養，蔭本枝兮。”更試句：謂將報恩於來春草長之時，暗喻自己建立功業的壯心。

留花門〔一〕

花門天驕子，飽肉氣勇決〔二〕。高秋馬肥健，挾矢射漢月〔三〕。自古以爲患，詩人厭薄伐〔四〕。修德使其來，羈縻固不絶〔五〕。胡爲傾國至，出入暗金闕〔六〕！中原有驅除，隱忍用此物〔七〕。公主歌黄鵠，君王指白日〔八〕。連雲屯左輔，百里見積雪〔九〕。長戟鳥休飛，哀笳曙幽咽〔一〇〕。田家最恐懼，麥倒桑枝折。沙苑臨清渭，泉香草豐潔〔一一〕。渡河不用船，千騎常撇烈〔一二〕。胡塵踰太行，雜種抵京室〔一三〕。花門既須留，原野轉蕭瑟〔一四〕！

〔一〕此詩乾元元年秋在華州作。花門：花門堡，在居延海北，地即今内蒙古自治區北花門山堡。天寶間曾爲回紇領地，回紇經常在此駐兵，因而唐人慣用“花門”作回紇的代稱。安、史亂起，肅宗借回紇兵收復失地，並約定收復土地歸唐朝，財物歸回紇。因此回紇兵所到之處，任意搶掠。兩京收復後，回紇太子葉護建議：讓回紇戰兵留在沙苑（今陝西省大荔縣南）。肅宗竟予同意。杜甫因作此詩，力言“花門”不可留。對肅宗辱國禍民的政策，表示了極大的憤慨和憂慮。

〔二〕天驕子：《漢書·匈奴傳》：“南有大漢，北有强胡。胡者，天之驕子也。”意思是天所驕寵，故極强盛。飽肉：指北方少數民族以食牛羊肉爲主。《漢書·匈奴傳》：“自君王以下，咸食畜肉，衣其皮革。”

〔三〕射漢月：喻侵犯漢地。《漢書·匈奴傳》：“舉事常隨月，盛壯以攻戰，月虧則退兵。”故云。

〔四〕詩人：指周詩《六月》的作者。薄伐：征伐；薄，發語詞，無義。《詩·小雅·六月》：“薄伐玁狁，至於太原。”朱注：“至於太原言逐出之而已，不窮追也。”言古人亦不願和北方少數民族作戰。

〔五〕使其來：使之自行歸順。羈縻：聯絡而加以約束。羈，馬絡頭；縻，牛靷帶。《漢書·匈奴傳贊》：“其慕義而貢獻，則接之以禮讓，羈縻不絕。”

〔六〕傾國至：舉全國之兵而來。指回紇兵助唐收復兩京後，留駐沙苑不去，更續來大批兵馬，擁進洛陽城搜括府庫財物，搶掠三天，人民無奈，出上萬匹繒錦犒賞。暗金闕：形容回紇兵驕橫，任意出入宮禁。

〔七〕有驅除：言有掃蕩叛亂之事。時史思明未滅，故云。隱忍：無奈而容忍。司馬遷《報任安書》：“所以隱忍苟活，幽於糞土之中而不辭者。”此物：貶詞，指回紇兵。

〔八〕公主句：用漢武帝以公主嫁烏孫王事，以喻肅宗以公主嫁回紇毘伽可汗。《漢書·西域傳》：“漢元封中，遣江都王建女細君爲公主，以妻焉。……烏孫昆莫以爲右夫人。……昆莫年老，語言不通，公主悲愁，自爲作歌曰：‘……居常土思兮心内傷，願爲黄鵠兮歸故鄉。’”據《舊唐書·回紇傳》記載，乾元元年七月，肅宗因結好回紇，以幼女寧國公主嫁回紇毘伽可汗，並親送至咸陽磁門驛，公主泣辭云：“國家事重，死且無恨。”肅宗灑淚而還。指白日：指天發誓。《詩·王風·大車》：“謂予不信，有如皦日。”肅宗指天發誓，向回紇求援。兩事均大損國體，詩人因此委婉指責。

〔九〕連雲：形容回紇兵之多。左輔：指沙苑。京城附近地區稱“輔”，沙苑在長安東面，故稱“左輔”。百里：沙苑東西八十里，南北三十里，百里，係舉其成數。積雪：回紇習俗，衣冠和旗幟都是白色，故以雪爲喻。

〔一○〕長戟：兵器，狀似長矛。笳：北方民族樂器。庾信《奉報趙王出師在道賜詩》：“哀笳關塞曲，嘶馬別離聲。”兩句言回紇士兵的戟戈林立，鳥不敢飛，笳聲哀鳴，人不忍聞。

〔一一〕沙苑兩句：言臨渭河水草俱豐，宜於牧馬。

〔一二〕撇烈：一本作“撇捩”。搖擺跳躍貌。形容馬過河時的姿態。

〔一三〕胡：與下“雜種”均指史思明。史爲突厥雜種胡。京室：指洛陽。《舊唐書·史思明傳》：“即乾元二年正月一日也。思明於魏州（今河北省大名縣）北設壇，僭稱爲大聖燕王，……以范陽爲燕京。九月，寇汴州，節度使許叔冀合於思明，思明益振。又陷洛陽。”史思明引兵自范陽南下犯汴州，須經過太行山東部終點井陘、獲鹿一帶而侵汴、洛，故云“踰太行”，“抵京室”。

〔一四〕蕭瑟：言人民受荼毒而國土轉蕭條也。兩句謂回紇不能平叛而反殃民。

新安吏〔一〕

客行新安道,喧呼聞點兵〔二〕。借問新安吏,“縣小更無丁〔三〕?”“府帖昨夜下,次選中男行〔四〕。”“中男絕短小,何以守王城〔五〕?”肥男有母送,瘦男獨伶俜〔六〕。白水暮東流,青山猶哭聲〔七〕!“莫自使眼枯,收汝淚縱橫〔八〕!眼枯即見骨,天地終無情〔九〕!我軍取相州,日夕望其平〔一〇〕。豈意賊難料,歸軍星散營〔一一〕。就糧近故壘,練卒依舊京〔一二〕。掘壕不到水,牧馬役亦輕〔一三〕。況乃王師順,撫養甚分明〔一四〕。送行勿泣血,僕射如父兄〔一五〕。”

〔一〕乾元二年(七五九)三月作。原注:“收京後作。雖收兩京,賊猶充斥。”是年三月三日,郭子儀、李光弼、王思禮等九節度使所部圍安慶緒於鄴城,爲安慶緒所敗,步騎六十萬潰於鄴城之下,郭子儀退守河陽。《通鑑》卷二二一:“子儀以朔方軍斷河陽橋保東京。戰馬萬匹,惟存三千;甲仗十萬,遺棄殆盡。……諸節度各潰歸本鎮。”爲了挽救危局,唐王朝到處抓兵服役,造成人民極大痛苦。杜甫從洛陽回華州,途中親見生民疾苦,乃作《新安吏》等六詩,即著名的“三吏”、“三別”。“三吏”敘事夾帶問答,“三別”純記送行者和出征者的言辭。新安:今河南省新安縣。吏:徵兵的差吏。

〔二〕客:杜甫自謂。點兵:按軍帖點名徵丁。

〔三〕更:豈、難道。杜甫《春日梓州登樓》:“戰場今始定,移柳更能存？”更無丁，猶豈無餘丁可遣？

〔四〕府帖：府裏的點軍名帖。唐朝實行府兵制，故稱“府帖”。次選：挨次抽選。中男：未成丁的男子。《舊唐書·食貨志》：“天寶三年……制以十八爲中男，二十二爲丁。”

〔五〕中男二句：又作詩人問詞。王城：洛陽。《元和郡縣志》：“河南道河南府：周成王定鼎於郟鄏，使召公先相宅，乃卜澗水東瀍水西，是爲東都，今苑内故王城是也。”

〔六〕有母送：暗示已經無父。伶俜：孤獨貌。《孔雀東南飛》：“晝夜勤作息，伶俜縈苦辛。”暗示係孤兒。按《唐律疏議》卷十六《擅興》律“諸點揀衞士（原注：征人亦同。）取捨不平者，一人杖七十”條下，《疏議》曰：“揀點之法，財均者取强，力均者取富，財力皆均，先取多丁。”本篇中瘦男和短小的中男，依法均不當取。

〔七〕白水：指大河的水。《爾雅·釋水》：“河出崑崙虛，色白。”白水東流，青山猶哭，融情入景，有山河同悲之感。

〔八〕莫自二句：自此二句以下均詩人安慰被徵者和送行者之詞。

〔九〕眼枯兩句：即使把眼哭瞎，在上者亦不同情。天地：暗喻朝廷。

〔一〇〕相州：即鄴城。見前《洗兵行》注。平：克復。《通鑑》卷二二一：“郭子儀等九節度使圍鄴城，築壘再重，穿塹三重，壅漳水灌之，城中井泉皆溢，構棧而居，自冬涉春，安慶緒堅守以待史思明，食盡，一鼠直錢四千，淘牆及馬矢以食馬，人皆以爲克在朝夕。”即所謂“日夕望其平”。

〔一一〕賊難料：言叛軍詭詐不測。《通鑑》卷二二一：“思明乃自魏州引兵趣鄴，使諸將去城各五十里爲營，每營擊鼓三百面，遙脅之。又每營選精騎五百，日於城下抄掠，官軍出，輒散歸其營；諸軍（指官軍）人馬牛車日有所失，樵採甚艱，……諸軍乏食，人思自潰。思明乃引大軍直抵城下,官軍與之刻日決戰。……未及布陳,大風忽起,吹沙拔木,天地晝晦,咫尺不相辨。兩軍大驚,官軍潰而南,賊潰而北,棄甲仗輜重委積於路。"但相州之敗,不僅因史思明用兵詭詐,更因肅宗用人不專。《舊唐書·郭子儀傳》:"帝以子儀、光弼俱是元勳,難相統屬,故不立元帥,……王師雖衆,軍無統帥,進退無所承禀,自冬徂春,竟未破賊。"杜甫歸咎爲"賊難料",是籠統言之。星散營:官軍歸營如星散。《通鑑》卷二二一:"諸節度各潰歸本鎮。"

〔一二〕就糧句:收兵後就食於舊營地。練卒:操練士兵。舊京:即東都洛陽。兩句言就糧近在故壘,練兵靠着東京,入伍後不會遠行,蓋安慰出征者及送行者之詞。

〔一三〕壕:城下池。牧,一本作"看",非。仇兆鰲云:"曰就糧,見有食也。曰練卒,非臨陣也。曰掘壕牧馬,見役無險也。"亦是詩人寬慰之詞。

〔一四〕王師順:官軍名正言順。撫養:體恤愛護。

〔一五〕泣血:語出《易·屯》"泣血漣如"。一本作"垂泣",不如"泣血"二字更能表現送行者的悲痛心情。僕射(yè):官名,職位相當於宰相。指郭子儀。《舊唐書·郭子儀傳》:"(至德二載)四月,進位司空,充關内、河東副元帥。五月……與賊將安太清、安守忠戰,王師不利,其衆大潰。……子儀收合餘衆,保武功,詣闕請罪,……乃降爲左僕射。"如父兄:言郭子儀愛護士兵如父兄。《淮南子·兵略訓》:"上視下如子,則下視上如父。上視下如弟,則下視上如兄。"

潼關吏 〔一〕

士卒何草草 〔二〕? 築城潼關道。大城鐵不如,小城萬丈餘〔三〕。借問潼關吏，"修關還備胡〔四〕?"要我下馬行〔五〕，爲我指山隅："連雲列戰格〔六〕，飛鳥不能踰。胡來但自守，豈復憂西都〔七〕? 丈人視要處，窄狹容單車〔八〕。艱難奮長戟，萬古用一夫〔九〕。""哀哉桃林戰，百萬化爲魚〔一〇〕。請囑防關將，愼勿學哥舒〔一一〕。"

〔一〕潼關:《雍録》卷六:"潼關在華州華陰縣東北，……關西一里有潼水，因以名關。"即今陝西省潼關縣，關在縣東北三十九里，是洛陽通長安的咽喉。鄴城敗後，朝廷擔心洛陽失守，賊軍進攻長安，故在潼關加修防禦工事。詩的主旨爲不能仗地理之險，須守禦得人。

〔二〕草草:勞苦忙碌貌。《詩·小雅·巷伯》:"驕人好好，勞人草草。"

〔三〕鐵不如:猶金城湯池。《漢書·蒯通傳》:"皆如金城湯池，不可攻也。"萬丈餘:城在山上，故高萬丈。《讀史方輿紀要》卷五二:"杜佑曰:舊關在靈寶縣南，……今關即天授間所置，其地上躋高隅，俯視洪流，歷崤函而至潼津，……實爲天險。"大城即舊關，小城即新關。

〔四〕修關句:"還"字暗寓哥舒翰曾在此失敗一次。修關:一本作"築城"。

〔五〕要:同"邀"。

〔六〕戰格:即戰柵。作防禦障礙用。連雲:指戰柵之高。

〔七〕西都:長安。

〔八〕丈人:關吏稱杜甫。要處:險要之處。窄:一本作"穿"，非。

〔九〕艱難:言戰事緊急之時。一夫:張孟陽《劍閣銘》:"一夫荷戟，萬夫趑趄。"以上八句均潼關吏指點形勢時所言。

〔一〇〕桃林:潼關古名。《元和郡縣志》:"河南道陝州靈寶縣:桃林塞自縣以西至潼關，皆是也。"即今河南省靈寶縣以西到潼關一帶。

桃林戰,指天寶十五載哥舒翰大敗事。《舊唐書·哥舒翰傳》:"六月四日,次於靈寶縣之西原。八日,與賊交戰,官軍南迫險峭,北臨黃河。崔乾祐以數千人先據險要。翰及良丘等浮船中流以觀進退,謂乾祐兵少,輕之,遂促將士令進,爭路擁塞,無復隊伍。午後東風急,乾祐以草車數十乘縱火焚之,烟焰亘天。將士掩面,開目不得,因爲凶徒所乘,王師自相排擠,墜入河。其後見前軍陷敗,悉潰,填委於河,死者數萬人。"百萬:極言其多。化爲魚:指潰兵溺死黃河者無數。《後漢書·光武帝紀》:"故趙繆王子林說光武曰:'赤眉今在河東,但決水灌之,百萬之衆可使爲魚。'"

〔一一〕哥舒:即哥舒翰。以上四句爲詩人巡視潼關後的感嘆。其實,桃林塞之敗,責任不全在哥舒翰;玄宗聽信楊國忠之議,派中使督促哥舒翰出戰,哥舒翰不得已出兵而致敗。故以哥舒翰爲戒,實亦評騭了玄宗和楊國忠。

石壕吏〔一〕

暮投石壕村〔二〕,有吏夜捉人。老翁踰牆走,老婦出看門〔三〕。吏呼一何怒! 婦啼一何苦〔四〕! 聽婦前致詞:"三男鄴城戍〔五〕。一男附書至〔六〕,二男新戰死。存者且偷生,死者長已矣〔七〕! 室中更無人,唯有乳下孫〔八〕。有孫母未去,出入無完裙〔九〕。老嫗力雖衰,請從吏夜歸〔一〇〕。急應河陽役,猶得備晨炊〔一一〕。"夜久語聲絕,如聞泣幽咽〔一二〕。天明登前途,獨與老翁別〔一三〕。

〔一〕石壕村：在今河南省陝縣東南隴海路英豪鎮車站附近。《困學紀聞》卷十八：“石壕吏，蓋陝州陝縣石壕鎮也。”仇兆鰲云：“詩云三男戍，二男死，孫方乳，媳無裙，翁踰牆，婦夜往，一家之中，父子、兄弟、祖孫、姑媳慘酷至此，民不聊生極矣。”全詩直陳事實，不着一字評語，而人民痛苦自然流露。

〔二〕投：投宿。

〔三〕看門：猶應門，守門。一本作“出門看”。

〔四〕一何：何其，一，加重語氣之詞。《戰國策・燕策》：“此一何慶弔相隨之速也？”《古詩十九首》之五：“上有絃歌聲，音響一何悲！”怒：聲勢洶洶。化用昭明太子《請停吳興丁役疏》：“吏一呼門，動爲人蠹。”吏極怒、婦極苦，兩相對照。

〔五〕致詞：答話。鄴城戍：參與圍攻鄴城安慶緒叛軍之役。按：唐代府兵有“先取多丁”之法，原是循西魏府兵“家有三丁者，選材力一人”（《玉海》卷一三八“兵制”引《鄴侯家傳》）之法而來。白居易《新豐折臂翁》：“無何天寶大徵兵，戶有三丁點一丁。”亦可作佐證。詩中老婦三子，俱已應役，足見安史之亂時，府兵制已遭破壞了。

〔六〕附書：捎信。

〔七〕且偷生：意謂暫時尚生存，也朝不保夕。長已矣：語出《胡笳十八拍》：“死當埋骨兮長已矣。”

〔八〕乳下孫：正在吃奶的孫子。

〔九〕母未去：因有乳兒，母未改嫁。無完裙：言衣履不全。裙，泛指衣服。一本作“孫母未便出，見吏無完裙”。語意更順。

〔一〇〕老嫗兩句：言老婦自請充軍服役。

〔一一〕河陽：即舊孟津，在今河南省孟縣西，黃河北岸。郭子儀在鄴城敗後，退守於此。錢謙益云：“郭子儀兵既潰，用都虞侯張用濟策守河陽。”備晨炊：言夜間啟程，趕至河陽還來得及爲軍隊作早餐。

〔一二〕泣幽咽：低微斷續的哭聲。有淚無聲爲“泣”，哭聲梗塞爲“咽”。

〔一三〕獨與句：言獨與老翁告別。老翁於縣吏去後回來，老婦已被抓走，媳婦又因衣裙不完不能出，故云。

新婚別〔一〕

兔絲附蓬麻，引蔓故不長〔二〕。嫁女與征夫，不如棄路旁。結髮爲妻子，席不煖君牀〔三〕。暮婚晨告別，無乃太匆忙〔四〕！君行雖不遠，守邊赴河陽〔五〕。妾身未分明，何以拜姑嫜〔六〕？父母養我時，日夜令我藏〔七〕。生女有所歸，雞狗亦得將〔八〕。君今往死地，沈痛迫中腸〔九〕！誓欲隨君去，形勢反蒼黃〔一〇〕！勿爲新婚念，努力事戎行〔一一〕！婦人在軍中，兵氣恐不揚〔一二〕。自嗟貧家女，久致羅襦裳〔一三〕。羅襦不復施，對君洗紅妝〔一四〕！仰視百鳥飛，大小必雙翔。人事多錯迕，與君永相望〔一五〕！

〔一〕此詩託一方結婚即送夫出征的新婦口氣，反映兵役加給人民的痛苦。按照封建禮法，新婚男子，應免一年兵役。今新郎亦被徵，足見兵役的殘酷。

〔二〕兔絲：即菟絲子，蔓生草，多纏附在其他植物上生長。古人用以比喻女子之依附男子。《古詩十九首》：“與君爲新婚，兔絲附女蘿。”蓬、麻：均矮小植物。引：延長。蔓：草籐。兔絲纏附於蓬、麻，喻女子所嫁非有勢力地位之人，故易受摧折。黃生曰：“以下三題（指“三別”）相似，獨新婚之婦，起難設辭，故特用比興發端。”

〔三〕結髮：古代男子二十歲，女子十五歲，始用簪子結髮表示已經成年，可以結婚。《文選》載蘇武詩：“結髮爲夫妻，恩愛兩不疑。”妻子：一本作“君妻”。席不煖句：極言時間之短，分別之快。

〔四〕無乃：猶今語“不是……嗎”。

〔五〕河陽：見前《石壕吏》注。赴：一本作“戍”。

〔六〕妾身未分明：封建社會禮法，新婦於婚後三天，祭家廟，拜公婆，婚禮既畢，名份始定。今暮婚晨別，婚禮未明，故云。姑、嫜：即公婆。

〔七〕藏：封建禮法，女子須深居閨閣。傅玄《豫章行》：“長大逃深室，藏頭羞見人。”白居易《簡簡吟》：“不肯迷頭白地藏。”李商隱《無題》：“十四藏六親。”均寫少女深居閨閣事。

〔八〕歸：古稱女子出嫁爲“歸”。《詩·召南·江有氾》：“之子歸，不我以。”雞狗句：用諺語。《埤雅》引語曰：“嫁雞與之飛，嫁狗與之走。”得：一本作“相”，意更明。相將，猶言相與、相隨。

〔九〕死地：冒死之地。出征生死莫卜，故云。一本作“生死地”，又作“生往死地”。中腸：如言“五内”。謝靈運《廬陵王墓下作》：“沈痛切中腸。”

〔一〇〕蒼黃：見前《送鄭十八虔貶台州司户傷其臨老陷賊之故闕爲面別情見於詩》注。句意爲如隨丈夫參軍，則形勢反而匆遽緊張，令人不安。

〔一一〕戎行：軍隊。

〔一二〕婦人二句：言家屬隨軍，影響士氣。語出《漢書·李陵傳》：“陵曰：‘吾士氣少衰而鼓不起者，何也？軍中豈有女子乎？’……陵搜得，皆劍斬之。”這當然是古代歧視婦女的錯誤觀點。

〔一三〕致:籌辦。襦(rú):短衣。裳:下衣,即裙子。言家境貧困,歷時甚久方籌成嫁衣。

〔一四〕羅襦兩句:謂棄新衣紅妝不復打扮。係化用《詩·衛風·伯兮》"豈無膏沐,誰適爲容?"意。

〔一五〕錯迕:宋玉《風賦》:"迴穴錯迕。"李善注:"雜錯交迕也。"句意謂人生好事多磨。指乍婚即別。永相望:長久兩地相思。《胡笳十八拍》:"我與兒分各一方,日東月西兮徒相望。"

垂老別〔一〕

四郊未寧靜,垂老不得安〔二〕。子孫陣亡盡,焉用身獨完〔三〕?投杖出門去,同行爲辛酸。幸有牙齒存,所悲骨髓乾。男兒既介胄,長揖別上官〔四〕。老妻臥路啼,歲暮衣裳單〔五〕。孰知是死別,且復傷其寒〔六〕!此去必不歸,還聞勸加餐〔七〕。土門壁甚堅,杏園度亦難〔八〕。勢異鄴城下,縱死時猶寬〔九〕。人生有離合,豈擇衰盛端〔一〇〕?憶昔少壯日,遲迴竟長嘆〔一一〕。萬國盡征戍,烽火被岡巒〔一二〕。積屍草木腥,流血川原丹〔一三〕。何鄉爲樂土,安敢尚盤桓〔一四〕?棄絕蓬室居,塌然摧肺肝〔一五〕。

〔一〕此詩託一老人被徵與妻子告別之詞,反映戰亂所加給人民的痛苦。

〔二〕四郊:城外爲郊。泛指四方。老:一本作"死"。

〔三〕身：自己。完：保全生命。兩句爲無可奈何的憤詞。

〔四〕男兒：老人自稱。介：鐵甲。胄：頭盔。長揖：深深拱手施禮。《史記·絳侯世家》：“亞夫持兵揖曰：介胄之士不拜。”

〔五〕卧路啼：橫卧於路啼哭者，阻老人前去從軍也。歲暮句：用沈約《白馬篇》“唯見恩義重，豈覺衣裳單”句，暗喻別恨勝過寒冷。

〔六〕孰知：分明知道。孰，同“熟”。死別：《古詩爲焦仲卿妻作》：“生人作死別，恨恨那可論！”且復句：言且置死別於不論，暫關念妻子的寒冷。

〔七〕還聞句：言老人聞其妻叮囑之詞。《古詩十九首》“棄捐勿復道，努力加餐飯”意。

〔八〕土門：地點不能確考，當離河陽不遠。《元和郡縣志》：“河北道恒州獲鹿縣：井陘口今名土門口，縣西南十里，即太行八陘之第五陘也。四面高，中央下，似井，故名之。”或即此處。壁：壁壘。杏園：鎮名，在今河南省汲縣東南。《大清一統志》：“河南衛輝府：杏園鎮在汲縣東南，舊爲黄河津濟處，設戍守。”逼近杏園有渡口，名杏園渡。度亦難，言敵亦不易渡河。以上兩地皆唐軍控制河北的要隘。《日知錄》卷二七：“土門在井陘之東，杏園渡在衛州汲縣，臨河而守，以遏賊，使不得渡。”

〔九〕勢異句：言與鄴城之戰形勢不同。鄴城之戰是攻，土門、杏園渡是守，故云。時猶寬：尚可苟延時日。

〔一〇〕離合：或離或合。衰盛：老年與壯年。與“離合”對稱。一本作“衰老”，非。兩句謂人生離合無常，或老而遇之，或壯而遇之，豈能任人自擇？

〔一一〕遲迴：低徊，沉吟。鮑照《代放歌行》：“今君有何疾，臨路獨遲迴。”兩句謂回憶少壯時代，不禁徘徊而長嘆。

〔一二〕萬國：見前《洗兵行》注。征戍：即戰爭。被岡巒：布滿山崗。左思《蜀都賦》:"崗巒糺紛。"

〔一三〕川原丹:川原被染紅。張華《游獵篇》:"流血丹中原。"命意正同。

〔一四〕樂土:語出《詩·魏風·碩鼠》:"逝將去女,適彼樂土。"盤桓:逗留,徘徊。曹植《洛神賦》:"悵盤桓而不能去。"上文"遲迴長嘆",尚有沉吟不決意,至此"安敢盤桓",則不敢再念身家了。

〔一五〕蓬室:茅屋,指家室。塌然:精神頹喪貌。摧肺肝:曹植《三良》詩:"哀哉傷肺肝。"

無家別〔一〕

寂寞天寶後〔二〕,園廬但蒿藜!我里百餘家,世亂各東西。存者無消息,死者爲塵泥〔三〕。賤子因陣敗,歸來尋舊蹊〔四〕。久行見空巷,日瘦氣慘悽〔五〕。但對狐與狸,豎毛怒我啼〔六〕!四鄰何所有?一二老寡妻。宿鳥戀本枝〔七〕,安辭且窮棲?方春獨荷鋤,日暮還灌畦〔八〕。縣吏知我至,召令習鼓鞞〔九〕。雖從本州役,內顧無所攜〔一〇〕。近行止一身,遠去終轉迷〔一一〕。家鄉既盪盡,遠近理亦齊〔一二〕!永痛長病母,五年委溝谿〔一三〕。生我不得力,終身兩酸嘶〔一四〕。人生無家別,何以爲蒸黎〔一五〕?

〔一〕此詩託一鄴城敗潰回家又被徵服役的士兵的自述,反映天寶之後的喪亂景象。戰亂後,出征者已不存家屬,故名"無家別"。

〔二〕天寶後：指安、史之亂以後。

〔三〕爲塵泥：與塵土同腐。爲，一本作“委”。

〔四〕賤子：士兵自稱。陣敗：指九節度兵鄴城之敗。舊蹊：舊路，因園廬已爲蒿藜掩没，道路莫辨，故云“尋”。

〔五〕日瘦：日光黯淡。杜詩常有出人意表的尖新字眼，但因詩意渾厚，遂不見其雕琢。

〔六〕我啼：“啼我”的倒詞，對我號叫。

〔七〕本枝：本生的樹枝。比喻本土、家鄉。《古詩十九首》：“胡馬依北風，越鳥巢南枝。”

〔八〕灌畦：即澆菜。顔延之《陶徵士誄序》：“灌畦鬻蔬，爲供魚菽之祭。”

〔九〕習鼓鼙：指再次被徵。鼓鼙，軍中用的戰鼓。

〔一〇〕本州役：在本州服役。盧諶《答魏子悌》：“豈謂鄉曲譽，謬充本州役。”内顧：回顧家里。左思《詠史》：“内顧無斗儲。”攜，攜貳，變心。兩句謂，已無家室可戀，故再被徵，心亦不至攜貳了。

〔一一〕近行兩句：言在近地服役，勝於遠行之不知何往爲好。

〔一二〕齊：同。兩句謂既已無家可歸，近行、遠去亦無二致。

〔一三〕五年：此詩作於乾元二年，上距天寶十四載安禄山作亂，整整五年。委溝谿：猶死亡。溝谿，同“溝壑”，野死之處。《孟子·萬章下》：“志士不忘在溝壑。”

〔一四〕酸嘶：失聲痛哭。嘶，失聲。句意謂：母子二人都飲恨終身。

〔一五〕蒸：蒸民。《詩·大雅·蕩》：“天生烝民。”黎：黎元、黎民。《詩·大雅·雲漢》：“周餘黎民。”黄生云：“詩言内顧，無妻也。言永痛，無母也。母亡妻去，曲盡無家之慘。”

贈衛八處士[一]

人生不相見，動如參與商[二]。今夕復何夕，共此燈燭光[三]！少壯能幾時？鬢髮各已蒼[四]！訪舊半爲鬼，驚呼熱中腸[五]。焉知二十載，重上君子堂[六]。昔別君未婚，兒女忽成行。怡然敬父執[七]，問我"來何方?"問答未及已，驅兒羅酒漿[八]。夜雨剪春韭，新炊間黃粱[九]。主稱"會面難"，一舉累十觴。十觴亦不醉，感子故意長[一〇]。明日隔山岳，世事兩茫茫[一一]。

〔一〕此詩當是乾元二年春由洛陽回華州路經蒲州（今山西永濟縣西）時作。衛八：名未詳，排行第八，或以爲是隱士衛大經的同族，或以爲是衛賓。但都無確證。玩詩意，應是杜甫青年時好友。處士：隱逸不仕者。

〔二〕動：動輒。參、商：見前《送高三十五書記》注。

〔三〕今夕句：古人常用"今夕何夕"表明難忘的夜晚。《詩·唐風·綢繆》："今夕何夕，見此邂逅。"共此句：一本作"共宿此燈光"。

〔四〕能：估計數量之詞，往往和幾何、多少等詞語連用。李商隱《夢澤》："未知歌舞能多少？虛減宮廚爲細腰。"羅隱《鄴城》："英雄已到分香處，能共常人較幾多?"蒼：灰白色。

〔五〕驚：一本作"鳴"。熱中腸：内心如焚，言悼舊友之死而悲痛。因出於意料，忍不住"驚呼"。

〔六〕君子:指衛八處士。兩句謂不意二十年後能重訪相遇。

〔七〕怡然:和悦貌。父執:父輩的友好。執,志同道合者。《禮記·曲禮上》:“見父之執。”鄭玄注:“敬父同志,如事父。”

〔八〕未及已:未及完畢。驅兒:一本作“兒女”。羅:羅列、擺設。酒漿:此作酒菜解。

〔九〕新炊:新煮的飯。間:攪和。一本作“聞”,非。作“聞”則一句五字皆平,且此句出《楚辭·招魂》:“稻粢穱麥,挐黄粱些。”注:“挐,糅也。謂飯用稻粢穱麥,糅以黄粱,和而益濡也。”間,即“挐”字之意(據錢謙益説)。

〔一〇〕故意長:念舊情深。

〔一一〕山岳:指華山。言明日即分别,各在山的一方。兩茫茫:時局及各人的命運,均未可逆料。

秦州雜詩二十首〔一〕(選四)

其一

滿目悲生事,因人作遠游〔二〕。遲迴度隴怯,浩蕩及關愁〔三〕。水落魚龍夜,山空鳥鼠秋〔四〕。西征問烽火,心折此淹留〔五〕。

〔一〕杜甫於乾元二年秋由華州棄官移家秦州,詩爲至秦州後所作。秦州:《元和郡縣志》:“隴右道秦州:天寶元年改爲天水郡,乾元元年復爲秦州。"州治在今甘肅省天水縣,位於隴山之西,是唐代西北的邊防要地。"雜詩"爲魏、晉間詩人常用詩題。全篇二十章均抒發當時感觸,合之爲一組,分之可各自成篇。

〔二〕生事:猶言世事、人事。是年關輔大饑,滿目瘡痍,故云"悲"。因人:投靠人。浦起龍云:"因人之人,或即指侄佐。公之來此,以侄佐在東柯也。"

〔三〕遲迴:見前《垂老別》注。隴:指隴山,亦名隴阪。《太平御覽·地部》卷二一引辛氏《三秦記》:"隴西關,其坂九迴,不知高幾里,欲上者七日乃越。……又關中人上隴者,還望故鄉,悲思而歌,則有絕死者。"隴阪綿延於今陝西省寶雞、隴縣和甘肅省清水、天水、秦安等縣。山勢險峻,度隴不免道路之苦,故云"怯"。浩蕩:廣闊遥遠貌。潘岳《河陽縣作》詩:"洪流何浩蕩,修芒鬱岧嶢。"關:指隴關,亦稱大震關,《元和郡縣志》:"關内道隴州汧源縣:大震關在州西六十一里。"即今陝西省隴縣西隴山下。秦州荒遠,故令人生愁。及,一本作"入"。

〔四〕魚龍:一名魚龍川,今名北河。《舊唐書·太宗本紀》:貞觀四年,"冬十月壬辰,幸隴州,……甲辰,校獵於魚龍川。"北河源出隴縣西北,南流至隴縣東,入於汧水。川中出五色魚,俗以爲龍,莫敢採捕,故名"魚龍",見《水經注》。鳥鼠:山名。傳係渭水水源所出,以鳥鼠同穴得名。《元和郡縣志》:"隴右道渭州渭源縣:鳥鼠山今名青雀山,在縣西七十六里。"即在今甘肅省渭源縣。水落、山空:形容秋天淒涼景象。何義門云:"《尚書》春言日,秋言夜,夜亦秋也。變文屬對,見滿目無兵象。"

〔五〕西征:西行。秦州在長安西方,故云。問烽火:問前途有否邊警,指吐蕃擾亂。心折:即心驚肉跳之意。江淹《別賦》:"心折骨驚。"淹留:久留。兩句謂探知前有吐蕃騷擾,故心驚而不能不在秦州淹留。

其四

鼓角緣邊郡，川原欲夜時〔一〕。秋聽殷地發，風散入雲
悲〔二〕。抱葉寒蟬靜，歸山獨鳥遲〔三〕。萬方聲一概，吾道
竟何之〔四〕！

〔一〕此章爲黃昏聞鼓角聲而作，宣抒對天下事和自身出處的憂
慮。鼓角：鼓聲和號角聲。邊郡：指秦州。秦州接近西北邊境。川原，
猶曠野；川，平地。邊郡聞鼓角聲，又當秋天欲夜之時，故極其凄楚。

〔二〕殷地發：鼓聲震地。殷：雷發聲。《詩・召南・殷其雷》：
“殷其雷，在南山之陽。”入雲悲：凄涼之聲響徹雲霄。

〔三〕抱葉：日暮則蟬守葉不鳴。山：一本作“來”，非。“山”與
“葉”相對。寒蟬抱葉，獨鳥歸山：承上“欲夜”而來。

〔四〕聲一概：意爲處處鼓角聲。一概：猶一律。《楚辭・九章・
懷沙》：“同糅玉石兮，一概而相量。”道：兼有理想及生活道路之意。
《論語・里仁》：“吾道一以貫之。”杜甫來秦州，本爲避亂，但發現秦州
亦不安寧，故有不知何往之嘆。之：往，適。

其七

莽莽萬重山，孤城山谷間〔一〕。無風雲出塞，不夜月臨
關〔二〕。屬國歸何晚，樓蘭斬未還〔三〕。烟塵一長望，衰颯
正摧顏〔四〕。

〔一〕此章遙望塞外,遐想漢朝國勢鼎盛時蘇武、傅介子立功異域事,黯然自傷衰老。莽莽:無涯際貌。山:指隴山。孤城:指秦州城。山谷,一本作"石谷"。

〔二〕關:指隴關。兩句謂:深山雲氣常無風而浮動;城垣高峻,夜未臨而月光先照。

〔三〕屬國:即典屬國,漢官名,指漢蘇武。《漢書‧蘇武傳》:"蘇武使匈奴,二十年不降,還,乃爲典屬國(掌管藩屬國家事務的官)。"樓蘭:漢朝西域國名。《漢書‧傅介子傳》:"介子與士卒俱齎金幣,揚言以賜外國爲名。至樓蘭,……(樓蘭)王貪漢物,來見使者。介子與坐飲,陳物示之。飲酒皆醉,介子謂王曰:'天子使我私報王。'王起隨介子入帳中,屏語,壯士二人從後刺之,刃交胸,立死。其貴人左右皆散走。……遂持王首還詣闕。"兩句緬想蘇武、傅介子立功異域史事,感慨時無壯士,安輯邊境,防止吐蕃入侵。

〔四〕烟塵:指戰亂、戰火。《胡笳十八拍》:"烟塵蔽野兮胡虜盛。"一:一本作"獨"。長望:指西望塞外。衰颯:衰敗,衰落。張九齡《登古陽雲臺》詩:"庭樹日衰颯。"此處指年紀衰老。摧顏:言容貌已被摧損。摧,一本作"催"。

其二十

唐堯真自聖,野老復何知〔一〕!曬藥能無婦?應門亦有兒〔二〕!藏書聞禹穴,讀記憶仇池〔三〕。爲報鴛行舊,鵷鷺在一枝〔四〕。

〔一〕此章爲二十首詩的總結。感嘆未爲時用而羈旅異鄉。唐堯:見前《奉贈韋左丞丈》注。此處喻肅宗。聖:猶言英明。野老:詩人自稱。何知：化用《列子·仲尼》：“堯治天下五十年，不知天下治歟？不治歟？……問左右，左右不知。問外朝，外朝不知。問在野，在野不知。”

〔二〕曬藥：杜甫在長安時，曾賣藥謀生，晚年又多病，經常服藥，故常種藥、采藥、曬藥。能：猶“豈”。應門：看門。李密《陳情表》：“內無應門五尺之童。”兩句謂曬藥有婦，應門有兒，雖棄官遠行，家庭生活尚差强人意。

〔三〕禹穴：在浙江省紹興市會稽山。傳係大禹藏書處。《吳越春秋·越王無餘外傳》：“東顧謂禹曰：欲得我山神書者，齋於黃帝巖嶽之下三月。庚子，登山發石，金簡之書存矣。禹退，又齋三月。庚子，登宛委山，發金簡之書，案金簡玉字，得通水之理。”詩人係用禹穴陪襯秦州名勝仇池。楊倫云：“係陪説，取與仇池穴相類耳。”記：指《山水記》等類地理志。仇池：山名。辛氏《三秦記》：“本名仇維山，上有池，故曰仇池。山在滄、濟二谷之間，常爲水所衝激，故下石而上土，形似覆壺。”兩句謂若隱居於此，有名勝可供賞游。

〔四〕鴛行：同鵷行。官員上朝的行列，引申爲同僚。集中《至日遣興奉寄北省舊閣老兩院故人》詩：“去歲兹辰捧御床，五更三點入鵷行。”鷦鷯：小鳥，常用茅葦等築巢於林間。一枝：語出《莊子·逍遥游》：“鷦鷯巢於深林，不過一枝。”

月夜憶舍弟〔一〕

戍鼓斷人行，邊秋一雁聲〔二〕。露從今夜白〔三〕，月是故鄉明。有弟皆分散，無家問死生〔四〕。寄書長不達，況乃未休兵[五]。

〔一〕此詩係乾元二年秋在秦州時作。舍弟:杜甫有二弟,一在濟州(今山東省茌平縣西南),一在陽翟(即今河南省禹縣)。乾元二年九月,史思明攻陷東京及齊、汝、鄭、滑四州,消息斷絶。

〔二〕戍鼓:庾信《陪駕幸終南山和宇文内史》:“戍樓鳴夕鼓,山寺響晨鐘。”此指秦州城樓上戍兵按更次擊鼓。斷(duǎn):截斷。邊秋:邊地之秋。一雁:庾信《奉報趙王出師在道賜詩》:“雨歇殘虹斷,雲歸一雁征。”寫秋景,亦暗喻聞雁而思兄弟之意。《禮記·王制》:“父子之齒隨行,兄弟之齒雁行。”

〔三〕露從句:是日爲白露節,故云。白露:二十四節氣之一。《月令七十二候集解》:“八月節……陰氣漸重,露凝而白也。”

〔四〕分散:一本作“羈旅”。無家:杜甫自天寶五載(七四六)離河南偃師陸渾莊故居後,老家無人。

〔五〕寄書兩句:言消息不通,況戰爭之時,倍增懷念。陸機《爲顧彦先贈婦二首》:“音息曠不達,離合非有常。”

遣興三首[一](選一)

下馬古戰場,四顧但茫然[二]。風悲浮雲去,黄葉墜我前。朽骨穴螻蟻,又爲蔓草纏[三]。故老行嘆息:“今人尚開邊[四]!”漢虜互勝負,封疆不常全[五]。安得廉頗將,三軍同晏眠[六]。

〔一〕乾元二年秋在秦州作。遣興：猶遣懷。此詩譏玄宗之開邊黷武。此選其第一首。

〔二〕茫然：遼闊貌。《古詩十九首》：“四顧何茫茫，東風搖百草。”

〔三〕穴螻蟻：螻蟻巢於朽骨。穴，作動詞。蔓草纏：化用江淹《恨賦》：“蔓草縈骨，拱木斂魂。”

〔四〕今人句：指玄宗在天寶間發兵攻打吐蕃事。

〔五〕漢虜：猶敵我。虜，指吐蕃。互勝負：各有勝敗。封疆：疆域。《左傳·昭公元年》：“王伯之令也，引其封疆而樹之官。”

〔六〕廉頗：戰國時趙國名將。《史記·廉頗列傳》：“廉頗者，趙之良將也。”曾先後破齊、拒秦，並大敗燕軍，趙國賴以安存。頗，一本作“恥”，非。三軍：見前《瘦馬行》注。晏眠：即高枕無憂。言良將能安邊而不生事。

即　事〔一〕

聞道花門破，和親事卻非〔二〕。人憐漢公主，生得渡河歸〔三〕。秋思拋雲髻，腰肢勝寶衣〔四〕。群凶猶索戰，回首意多違〔五〕。

〔一〕乾元二年作。即事：就眼前事吟詠以抒懷。此詩評肅宗對回紇和親政策之失計。

〔二〕花門：即回紇。見前《留花門》注。破：有二義，一是滏水兵敗，回紇同破；二是關係破裂。和親：指肅宗以寧國公主嫁毘伽可汗事。《舊唐書·回紇傳》：“詔以幼女封爲寧國公主，出降……毘伽可汗。”

〔三〕漢公主：以漢喻唐，指寧國公主。《舊唐書·回紇傳》：“毗伽闕可汗初死，其牙官、都督等欲以寧國公主狥（殉）葬，公主曰：‘我中國法，壻死，即持喪，朝夕哭臨，三年行服。今回紇娶婦，須慕中國禮。若今依本國法，何須萬里結婚。’然公主亦依回紇法，剺面大哭，竟以無子得歸。秋八月，寧國公主自回紇還，詔百官于明鳳門外迎之。”剺面，即以刀割臉。爲野蠻的陋俗，公主行之，爲國家之恥。

〔四〕抛雲髻：蓬頭散髮。髻，一本作“鬢”。賸（shèng）：剩餘。這裏作“寬大”解。賸寶衣，即腰肢瘦損而覺衣寬。兩句設想公主歸來時的慘狀。

〔五〕群凶：指史思明等叛軍。索戰：求戰。朱鶴齡云：“是年九月，史思明分兵四道濟河，李光弼棄東都，守河陽。群凶句正指其事。”回首句：言與回紇結好，原爲借兵平服安、史之亂，今戰亂未平，回紇交斷，與原意兩相違背。

夢李白二首[一]

死別已吞聲，生別常惻惻[二]！江南瘴癘地，逐客無消息[三]。故人入我夢，明我長相憶[四]。君今在羅網，何以有羽翼[五]？恐非平生魂，路遠不可測[六]。魂來楓林青，魂返關塞黑[七]。落月滿屋梁，猶疑照顏色[八]。水深波浪闊，無使蛟龍得[九]！

〔一〕乾元二年秋在秦州所作。李白因參加永王璘(玄宗第十六子)幕府,肅宗與永王有隙,璘敗,李白繫潯陽(九江)獄。乾元元年被判長流夜郎(今貴州省桐梓縣),至巫山,遇赦得釋。時杜甫在秦州,不知白已遇赦。終日懷念,積思成夢,因作此二章。

〔二〕已:猶止、衹。吞聲:飲泣。惻惻:悲痛貌。潘岳《寡婦賦》:"庶浸遠而哀降兮,情惻惻而彌甚。"兩句言死別止於吞聲,生別卻痛苦無窮。

〔三〕瘴癘地:南方濕熱蒸鬱、疾病流行地區。逐客:指李白。逐,流放。一本作"遠",非。兩句化用孫萬壽《遠戍江南寄京邑親友詩》:"江南瘴癘地,從來多逐臣。"

〔四〕故人兩句:言故人入夢,可證我相憶之久。

〔五〕羅網:《説苑・敬慎》:"孔子謂弟子曰:君子慎所從,不得其人,則有羅網之患。"李白得罪流放,猶如鳥在羅網。何以句:本於《胡笳十八拍》:"焉得羽翼兮將汝歸?"言李白既失去自由,何以魂魄能展翅飛來?此兩句一本在"關塞黑"之下,今從黃生本改移於此,上下語氣更順。

〔六〕平生魂:生時之魂。擔憂李白可能死在貶謫途中,故云"恐非"。路遠:秦州去夜郎道遠。不可測:言莫測生死。

〔七〕楓林:江南一帶景物。喻李白所在。語本《楚辭・招魂》:"湛湛江水兮上有楓,目極千里兮傷春心,魂兮歸來哀江南。"關塞:指秦、隴邊地,自己居處。

〔八〕顔色:指李白的容貌。兩句言夢醒時月光滿梁,夢境中李白容顔,宛然在目。

〔九〕波浪、蛟龍:言道遠途險,默祝魂魄安然歸去;暗喻政治環境險惡,告誡李白須小心提防。

其二

浮雲終日行，游子久不至〔一〕。三夜頻夢君，情親見君意〔二〕。告歸常局促，苦道“來不易〔三〕；江湖多風波，舟楫恐失墜〔四〕！”出門搔白首，若負平生志〔五〕。冠蓋滿京華，斯人獨憔悴〔六〕！孰云網恢恢？將老身反累〔七〕！千秋萬歲名，寂寞身後事〔八〕！

〔一〕浮雲二句：本《古詩十九首》：“浮雲蔽白日，游子不顧反。”釋古詩者均以浮雲蔽日，喻佞臣蔽君。此處喻李白由於人君不明，被貶夜郎。

〔二〕情親句：言頻來入夢，可見李白對自己情親意厚。

〔三〕局促：匆忙不安。不忍離去之意。苦道：極口稱道。

〔四〕多風波：一本作“秋多風”，非。兩句化用《漢書·賈誼傳》“若夫經制不定，是猶度江河，亡維楫，中流而遇風波，船必覆矣”意。

〔五〕搔首：狀心緒煩亂焦急。《詩·邶風·靜女》：“愛而不見，搔首踟蹰。”若負句：言李白之狀，如惋惜一生抱負未展。

〔六〕冠蓋：仕宦的冠服和車蓋，指代仕宦得意之人。《史記·平準書》：“使者分部護之，冠蓋相望。”京華：即京城。華，喻其壯麗，且為文物薈萃之地。謝靈運《齋中讀書》：“昔余游京華，未嘗廢丘壑。”斯人：指李白。憔悴：困頓萎靡貌。《楚辭·漁父》：“顏色憔悴，形容枯槁。”

〔七〕網恢恢：《老子》：“天網恢恢，疏而不失。”恢恢，寬廣貌。言天道不平，實指當道者是非不分。將老：李白是年五十九歲，故云。身累：指身陷法網。

〔八〕千秋兩句：言李白即使名垂千秋萬歲，也是死後之事，無補於生前的困厄。語本阮籍《詠懷》：“千秋萬歲後，榮名安所之。”此詩憐李白，實亦自憐。

天末懷李白〔一〕

涼風起天末，君子意如何〔二〕？鴻雁幾時到？江湖秋水多〔三〕。文章憎命達，魑魅喜人過〔四〕。應共冤魂語，投詩贈汨羅〔五〕。

〔一〕此詩與《夢李白二首》同爲流寓秦州時所作。天末：猶天邊。陸機《爲顧彦先贈婦二首》：“佳人渺天末，游宦久不歸。”秦州爲唐代西北邊疆，故云。或以爲係指李白之流貶地夜郎。以感興之理言之，當係杜甫有感於自己所在地之秋風起，故念及李白。涼風爲北風，不應自李白所居之南方起。

〔二〕涼風：《爾雅・釋天》：“北風謂之涼風。”君子：指李白。

〔三〕鴻雁：古人有鴻雁傳書之説。《漢書・蘇武傳》記蘇武被匈奴繫留不遣，漢使要求歸還蘇武，匈奴假説蘇武已死。後漢使復去，告單于：“天子射上林中，得雁，足有繫帛書，言武等在某澤中。”單于大驚，只得讓蘇武歸漢。後人遂以鴻雁象徵書信。秋水多：指風波險惡。

〔四〕文章句：與“詩窮而益工”之意相似。《新唐書・杜審言傳》：“初，審言病甚，宋之問、武平一等省候何如，答曰‘甚爲造化小兒相苦，尚何言？然吾在，久壓公等，今且死，固大慰，但恨不見替人’云。”此句暗用此典。魑魅（chī mèi）：山澤的神怪。孫綽《游天台山賦》：“始經魑魅之塗，卒踐無人之境。”喜人過：山精水怪擇人而食，故喜有人經過。即《楚辭·招魂》“雄虺九首，往來儵忽，吞人以益其心些”之意。一憎、一喜，文人遂無置身之地。

〔五〕冤魂：指屈原。屈原投汨羅江而死，含冤莫白。李白參加永王璘幕府，被繫獄、放流，命運與屈原相近，故云。投詩：猶贈詩。汨羅：江名，在今湖南省湘陰縣東北。《水經·湘水注》：“湘水又北，汨水注之。水東出豫章艾縣桓山，西南逕吳昌縣北，……又西逕羅縣北，……亦謂之羅水。……汨水又西爲屈潭，即汨羅淵也。屈原懷沙，自沈於此，故淵潭以屈爲名。”漢賈誼被貶長沙，路過汨羅，曾作文弔屈原。後代文人路過汨羅，也多作詩文弔屈原。杜甫設想李白和屈原同病相憐，貶夜郎經此時，也應有弔屈之詩。

佳　人〔一〕

絶代有佳人，幽居在空谷〔二〕。自云良家子，零落依草木〔三〕。關中昔喪亂〔四〕，兄弟遭殺戮。官高何足論？不得收骨肉〔五〕。世情惡衰歇，萬事隨轉燭〔六〕。夫壻輕薄兒，新人美如玉〔七〕。合昏尚知時，鴛鴦不獨宿〔八〕。但見新人笑，那聞舊人哭？在山泉水清，出山泉水濁〔九〕。侍婢賣珠回，牽蘿補茅屋〔一〇〕。摘花不插髮，採柏動盈掬〔一一〕。天寒翠袖薄，日暮倚修竹〔一二〕。

〔一〕此詩乾元二年秋在秦州作。寫一戰亂時棄婦的命運，並寄託自己的身世之感。楊倫云：“此固所見有感，亦帶自寓意。”

〔二〕絶代：冠絶當代。《漢書·孝武李夫人傳》：“北方有佳人，絶世而獨立。”詩人避太宗諱，改“世”爲“代”。幽居：隱居。《禮記·儒行》：“幽居而不淫。”

〔三〕零落：凋謝，脱落。《楚辭·離騷》：“惟草木之零落兮。”依草木：喻流落於村野之中。以上四句叙佳人之現狀，以下追叙往昔。

〔四〕關中：見前《洗兵行》注。昔喪亂：指天寶十五載六月，安禄山攻陷長安事。亂：一本作“敗”。

〔五〕官高：指此女出身於仕宦大家。收骨肉：收葬兄弟的屍體。

〔六〕世情：世俗之情。陶淵明《辛丑歲七月赴假還江陵》詩：“詩書敦夙好，林園無世情。”惡衰歇：言世態炎凉，嫌棄衰落失勢。轉燭：風中的燭光，飄搖不定。喻世事轉變的迅速。集中《寫懷》詩：“鄙夫到巫峽，三歲如轉燭。”

〔七〕輕薄：輕佻儇薄。美如玉：語出《古詩十九首》：“燕趙多佳人，美者顏如玉。”

〔八〕合昏：樹名，一名夜合，又名合歡。朝開夜合。故云“知時”。鴛鴦：雌雄永不分離，向以比情侣。江總《閨怨篇》：“池上鴛鴦不獨宿。”兩句以樹尚知時，鳥且有情，反襯丈夫的薄倖。

〔九〕泉水：佳人自喻。仇兆鰲云：“此謂守貞清而改節濁也。”

〔一〇〕侍婢兩句：極寫佳人生活艱苦，應上“零落”句。

〔一一〕柏：常緑不凋之木，以喻堅貞不移的性格。盈掬：滿把。摘花不插，言無心修飾；采柏盈掬，言貞心不改。

〔一二〕翠袖：泛指衣衫。修竹：修長的竹子。竹有節，亦用以喻女子的高尚節操。結句不發議論，只用寫景，但對佳人的同情和尊敬之心自然流露。

擣　衣〔一〕

亦知戍不返，秋至拭清砧〔二〕。已近苦寒月，況經長別心〔三〕。寧辭擣衣倦，一寄塞垣深〔四〕？用盡閨中力，君聽空外音〔五〕！

〔一〕此詩當是乾元二年所作。詩人聞砧聲而託戍卒妻子口吻，抒其思念征夫之情。擣衣：《丹鉛總録》卷二十：“《志林》云：直春曰擣。古人擣衣，兩女子對立，執一杵，如春米然。今易作卧杵，對坐擣之，取其便也。”王建《擣衣曲》：“月明庭中擣衣石，掩帷下堂來擣帛。婦姑相對神力生，雙揎白腕調杵聲。”則唐代擣衣仍是兩女子對立。

〔二〕砧：擣衣石。黄生云：“望歸而寄衣者，常情也，知不返而必寄衣者，至情也，亦苦情也。安此一句於首，便覺通篇字字是至情，字字是苦情。”

〔三〕苦寒月：嚴冬之月。苦：一本作“暮”。

〔四〕衣：一本作“熨”，兼洗熨兩事而言，亦可通。一：加重語氣之詞。塞垣：即長城。蔡邕《難夏育上言鮮卑仍犯諸郡》：“秦築長城，漢起塞垣，所以别外内，異殊俗也。”塞垣爲征夫戍守之地。深：遠。

〔五〕空外：響徹長空之表。兩句用庾信《夜聽擣衣》詩“秋夜擣衣聲，飛度長門城”句意。

空　囊〔一〕

翠柏苦猶食,明霞高可餐〔二〕。世人共鹵莽,吾道屬艱
難〔三〕!不爨井晨凍,無衣牀夜寒〔四〕。囊空恐羞澀,留得
一錢看〔五〕。

〔一〕乾元二年在秦州作。時杜甫生活艱苦,乃至拾橡栗充飢。
詩於調侃之中,表現出頑强的生活意志。

〔二〕翠柏句:《列仙傳》:"赤松子好食柏實。"餐明霞:《楚辭·遠
游》:"漱正陽而餐朝霞。"兩句爲自我解嘲之詞。

〔三〕鹵莽:亦作"魯莽"。粗率,不鄭重。《莊子·則陽》:"君爲
政焉勿鹵莽。"陸德明《釋文》引司馬彪曰:"鹵莽,猶麤粗也。"句意謂
世人均以鹵莽而苟得富貴。王嗣奭云:"鹵莽二字,説盡世態;而共字
更悲,乃知亂世情事,古今一律。"吾道:見《秦州雜詩》注。句意謂己
直道而行,自宜艱難窮困相屬。屬(zhǔ),連接,附著。

〔四〕不爨:斷炊,不能舉火。不汲水做飯,故"井晨凍"。仇兆鰲
云:"井晨凍,隔宿之冰在井欄也。若井泉在地,雖嚴冬不凍。"王嗣奭
云:"不爨,無衣,窮亦至矣。"

〔五〕羞澀:難爲情。看:看守。兩句用晉人阮孚故事。《韻府群
玉·陽韻》"一錢囊":"阮孚持一皂囊,游會稽。客問:'囊中何物?'
曰:'但有一錢看囊,恐其羞澀。'"詩人寓慨嘆於詼諧,豪氣固在也。

病　馬〔一〕

乘爾亦已久，天寒關塞深。塵中老盡力，歲晚病傷心〔二〕。
毛骨豈殊衆？馴良猶至今〔三〕。物微意不淺，感動一
沉吟〔四〕。

　　〔一〕此詩當作於乾元二年在秦州時。

　　〔二〕塵中兩句：謂風塵之中，雖老猶爲我盡力；天寒患病，能不令
我傷心。

　　〔三〕馴良：《淮南子·説林訓》：“馬先馴而後求良。”猶至今：言
一貫馴良，至今不變。浦起龍云：“言此豈獨堪磨折，而竟能不改
貞操。”

　　〔四〕沉吟：沉思吟味，有默默探索研究之意。《後漢書·曹褒
傳》：“晝夜研精，沈吟專思。”兩句謂病馬對己情意深厚，不禁爲之感
動而沉吟。

送　遠〔一〕

帶甲滿天地〔二〕，胡爲君遠行？親朋盡一哭，鞍馬去孤
城〔三〕。草木歲月晚，關河霜雪清〔四〕。別離已昨日，因見

古人情〔五〕。

〔一〕乾元二年離秦州前作。浦起龍云:“不言所送,蓋自送也,知公已發秦州。”

〔二〕帶甲:士兵。《戰國策·齊策》:“昔者魏王擁土千里,帶甲三十六萬。”滿天地:言天下皆兵亂。

〔三〕去孤城:指離秦州。孤,一本作“邊”。《秦州雜詩》:“孤城山谷間。”

〔四〕草木兩句:言歲暮草木凋零,霜雪凝結在關河之上。

〔五〕昨日:往日。江淹《古別離》:“送君如昨日,簷前露已團。不惜蕙草晚,所悲道里寒。”所謂“古人情”,即言送別已成過去,但仍滿懷惜別之情。古,一本作“故”,意較淺。古人情,不獨寓聚散之悲,兼以古道反襯時人炎涼之態。

發秦州〔一〕

我衰更懶拙,生事不自謀〔二〕。無食問樂土,無衣思南州〔三〕。漢源十月交,天氣如涼秋〔四〕。草木未黄落,況聞山水幽〔五〕。栗亭名更嘉,下有良田疇〔六〕。充腸多薯蕷,崖蜜亦易求〔七〕。密竹復冬笋,清池可方舟〔八〕。雖傷旅寓遠〔九〕,庶遂平生游。此邦俯要衝,實恐人事稠〔一○〕。應接非本性,登臨未銷憂〔一一〕。谿谷無異石,塞田始微收〔一二〕。豈復慰老夫,惘然難久留〔一三〕。日色隱孤戍,烏啼滿城

頭[一四]。中宵驅車去,飲馬寒塘流[一五]。磊落星月高[一六],
蒼茫雲霧浮。大哉乾坤内,吾道長悠悠[一七]。

〔一〕此詩原注:“乾元二年,自秦州赴同谷縣(今甘肅省成縣)紀
行。”杜甫是年七月到秦州,至十月初,因衣食困難,決定南赴同谷。
途中作紀行詩十二首,此爲第一首。亦是十二首的綱領。

〔二〕生事:猶生計。王維《偶然作》詩:“生事不曾問,肯愧家
中婦。”

〔三〕樂土:《詩·魏風·碩鼠》:“逝將去女,適彼樂土。”同谷未
曾殘破,故云。南州:指同谷。同谷在秦州之南。

〔四〕漢源:王嗣奭云:“漢源非縣,乃同谷別名,在今成縣,隋名漢
陽郡,豈以是名漢源耶?”十月交:十月初。交:先後交替之際。《左
傳·僖公五年》:“其九月、十月之交乎?”如涼:一本作“涼如”。

〔五〕草木句:言同谷地氣和暖。《禮記·月令》:“仲秋之月,草
木黄落。”

〔六〕栗亭:鎮名。《大清一統志》:“甘肅秦州:栗亭鎮在徽縣(今
甘肅省徽縣)西二十里,以近栗亭故城而名。”屬同谷縣。田疇:猶田
地。穀田稱“田”,麻田稱“疇”。

〔七〕薯蕷:亦名山藥,肉質塊莖可供食用。崖密:一名“石蜜”,又
名“巖蜜”。《重修政和證類本草》卷二:“《圖經》曰:‘石蜜,即崖蜜,
其蜂黑色,似䖟,作房於巖崖高峻處或石窟中。但以長竿刺令蜜出取
之,多者至三四石,味釃,色緑,入藥勝於他蜜。’”

〔八〕密竹:密生之竹。冬筍:竹類冬季在土中已肥大而可採掘的
嫩莖、嫩芽。方舟:兩船并行。班固《西都賦》:“方舟并鶩。”此泛指行
舟。朱鶴齡云:“‘漢源’等句,言同谷風土之暖,利於無衣。‘栗亭’等
句,言同谷物産之嘉,利於無食。”

〔九〕傷：一本作“云”。

〔一〇〕此邦：指秦州天水郡。俯：下臨。要衝：重要的關隘和通道。《後漢書·傅燮傳》：“今涼州天下要衝，國家藩衛。”稠：繁雜。

〔一一〕應接兩句：言在秦州應接煩忙，未能登山臨水以銷憂。

〔一二〕異石：猶奇石。始：即纔，纔猶僅。微：薄。

〔一三〕老夫：杜甫自謂。惆然：失意貌。潘岳《西征賦》：“惆輟駕而容與。”

〔一四〕孤戍：即孤城，指秦州。烏啼句：王筠《和衛尉新渝侯巡城口號》：“棲烏城上喧。”孤城日落，暮鴉飛集，寫臨發前夕夜景。

〔一五〕中宵：猶夜半。陸機《贈尚書郎顧彥先》：“迅雷中宵激，驚電光夜舒。”飲馬句：化用陳琳《飲馬長城窟行》“飲馬長城窟”句意。

〔一六〕磊落：錯落分明貌。古樂府《兩頭纖纖》詩：“兩頭纖纖月初生，磊磊落落向曙星。”

〔一七〕乾坤：天地。悠悠：漫長貌。《楚辭·九懷》：“彌遠路兮悠悠。”兩句語意雙關，既寫原野廣闊，道路漫長，又慨嘆前途茫茫，理想實現無期。王嗣奭云：“此詩難於作結，‘大哉乾坤內，吾道長悠悠’，亦近亦遠，結得恰好。”

鐵堂峽〔一〕

山風吹游子，縹緲乘險絶〔二〕。硤形藏堂隍，壁色立積鐵〔三〕。徑摩穹蒼蟠，石與厚地裂〔四〕。修纖無垠竹，嵌空太始雪〔五〕。威遲哀壑底，徒旅慘不悦〔六〕。水寒長冰橫，我馬骨正折。生涯抵弧矢〔七〕，盜賊殊未滅。飄蓬踰三年，回首肝肺熱[八]！

〔一〕此詩亦爲乾元二年十月自秦州赴同谷的紀行詩之一。鐵堂峽：《大清一統志》：“甘肅秦州：鐵堂山在州西七十里。《方輿勝覽》：‘在天水縣東五里，有石筍青翠，長者至丈餘，小者可以爲礪。……山有鐵鑪坡，即鐵堂峽也。其峽四山環抱，中爲鐵堂莊。’”地在今甘肅省天水縣東五里。

〔二〕游子：杜甫自謂。縹緲：衣裳飛揚貌。乘險絶：行走在險崖絶壁之間。

〔三〕硤：通“峽”，兩山夾水。堂隍：無牆壁之臺榭。《爾雅·釋宫》：“無室曰榭。”郭璞注：“榭即今堂堭。”猶今俗稱過廳。句意爲山如堂隍，峽藏於中間。積鐵：形容峽壁岩石呈黑色。積，一本作“精”。

〔四〕摩：迫近。穹蒼：見前《同諸公登慈恩寺塔》注。句意爲山徑蟠曲，上逼蒼天。地裂：郭璞《江賦》：“礮如地裂。”句意爲峽旁懸崖陡壁，劃然開裂，深入地底。

〔五〕修纖：細長。無垠：無邊無際。張華《太康六年三月三日後園會》：“好樂無荒，化達無垠。”嵌空：玲瓏剔透貌。空，一本作“孔”。太始：猶“太古”。《列子·天瑞》：“太始者，形之始也。”兩句言修竹無邊，岩間長年積雪。

〔六〕威遲：一本作“威夷”，又作“倭遲”。即逶迤，迂遠曲折貌。形容道路曲折艱險。徒旅：隨從僕人。慘不悦：懼於道路艱險之故。此句一本作“徒懷松柏悦”。

〔七〕抵：猶當、逢。趙次公云：“抵，當也。”弧矢：即弓矢，喻戰爭。《易·繫辭》：“弧矢之利，以威天下。”句意言生逢戰亂。

〔八〕飄蓬：喻飄流無定。《商君書·禁使》：“夫飛蓬遇飄風而行千里，乘風之勢也。”三年：指自至德元載至乾元二年作此詩時。杜甫於天寶十五載五月，自奉先往白水；六月又自白水往鄜州；七月肅宗即位靈武，改元至德，甫於元載奔行在，陷長安賊中；至德二載夏，從長安逃出，謁肅宗於鳳翔，拜左拾遺，因疏救房琯，八月放還鄜州省家；十月肅宗回西京，杜甫亦回朝；乾元元年六月，出爲華州司功；冬，離官去東都；二年春，自東都回華州；七月棄官西去，客秦州；十月，往同谷。三年之間到處飄蕩，有似轉蓬。回首句：言回顧行蹤而不勝憂煩。

鹽　井［一］

鹵中草木白，青者官鹽烟［二］。官作既有程［三］，煮鹽烟在川。汲井歲搰搰，出車日連連［四］。自公斗三百，轉致斛六千［五］。君子慎止足，小人苦喧闐［六］。我何良嘆嗟？物理固自然［七］！

〔一〕此詩亦乾元二年赴同谷紀行詩之一。鹽井：《元和郡縣志》：“山南道成州長道縣：鹽井在縣東三十里，水與岸齊，鹽極甘美，食之破氣。鹽官故城，在縣東三十里，在蟠冢西四十里，相承營煮，味與海鹽同。”地在今甘肅省禮縣東南地區。唐時共有官鹽井六百四十處，在成州者爲其一。詩旨揭露官商勾結，剝削人民。此種社會問題的題材，杜甫以前未嘗入詩，實是他對詩歌領域的新的開拓。

〔二〕鹵：鹽地。東方稱“斥”，西方稱“鹵”。草木白：鹽地鹵氣浸漬，草木凋枯而呈現白色。官鹽：唐初鹽井、鹽池都由地方節度使管理。自乾元元年開始，第五琦任鹽鐵使，變鹽法，改由中央政府直接經營。此句一本作“直者青鹽烟”。

〔三〕作:作坊,作業。程:期限與數量。

〔四〕汲井:從鹽井中汲取鹹水。㧻(kū)㧻:用力貌。《莊子・天地》:"㧻㧻然用力甚多而見功寡。"一本作"榾榾",非。出車:用車往外運。連連:連續不絕貌。《莊子・駢拇》:"則仁義又奚連連如膠漆纆索,而游乎道德之間爲哉?"

〔五〕自公:即官定價。轉致:商販轉賣。斛:十斗爲一斛。蔡夢弼云:"官賣斗三百,商販石六千,倍其利也。據此,'斛'字當作'石'字用。"榷鹽是中唐時期朝廷財政命脈,《新唐書・食貨志》:"至大曆末,〔鹽利〕六百餘萬緡。天下之賦,鹽利居半,宮闈服御、軍饟、百官禄俸皆仰給焉。"

〔六〕君子:指官家,當政者。止:古"趾"字。《漢書・刑法志》:"斬左止。"顏師古注:"止,足也。"慎止足,猶知足,知止。老子《道德經・立戒》:"知足不辱,知止不殆。"言不應與小民爭利。小人:指鹽商。喧闐:大聲嘈雜,此處指爭利。李肇《唐國史補》卷下:"本道奏報,郡邑爲之喧闐。"兩句即所謂"君子喻於義,小人喻於利"之意。

〔七〕良:甚,深。物理:事物固有的法則。《淮南子・覽冥訓》:"耳目之察,不足以分物理。"固自:一本作"亦固"。兩句言君子止足,小人喧闐,均物理之自然,我何必爲此深嘆。蓋係憤慨之詞。

寒　峽[一]

行邁日悄悄[二],山谷勢多端。雲門轉絕岸,積阻霾天寒[三]。寒峽不可渡,我實衣裳單[四]。況當仲冬交,泝沿增波瀾[五]。野人尋烟語,行子傍水餐[六]。此生免荷殳,未敢辭路難〔七〕。

〔一〕此詩亦乾元二年赴同谷紀行詩之一。寒峽：秦州至同谷之間山峽之一。《宋書·氐胡傳》：“安西參軍魯尚期追楊難當出寒峽。”

〔二〕行邁：遠行爲邁。悄悄：憂慮貌，《詩·邶風·柏舟》：“憂心悄悄。”句意因道遠途險而終日憂慮。

〔三〕雲門：即峽口。絶岸：峭崖。積阻：即重山峻嶺。謝朓《和蕭中庶直石頭》：“九河亘積岨。”霾：吹起塵土的大風。兩句言轉出峽口，即遇峭崖絶岸，山谷間陰霾寒森。

〔四〕峽：一本作“硤”。實：一本作“貧”。

〔五〕仲冬交：農曆十一月初。交：見前《發秦州》注。泝（sù）沿：船隻逆流而上曰“泝”，順流而下曰“沿”。何遜《還渡五洲》：“我行朔與晦，泝水復沿流。”增波瀾：仲冬霾天，風勢勁急，峽水因風急而波瀾益興。

〔六〕野人兩句：言至有炊烟之處，方得有山野之人可與交談。旅人途行只得傍水而餐。極寫山中荒涼。

〔七〕殳（shū）：兵器。《詩·衛風·伯兮》：“伯也執殳，爲王前驅。”免荷殳：免服兵役。杜甫曾任官，得免服兵役。參看前《自京赴奉先縣詠懷五百字》注。兩句意爲較之出征者已覺幸運，何敢怨行道之難。

龍門鎮〔一〕

細泉兼輕冰，沮洳棧道濕〔二〕。不辭辛苦行，迫此短景急〔三〕。石門雲雪隘,古鎮峰巒集〔四〕。旌竿暮慘澹,風水白刃澀〔五〕。胡馬屯成皋,防虞此何及〔六〕? 嗟爾遠戍人〔七〕,山寒夜中泣。

〔一〕此詩亦乾元二年赴同谷紀行詩之一。龍門鎮:在今甘肅省兩當縣和成縣之間。《大清一統志》:"甘肅秦州:又同谷縣有府城、西安二鎮。《元統志》:'府城鎮,本龍門鎮,後改。'"

〔二〕輕冰:即薄冰。沮洳(jū rù):水浸濕之地。《詩·魏風·汾沮洳》:"彼汾沮洳。"孔穎達疏:"潤澤之處。"棧道:陡山間架木通人之路。兩句言棧道爲細泉薄冰浸濕,濘滑難行。

〔三〕短景:冬季日短,故云。景,同"影"。

〔四〕石門:即龍門。雲雪:一本作"雲雷",又一本作"雪雲"。隘:險要狹窄之處。左思《蜀都賦》"阻以石門"注:"石門在漢中之西,褒中之北,此二處蜀之險隘於是在焉。"古鎮:即龍門鎮。集:環繞湊集。

〔五〕旌竿:軍旗竿。澀:武器銹鈍,此處兼有因天寒而抽動不靈意。兩句謂戍卒營中的軍旗因日暮益見慘淡,山間荒鎮,風寒水冷,白刃亦爲之澀。

〔六〕胡馬:指史思明叛兵。成皋:即今河南省滎陽縣西北汜水鎮,爲秦末楚、漢對峙處。乾元二年九月,史思明復陷東京及齊、汝、鄭、滑四州後,成皋爲胡兵所據。防虞:即防患。此:指龍門鎮。叛兵屯於洛陽,唐軍卻戍守於此,遠不相及。故有"何及"之嘆。譏軍事部署之不當也。

〔七〕遠戍人:戍守龍門的士卒。

石　龕〔一〕

熊羆咆我東,虎豹號我西〔二〕。我後鬼長嘯,我前狨又
啼〔三〕。天寒昏無日,山遠道路迷。驅車石龕下,仲冬見虹
霓〔四〕。"伐竹者誰子?悲歌上雲梯〔五〕。""爲官採美箭,五
歲供梁齊〔六〕。"苦云"直幹盡,無以應提攜〔七〕。"奈何漁陽
騎,颯颯驚蒸黎〔八〕!

〔一〕此詩亦乾元二年赴同谷紀行詩之一。石龕(kān):鑿山壁
而成,内塑仙佛形像的石窟。此處當指麥積山石窟。《大清一統志》:
"甘肅秦州:麥積山在州東南八十里,……周大都督李允信,於南崖梯
雲鑿道,造七佛龕。庾信爲銘。"庾信有《秦州天水郡麥積崖佛龕銘》。

〔二〕熊羆兩句:本於曹操《苦寒行》:"熊羆對我蹲,虎豹夾路
啼。"形容山石險惡可怕。羆,熊的一種,體形較熊大。

〔三〕鬼:山鬼,山中的精怪。狨(róng):猿的一種,尾金黄色,俗
稱金絲猴。《重修政和證類本草》卷十八:"五種陳藏器餘:狨,生山南
山谷中,似猴而大,毛長,黄赤色,人將其皮作鞍褥。"兩句本於劉琨
《扶風歌》:"麇鹿游我前,猿猴戲我側。"形容山路陰森恐怖。

〔四〕見虹霓:仲冬本不應見虹霓,此言山區氣候異常。

〔五〕雲梯:爲攀高所設的梯架,或指直上高山的石級路。李白
《夢游天姥吟留别》:"腳著謝公屐,身登青雲梯。"兩句爲詩人問詞。

〔六〕爲官:供官家之需。箭:可作箭桿的竹子。五歲:自天寶十

四載安、史亂起,至乾元二年寫此詩時,前後約五年。梁、齊:指今河南、山東一帶。當時與叛軍作戰的主要地區。兩句爲伐竹者答話。

〔七〕苦云:極口稱説。簳(gǎn):一種適於做箭桿的小竹。一本作"笴"。仇兆鰲注引《大清一統志》言漢陰縣的箭簳山産箭竹。按:漢陰縣在漢中府,與作者所經的秦州甚遠,此當寫秦州箭簳谷。《大清一統志》:"甘肅秦州:箭簳谷在清水縣東南。《寰宇記》:'縣有箭簳谷,去縣六十里,妲娌水出焉,下合白沙川入天河。'"應提攜:即應徵納。應,一本作"充",義同。

〔八〕漁陽騎:指安、史叛軍。其部屬皆漁陽突騎。颯颯:風聲。形容叛亂帶來的騷擾。蒸黎:見前《無家別》注。

鳳凰臺〔一〕

亭亭鳳凰臺,北對西康州〔二〕。西伯今寂寞,鳳聲亦悠悠〔三〕。山峻路絶蹤,石林氣高浮〔四〕。安得萬丈梯,爲君上上頭?恐有無母雛,飢寒日啾啾〔五〕。我能剖心血,飲啄慰孤愁〔六〕。心以當竹實,炯然無外求〔七〕。血以當醴泉,豈徒比清流〔八〕?所重王者瑞,敢辭微命休〔九〕?坐看綵翮長,舉意八極周〔一〇〕。自天銜瑞圖,飛下十二樓〔一一〕。圖以奉至尊,鳳以垂鴻猷〔一二〕。再光中興業〔一三〕,一洗蒼生憂。深衷正爲此,群盜何淹留〔一四〕?

〔一〕此詩亦乾元二年赴同谷紀行詩之一。鳳凰臺:山名,在同谷縣東南十里。《大清一統志》：“甘肅秦州：鳳凰山在成縣東南。《水經注》：‘鳳溪水，上承蜀水於廣業郡，南逕鳳溪，中有二石雙高，其形若闕，漢世有鳳凰栖其上，故謂之鳳凰臺。’”原注：“山峻，人不至高頂。”此詩與其言紀行，無寧爲抒發關懷國家命運的感懷之作。

〔二〕亭亭：高聳貌。曹丕《雜詩》：“西北有浮雲，亭亭如車蓋。”西康州：即同谷縣。武德初年置西康州，貞觀初年改西康州爲同谷縣，屬成州。鳳凰臺在同谷的東南，故云“北對”。

〔三〕西伯：即周文王。文王曾被商紂封爲西伯。寂寞：無聲。《淮南子·俶真訓》：“虛無寂寞。”此指死亡。悠悠：遙遠貌。傳説周文王時，有鳳鳴於岐山。鳳鳴被視爲國家祥瑞的象徵。浦起龍云：“西伯二句，爲一篇命脈。兹臺非岐山鳴處，公特因臺名想到鳳聲，因鳳聲想到西伯。先將注想太平之意，於此逗出。”文王亡、鳳聲渺，喻現實已非太平盛世。

〔四〕山峻二句：正寫“山峻，人不至高頂”。石林：陡峭的石峰林立。

〔五〕啾啾：鳥鳴聲。漢樂府《隴西行》：“鳳凰鳴啾啾，一母將九雛。”一本作啁啾。詩人想像山上有無母之鳳雛，因飢寒每日啼叫。

〔六〕能：猶“得”。李白《上李邕》詩：“宣父猶能畏後生。”言孔子還得畏後生。我能，猶我得，我應。飲啄：任其飲啄，指飲血啄心。孤愁：指無母雛之孤悽。

〔七〕竹實：即竹米。竹不常開花，尤難結實，所以珍貴。《莊子·秋水》：“夫鵷鶵（鳳類鳥）……非練實不食，非醴泉不飲。”炯然：顯然。無外求：以心爲食，不需別求。

〔八〕醴泉：甘泉。《禮記·禮運》：“天降甘露，地出醴泉。”豈徒句：言更勝於清流。

〔九〕王者瑞：鳳凰現是王者的祥瑞。兩句謂因保護國家祥瑞，甘願捨棄生命。喻甘爲天下太平竭力。

〔一〇〕坐看：猶將見。韓愈《石鼓歌》："觀經鴻都尚填咽，坐見舉國來奔波。"彩翮：色彩美麗的羽翼。舉：一本作"縱"。舉意，猶放懷。八極：八方極遠之地。《淮南子‧墜形訓》："天地之間，九州八極。"八極周，即周游四面八方。

〔一一〕瑞圖：傳說中的圖籙，即神仙的策命。《春秋元命苞》："黃帝游玄扈、洛水之上，……鳳皇銜圖置帝前。帝再拜受圖。"十二樓：神仙所居。《十洲記》："崑崙山三角，……其一角有積金爲天墉城，而方千里，城上安金臺五所，玉樓十二所。"

〔一二〕至尊：古代稱皇帝曰"至尊"。垂鴻猷（yóu）：大功業垂於後世。

〔一三〕光：通"廣"，發揚之意。

〔一四〕深衷：猶深意。正：一本作"止"。群盜：指安、史餘孽。淹留：久留。兩句謂甘願剖心血以爲鳳雛飲啄，深衷實在中興唐室，解民倒懸。今安、史之亂長期不能平定，其故何在？暗寓對朝廷及諸將的不滿。王嗣奭云："公因鳳凰臺之名，無中生有，雖鳳雛無之，而所抒寫者實心血也。"

乾元中寓居同谷縣作歌七首〔一〕

有客有客字子美，白頭亂髮垂過耳〔二〕。歲拾橡栗隨狙公，天寒日暮山谷裏〔三〕。中原無書歸不得，手腳凍皴皮肉死〔四〕。嗚呼一歌兮歌已哀，悲風爲我從天來〔五〕！

〔一〕此題七章,合爲一組,爲乾元二年十一月所作。是年杜甫攜眷由秦州至同谷縣寄居。《舊唐書》本傳:"時關畿亂離,穀食踊貴,甫寓居成州同谷縣,自負薪採梠,兒女餓殍者數人。"七章結構相同,叙事之後,末兩句感慨悲歌。體制頗似《胡笳十八拍》。

〔二〕有客:語出《詩·周頌·有客》:"有客有客,亦白其馬。"子美,杜甫的字。亂:一本作"短"。

〔三〕橡栗:見前《北征》注。古時歲饑,亦有人以橡栗爲食。《後漢書·李恂傳》:"時歲荒,……徙居新安關下,拾橡實以自資。"狙(jū)公:養猴人。狙,獼猴。《莊子·齊物論》:"狙公賦芧曰:'朝三而暮四。'衆狙皆怒。曰:'然則朝四而暮三。'衆狙皆悦。"芧,即橡子。

〔四〕中原:指洛陽故鄉。皴(cūn):皮膚因受凍而坼裂。死:言失去知覺。

〔五〕已哀:一本作"獨哀"。悲風句:言天地亦助人之愁。

其二

長鑱長鑱白木柄,我生託子以爲命[一]! 黃獨無苗山雪盛,短衣數挽不掩脛[二]。此時與子空歸來,男呻女吟四壁靜[三]。嗚呼二歌兮歌始放,閭里爲我色惆悵[四]!

〔一〕長鑱(chán):鐵制的長柄農具。《農政全書》謂係踏田器,柄長三尺餘,後偃而曲,上有橫木如拐,以兩手按之,用腳踏後跟,其鋒入土,乃捩柄以起。子:指長鑱。

〔二〕黃獨:野生芋類,根惟一顆而色黃,故名。一本作"黃精",爲藥用植物。以救飢論,當以黃獨爲是。數(shuò):頻、屢。脛:膝以下至踝上之骨;此處指小腿。兩句言黃獨苗爲山雪所掩,倍覺難覓;雪中不得不頻挽衣裾，短衣遂不能掩蓋小腿。

〔三〕此時句：言無所獲而荷鑱空歸。四壁：《史記·司馬相如傳》："家居徒四壁立。"

〔四〕放：放聲歌唱。閭里：鄉里。里，一本作"鄰"。

其三

有弟有弟在遠方，三人各瘦何人强〔一〕？生別展轉不相見，胡塵暗天道路長〔二〕。東飛駕鵝後鶖鶬，安得送我置汝旁〔三〕！嗚呼三歌兮歌三發〔四〕，汝歸何處收兄骨？

〔一〕有弟：蔡夢弼云："趙傁《詩史》云：公四弟，曰穎、曰觀、曰豐、曰占，各在他郡，惟占從公入蜀。公劍外有《占歸草堂》曰：久客應吾道，相隨獨爾來。"在遠方：《陳書·虞荔傳》："時荔第二弟寄寓於閩中，依陳寶應，荔每言之輒流涕。文帝哀而謂曰：'我亦有弟在遠，此情甚切，他人豈知。'"杜甫蓋化用此意。一本作"各一方"。何人强：言皆境遇不佳。

〔二〕展轉：漢樂府《飲馬長城窟行》："他鄉各異縣，展轉不可見。"胡塵：指安禄山叛亂。道路長：《詩·秦風·蒹葭》："道阻且長。"

〔三〕駕（jiā）鵝：野鵝，似雁而大於雁。司馬相如《子虛賦》："弋白鵠，連駕鵝。"鶖（qiū）：禿鶖。鶬（cāng）：鶴類，毛蒼色。《楚辭·大招》："鵾鴻群晨，雜鶖鶬只。"

〔四〕三發：猶三唱。

其四

有妹有妹在鍾離，良人早殁諸孤癡〔一〕。長淮浪高蛟龍怒，

十年不見來何時〔二〕？扁舟欲往箭滿眼，杳杳南國多旌
旗〔三〕。嗚呼四歌兮歌四奏，林猿爲我啼清晝〔四〕！

〔一〕有妹：杜甫有妹嫁韋氏，早已喪夫寡居。其《元日寄韋氏
妹》詩：“近聞韋氏妹，迎在漢鍾離。”鍾離：《元和郡縣志》：“河南道濠
州：春秋時爲鍾離子之國。……秦并天下，屬九江郡，漢置鍾離縣，復
隸九江郡，晉立爲鍾離郡。”故城在今安徽省鳳陽縣東北。即臨淮關。
良人：指丈夫。《詩·唐風·綢繆》：“今夕何夕，見此良人。”孤：無父
曰孤。癡：幼稚，不懂事。

〔二〕長淮：即淮水。鍾離在淮水南岸，故云。蛟龍怒：形容水路
艱險。來何時：言晤面無期。時，一本作“遲”，非。

〔三〕箭滿眼：戰火滿目。杳杳：深遠貌。《楚辭·九章·懷沙》：
“眴兮杳杳，孔靜幽默。”南國：南方。多旌旗：言戰爭不已。《通鑑》卷
二二一，乾元二年：“八月乙巳，襄州將康楚元、張嘉延據州作亂，刺史
王政奔荊州，楚元自稱南楚霸王。”又“九月甲午，張嘉延襲破荊州，荊
南節度使杜鴻漸棄城走，澧、朗、郢、峽、歸等州官吏聞之，爭潛竄山
谷。”兩句謂四方不寧，難以探望。

〔四〕林猿句：猿本夜啼，現竟白晝而啼，可見自己悲哀至極，連林
猿亦爲之感動。

其五

四山多風溪水急，寒雨颯颯枯樹濕〔一〕。黃蒿古城雲不開，
白狐跳梁黃狐立〔二〕。我生何爲在窮谷？中夜起坐萬感
集〔三〕！嗚呼五歌兮歌正長，魂招不來歸故鄉〔四〕！

〔一〕雨：一本作“風”，非，風焉能使枯樹濕？颯颯：風吹雨聲。

〔二〕黃蒿：野生植物。多生長在原野和水邊，高三四尺。《胡笳十八拍》：“塞上黃蒿兮，枝枯葉乾。”古城：指同谷，古白馬之谷。雲不開：雲霧晦冥。白：一本作“玄”。跳梁：猶跳踉、跳躍。《莊子·逍遥游》：“子獨不見夫狸狌乎？……東西跳梁，不辟高下。”古城蒿滿，狐狸無忌憚地跳躍，説明人烟稀少。

〔三〕窮谷：同谷縣在四山環抱之中，故云。中夜句：阮籍《詠懷》：“中夜不能寐，起坐彈鳴琴。”

〔四〕長：長歌當哭。魂招不來：《楚辭·招魂》：“魂兮歸來，反故居些。”此處反用其意，言欲招魂同歸故鄉，而魂已驚散，招之不來。

其六

南有龍兮在山湫，古木巃嵸枝相樛〔一〕。木葉黃落龍正蟄，蝮蛇東來水上游〔二〕。我行怪此安敢出？拔劍欲斬且復休〔三〕。嗚呼六歌兮歌思遲，溪壑爲我迴春姿〔四〕！

〔一〕湫（qiū）：崖下水潭。上有懸瀑的稱龍湫、龍潭。此指萬丈潭。《大清一統志》：“甘肅階州：《方輿勝覽》：萬丈潭在縣（即同谷縣）東南七里，相傳曾有黑龍自潭飛出。”杜集中《萬丈潭》詩，有“清溪合冥寞，神物有顯晦。龍依積水蟠，窟壓萬丈内”之句，即寫其神異景象。巃嵸（lóng sǒng）：高峻貌。司馬相如《上林賦》：“崇山矗矗，巃嵸崔巍。”樛（jiū）：交纏、糾結。《儀禮·喪服》：“不樛垂。”注曰：“不樛垂者，不絞其帶之垂者。”寫龍潭上面古樹高聳，枝幹互相糾結。

〔二〕龍正蟄：龍在潛屈。以暗喻唐王朝的萎頓。蝮蛇：響尾蛇科毒蛇。杜詩《有懷台州鄭十八司户》：“蝮虵長如樹。”東來：喻是年九月史思明自范陽引兵渡河,横行河南一帶。

〔三〕我行兩句:言驚怪蝮蛇游於湫的反常現象,已欲拔劍斬之又復躊躇而止,暗寓雖有濟世之心,但不在其位,力不從心。

〔四〕歌思:猶樂思、詩情。遲:婉轉舒緩。一本作"怨遲遲"。迴春姿:吳見思云:"前五歌意俱竭,此則不得不遲,遲則從容婉轉,谿壑亦若迴春,窮而必變,天之道也。"

其七

男兒生不成名身已老,三年飢走荒山道〔一〕。長安卿相多少年,富貴應須致身早〔二〕。山中儒生舊相識,但話宿昔傷懷抱〔三〕。嗚呼七歌兮悄終曲,仰視皇天白日速〔四〕!

〔一〕身已老:杜甫是年四十八歲,爲苦難所磨,心境衰老。三年:見前《鐵堂峽》注。一本"十年",非。飢走荒山道:指輾轉於秦州、同谷荒山窮谷之間,在飢餓中奔走。

〔二〕長安句:指肅宗朝宦官弄權,排斥老臣,援引新進。富貴句:言欲取得富貴,須及早以身營求。兩句蓋憤激之詞,感慨直道而行,不合時宜。

〔三〕舊相識:此山中儒生或以爲即李十一銜。杜甫晚年詩《長沙送李十一》:"與子避地西康州。"西康即同谷。宿昔:猶"夙昔"、"疇昔",即生平。謝朓《和王主簿季哲怨情》:"生平一顧重,宿昔千金賤。"周弘正《學中早起聽講》:"平生愛山海,宿昔特精微。"庾信《和張侍中述懷》:"疇昔逢知己,生平荷恩渥。""夙宿"、"宿昔"、"疇昔"與"平生"、"生平"均互文。傷懷抱:感慨傷懷。

〔四〕悄終曲:默默地停止吟唱。白日速:光陰流逝迅捷。首章和末章皆歸結到天,蓋無奈何而呼天之意。

水會渡〔一〕

山行有常程,中夜尚未安〔二〕。微月沒已久,崖傾路何難〔三〕!大江動我前,洶若溟渤寬〔四〕。篙師暗理楫,歌笑輕波瀾〔五〕。霜濃木石滑,風急手足寒〔六〕。入舟已千憂,陟巘仍萬盤〔七〕。迥眺積水外,始知衆星乾〔八〕。遠游令人瘦,衰疾慚加餐〔九〕。

〔一〕乾元二年十二月作。杜甫自同谷赴成都,沿途作紀行詩十二首,此爲其一。水會渡:嘉陵江上游渡口。浦起龍云:“《一統志》:嘉陵江過略陽,會東谷等水,恐即此處。”會:一本作“回”。

〔二〕常程:固定的里程。安:安頓。言山路難行,半夜尚未完成一日應走的里程。

〔三〕微月:新月。傅玄《雜詩三首》:“微月出西方。”崖傾:山崖傾斜。丘遲《旦發漁浦潭》:“崖傾嶼難傍。”兩句寫黑夜山行的艱險。

〔四〕大江:指嘉陵江。《水經·漾水注》:“漢水又南入嘉陵道而爲嘉陵水。”動:一本作“當”。用“動”字,夜景才歷歷如見。洶:水湧貌。句意爲大江洶湧,寬若蒼海。

〔五〕篙師:船夫。理楫:使樂行舟。劉孝綽《太子泝落日望水》:“榜人夜理檝。”輕:輕視,不畏。

〔六〕急:一本作“烈”。

〔七〕陟巘(yǎn):登山。《詩·大雅·公劉》:"陟則在巘。"毛傳:
"小山,別於大山也。"盤:通"蟠",曲折。萬盤,猶千迴萬轉。兩句言
舟行已飽受憂懼,登山仍須經歷艱辛。

〔八〕積水:積聚之水,指嘉陵江。王嗣奭云:"及陟巘而迴眺積水
極於有星之處,始知其乾,若無衆星,竟不知水之所際矣。"此句上承
"溟渤寬"意。

〔九〕慚加餐:本應努力加餐,但慚愧老病而未能。

劍 門〔一〕

惟天有設險,劍門天下壯〔二〕。連山抱西南,石角皆北
向〔三〕。兩崖崇墉倚,刻畫城郭狀〔四〕。一夫怒臨關,百萬
未可傍〔五〕。珠玉走中原,岷峨氣悽愴〔六〕。三皇五帝前,
雞犬各相放〔七〕。後王尚柔遠,職貢道已喪〔八〕。至今英雄
人,高視見霸王〔九〕。并吞與割據〔一〇〕,極力不相讓。吾將
罪真宰,意欲鏟疊嶂〔一一〕!恐此復偶然,臨風默惆悵〔一二〕。

〔一〕此詩亦自同谷去成都沿途所作的十二首紀行詩之一。意在
勸戒朝廷慎選治蜀之人,免生事端。朱鶴齡云:"蜀爲財賦所出,自明
皇臨幸,供給不貲,民力盡而寇盜乘之,晉李特流人之禍可爲明鑒。此
詩故有岷、峨悽愴與英雄割據之慮也。"亦即"西蜀地形天下險,安危
須仗出群才。"(《諸將》)與李白《蜀道難》"所守或非人,化爲狼與豺"
同意。劍門:一名劍閣,山名。在今四川省劍閣縣北大劍山、小劍山之

間。《大清一統志》:"四川保寧府:大劍山在劍州北二十五里。其山削壁中斷,兩崖相嵌,如門之闢,如劍之植,故又名劍門山。"

〔二〕惟:發語詞。天有設險:天造地設的險要。門:一本作"閣"。

〔三〕連山:指小劍山和大劍山相連。抱:環繞。蜀地在全國與京城長安言,均位於西南,故云"抱西南"。石角句:言險峻之處北向,可據而頑抗京師。

〔四〕崇墉:高峻的城牆。刻畫:猶言生就之形勢。《水經・漾水注》:"連山絕險,飛閣通衢。"可以想見形勢的險要。

〔五〕臨關:當關、守關。傍:靠近。張載《劍閣銘》:"一夫荷戟,萬夫趑趄。"李白《蜀道難》:"一夫當關,萬夫莫開。"

〔六〕珠玉:一本作"玉帛"。中原:古稱黃河流域中下游曰"中原"。此處指劍門以北唐王朝心臟地區。句意言唐王朝對蜀民的剝削。《韓詩外傳》卷六:"夫珠出於江海,玉出於崑山,無足而至者,猶(同由)主君之好也。"此句用一"走"字,正化用《韓詩外傳》語意。岷峨:岷山、峨眉山,均在蜀境。句意謂蜀民被剝削之慘,岷峨亦爲之悽愴。

〔七〕三皇五帝:古代傳說中的帝王。三皇,指燧人、伏羲、神農。五帝,指黃帝、顓頊、帝嚳、堯、舜。各相放:相,一本作"自"。放,畜養。言民無驚擾,各得安居。仇兆鰲以爲係指上古時蜀與中國不通,猶《老子・獨立》所云"鄰國相望,雞犬之聲相聞,民至老死不相往來"意。

〔八〕後王:指夏、商、周三代的君王。柔遠:對遠方實行懷柔政策。職貢:賦稅和貢品。《周禮・夏官・大司馬》:"施貢分職。"兩句謂後王雖對遠地懷柔,但其設官受貢,已失柔遠本意,且開後世苛捐猛徵之漸。蓋暗諷唐王朝剝削之烈。

〔九〕今:一本作"令"。英雄人:指地方割據勢力。高視句:言高視闊步,稱王稱霸。

〔一〇〕并吞:指王。統一天下曰"王"。賈誼《過秦論》:"并吞八荒之心。"割據:指霸,逞强於一隅曰"霸"。陸機《辯亡論上》:"遂割據山川,跨制荆吴,而與天下爭衡矣。"

〔一一〕罪真宰:歸罪於天。古人以天主宰萬物,故稱天曰"真宰"。鏟疊嶂:削平重疊的山巒。

〔一二〕復偶然:言憑險割據之事,復將偶然而有。默:一本作"黯"。

成都府〔一〕

翳翳桑榆日,照我征衣裳〔二〕。我行山川異,忽在天一方。但逢新人民,未卜見故鄉〔三〕。大江東流去,游子日月長〔四〕。曾城填華屋,季冬樹木蒼〔五〕。喧然名都會,吹簫間笙簧〔六〕。信美無與適,側身望川梁〔七〕。鳥雀夜各歸,中原杳茫茫〔八〕。初月出不高,衆星尚爭光〔九〕。自古有羈旅,我何苦哀傷〔一〇〕!

〔一〕此詩爲乾元二年十二月末初自同谷抵達成都時作。亦即此行十二首紀行詩之末章。成都府:《元和郡縣志》:"劍南道成都府:天寶元年,改蜀郡大都督府。十五年,玄宗幸蜀,改爲成都府。"即今四川省成都市。

〔二〕翳翳:光影曚曨貌。陶淵明《歸去來辭》:"景翳翳以將入。"

桑榆：《後漢書·馮異傳》：“可謂失之東隅，收之桑榆。”東隅指日出
處，桑榆指日落處。兩句化用阮籍《詠懷》“灼灼西隤日，餘光照
我衣。”

〔三〕新人民：新地初睹之人。未卜句：言故鄉洛陽戰亂未平，何
時能歸，未可預料。蓋詩人初至一地，不免懷鄉，故觸景而及也。

〔四〕大江：即岷江。岷江繞府城西北，轉而東南流，故云“東流”。
謝朓《暫使下都夜發新林至京邑贈西府同僚》：“大江流日夜。”日月
長：言漂泊之久。一本作“去日長”。

〔五〕曾（céng）城：即重城。陸機《前緩聲歌》：“高會層城阿。”成
都有大城、少城，故云。填：布滿。季冬：十二月。十二月樹木猶青，足
見成都氣候温暖。

〔六〕喧然：喧嘩熱鬧。左思《蜀都賦》：“金城石郭，兼市中區，既
麗且崇，實號成都。”即寫成都繁榮的盛況。間（jiàn）：夾雜。笙：古樂
器名，有十三管。簧：樂器中發音的薄葉。《詩·小雅·鹿鳴》：“吹笙
鼓簧。”此化用其意。

〔七〕信：誠，確。此處有“雖”字義。無與適：無處可稱心。用王
粲《登樓賦》“雖信美而非吾土兮”之意，言異鄉雖好，總不如鄉關之稱
心。川梁：河橋。可能指成都城南的萬里橋。暗示希望乘舟東出返歸
中原之意。

〔八〕鳥雀兩句：以鳥雀猶知歸巢，因興中原遼遠之歸思。張遠
云：“公初至成都，而輒動鄉關之思，所謂‘成都萬事好，不如歸吾
廬’也。”

〔九〕初月兩句：暗寓“肅宗初立，盜賊未息也”。（見王應麟《困
學紀聞》卷十八）

〔一〇〕羈旅：客居、寄寓。兩句謂客居異鄉者自古而有，我何必無
休止地悲傷如此？反用阮籍《詠懷》詩“羈旅無儔匹，俛仰懷哀傷”句，

作自我寬慰之詞。朱鶴齡云：“此詩語意，多本阮公《詠懷》。公云‘熟精文選理’，於此益信。”

憑何十一少府邕覓榿木栽[一]

草堂塹西無樹林，非子誰復見幽心[二]？飽聞榿木三年大，與致溪邊十畝陰[三]。

　　〔一〕此詩爲上元元年（七六〇）春所作。杜甫乾元二年歲末至成都，初暫住城西浣花溪寺。另於浣花溪畔覓隙地營建草堂，以詩代柬向各處尋求樹秧。憑：藉，託。何十一：即何邕。他曾任利州綿谷縣（今四川省廣元縣）尉。少府：見前《奉先劉少府新畫山水障歌》注。榿（qī）：蜀地生長的一種樹木。蔡夢弼云：“《蜀中記》：玉壘以東多榿木，易成而可薪，美陰而不害。”

　　〔二〕塹（qiàn）：護城河，指草堂側的浣花溪。非子句：謂惟何邕能解幽居渴需樹木之心。

　　〔三〕飽聞：熟聞、早聞。杜甫《龍門閣》：“飽聞經瞿塘，足見度大庾。”三年大：《益部方物略記》：“（榿木）蜀所宜，民家蒔之，不三年，材可倍常，薪之。疾種亟取，里人以爲利。”與致：爲我覓取。

憑韋少府班覓松樹子栽[一]

落落出群非櫸柳，青青不朽豈楊梅[二]？欲存老蓋千年意，爲覓霜根數寸栽〔三〕！

〔一〕此詩亦上元元年春經營草堂時所作。韋班：時爲涪江縣尉，故稱“少府”。杜集有《涪江泛舟送韋班》詩。

〔二〕落落：稀疏貌。孫綽《游天台山賦》：“蔭落落之長松。”櫸（jū）柳：即柜柳，高如松樹，但易凋謝。青青：指顔色。《古詩十九首》：“青青陵上柏。”楊梅：常緑樹，雖如松樹之經冬不凋，但枝幹低矮。

〔三〕老蓋：段成式《酉陽雜俎》謂松樹千年始平頂偃蓋，故稱“老蓋”。句意謂松苗雖小，亦能令人作老蓋千年之想。霜根：松苗。王僧達《和琅邪王依古》：“仲秋邊風起，孤蓬卷霜根。”數寸：吳均《贈王桂陽》：“松生數寸時，遂爲草所没。未見籠雲心，誰知負霜骨。”此詩通篇不露“松”字，但句句皆寫松。

堂　成〔一〕

背郭堂成蔭白茅，緣江路熟俯青郊〔二〕。榿林礙日吟風葉，籠竹和烟滴露梢〔三〕。暫止飛鳥將數子，頻來語燕定新巢〔四〕。旁人錯比揚雄宅，懶惰無心作《解嘲》〔五〕。

〔一〕此詩上元元年暮春草堂初建成時所作。抒發久經播遷後，暫得安身之所的欣喜心情。

〔二〕背郭：猶“負郭”。《史記·陳丞相世家》：“家乃負郭窮巷。”草堂在成都近郊七里，故云。蔭白茅：白茅覆蓋屋頂，猶白屋。《漢書·吾丘壽王傳》：“三公有司，或由窮巷，起白屋，裂地而封。”顔師古注：“白屋，以白茅覆屋也。”江：指錦江。草堂臨近流經成都西南的錦江。俯青郊：草堂地勢較高，下臨郊原。

〔三〕橙：見前《憑何十一少府邕覓橙木栽》注。礙日：蔽日。庾肩吾《蔬圃堂》：“疏林不礙日，涸浦暫通潮。”吟風葉：“葉吟風”的倒詞，王勃《秋日仙游觀贈道士》：“野花常捧露，山葉自吟風。”籠竹：朱鶴齡云：“竹有數種，節間容八九寸者曰籠竹，一尺者曰苦竹，弱梢垂地者曰釣絲竹。”滴露梢：“梢滴露”的倒詞。

〔四〕止：棲息。《詩·小雅·綿蠻》：“綿蠻黃鳥，止於丘隅。”將：攜。數子：指雛鳥。語燕：喃呢啼囀的紫燕。詩人以飛鳥、語燕暗寓攜妻子卜居草堂之樂。

〔五〕揚雄：見前《奉贈韋左丞丈二十二韻》注。揚雄宅：《大清一統志》：“四川成都府：揚雄宅……在成都少城西南角，一名草元堂。”揚雄曾在此著《太玄經》，故名。惰：一本作“慢”。解嘲：用揚雄故事。《漢書·揚雄傳》：“哀帝時，丁、傅、董賢用事，諸附離之者或起家至二千石。時雄方草《太玄》，有以自守，泊如也。或嘲雄以玄尚白，而雄解之，號曰《解嘲》。”揚雄居於成都，故以自況。言自己雖不爲人理解，但懶於像揚雄那樣作文以表明心境。

卜　居 〔一〕

浣花溪水水西頭，主人爲卜林塘幽〔二〕。已知出郭少塵事，更有澄江銷客愁〔三〕。無數蜻蜓齊上下，一雙鸂鶒對沉浮〔四〕。東行萬里堪乘興，須向山陰入小舟〔五〕。

〔一〕此詩亦上元元年春所作。是時卜居草堂，幽閒自得。詩題取自屈原《卜居》。

〔二〕浣花溪：《大清一統志》：“四川成都府：浣花溪在成都縣西五里。《方輿勝覽》：一名百花潭。”主人：未詳何人。趙次公云：“或地主或所館置之人。”卜：選擇。

〔三〕出郭：堂在城外。塵事：應酬俗務。陶淵明《辛丑歲七月赴假還江陵夜行塗口》：“閒居三十載，遂與塵事冥。”澄江：指錦江。趙次公云：“公之居在浣花溪水西岸江流曲處。”

〔四〕鸂鶒(xī chì)：水鳥名。形體似鴛鴦而稍大，羽毛五彩而呈紫色，又名紫鴛鴦。齊上下、對沉浮：形容蟲鳥閒適之狀。

〔五〕東行萬里：指遠去吳會。《元和郡縣志》：“劍南道成都府：萬里橋架大江水，在縣南八里。蜀使費禕聘吳，諸葛亮祖之。禕嘆曰：萬里之路，始於此。橋因以爲名。”乘興：用《世說新語》王子猷雪夜泛舟訪戴安道故事，王子猷至門而不入，“人問其故，曰：‘吾本乘興而行，興盡而返。’”因事在山陰剡溪，故下句有“山陰”云云。入，一本作“上”。黃生云：“此故爲放言以豁其胸次，非真欲遠行也。”

蜀　相〔一〕

丞相祠堂何處尋？錦官城外柏森森〔二〕。映階碧草自春色，隔葉黃鸝空好音〔三〕。三顧頻煩天下計，兩朝開濟老臣心〔四〕。出師未捷身先死〔五〕，長使英雄淚滿襟。

〔一〕上元元年春在成都游武侯祠時所作。蜀相：即諸葛亮。建安二十六年,劉備在蜀即帝位,册諸葛亮爲丞相。

〔二〕丞相祠:即武侯祠。在今成都市南門外,與劉備合廟而祀。《大清一統志》:"四川成都府:《方輿勝覽》:武侯廟在府城西北二里。武侯初亡,百姓遇朔節,各私祭於道中,李雄始爲廟於少城内。"所記兩地,均與現址不符。錦官城:成都以産錦著名,古代曾在此設官專理其事。《華陽國志·蜀志》:"蜀郡西城,故錦官也。錦江,織錦濯其中則鮮明,他江則不好,故命曰錦里也。"森森:繁密貌。潘岳《懷舊賦》:"柏森森以植。"武侯祠前有柏一株,傳係諸葛亮手植。《儒林公議》:"成都劉備廟側有諸葛武侯祠,前有大柏,圍數丈,唐相段文昌有詩石刻在焉。"

〔三〕自春色:自呈春色。空好音:空作好音。何遜《行經孫氏陵》:"山鶯空曙響,隴月自秋暉。"此化用其意。形容冷落荒涼。

〔四〕三顧:諸葛亮隱居隆中山(今湖北省襄陽縣西二十里),劉備三請方出。諸葛亮《出師表》:"三顧臣於草廬之中。"顧:訪問。頻煩:屢次煩勞。煩,一本作"繁"。天下計:指諸葛亮《隆中對》中的"東連孫權,北抗曹操,西取劉璋"方針。兩朝:指劉備、劉禪父子兩朝。開濟:開創匡濟。

〔五〕出師:指伐魏。身先死:《三國志·蜀書·諸葛亮傳》:"(建興)十二年(二三四)春,亮悉大衆由斜谷出,以流馬運,據武功五丈原,與司馬宣王對於渭南。亮每患糧不繼,使己志不伸,是以分兵屯田,爲久住之基。……相持百餘日。其年八月,亮疾病,卒於軍中。"五丈原,在今陝西省眉縣西南。

爲　農〔一〕

錦里烟塵外〔二〕,江村八九家。圓荷浮小葉,細麥落輕花〔三〕。卜宅從兹老,爲農去國賒〔四〕。遠慚勾漏令,不得問丹砂〔五〕。

〔一〕上元元年春卜居草堂後作。寫他閒靜中領略自然界的佳趣。爲農:猶務農。

〔二〕錦里:見前《蜀相》注。烟塵:戰火。《胡笳十八拍》:"烟塵蔽野兮胡虜盛。"是時安、史之亂未平,兵戈遍地,成都獨安靖。王嗣奭云:"首句烟塵外,爲一詩之骨。"

〔三〕落,一本作"墮"。

〔四〕國:指國都長安。顏延之《和謝監靈運》:"去國還故里。"賒:遠。兩句言務農終老而遠離京國。暗喻避地不復求仕進。

〔五〕勾漏令:指晉葛洪。見前《贈李白》注。勾漏:山名。在今廣西壯族自治區北流縣東北十五里,其巖穴勾曲穿漏,故名。丹砂:見前《贈李白》注。葛洪猶得以煉丹爲名求爲勾漏令,己則僅能以務農爲生,即煉丹的藉口亦不能向朝廷陳説,朝廷亦不過問。謔語亦係憤語。

賓　至〔一〕

幽棲地僻經過少,老病人扶再拜難〔二〕。豈有文章驚海内,漫勞車馬駐江干〔三〕。竟日淹留佳客坐,百年粗糲腐儒餐〔四〕。不嫌野外無供給,乘興還來看藥欄〔五〕。

〔一〕上元元年在成都草堂時作。一本題作"有客"。此客不詳爲誰,但據“漫勞車馬”句,似係達官貴人。

〔二〕經過少:過訪的人少。再拜:古代的一種禮節,先後拜兩次,表示隆重。

〔三〕海内:四海之内,猶天下。漫勞:即徒勞、枉勞。江干:范雲《之零陵郡次新亭》:“江干遠樹浮。”干:水涯。

〔四〕淹留:久留,此處有“挽留”意。百年:猶終身、一生。粗糲(lì):即糙米。《史記·刺客列傳》:“竊聞足下義甚高,故進百金者,將用爲大人粗糲之費。”腐儒:迂腐無用的儒生。《荀子·非相》:“《易》曰:‘括囊,無咎無譽。’腐儒之謂也。”杜甫自謂。

〔五〕供給:猶言款待。藥欄:錢謙益云:“藥欄,花藥之欄檻也。”兩句既致歉意,復邀客重來。

狂　夫 ^{〔一〕}

萬里橋西一草堂,百花潭水即滄浪^{〔二〕}。風含翠篠娟娟淨,雨裛紅蕖冉冉香^{〔三〕}。厚禄故人書斷絶,恒飢稚子色凄涼^{〔四〕}。欲填溝壑惟疏放,自笑狂夫老更狂^{〔五〕}。

〔一〕此詩作於上元元年夏。寫草堂風物及客居景況。

〔二〕萬里橋:在成都城南。見前《卜居》注。蔡夢弼云:“草堂在江上錦官城西,萬里橋右,浣花溪前。”百花潭:即浣花溪。見前《卜居》注。滄浪:《孟子·離婁上》:“滄浪之水清兮,可以濯我纓。”

〔三〕翠篠(xiǎo):綠色細枝竹。謝靈運《過始寧墅》:“綠篠媚清漣。”娟娟:美好貌。鮑照《翫月城西門廨中》:“娟娟似娥眉。”淨:竹色明淨。一本作“靜”。裛：沾濕。紅蕖：荷花。梁簡文帝《蒙華林園戒詩》：“紅蕖間青瑣。”冉冉：柔弱貌。曹植《美女篇》：“柔條紛冉冉。”

　　〔四〕厚禄故人：俸禄優厚的故交。指在朝的同僚舊友。稚子：指宗文、宗武。

　　〔五〕欲：將。填溝壑：窮困而死。參見《無家别》“委溝谿”注。疏放：疏淡禮節，放浪形骸。語本向秀《思舊賦》：“然嵇志遠而疏，吕心曠而放。”

江　村〔一〕

清江一曲抱村流〔二〕，長夏江村事事幽。自去自來堂上燕，相親相近水中鷗〔三〕。老妻畫紙爲棋局，稚子敲針作釣鈎〔四〕。但有故人供禄米，微軀此外更何求〔五〕？

　　〔一〕此詩作於上元元年夏。寫成都草堂的閑適生活。

　　〔二〕清江：指浣花溪。一曲：一方。《詩·魏風·汾沮洳》：“彼汾一曲，言采其藚。”陳奐傳疏：“一曲猶一方也。”抱：環繞。

　　〔三〕自去二句：梁燕來去自在，水鷗互相親近。以禽鳥之和諧自得，領頸聯家人相處之樂。來：一本作“歸”。

　　〔四〕爲：一本作“成”。敲針作釣鈎：東方朔《七諫·謬諫》：“以直鍼而爲釣兮，又何魚之能得？”故須敲彎作鈎。

　　〔五〕故人：未詳何人。仇兆鰲認爲係指裴冕，無據。草堂建成後，裴冕已離蜀地。供禄米：《漢書·公孫弘傳》：“故人賓客仰衣食，奉禄皆以給之。”此句一本作“多病所須惟藥物”，句末“物”字與上句

“局”字疊用入聲,似有未妥。

野　老〔一〕

野老籬邊江岸迴,柴門不正逐江開〔二〕。漁人網集澄潭下,
估客船隨反照來〔三〕。長路關心悲劍閣,片雲何意傍琴
臺〔四〕?王師未報收東郡,城闕秋生畫角哀〔五〕。

〔一〕此詩上元元年秋在成都草堂所作。用首二字作題。

〔二〕野老句:謂舍外籬笆沿江岸迴曲處而築。邊:一本作“前”。

〔三〕澄潭:即百花潭。下:朱鶴齡云:“下,下網也。”估客:商人。
反照:夕照。日晚商船急於停泊,故云。

〔四〕長路:指入蜀之行。關心:於心戚戚之意。悲劍閣:對難越
的天險劍閣生悲。片雲:杜甫自喻。意,一本作“事”。琴臺:相傳司
馬相如琴臺在浣花溪北。《大清一統志》:“四川成都府:《益部耆舊
傳》云:(司馬相如)宅在少城中笮橋下百步許。琴臺在焉。”

〔五〕東郡:指洛陽附近州郡。是年雖敗安太清於懷州,破史思明
於河陽,但東京諸郡尚未收復。城闕:城上樓觀。《詩·鄭風·子
衿》:“挑兮達兮,在城闕兮。”引申爲京城。此指成都。原注:“至德二
年,陞成都爲南京,故得稱城闕。”畫角:古代軍中號角,形如竹筒,外
加綵繪,故稱。兩句承上思劍閣而心悲,傍琴臺而不樂,蓋以東都未
復,遂聞秋聲而生哀也。

遣　興[一]

干戈猶未定，弟妹各何之[二]？拭淚霑襟血，梳頭滿面
絲[三]。地卑荒野大，天遠暮江遲[四]。衰疾那能久，應無
見汝期[五]。

〔一〕此詩當是上元元年在成都所作。浦起龍云：“傷離嘆老，一
詩之幹。”

〔二〕干戈：兵器，引申爲戰爭。何之：何往，何在。

〔三〕霑襟血：《莊子·應帝王》：“列子入，泣涕霑襟以告壺子。”
襟，一本作“巾”。滿面絲：言因衰老而白髮脱落。

〔四〕地卑：成都處川西盆地，故云“卑”。荒野大：猶集中《旅夜
書懷》“星垂平野闊”之意。遲：慢。句意與隋煬帝《春江花月夜》“暮
江平不動”略同。

〔五〕汝：指弟、妹。

題壁上韋偃畫馬歌[一]

韋侯別我有所適，知我憐渠畫無敵[二]。戲拈禿筆掃驊騮，
欻見騏驎出東壁[三]。一匹齕草一匹嘶，坐看千里當霜

蹄〔四〕。時危安得真致此，與人同生亦同死〔五〕！

〔一〕上元元年作。詩人之友韋偃（一作鷗）在草堂壁上畫馬，因題此詩。韋偃，唐代名畫家，京兆（長安）人，詩人韋應物伯父韋鑒之子，時正流寓蜀中。《歷代名畫記》卷十：“（韋）鑒子鷗工山水，高僧奇士，老松異石，筆力勁健，風格高舉，善小馬牛羊山原。俗人空知鷗善馬，不知松石更佳也。”仇兆鰲注引朱景玄《畫斷》：“韋偃，京兆人，寓居於蜀。常以越筆點簇鞍馬，千變萬態。或騰或倚，或齕或飲，或驚或止，或走或起，或翹或跂。其小者，或頭一點，或尾一抹，巧妙精奇。韓幹之匹也。”除此詩外，集中尚有《戲爲韋偃雙松圖歌》，亦稱贊韋偃畫技的卓絶。

〔二〕韋侯：指韋偃。有所適：將他往。憐：愛。渠：他。一本作“君”。仇兆鰲云：“乃臨行留蹟也。”

〔三〕掃：揮灑。驊騮：見前《天育驃圖歌》注。欻：見前《高都護驄馬行》注。騏驥：良馬。《商君書·畫策》：“麗麗臣臣，每一日走千里。”

〔四〕齕（hé）：嚼。嘶：啼叫。坐看：行見、將見。當霜蹄：踐霜雪的馬蹄。《莊子·馬蹄》：“馬，蹄可以踐霜雪，毛可以禦風寒，齕草飲水，翹足而陸。”兩句形容馬栩栩如生。

〔五〕時危兩句：發抒家國身世之感，爲全詩之旨。

戲題王宰畫山水圖歌〔一〕

十日畫一水，五日畫一石。能事不受相促迫，王宰始肯留真跡〔二〕。壯哉崑崙方壺圖,挂君高堂之素壁〔三〕。巴陵洞庭日本東,赤岸水與銀河通,中有雲氣隨飛龍〔四〕。舟人漁子入浦溆,山木盡亞洪濤風〔五〕。尤工遠勢古莫比,咫尺應須論萬里〔六〕。焉得并州快剪刀,剪取吴松半江水〔七〕。

〔一〕上元元年在成都作。王宰:《歷代名畫記》卷十:"王宰,蜀中人。多畫蜀山,玲瓏窳空,巉差巧峭。"又《苕溪漁隱叢話》前集卷八:"苕溪漁隱曰:予讀《益州畫記》云:王宰,大歷中家於蜀川,能畫山水,意出象外,老杜與宰同時,此歌又居成都時作。"戲題:猶漫題。

〔二〕能事:擅長的技能。迫,一本作"逼"。兩句言王宰畫畫,不受促迫,從容命筆,方得盡其技能。

〔三〕崑崙:古傳說中的仙山,在西極。《山海經·海內西經》:"帝之下都。崑崙之墟,方八百里,高萬仞。"方壺:亦古傳說中的仙山,在東海。《列子·湯問》:"渤海之東,不知幾億萬里,有大壑焉。……其中有五山焉:一曰岱輿,二曰員嶠,三曰方壺,四曰瀛洲,五曰蓬萊。"君:指王宰。高堂:大廳。左思《蜀都賦》:"置酒高堂。"素壁:即白壁。王嗣奭云:"題云'山水圖',而詩換以'崑崙方壺圖',方壺東極,崑崙西極,蓋就圖中遠景極言之,非真畫崑崙、方壺也。"

〔四〕巴陵:山名。在今湖南省岳陽縣西南隅,下臨洞庭湖。《山海經·中山經》郭璞注:"長沙巴陵縣西,又有洞庭陂,潛伏通江。"日本:《舊唐書·東夷傳》:"日本國者,……或曰倭國,自惡其名不雅,改爲日本。"東:指日本東面大海。赤岸:舊注以爲是江蘇瓜步山東之赤岸山,非。枚乘《七發》:"凌赤岸,篲扶桑。"李善注:"而此文勢似在遠方,非廣陵也。"應與傳說中的扶桑相臨近。句意言畫中之水,彷彿西窮河源而上通於天河。雲氣隨飛龍:語本《莊子·逍遙游》:"藐姑射之山,有神人居焉。……乘雲氣,御飛龍,而游乎四海之外。"形容畫中水勢浩瀚，彷彿雲漫龍飛。

〔五〕浦溆：水邊。王維《三月三日曲江侍宴應制》：“畫旗搖浦溆，春服滿汀洲。”入浦溆，所以避風。亞：通“壓”。如集中《上巳宴集》詩“花蕊亞枝紅”之比。朱鶴齡云：“風勢湧濤，山木盡爲之低亞。”亞，一本作“帶”。

〔六〕遠勢：即遠景。咫尺：形容近處。周制八寸爲“咫”。此句本《南史·齊武帝諸子傳》：“賁字文奂，……能書善畫，於扇上圖山水，咫尺之内，便覺萬里爲遥。”

〔七〕并州：唐代屬河東道。《唐六典》卷三：“河東道，古冀州之境，今太原……（厥貢）龍骨、甘草、礜石、鋼鐵。”即今山西省太原市。以産剪刀出名。吳淞：即吳淞江，在今江蘇省。《元和郡縣志》：“江南道蘇州吳縣：松江在縣南五十里，經崑山入海。”兩句用晉索靖故事。索靖看見名畫家顧愷之畫，贊賞説：“恨不帶并州快剪刀來，剪松江半幅紋練歸去。”

南　鄰〔一〕

錦里先生烏角巾，園收芋栗未全貧〔二〕。慣看賓客兒童喜，得食階除鳥雀馴〔三〕。秋水纔深四五尺，野航恰受兩三人〔四〕。白沙翠竹江村暮，相送柴門月色新〔五〕。

〔一〕上元元年秋作。南鄰：指草堂南鄰的隱士朱山人。杜集有《過南鄰朱山人水亭》詩，其中有“看君多道氣，從此數追隨”之句。

〔二〕錦里：見前《蜀相》注。錦里先生：漢初有隱士號甪（lù）里先生。杜甫仿漢角里先生名例，戲稱朱山人。烏角巾：古時隱士所戴的一種黑色有棱角的頭巾。《晉書·羊祜傳》："既定邊事，當角巾東路，歸故里。"芋栗：青芋和甘栗。《莊子·徐无鬼》："先生居山林，食芋栗。"栗，一本作"粟"。未：一本作"不"。

〔三〕兒童喜：《後漢書·郭伋傳》："有童兒數百，各騎竹馬，於道次迎拜……對曰：'聞使君到，喜，故來奉迎。'"此化用其意。言兒童習慣於客來，喜其見訪。階除：臺階。句意謂鳥雀不畏生人，能在臺階上啄食。兒童喜，鳥雀馴，言客至不驚，以明杜甫常往訪晤。

〔四〕深：一本作"添"。航：小舟。張衡《思玄賦》："譬臨河而無航。"受：容納。此寫與朱山人泛舟。

〔五〕暮：一本作"路"。柴門：一本作"籬門"，又作"籬南"。月色新：月光初出。言告別朱山人時已在新月初上時分。

因崔五侍御寄高彭州一絕〔一〕

百年已過半，秋至轉飢寒〔二〕。爲問彭州牧，何時救急難〔三〕？

〔一〕上元元年秋在成都作。崔五侍御：待考，不知是否即王維詩中之崔五太守。高彭州：即高適，時任彭州刺史。《元和郡縣志》："劍南道彭州：即漢益州繁縣地也。垂拱二年於此置彭州。"即今四川省彭縣。此詩係向高適求援。

〔二〕過半：這年杜甫四十九歲，謂過半，猶乾元二年（時年四十八）作《立秋後題》中自稱"惆悵年半百"，蓋舉成數。秋季爲收穫期，理得飽食，反受飢寒，故云“轉”。

〔三〕牧：漢代州的軍政長官稱“州牧”。急難：《詩·小雅·常棣》：“兄弟急難。”高適爲杜甫好友，故比爲兄弟。

恨　別[一]

洛城一別四千里，胡騎長驅五六年[二]。草木變衰行劍外，兵戈阻絕老江邊[三]。思家步月清宵立，憶弟看雲白日眠[四]。聞道河陽近乘勝，司徒急爲破幽燕[五]！

〔一〕上元元年秋在成都作。

〔二〕洛城：即洛陽。四千里：洛陽與成都距離里程。四，一本作“三”。胡騎句：自天寶十四載十一月安禄山反叛，至此時已五年有餘。一本作“六七”。

〔三〕草木變衰：指入蜀季節。《發同谷縣》詩原注“乾元二年十二月一日，自隴右赴成都紀行。”行時正冬令。《楚辭·九辯》：“蕭瑟兮，草木摇落而變衰。”劍外：蜀地在劍門之南，以長安言之，故謂“劍外”。江邊：錦江邊，指草堂。

〔四〕步月：月下散步。憶弟看雲：王楙《野客叢談》：“梁暄不歸，弟環每望東南白雲，慘然久之。”此用其意。宵立、晝眠，極寫憂思過度而精神恍惚。

〔五〕聞道句：《通鑑》卷二二一：“上元元年，三月……庚寅，李光弼破安太清於懷州城下，夏四月壬辰，破史思明於河陽西渚，斬首千五百餘級。”司徒：指李光弼。至德二載，加李光弼爲檢校司徒。急爲：

請速爲我。幽、燕：今河北省北部及遼寧省西部一帶，唐以前屬幽州，戰國時屬燕國，故稱幽燕。爲安、史叛軍巢穴。

和裴迪登蜀州東亭送客逢早梅相憶見寄〔一〕

東閣官梅動詩興，還如何遜在揚州〔二〕。此時對雪遥相憶，送客逢春可自由〔三〕。幸不折來傷歲暮，若爲看去亂鄉愁〔四〕。江邊一樹垂垂發，朝夕催人自白頭〔五〕。

〔一〕此詩當是上元二年（七六一）初春作。裴迪：唐代詩人，初與王維同居於終南山。上元元年在蜀州刺史王侍郎幕中，與杜甫有唱和之作。蜀州：《元和郡縣志》：“劍南道蜀州：在漢爲郡之江源縣也。……隋開皇年改屬益州。皇朝初，因之。”即今四川省崇慶縣。裴迪在蜀州東亭送別行人，見早梅開放，因而思念杜甫，作詩相寄，此爲杜甫和章。裴詩今不傳。

〔二〕東閣：即蜀州東亭。官梅：官府種植的梅。何遜：梁朝詩人。錢謙益云：“天監六年，（建安王）遷使持節，都督揚、南徐二州諸軍事，……則遜爲建安王記室，正在揚州。”何遜在揚州見梅花盛開，作《詠早梅》詩。故此處將裴迪比作何遜在揚州之詠早梅。

〔三〕雪：梅花色白，故以雪爲喻。春：亦指梅。一本作“花”。陸凱《贈范曄》詩：“折梅逢驛使，寄與隴頭人。江南無所有，聊贈一枝春。”可：猶“恰”。李白《古風五十九首》之十：“吾亦澹蕩人，拂衣可同調。”李商隱《辛未七夕》詩：“由來碧落銀河畔，可要金風玉露時。”兩“可”字均作“恰”解。可自由，言恰好有閑情逸致，可觀賞梅花。

〔四〕歲暮:喻年老。言幸而未折梅見寄,免我起歲暮之感。若
爲:猶怎堪。王維《送楊少府貶郴州》:"明到衡陽與洞庭,若爲秋月聽
猿聲。"謂怎堪在秋月之下聽猿聲。此句承上句,言若折來,看之更那
堪鄉愁。裴迪詩中必有不能折梅相寄之語,故杜甫云云。

〔五〕江邊:浣花溪邊。垂垂:漸漸。黃庭堅《和師厚秋半》詩:
"杜陵白髮垂垂老,張翰黃花句句新。"兩句謂此間江梅待放,日夜在
催人衰老。黃生評此詩"直而實曲,樸而實秀,……婉折如意,往復盡
情"。

春夜喜雨〔一〕

好雨知時節,當春乃發生〔二〕。隨風潛入夜,潤物細無
聲〔三〕。野徑雲俱黑,江船火獨明。曉看紅濕處,花重錦
官城〔四〕。

〔一〕此詩上元二年春在成都作。

〔二〕好雨:知適應季節,故云"好雨"。發生:猶化生。故上着
"春"字,下着"風"字,暗喻"春風化雨"之意。

〔三〕潛:猶言"悄悄"。細無聲:仇兆鰲云:"即《鹽鐵論》所謂雨
不破塊也。"

〔四〕紅濕:紅花着雨而潮濕。花重:花着雨而沉重。梁簡文帝
《賦得入階雨》詩:"漬花枝覺重。"此化用其意。

春水生二絶^{〔一〕}（選一）

一夜水高二尺强，數日不可更禁當^{〔二〕}。南市津頭有船賣，
無錢即買繫籬旁^{〔三〕}。

〔一〕此二詩當是上元二年春汛時，憂慮水漲淹没草堂所作。現
選其第二首。

〔二〕尺：一本作“丈”，非。强：有餘。禁當：抵擋。禁猶“當”，
“禁當”，重言之。楊萬里《上巳》詩：“雨冷風酸數日强，老懷不可更禁
當。”言數日内如水漲不止，則難以抵擋。

〔三〕津頭：渡口。無錢句：意謂無錢立即買來繫在籬旁。

江上值水如海勢，聊短述^{〔一〕}

爲人性僻耽佳句，語不驚人死不休^{〔二〕}。老去詩篇渾漫與，
春來花鳥莫深愁^{〔三〕}。新添水檻供垂釣，故著浮槎替入
舟^{〔四〕}。焉得思如陶謝手，令渠述作與同游^{〔五〕}。

〔一〕上元二年春在成都作。杜甫卜居草堂後，次年春遇錦江水
勢如海奇景，僅作此七律而不爲長歌，故云“聊短述”。吳見思云：“題

意在下三字。"故全篇皆自謙詩思之拙,對水勢只一筆帶過。

〔二〕爲人:猶平生。僻:偏,古怪。耽:嗜好、喜愛。兩句言作詩刻意求工。

〔三〕渾:猶"直"。集中《即事》詩:"雷聲忽送千峰雨,花氣渾如百和香。"渾如,即"直如"。漫與:率意應付。與,一本作"興"。春來句:言早年作詩冥思苦想以求佳句,花鳥爲之深愁,今既不刻意求工,花鳥自可不愁。

〔四〕水檻:軒窗下橫木欄板。即草堂水亭之欄。故:舊、往。著:安置。槎:木筏。兩句謂新添的水檻可供垂釣,舊時安置的浮槎可代替船隻。極寫江上水勢之盛。

〔五〕陶、謝:指晉代詩人陶淵明、宋代詩人謝靈運。二人均山水、田園詩能手。渠:彼,彼等。暗示詩如陶、謝,方得稱"佳句"。仇兆鰲引《杜臆》云:"玩末二句,公蓋以陶謝詩爲驚人語也。"

水檻遣心二首〔一〕（選一）

去郭軒楹敞,無村眺望賒〔二〕。澄江平少岸〔三〕,幽樹晚多花。細雨魚兒出,微風燕子斜。城中十萬户〔四〕,此地兩三家。

〔一〕上元二年在成都草堂所作。此選其第一首。心:一本作"興"。

〔二〕去郭:遠離城郭。軒楹:指水亭的廊柱。敞:寬敞。賒:遠。

〔三〕澄江:指錦江。少岸:江滿則岸少見。

〔四〕十萬户：黃希云：“成都户十六萬九百五十，此云‘城中十萬户’，雖未必及其數，亦誇其盛耳。”按，十六萬餘户爲成都府城鄉户口總數。

客　至〔一〕

舍南舍北皆春水，但見群鷗日日來〔二〕。花徑不曾緣客掃，蓬門今始爲君開〔三〕。盤飧市遠無兼味，樽酒家貧只舊醅〔四〕。肯與鄰翁相對飲，隔籬呼取盡餘杯〔五〕。

〔一〕上元二年在成都草堂作。原注：“喜崔明府相過。”唐人稱縣令爲明府。杜甫母爲清河崔融長女，此崔明府爲其舅父。此詩可與《賓至》對看，賓爲貴介之賓，客是相知之客，故作者態度不同，對賓敬，對客親。

〔二〕舍：指草堂。見：一本作“有”。鷗：水鳥。嘴鈎曲，羽毛白色，常集海上，捕食魚蝦。

〔三〕花徑兩句：掃徑開門，形容接客之欣悦殷勤。

〔四〕飧（sūn）：熟菜。盤飧，泛指菜肴。兼味：即重味，兩品以上。謙稱菜少。舊醅（péi）：隔年陳酒。未經濾過之米酒曰“醅”。古人重新釀，故云。

〔五〕肯：猶“能”。此爲問詞“能否”。杜詩《草堂》：“唱和作威福，孰肯辨無辜。”肯，一本作“能”，可證。呼取：喚來。盡餘杯：一同乾杯。杜甫欲招鄰翁作陪，故徵詢客意。黃生云：“上四，客至，有空谷足音之喜。下四，留客，見村家真率之情。”

江畔獨步尋花七絶句[一]（選四）

其二

稠花亂蕊裹江濱,行步欹危實怕春[二]。詩酒尚堪驅使在,
未須料理白頭人[三]。

〔一〕上元二年春在成都作。

〔二〕裹江濱:趙次公云:"裹江濱,兩岸俱有花也。"裹:一本作
"畏"。欹危:歪斜貌。怕春:錢謙益云:"白樂天詩'方愁須惡春',即
'怕春'之意。"

〔三〕在:猶"時"。杜詩《因許八奉寄江寧旻上人》:"問君話我爲
官在,頭白昏昏只醉眠。"爲官在,即"爲官時"。又《花鴨》:"稻粱沾
汝在,作意莫先鳴。"沾汝在,即"沾汝時"。此句意爲尚能吟詩喝酒之
時。料理:照管。白頭人:杜甫自謂。王嗣奭云:"詩酒曰'驅使',白
頭曰'料理',出語皆奇。"

其五

黄師塔前江水東,春光懶困倚微風[一]。桃花一簇開無主,
可愛深紅愛淺紅[二]?

〔一〕黃師塔：陸游《老學庵筆記》卷九：“予在成都，偶以事至犀浦，過松林甚茂。問馭卒：此何處？答曰：師塔也。蓋謂僧所葬之塔。於是乃悟杜詩‘黃師塔前江水東’之句。”懶困句：言春日困倦，倚微風少憩。

〔二〕可愛句：疊用“愛”字，意爲愛深紅乎，抑愛淺紅乎？下“愛”，一本作“映”，非。

其六

黃四娘家花滿蹊〔一〕，千朵萬朵壓枝低。留連戲蝶時時舞，自在嬌鶯恰恰啼〔二〕。

〔一〕黃四娘：唐代尊稱婦女爲娘子。《舊唐書·楊貴妃傳》：“宮中呼爲娘子。”又《舊唐書·楊國忠傳》：“歸謂姊妹曰：我等死在旦夕，今東宮監國，當與娘子等并命矣。”或言黃四娘即王四娘，“黃”、“王”音近而混。趙明誠《金石錄》第一千二百五十一，有《唐王四娘塔銘》，裴炫詞，張少悌行書，天寶六載六月（參看徐仁甫《杜詩注解商榷》）。蹊：小路。

〔二〕留連：盤桓不忍離去貌。恰恰：猶恰好，唐時方言。王績《春日》：“年光恰恰來，滿甕營春酒。”恰恰來，即恰才來。此句言此鶯恰恰於其時啼叫，與上句“時時”對仗。

其七

不是愛花即肯死〔一〕，只恐花盡老相催。繁枝容易紛紛落，嫩蕊商量細細開〔二〕！

〔一〕肯:猶“拚”。王維《偶然作》:“生事不曾問,肯愧家中婦。”肯愧家中婦,即拚爲家中婦所譏。肯死,即拚死。此句意爲並非愛花欲死。一本徑作“欲死”,又一本作“索死”,似均嫌淺俗。

〔二〕嫩蕊:含苞待放之花。蕊,一本作“葉”,非。仇兆鰲云:“繁枝易落,過時者將謝;嫩蕊細開,方來者有待。亦寓悲老惜少之意。”

絕句漫興九首〔一〕(選五)

其一

眼見客愁愁不醒,無賴春色到江亭〔二〕。即遣花開深造次,便教鶯語太丁寧〔三〕!

〔一〕上元二年春在成都作。王嗣奭云:興之所到,率然而成,故云《漫興》。各詩均寫客愁,故見物寄恨,花鳥皆着貶詞。

〔二〕無賴:有莽撞、放刁、撒潑、無理、無可奈何諸義。兩句謂客愁正濃,春色更來惱人。

〔三〕開:一本作“飛”。造次:急遽、匆忙。《論語·里仁》:“造次必於是,顛沛必於是。”此句“即遣”之主語,指司春之神,即上句“無賴春色”。丁寧:再三囑咐。《北史·劉曠傳》:“人有諍訟者,輒丁寧曉以義理,不加繩劾。”太丁寧:此處猶言太絮煩。

其二

手種桃李非無主,野老牆低還是家〔一〕。恰似春風相欺
得〔二〕,夜來吹折數枝花。

〔一〕手種兩句:言桃李有主,且在自己家園之中。

〔二〕得:語助詞,唐人口語。集中《草堂即事》:"蜀酒禁愁得,無
錢何處賒。"夜來:猶昨日。賀鑄〔浣溪沙〕詞:"東風寒似夜來些。"謂
東風比昨日寒。句意爲春風竟似以欺人爲有理。是惱恨春風。

其三

熟知茅齋絕低小〔一〕,江上燕子故來頻。銜泥點污琴書内,
更接飛蟲打着人〔二〕。

〔一〕熟知:猶"深知"。言燕子深知也。

〔二〕接:承受,迎接。王嗣奭云:"遠客孤居,一時遭遇,多有不可
人意者,託之燕子,'點污琴書','飛蟲打人',皆非無爲而發。"

其五

腸斷江春欲盡頭,杖藜徐步立芳洲〔一〕。顛狂柳絮隨風舞,
輕薄桃花逐水流。

〔一〕頭:猶"時"。白居易《贈夢得》:"三願臨老頭,數與君相見。"臨老頭,即"臨老時"。又《哭劉尚書夢得二首》之一:"同貧同病退閒日,一死一生臨老頭。""頭"即"時",故可與"日"互文。江春,一本作"春江";盡,一本作"白"。均係不知唐人"頭"作"時"解而妄改。杖藜:手拄藜杖。杖,作動詞。藜,以藜莖所作之杖。《晉書·山濤傳》:"以母老,拜贈藜杖一枚。"

其九

隔户楊柳弱嫋嫋〔一〕,恰似十五女兒腰。誰謂朝來不作意,狂風挽斷最長條〔二〕。

〔一〕隔户:一本作"户外"。嫋嫋:纖長柔美貌。鮑照《在江陵嘆年傷老》:"翩翩燕弄風,嫋嫋柳垂腰。"

〔二〕作意:即著意,有意。杜甫《花鴨》:"稻粱沾汝在,作意莫先鳴。"張籍《寄王中丞》:"春風石甕寺,作意共君游。"不作意,不注意。誰謂不作意,即指責狂風係有意摧殘。

送韓十四江東省覲〔一〕

兵戈不見老萊衣〔二〕,嘆息人間萬事非。我已無家尋弟妹,君今何處訪庭闈〔三〕? 黃牛峽靜灘聲轉,白馬江寒樹影稀〔四〕。此別應須各努力,故鄉猶恐未同歸〔五〕。

〔一〕上元二年在成都作。韓十四:名未詳。玩末句,當是杜甫同鄉。省覲:探望父母。韓之父母可能避亂於江東。

〔二〕老萊衣:《藝文類聚‧人部》四引《列女傳》:"老萊子孝養二親,行年七十,嬰兒自娛,著五色彩衣。"句意爲因戰亂親子離散,難見侍奉親長盡孝之事。

〔三〕無家:指洛陽已無家室。庭闈:父母所居。束晳《補亡詩》:"眷戀庭闈,心不遑安。"

〔四〕黄牛峽:在今湖北省宜昌縣西。《大清一統志》:"湖北宜昌府:黄牛山在東湖縣(即今宜昌縣)西北八十里,亦稱黄牛峽。"灘:黄牛灘。《水經‧江水注》:"江水又東逕黄牛山,下有灘,名曰黄牛灘,南岸重嶺疊起,最外高崖間有石,色如人負刀牽牛,人黑牛黄,成就分明,既人跡所絶,莫得究焉。此巖既高,加以江湍紆迴,雖途逕信宿,猶望見此物,故行者謡曰:'朝發黄牛,暮宿黄牛,三朝三暮,黄牛如故。'"韓十四赴江東,此爲必經之路。白馬江:在今四川省崇慶縣東北。《大清一統志》:"四川成都府:白馬江在崇慶州東北十里。"爲杜甫送別韓十四之處。樹影稀,爲送別時實景;灘聲轉,爲想像中遠景。

〔五〕故鄉:指河南。未同歸:一本作"未能歸"。

枏樹爲風雨所拔歎[一]

倚江枏樹草堂前,故老相傳二百年[二]。誅茅卜居總爲此,五月彷彿聞寒蟬[三]。東南飄風動地至,江翻石走流雲氣。幹排雷雨猶力爭,根斷泉源豈天意[四]! 滄波老樹性所愛,浦上童童一青蓋[五]。野客頻留懼雪霜,行人不過聽竽

籟〔六〕。虎倒龍顛委榛棘，淚痕血點垂胸臆〔七〕。我有新詩
何處吟？草堂自此無顔色〔八〕。

〔一〕上元二年在成都作。柟（nán）樹：即楠樹。常緑喬木，多産
於黔、蜀。全詩共十六句，每四句一换韻，意隨韻轉。

〔二〕故老：一本作“古老”。

〔三〕誅茅：剪除茅草。指營造草堂。《楚辭·卜居》：“寧誅鋤草
茅以力耕乎？”卜居：見前《卜居》注。五月句：言樹茂葉動，其響如寒
蟬鳴叫。

〔四〕榦排兩句：形容柟樹在雷雨中搏鬥而終被摧拔之狀。

〔五〕滄波：緑色水波。指錦江。浦：水邊。童童：茂盛貌。《三國
志·蜀書·先主備傳》：“舍東南角籬上，有桑樹生，高五丈餘，遥望見
童童如小車蓋。”一本作“亭亭”。青蓋，一本作“車蓋”。集中《高柟》
詩：“柟樹色冥冥，江邊一蓋青。”

〔六〕不過：猶言“延佇”。竽：笙類樂器，有三十六簧。籟：管類樂
器，三孔。宋玉《高唐賦》：“纖條悲鳴，聲似竽籟。”集中《高柟》詩：
“落景陰猶合，微風韻可聽。”可與“野客”兩句互相印證。

〔七〕虎倒龍顛：形容柟樹被風雨所拔後僵仆之狀。集中《病柏》
詩：“偃蹇龍虎姿。”亦以龍虎寫其姿態蒼勁。委榛棘：委棄於叢生灌
木及荆棘之間。淚痕句：詩人自言見此棟梁之材摧折而悲，實含身世
之痛。

〔八〕我有兩句：浦起龍云：“虎倒龍顛，英雄失路；淚痕血點，人樹
兼悲。無顔色，收應老辣。嘆柟耶？自嘆耶？殷仲文有言曰：‘樹猶
如此，人何以堪！’”

茅屋爲秋風所破歌[一]

八月秋高風怒號,卷我屋上三重茅[二],茅飛渡江灑江郊。高者挂罥長林梢,下者飄轉沉塘坳[三]。南村群童欺我老無力,忍能對面爲盜賊[四]。公然抱茅入竹去,脣焦口燥呼不得[五]!歸來倚杖自嘆息[六]。俄頃風定雲墨色,秋天漠漠向昏黑[七]。布衾多年冷似鐵,嬌兒惡卧踏裏裂[八]。牀頭屋漏無乾處,雨腳如麻未斷絕[九]。自經喪亂少睡眠,長夜霑濕何由徹[一〇]!安得廣厦千萬間,大庇天下寒士俱歡顏,風雨不動安如山。嗚呼!何時眼前突兀見此屋?吾廬獨破受凍死亦足[一一]!

〔一〕上元二年在成都作,與前《柟樹爲風雨所拔嘆》爲姊妹篇。茅屋:即浣花溪草堂。

〔二〕風怒號(háo):語出《莊子·齊物論》:"夫大塊噫氣,其名爲風。是唯無作,作則萬竅怒號。"卷:同"捲"。

〔三〕灑:一本作"滿"。罥(juàn):纏繞、掛礙。鮑照《蕪城賦》:"荒葛罥涂(途)。"塘坳:積水的窪地或池塘。

〔四〕能:猶"恁",如此。張九齡《庭梅》詩:"芳意何能早,孤榮亦自危。"能亦"恁"意。忍能:忍心如此。

〔五〕脣焦口燥:語出《韓詩外傳》卷二:"乾喉焦脣,仰天而嘆。"言盡力呼禁而無效。

〔六〕自嘆息：嘆息無重修草堂之資。集中《王録事許修草堂貲，不到，聊小詰》：“爲瞋王録事，不寄草堂貲。昨屬愁春雨，能忘欲漏時？”可參讀。

〔七〕俄頃：片刻、刹那。向：猶“近”。

〔八〕布衾句：言布被因使用多年，絮已板結不温。惡（wù）卧：睡相不佳。

〔九〕牀頭：一本作“牀牀”，非。雨脚：雨點從空而降，直綫下垂，稱“雨脚”。《齊民要術》卷二：“胡麻種欲截雨脚。”如麻：言其密。

〔一〇〕喪亂：指安、史之亂。何由徹：何能挨到天亮？

〔一一〕大庇：全面覆庇。突兀：高聳貌。韓愈《謁衡嶽廟遂宿嶽寺題門樓》詩：“須臾静掃衆峰出，仰見突兀撑青空。”兩句表現出推己及人和捨己爲人的高尚精神。

石笋行〔一〕

君不見益州城西門，陌上石笋雙高蹲〔二〕。古來相傳是海眼，苔蘚蝕盡波濤痕〔三〕。雨多往往得瑟瑟〔四〕，此事恍惚難明論。恐是昔時卿相冢，立石爲表今仍存〔五〕。惜哉俗態好蒙蔽，亦如小臣媚至尊〔六〕。政化錯迕失大體，坐看傾危受厚恩〔七〕。嗟爾石笋擅虚名，後來未識猶駿奔〔八〕。安得壯士擲天外，使人不疑見本根〔九〕。

〔一〕此詩當是上元二年所作。石笋：圓錐形巨石。《華陽國志·

蜀志》:"蜀有五丁力士,能移山,舉萬鈞。每王薨,輒立大石長三丈,重千鈞,爲墓志,今石笋是也。號曰笋里。"杜光庭《石笋記》:"成都子城西曰興義門。金容坊有通衢百五十步,有石二株,挺然聳峭,高丈餘,圍八九尺。"蜀人傳説,石笋用以鎮海眼,如移動則洪水泛濫。杜甫闢此不經之説,轉而以"俗態好蒙蔽",以喻宦官李輔國之蒙蔽肅宗。

〔二〕益州:成都漢代爲益州舊治。《元和郡縣志》:"劍南道成都府:武帝遣唐蒙通西南夷,又置牂牁、越嶲、犍爲、益四郡,因分雍州之南,置益州焉。"陌:一本作"街"。

〔三〕海眼:通海的洞穴。《大清一統志》:"四川成都府:《酉陽雜俎》:'蜀石笋街,夏中大雨,往往得雜色小珠。俗謂地當海眼。莫知其故。'"蝕,一本作"食",食爲"蝕"之借字。

〔四〕瑟瑟:碧珠。《新唐書·于闐國傳》:"(德宗)求玉於于闐,得……瑟瑟百斤。"

〔五〕冢:一本作"墓"。表:標幟,《華陽國志》亦有石笋爲墓誌之説,故杜甫有"恐是"云云。

〔六〕俗態:世情。此句言俗人專喜巧爲蒙蔽。小臣:指李輔國之流。《通鑑》卷二二一:上元元年"七月丁未,輔國矯稱上語,迎上皇游西内。至睿武門,輔國將射生五百騎,露刃遮道奏曰:皇帝以興慶宮湫隘,迎上皇遷居大内。上皇驚幾墜。"杜甫以俗人喜造不經之説以蒙蔽人聽,諷喻奸臣以諂媚蠱惑皇帝。

〔七〕政化句:言君臣父子之倫常乖墜失體。坐看句:言權奸使社稷傾危而反受重大恩賞。

〔八〕擅:據有,擁有。駿奔:駿通逡,語出《禮記·大傳》:"逡奔走。"言石笋之謬説流傳,使後來者奔集觀看而妄信。暗寓李輔國蒙蔽沾恩,使達官貴人皆奔趨門下。

〔九〕本根:本來面貌。見本根則人不疑;剷除權奸,則皇帝不再受其愚弄,爲此詩感興所在。

百憂集行〔一〕

憶年十五心尚孩,健如黃犢走復來〔二〕。庭前八月梨棗熟,一日上樹能千迴。即今倏忽已五十,坐臥只多少行立〔三〕。强將笑語供主人〔四〕,悲見生涯百憂集。入門依舊四壁空,老妻覩我顏色同〔五〕。癡兒不知父子禮,叫怒索飯啼門東〔六〕。

〔一〕上元二年在成都作。是年杜甫五十歲。詩題取自王筠《行路難》:“百憂俱集斷人腸。”

〔二〕心尚孩:猶有童心。《左傳・襄公三十一年》:“於是昭公十九年矣,猶有童心。”犢:小牛。

〔三〕倏忽:疾速貌。此句一本作“即今年纔五六十”。行立:行走和站立。

〔四〕强:勉强。供:應付。有奉承、巴結的含義。主人:指當地人或地方官。浦起龍云:“居草堂席不及暖,之蜀州,之新津,之青城,又嘗簡彭州高適、唐興王潛。凡所待命,皆主人也。凡面談寄簡,皆笑語也。”

〔五〕四壁空:家徒四壁,一無長物。顏色同:同有憂色。

〔六〕啼門東:古代庖厨之門在東,故云。

病 橘 [一]

群橘少生意，雖多亦奚爲[二]！惜哉結實小，酸澀如棠梨[三]。剖之盡蠹蟲，采掇爽其宜[四]。紛然不適口，豈止存其皮[五]？蕭蕭半死葉，未忍別故枝。玄冬霜雪積[六]，況乃迴風吹！嘗聞蓬萊殿，羅列瀟湘姿[七]。此物歲不稔，玉食失光輝[八]。寇盜尚憑陵，當君減膳時[九]。汝病是天意，吾愁罪有司[一〇]。憶昔南海使，奔騰獻荔枝[一一]：百馬死山谷，到今耆舊悲[一二]。

〔一〕上元二年在成都作。蜀地産橘，朝廷責貢。此詩諷刺肅宗以口腹之欲，殘害小民。

〔二〕生意：生機。奚爲：何用。

〔三〕小：一本作“少”，與上句“雖多”不洽，非。棠梨：亦稱甘棠、白棠，俗稱野梨，味酸澀微甜。

〔四〕蠹蟲：一本作“蠹蝕”。采掇：採摘。《詩·周南·芣苢》：“采采芣苢，薄言采之。……采采芣苢，薄言掇之。”“采掇”之言本此。爽其宜：採摘失時。爽，失。其，一本作“所”。

〔五〕紛然：繁多貌。適口：可口。豈止句：言豈僅用其皮以入藥？

〔六〕玄冬：即冬季。劉楨《贈五官中郎將四首》：“自夏涉玄冬。”玄爲黑色。古時五行之説，以黑色配北方，以北方配冬，故稱冬爲“玄冬”。

〔七〕蓬萊殿:漢代宮殿名。唐代有蓬萊宮,在長安,即原大明宫。瀟湘:二水名,瀟入於湘而并流,故湘江亦稱瀟湘。在今湖南省境内,以産橘著稱。鮑照《紹古辭七首》:“橘生瀟湘側。”瀟湘姿,喻橘。《楊太真外傳》卷下:“開元末,江陵進乳柑橘,上(玄宗)以十枚種於蓬萊宮。至天寶十載九月秋結實,宣賜宰臣。”

〔八〕稔:熟、豐收。玉食:珍美食品,指封建帝王御饌。

〔九〕寇盜:指安、史叛兵。憑陵:横行、侵凌。《左傳·襄公二十五年》:“以憑陵我敝邑。”君:指肅宗。減膳:古代帝王每遇國有災患,往往虚僞地減損飯菜,食時不奏樂,稱“減膳”、“撤樂”,表示引咎自責。

〔一〇〕汝:指橘。言橘病正天意欲皇帝減膳之時。罪:懲責。有司:古代設官分職,各有專司,因稱官吏爲有司。

〔一一〕南海:唐代屬嶺南道,治所在今廣州市。南海獻荔枝,最早見於《後漢書·和帝紀》:漢和帝時,南海獻龍眼荔枝,以快馬馳送,死者滿路。唐玄宗時,因寵妃楊玉環而責供更甚。李肇《唐國史補》卷上:“楊貴妃生於蜀,好食荔枝。南海所生,尤勝蜀者,故每歲飛馳以進。”

〔一二〕百馬:極言馬多。耆舊:年高而久負聲望之人。兩句言殷鑑不遠。

枯　椶 〔一〕

蜀門多椶櫚,高者十八九〔二〕。其皮割剥甚,雖衆亦易朽〔三〕。徒布如雲葉,青青歲寒後〔四〕。交横集斧斤,凋喪

先蒲柳〔五〕。傷時苦軍乏,一物官盡取〔六〕。嗟爾江漢人,
生成復何有〔七〕?有同枯椶木,使我沉嘆之。死者即已休,
生者何自守〔八〕?啾啾黃雀啄,側見寒蓬走〔九〕。念爾形影
乾,摧殘没藜莠〔一〇〕。

〔一〕上元二年在成都作。椶(zōng):一作棕櫚,又名栟櫚,常緑
喬木,高二丈餘,莖上有皮,可製繩、帚、蓑、墊等物,入水不爛。此詩寫
官府橫征暴歛給人民造成的痛苦。

〔二〕蜀門:猶蜀中,即成都。十八九:十有八九。

〔三〕其皮兩句:言皮被割剥過分,則老幹易枯朽。

〔四〕歲寒後:化用《論語·子罕》"歲寒,然後知松柏之後凋也"
意,形容常緑耐寒。

〔五〕交横:縱横交加。斤:砍木之斧。蒲柳:即水楊,亦名蒲楊,
生長水邊的落葉喬木。葉落早,易生易衰。古人常用以喻未老先衰。
《世説新語·言語》:"蒲柳之姿,望秋而落。"兩句謂斲喪過甚,則櫚先
蒲柳而枯死。

〔六〕傷時兩句:是時因軍興賦重,民間貧乏已極,凡物皆爲官府
掠奪。黄鶴云:"上元二年,蜀有段子璋之變,故詩云'傷時苦軍乏'。"
一物,猶言任何一物。故亦殃及櫚。

〔七〕江漢人:江,指岷江;漢,指西漢水,即嘉陵江,兩水均經蜀
地,故稱蜀人爲"江漢人"。生成:生長成人。復何有:猶"復何如"。
杜詩《秋日夔府詠懷奉寄鄭監審李賓客之芳一百韻》:"置驛常如此,
登龍蓋有焉。""有"與"如"同義互文。下句"有"亦"如"義。

〔八〕何自守:何以自活。何,一本作"能"。

〔九〕啾啾:鳥、蟲的鳴吟之聲。《楚辭·招隱士》:"蟪蛄鳴兮啾
啾。"啄:一本作"喙",音義并同。走:馳逐。兩句形容皮爲黄雀所啄,

毛飄蕩如蓬草。

　〔一〇〕爾：指楄。藋：俗稱“紅心灰藋”。莠：俗稱“狗尾草”。言楄飽受摧殘，枯朽而與野草同腐。

所　思〔一〕

苦憶荆州醉司馬，謫官樽酒定常開〔二〕。九江日落醒何處，一柱觀頭眠幾回〔三〕？可憐懷抱向人盡〔四〕，欲問平安無使來。故憑錦水將雙淚，好過瞿塘灧澦堆〔五〕！

　〔一〕上元二年在成都作。所思者據原注爲“崔吏部漪”。崔漪，天寶末任朔方節度判官，安史亂起，曾與杜鴻漸、魏少游迎肅宗於平涼，爲靈武從龍功臣。至德元載任爲吏部郎中、知中書舍人。
　〔二〕荆州：治所在今湖北省江陵縣，上元元年升爲南都。蔡夢弼云：“漪蓋以吏部而謫司馬也。”醉，形容其好酒。酒，一本作“俎”。
　〔三〕九江：《書·禹貢》“過九江至於東陵”注：“江分爲九道，在荆州。”一柱觀：《渚宮舊事補遺》：“（宋）臨川王義慶在鎮，於羅公洲立觀甚大，而惟一柱。”因僅一柱，故名。土人呼爲“木履觀”。羅公洲在今湖北省松滋縣東。
　〔四〕懷抱：指懷念崔漪之情。向人盡：猶言逢人便說。
　〔五〕將：攜、帶。瞿塘：又名夔峽，在四川省奉節縣東，長江三峽之首。灧澦堆：在瞿塘峽口，爲江心著名的險灘，成都東下荆州必經之地。兩句言仗錦江流水，送雙淚至荆州。楊倫所謂即“太白詩‘我寄愁心與明月，隨風直到夜郎西’意。”

不　見^{〔一〕}

不見李生久，佯狂真可哀^{〔二〕}。世人皆欲殺^{〔三〕}，吾意獨憐才。敏捷詩千首，飄零酒一杯^{〔四〕}。匡山讀書處，頭白好歸來^{〔五〕}。

〔一〕此詩題下原注：“近無李白消息。”應是上元二年所作。次年，即寶應元年，李白死於當塗縣（今安徽省内）。詩拈首二字爲題。

〔二〕李生：即李白。李、杜自天寶四載（七四五）山東別後，至此已十六年。佯狂：《史記·宋微子世家》：“（箕子）乃被髮佯狂而爲奴。”此言李白之狂放實出於不得已，故可哀。

〔三〕世人句：李白入永王李璘幕，璘遭肅宗疑忌被滅，李白亦被下於潯陽獄；乾元元年，又長流夜郎。李白糞土王侯，故爲豪門貴族所疾恨，借永王璘案欲殺之而後快。

〔四〕敏捷：靈敏迅速。《漢書·嚴延年傳》：“延年爲人，……敏捷於事。”飄零：猶漂泊。杜詩《衡州送李大夫七丈赴廣州》：“王孫丈人行，垂老見飄零。”

〔五〕匡山：指李白故鄉彰明縣（今四川省江油縣）南的大匡山。《九家集注杜詩》卷二十四引杜田《杜詩補遺》：“白，厥先避仇，客居蜀之彰明，太白生焉。彰明有大、小匡山，白讀書於大匡山，有讀書臺尚存。其宅在清廉鄉，後廢爲僧坊，號隴西院，蓋以太白得名。院有太白像，唐綿州刺史高忱及崔令欽記。所謂匡山，乃彰明之大匡山，非匡廬也。”頭白句：用《楚辭·招魂》“魂兮歸來，反故居些”之意。杜甫此時亦在蜀地,故招他歸老故鄉。

贈花卿〔一〕

錦城絲管日紛紛,半入江風半入雲〔二〕。此曲秖應天上有,
人間能得幾回聞〔三〕?

　　〔一〕上元二年在成都作。花卿:即成都府尹崔光遠的部將花
驚定。《舊唐書・肅宗本紀》:"(上元二年四月)壬午,梓州(今四川
省三台縣)刺史段子璋叛,襲破遂州,⋯⋯(五月)乙未劍南節度使
崔光遠率師與李奐擊敗段子璋於綿州,擒子璋殺之。"又《舊唐書・
高適傳》:"西川牙將花驚定者,恃勇,既誅子璋,大掠東蜀。天子怒
光遠不能戢軍,乃罷之。"卿:對男子的美稱。杜集另有《戲作花卿
歌》一首。
　　〔二〕絲管:絃樂和管樂。漢靈帝《招商歌》:"清絲流管歌玉臮。"
入江風:形容樂音之清。梁元帝《賦得涉江采芙蓉》:"江風當夏清。"
入雲:形容樂音瀏亮遠傳。曹植《七啟》:"長裾隨風,悲歌入雲。"
　　〔三〕天上有:黃生云:"予謂當時梨園弟子,流落人間者不少,如
寄鄭(審)李(之芳)百韻詩:'南内開元曲,當時弟子傳。'自注云:'都
督柏中丞筵,聞梨園弟子李仙奴歌。'所云天上有者,亦即此類。蓋贊
其曲之妙,應是當時供奉所遣,非人間所得常聞耳。顧況《李供奉箜
篌歌》云:'除卻天上化下來,若向人間實難得。'蓋以天樂比之,杜甫
正如此類。"劉禹錫《田順郎歌》:"清歌不是世間音,玉殿嘗聞稱主心。
唯有順郎全學得,一聲飛出九重深。"唐代宮中樂曲,多有流傳民間

者。玄宗曾至成都,梨園法曲、長安教坊大曲等,在成都當有流傳。故杜甫得在花宅聽此類樂曲。

花　鴨〔一〕（江頭五詠之五）

花鴨無泥滓,階前每緩行〔二〕。羽毛知獨立,黑白太分明〔三〕。不覺群心妬,休牽衆眼驚〔四〕。稻粱沾汝在,作意莫先鳴〔五〕。

〔一〕寶應元年（七六二）在成都作。總題作《江頭五詠》,分詠江頭所見的丁香、麗春、梔子、鸂鶒和花鴨,皆有寓意。

〔二〕無泥滓:喻潔身自好。階前:一本作“中庭”。每緩行:喻從容自得。

〔三〕羽毛句:化用禰衡《鸚鵡賦》“雖同族於羽毛,固殊智而異心”之意,言能卓立於群中。黑白句:以花鴨的毛色作雙關語。《漢書·薛宣傳》:“宣數言政事便宜,……所貶退稱進,白黑分明。”

〔四〕不覺兩句:仇兆鰲云:“然惟獨立,故群心妬;惟分明,故衆眼驚。”

〔五〕霑:即沾,分潤。在:見前《江畔獨步尋花七絕句》注。作意:見前《絕句漫興九首》注。黃鶴云:“公自喻以直言受妬,出居於外,雖有一飽之適,猶以先鳴爲戒。”

少年行^{〔一〕}

馬上誰家白面郎，臨階下馬坐人牀^{〔二〕}。不通姓氏粗豪甚，指點銀瓶索酒嘗^{〔三〕}。

〔一〕寶應元年在成都作。

〔二〕白面郎：《楚辭·七諫》："厭白玉以爲面兮。"白面，一本作"薄媚"，非。階：一本作"軒"。坐：一本作"踏"。牀：胡牀，即交牀、交椅。一種可折疊的輕便坐具。此句極寫少年目中無人。

〔三〕粗豪：蠻橫。索酒：《南史·顏延之傳》："顏延之……又好騎馬遨游里巷，遇知舊輒據鞍索酒。"仇兆鰲云："下馬坐床，指瓶索酒，有旁若無人之狀，其寫生之妙，尤在'不通姓氏'一句。"

遭田父泥飲美嚴中丞^{〔一〕}

步屧隨春風，村村自花柳^{〔二〕}。田翁逼社日，邀我嘗春酒^{〔三〕}。酒酣誇新尹，畜眼未見有^{〔四〕}！回頭指大男，渠是弓弩手^{〔五〕}。名在飛騎籍，長番歲時久^{〔六〕}。前日放營農，辛苦救衰朽^{〔七〕}。差科死則已，誓不舉家走^{〔八〕}！今年大作社，拾遺能住否^{〔九〕}？叫婦開大瓶，盆中爲吾取^{〔一〇〕}。感此氣揚揚，須知風化首〔一一〕。語多雖雜亂，説尹終在口〔一二〕。
朝來偶然去，自卯將及酉〔一三〕。久客惜人情〔一四〕，如何拒
鄰叟？高聲索果栗，欲起時被肘〔一五〕。指揮過無禮，未覺
村野醜〔一六〕。月出遮我留，仍嗔問升斗〔一七〕。

〔一〕寶應元年春在成都作。遭：不期而遇。田父：年老農民。泥
（nì）飲：强挽飲酒。美：贊頌，此言田父之贊揚。嚴中丞：即嚴武。武
於上元二年十二月，以京兆少尹兼御史中丞出爲成都尹。杜甫與嚴武
爲世交，武父嚴挺之係杜甫舊友，嚴武在政治上和杜甫又同屬房琯一
派。因此，嚴武鎮蜀時對杜甫頗多照顧。

〔二〕屩（xié）：草鞋。自花柳：各有花柳。

〔三〕逼：近。社日：古代農民祭祀土地神，祈禱豐收的節日。《歲
時廣記·二社日》：“《統天萬年曆》曰：立春後五戊爲春社，立秋後五
戊爲秋社。”春酒：爲春社日所備之酒。《詩·豳風·七月》：“爲此春
酒，以介眉壽。”以上四句化用《南史·袁粲傳》“粲……又嘗步屩白楊
郊野間，道遇一士大夫，便呼與酣飲”意，寫田夫之淳樸好客。

〔四〕新尹：即嚴武。嚴於上年十二月任成都尹，故云。畜眼句：
謂自有眼睛以來所未見。

〔五〕渠：彼。弓弩手：《通典》卷一四八“兵一”：“中軍四千人，内
取戰兵二千八百人。……戰兵内，弩手四百人，弓手四百人。”

〔六〕飛騎：《新唐書·兵志》：“擇材勇者爲番頭，頗習弩射。又
有羽林軍飛騎，亦習弩。”又《唐會要》卷七二“京城諸軍羽林軍”：“天
寶五載三月十八日敕，應募飛騎，請委郡縣長官，先取長六尺，不足，即
選取五尺九寸已上，灼然闊壯，膂力過人者，申送。”唐制，京師宿衞有
羽林飛騎、屯營飛騎，也習弓弩。肅宗至德二載，以成都爲南京，故亦
如京兆之置少尹，亦得置羽林飛騎。籍：登記名册。長番：長期服役，

不輪番更換。按，唐代府兵制度，士兵輪番更換服役。天寶以後舊制漸廢，改徵丁爲招募。其時猶有府兵制遺習。

〔七〕放營農：放回原籍務農。辛苦句：言大男辛苦以養田父。按，府兵原由受田的農民應徵，故退伍即歸田。《新唐書·張説傳》："邊鎮兵贏六十萬，説以時平無所事，請罷二十萬還農。"此處田父自陳嚴武放還士兵種田養親，令人感激。

〔八〕差科：長番外的雜色差役。兩川節度使所率宿衛兵，已不復遵行唐初府衛可免租庸調的舊制，故須擔負繁重的差科雜徭。《通鑑》卷二一二："（開元十年）諸衛府兵，自成丁從軍，六十而免，其家又不免雜徭，浸以貧弱，逃亡略盡。"兩句言寧肯服徭役輸賦税而死，決不全家逃走，以報新尹放歸之德。

〔九〕大作社：大規模祭祀社神。社，指春社。拾遺：田父稱杜甫。杜甫曾任左拾遺。

〔一〇〕大瓶：酒瓶。取（zhǒu）：承受。言注酒於盆。

〔一一〕揚揚：得意貌。《史記·管晏列傳》："意氣揚揚，甚自得也。"寫田父好客之狀。須知句：言田父之盛情，蓋以感激嚴武放大男回鄉養父，敦勵教化之故。因念爲民牧守之職，須以宣美風俗、教化百姓爲首。語出《後漢書·劉般傳》附《劉愷傳》："今刺史一州之表……職在辯章百姓，宣美風俗。"

〔一二〕語多句：形容田父酒酣嘮叨不休。陶淵明《飲酒》："父老雜亂言，觴酌失行次。"説尹：贊美新尹，即嚴武。

〔一三〕卯：上午五時至七時。酉：下午五時至七時。兩句謂被田父泥飲整日。

〔一四〕久客句：言長年流落異鄉，故珍惜人情。

〔一五〕被肘：用手捉肘。"肘"作動詞用。言屢起告辭，均被田父捉肘挽留。

〔一六〕指揮:指手揮腳。兩句謂田父粗豪失禮,但其盛情可感,轉而不覺其村野。

〔一七〕遮我留:攔住我不放。升斗:酒器。句意謂:猶大聲詢問飲酒幾何。蓋責客未儘量也。

三絶句〔一〕（選二）

其一

楸樹馨香倚釣磯,斬新花蕊未應飛〔二〕。不如醉里風吹盡,可忍醒時雨打稀〔三〕?

〔一〕寶應元年在成都作。

〔二〕楸樹:《爾雅·釋木》:“椅梓。”郭璞注:“即楸。”爲落葉喬木,幹挺聳,夏開黃綠色細花。釣磯:釣魚的石臺。斬新:即嶄新,唐人口語。句意謂新發之花未應飄落而先飄落。

〔三〕可忍:怎忍。可,一本作“何”。

其三

無數春筍滿林生,柴門密掩斷人行。會須上番看成竹,客至從嗔不出迎〔一〕。

〔一〕會須:應須。李白《將進酒》:"烹羊宰牛且爲樂,會須一飲三百杯。"上番:頭批、頭番。元稹《答姨兄胡靈之見寄五十韻》:"柳愛凌寒軟,梅憐上番驚。"上番即頭批所開之花,陸游《幽居初夏》:"籜龍已過頭番筍,木筆猶開第一花。"竹發新筍,每年數批,而以頭批最壯,故須看守成竹。從嗔:任他嗔怪。

大麥行〔一〕

大麥乾枯小麥黃,婦女行泣夫走藏〔二〕。東至集壁西梁洋,問誰腰鐮胡與羌〔三〕!豈無蜀兵三千人,簿領辛苦江山長〔四〕!安得如鳥有羽翅,託身白雲歸故鄉〔五〕?

〔一〕寶應元年在成都作。浦起龍云:"大麥行,大麥謠也。曷言乎謠也?代爲遣調者之言也。"上元二年和寶應元年,党項、奴剌(là)、吐蕃等經常侵擾隴、蜀,麥熟即來搶收。此詩諷唐王朝不能安邊。

〔二〕大麥二句:本於漢桓帝時童謠:"小麥青青大麥枯,誰當穫者婦與姑,丈夫何在西擊胡。"行泣:邊走邊哭。《新唐書·党項傳》:"(上元)二年,(党項)與渾、奴剌連和,寇寶雞,殺吏民,掠財珍,焚大散關,入鳳州,殺刺史蕭恍。……明年,又攻梁州,刺史李勉走,進寇奉天,大掠華原、同官去。"又《舊唐書·代宗本紀》:"(廣德元年)吐蕃大寇河隴,陷我秦、成、渭三州。"詩寫人民涕泣逃匿,蓋爲記實。

〔三〕集、壁、梁、洋:唐代四州名,屬山南西道。集:即今四川省南江縣。壁:即今四川省通江縣。梁:即今陝西省勉縣北褒城鎮。洋:即今陝西省洋縣。腰鐮:腰插鐮刀。胡與羌:指党項、吐蕃等。

〔四〕簿領:軍中調度文書。梁簡文帝《與劉孝綽書》:"既官寺務煩,簿領殷湊。"簿,一本作"部"。部領,即部曲統領,猶部隊。兩字均可通。江山長:言路途遙遠,調度辛苦,策應不及。

〔五〕安得兩句:言兵既少而又疲憊,不能與党項、吐蕃爭鋒,故蜀兵希望還鄉。

奉送嚴公入朝十韻〔一〕

鼎湖瞻望遠,象闕憲章新〔二〕。四海猶多難,中原憶舊臣〔三〕。與時安反側,自昔有經綸〔四〕。感激張天步,從容靜塞塵〔五〕。南圖迴羽翮,北極捧星辰〔六〕。漏鼓還思晝,宮鶯罷囀春〔七〕。空留玉帳術,愁殺錦城人〔八〕。閣道通丹地,江潭隱白蘋〔九〕。此生那老蜀,不死會歸秦〔一〇〕!公若登台輔,臨危莫愛身〔一一〕!

〔一〕寶應元年夏在成都作。嚴公:即嚴武。武於肅宗上元二年十二月爲成都尹,次年玄宗、肅宗相繼死亡,七月代宗召其還朝,任山陵橋道使。杜甫作此詩送行。

〔二〕鼎湖:見前《行次昭陵》注。此指肅宗之死。瞻望遠:用《史記・封禪書》:黃帝升天後,"百姓仰望黃帝既上天,乃抱其弓與胡髯號"句意。象闕:即象魏。古代天子、諸侯宮門外望樓,魏,當途而高大之意。象,法令憲章。因係公布法令之處,故稱。此處作朝廷的代稱。憲章：國家施政大法。新君即位，例頒新章，故云“憲章新”。

〔三〕四海句：言史朝義之亂未平。中原：唐王朝中心區域，故作朝廷的代稱。舊臣：指嚴武。武在玄宗時爲侍御史，肅宗時又爲京兆少尹兼御史中丞。歷仕三朝。

〔四〕與時：順時。反側：懷移貳之心者。《詩·小雅·何人斯》：“作此好歌，以極反側。”指嚴武曾扈從肅宗在靈武靖亂。經綸：治國之才。語出《易·屯》：“君子以經綸。”

〔五〕感激：感動奮發。諸葛亮《出師表》：“由是感激，遂許先帝以驅馳。”天步：國運。《詩·小雅·白華》：“天步艱難。”張天步，振國運，指收復京師。靜塞塵：使邊塞安靜。指鎮蜀。

〔六〕南圖：即圖南，《莊子·逍遙游》：“夫鵬九萬里而圖南。”指南來鎮蜀。迴羽翮：指被召還。翮：羽莖。北極：北極星。《論語·爲政》：“爲政以德，譬如北辰居其所而衆星拱之。”北極五星，北辰最尊，衆星拱北辰，古人用以喻臣下之拱衛朝廷。此處喻嚴武回朝輔政。

〔七〕漏鼓：古代計時器。用銅壺盛水，底穿孔，壺中立箭，上刻度數，水漸減而刻度現，則知時辰，再以鼓聲報時。還思晝：聽漏鼓等天明入朝。形容待朝之久。宮鶯罷囀：言春季已過。嚴武於夏季離蜀入覲，故云。

〔八〕玉帳術：指兵法。宋張淏《雲谷雜記》：“按顔之推《觀我生賦》云：守金城之湯池，轉絳宮之玉帳。又袁卓《遁甲專征賦》云：或倚其直使之游宮，或居其貴人之玉帳。蓋玉帳，乃兵家厭勝之方位，謂主將於其方置軍帳，則堅不可犯，猶玉帳然。”嚴武爲劍南節度使，掌兵柄，故悵惜其離蜀謂之“空留”云云。愁殺句：謂良將既去，蜀地安危，令蜀人愁慮。

〔九〕閣道：指由蜀入秦的劍閣棧道。丹地：古時宮殿前用紅漆塗地，故作朝廷代稱。張正見《豔歌行》：“執戟趨丹地，豐貂入建章。”此句指嚴武由蜀入朝。江潭:草堂近百花潭。此句言自己仍隱居成都。

〔一〇〕那:猶“豈”。老:老死。會:猶“定”。

〔一一〕公:指嚴武。台輔:即宰輔。臨危句:勉勵嚴武爲國獻身。

戲爲六絶句〔一〕

庾信文章老更成,凌雲健筆意縱橫〔二〕。今人嗤點流傳賦,不覺前賢畏後生〔三〕。

　　〔一〕此組詩作於寶應元年,是最早出現的論詩絶句,也是杜甫較系統的詩歌理論。前三首評論作家,後三首評當時詩壇情況及自述創作宗旨。六首皆針對當時文學界存在的“好古者遺近,務華者去實”(元稹《唐檢校工部員外郎杜君墓係銘序》)的偏頗風氣而作。語調多含嘲諷,故云“戲”。趙次公云:“公雖謂之‘戲’,而中有刀尺矣。”

　　〔二〕庾信:見前《春日憶李白》注。老更成:庾信入北周後,詩風由綺靡清新轉爲悲壯蒼涼。杜集中《敬贈鄭諫議十韻》亦有“波瀾獨老成”語。成,謂功力成熟。凌雲:喻筆勢超逸。縱橫:形容意態恣肆。杜甫在《春日憶李白》中,曾舉“清新庾開府”,繼又在《詠懷古跡五首》中,言“庾信平生最蕭瑟,暮年詩賦動江關”即謂庾信後期詩風的轉變,由“清新”而轉入暮年之“動江關”。“動江關”即“凌雲健筆意縱橫”之意。

　　〔三〕嗤點:嗤笑指點。賦:兼詩、賦而言,即首句的“文章”。前賢:指庾信。後生:指嗤點者。畏後生,語出《論語・子罕》:“後生可畏。”杜詩《同元使君春陵行》亦有“前聖畏後生”語。“後生可畏”一

語的原意，是後生未可限量，但此處係反語，謂後生皆對前輩妄自
譏評。

其二

楊王盧駱當時體，輕薄爲文哂未休〔一〕。爾曹身與名俱滅，
不廢江河萬古流〔二〕。

〔一〕楊、王、盧、駱：“楊王”一本作“王楊”。指楊炯、王勃、盧照
鄰、駱賓王。四人號稱“初唐四傑”。當時體：猶言當時的時代風格。
輕薄爲文：爲輕薄之文。仇兆鰲注引《玉泉子》：“人議其疵曰：楊好用
古人姓名，謂之點鬼簿；駱好用數目作對，謂之算博士。”即是一例。
哂(shěn)未休：譏笑不止。哂，冷笑。

〔二〕爾曹：指嗤笑者輩。不廢：猶無傷、無害。江河：喻“四傑”。
言今人之菲薄無害於王、楊、盧、駱之萬古流傳。

其三

縱使盧王操翰墨，劣於漢魏近風騷〔一〕。龍文虎脊皆君馭，
歷塊過都見爾曹〔二〕。

〔一〕盧王：“四傑”的代稱。因限於詩句字數，故舉盧以概駱，舉
王以概楊。翰墨：筆墨，引申爲“文章”。曹丕《典論·論文》：“寄身於
翰墨，見意於篇籍。”劣：不及。風騷：《國風》和《離騷》。沈約《謝靈
運傳論》：“自漢至魏，四百餘年，辭人才子，文體三變。……莫不同祖

《風》、《騷》。”爲此句所本。兩句謂縱使“四傑”之文章不及漢魏人之近於《風》、《騷》。

〔二〕龍文、虎脊：皆毛色斑駁的駿馬。《漢書·西域傳贊》：“蒲梢、龍文、魚目、汗血之馬，充於黃門。”又漢《郊祀歌·天馬》：“虎脊兩化若鬼。”此處喻華美的文采。君：指“四傑”。馭：駕馭、驅使。句意謂“四傑”能驅遣瑰麗的辭藻，猶如駕馭着駿馬馳騁。歷塊過都：見前《瘦馬行》注。此句意爲幾曾見爾等亦能如駿馬之越過都城如越過土堆乎？杜詩中常用此類反詰語，如《喜聞官軍已臨賊境二十韻》之“游魂貸爾曹”，《送重表侄王砅評事使南海》之“五色非爾曹”等，均然。

其四

才力應難跨數公，凡今誰是出群雄〔一〕？或看翡翠蘭苕上，未掣鯨魚碧海中〔二〕。

〔一〕跨：超越。一本作“誇”。數公：指庾信與“四傑”。出群：超群出衆。語出《世説新語·賞譽》：“殷中軍道韓太常曰：康伯少自標置，居然是出群器。”

〔二〕翡翠：鳥名。羽毛鮮美。蘭苕：蘭花和凌霄花。郭璞《游仙詩》：“翡翠戲蘭苕，容色更相鮮。”此用以喻時人所作但以辭采穠麗纖巧見長。掣：牽引。掣鯨魚碧海：喻筆力雄健。慨嘆當時無傑出詩人，能創作筆力千鈞的雄偉詩篇。

其五

不薄今人愛古人，清詞麗句必爲隣〔一〕。竊攀屈宋宜方駕，恐與齊梁作後塵〔二〕。

〔一〕不薄兩句：王嗣奭云：“不薄二字，另讀；今人愛古人，連讀。”意爲今人愛古人之清詞麗句，欲與古人爲鄰，我豈敢薄之。清詞麗句：語出沈約《謝靈運傳論》：“清詞麗句，時發乎篇。”又《文心雕龍·明詩》：“五言流調，則清麗居宗。……茂先凝其清，景陽振其麗。”鄰：接近，引申爲效尤。

〔二〕竊攀：私心想追攀。屈、宋：屈原、宋玉。方駕：并駕。齊、梁：指齊、梁詩人。兩句言流俗之輩雖欲追攀屈、宋，與之并駕齊驅，但志大才庸，恐僅能爲齊、梁後塵。言外之意，如仇兆鰲云：“知古人未易摹仿，則知數公（庾、“四傑”）未可蔑視矣。”

其六

未及前賢更勿疑，遞相祖述復先誰〔一〕？別裁僞體親風雅，轉益多師是汝師〔二〕。

〔一〕前賢：泛指前代大家。遞：接續。祖述：繼承前人而有所述作。沈約《謝靈運傳論》：“王褒、劉向、揚、班、崔、蔡之徒，異軌同奔，遞相師祖。”復先誰？應該以誰爲先？

〔二〕別裁：鑒別而裁去之。僞體：錢謙益云：“《風騷》有真風騷，漢魏有真漢魏，等而下之，至於齊、梁、初唐，莫不有真面目焉。舍是則皆僞體也。”親：與上文“必爲鄰”之“鄰”字意近。風雅：《國風》與《大雅》、《小雅》。此言作詩宜去僞存真，上承《風》《雅》。轉益句，言前賢皆可爲師，轉而益求多師以爲汝師。杜詩《詠懷古跡五首》：“搖落深知宋玉悲，風流儒雅亦吾師。”又《解悶十二首》：“李陵蘇武是吾師。"皆"益多師"之謂。元稹《唐檢校工部員外郎杜君墓係銘序》中謂杜甫"上薄《風》、《騷》,下該沈、宋,言奪蘇、李,氣吞曹、劉,掩顏、謝之孤高,雜徐、庾之流麗。"足以概杜甫"益多師"之大要。錢謙益評此六章曰:"蓋寓言以自況也。韓退之之詩曰:'李杜文章在,光芒萬丈長。不知群兒愚,那用故謗傷。蚍蜉撼大樹,可笑不自量。'然則當公之世,群兒之謗傷者或不少矣,故借庾信四子以發其意。"

客　夜[一]

客睡何曾著,秋天不肯明[二]。入簾殘月影,高枕遠江聲[三]。計拙無衣食,途窮仗友生[四]。老妻書數紙,應悉未歸情[五]。

〔一〕寶應元年秋作。是年七月,杜甫送嚴武還朝,至綿州奉濟驛,得悉徐知道在成都作亂,轉赴梓州。時家屬在成都。

〔二〕著:猶今語"睡着"。秋天句:化用《古詩十九首》"愁多知夜長"意。

〔三〕入:一本作"卷",然"入"字更能狀殘月之神。高枕句:言上游江聲高於其枕。遠,一本作"送",非。趙汸云:"惟夜久,見月殘;惟夜靜,聞江遠。"此兩句脫胎於張說《深渡驛》:"洞房懸月影,高枕聽江流。"

〔四〕計拙:不善謀生。友生:朋友。語出《詩·小雅·常棣》:"雖有兄弟,不如友生。"杜甫與東川節度使(治所梓州)章彝有交,所倚仗者或即章彝。

〔五〕書數紙:指妻子催歸之信。或解爲寄老妻之書,亦可通。未歸情:承上五、六兩句所言之作客未能回家的苦衷。

客　亭〔一〕

秋窗猶曙色,落木更高風〔二〕。日出寒山外,江流宿霧中〔三〕。聖朝無棄物,衰病已成翁〔四〕。多少殘生事,飄零任轉蓬〔五〕。

〔一〕此詩亦寶應元年秋,與《客夜》作於同時。亦申叙旅次情懷。

〔二〕落木:即落葉。一本作“木落”,非。“落木”與“秋窗”對。高:一本作“天”。

〔三〕宿霧:夜霧。

〔四〕聖朝:指唐王朝。無棄物:語出老子《道德經》卷上:“是以聖人常善救人,故無棄人;常善救物,故無棄物。”衰病:杜甫自謂。衰,一本作“老”,又一本作“多”。句意與孟浩然《歲暮歸南山》:“不才明主棄,多病故人疏。”相近,而憤懣過之。

〔五〕殘生:餘生。任:聽憑。兩句言老病餘生,惟有順時委命而已。

聞官軍收河南河北〔一〕

劍外忽傳收薊北〔二〕,初聞涕淚滿衣裳。卻看妻子愁何在?

漫卷詩書喜欲狂〔三〕。白日放歌須縱酒〔四〕，青春作伴好還鄉。即從巴峽穿巫峽，便下襄陽向洛陽〔五〕。

〔一〕廣德元年（七六三）春在梓州作。《舊唐書·代宗本紀》："（寶應元年）冬十月辛酉，詔天下兵馬元帥雍王統河東、朔方及諸道行營、回紇等兵十餘萬討史朝義，合軍於陝州，加朔方行營節度使大寧郡王僕固懷恩同中書門下平章事。……乙亥，雍王奏收東京、河陽、汴、鄭、滑、相、魏等州（即河南）。……丁酉，僞恒州節度使張忠志以趙、定、深、恒、易五州歸順，以忠志檢校禮部尚書、恒州刺史，充成德軍節度使，賜姓名曰李寶臣。於是河北州郡悉平。賊范陽尹李懷仙斬史朝義首來獻，請降。"杜甫得訊，驚喜若狂，乃作此詩。

〔二〕劍外：見前《恨別》注。薊北：泛指唐代幽州、薊州一帶，即今河北省北部。爲安、史叛軍根據地。

〔三〕卻看：回顧。此時杜甫已經把妻子接至梓州。漫卷：隨便捲起。卷，同"捲"。唐代尚無刻板書，所讀皆手寫的卷子本，可以舒卷。

〔四〕日：一本作"首"。須：猶應、必。杜甫《投簡梓州幕府兼簡韋十郎官》："固知貧病人須棄，能使韋郎跡也疏。"須縱酒，言應開懷痛飲。

〔五〕巴峽：指今四川省重慶市東面的巴峽，在嘉陵江，俗稱"小三峽"。《華陽國志·巴志》："巴亦有三硤。"巫峽：在今四川省巫山縣東。襄陽：即今湖北省襄陽縣。杜甫先世爲襄陽人。洛陽：杜甫的曾祖依藝爲鞏縣令，徙河南。故洛陽是杜甫故鄉。原注："余田園在東京。"人在劍外，心已嚮往家園，喜悅之情可見。王嗣奭云："此詩句句有喜躍意，一氣流注，而曲折盡情，絕無妝點，愈樸愈真。他人決不能道。"

送陵州路使君之任〔一〕

王室比多難,高官皆武臣〔二〕。幽燕通使者,岳牧用詞
人〔三〕。國待賢良急,君當拔擢新〔四〕。佩刀成氣象,行蓋
出風塵〔五〕。戰伐乾坤破,瘡痍府庫貧〔六〕。衆寮宜潔白,
萬役但平均〔七〕。霄漢瞻佳士,泥塗任此身〔八〕。秋天正搖
落,回首大江濱〔九〕。

〔一〕廣德元年秋在梓州作。陵州:《舊唐書·地理志》:"劍南東
道:陵州中,隋隆山郡。武德元年改爲陵州。……天寶元年,改爲仁壽
郡。"即今四川省仁壽縣。路使君:名字不詳。漢代稱太守爲使君,唐
代用以稱呼刺史。之:一本作"赴"。

〔二〕王室:朝廷,王朝。孔融《喻邴原舉有道書》:"王室多難。"
比(bì):近。高官句:朱鶴齡云:"按史,是時諸州久屯軍旅,多以武將
兼領刺史。法度廢弛,人甚弊之。故有高官皆武臣之嘆。"

〔三〕幽、燕:見前《恨別》注。通使者:指河北收復,朝廷政令已能
到達。岳牧:傳說堯、舜時有四岳十二牧。《史記·伯夷列傳》:"舜禹
之間,岳牧咸荐。"後世以喻州、郡長官。兩句言時世漸平,乃起用
文人。

〔四〕拔擢:提拔。李密《陳情表》:"過蒙拔擢,寵命優渥。"

〔五〕佩刀句:用吕虔贈王祥佩刀事。《晉書·王覽傳》:"吕虔有
佩刀,工相之,以爲必登三公,可服此刀。虔謂祥曰:'苟非其人,刀或
爲害。卿有公輔之量,故以相與。'"行蓋:出行時所用車蓋。出風塵:

言其出仕於蜀地戰亂未息之時。

〔六〕戰伐兩句：言亂後民貧。

〔七〕寮：同“僚”。萬役：泛指對百姓各種租調。平均：用《穆天子傳》卷三“天子答之曰：予歸東土，和治諸夏，萬民平均”意。

〔八〕霄漢：高空。霄，雲霄；漢，天河。此處喻路使君之升騰。佳士，指路使君。語出《晉書·任愷傳》：“子罕……以淑行致稱，爲清平佳士。”泥塗：猶草野。喻地位卑下。《左傳·襄公三十年》：“使吾子辱在泥塗久矣。”兩句言霄漢泥塗，彼此懸隔。

〔九〕搖落：雕殘、零落。曹丕《燕歌行》：“秋風蕭瑟天氣涼，草木搖落露爲霜。”叙送別之時。大江濱：梓州在涪江之濱，叙送別之地。兩句意爲望路使君不忘故人的勸勉之詞。

九　日〔一〕

去年登高郪縣北，今日重在涪江濱〔二〕。苦遭白髮不相放，羞見黃花無數新〔三〕。世亂鬱鬱久爲客，路難悠悠常傍人〔四〕。酒闌卻憶十年事，腸斷驪山清路塵〔五〕。

〔一〕廣德元年秋在梓州作。九日：農曆九月九日重陽節。詩爲重陽登高抒懷。

〔二〕去年：即寶應元年。當時杜甫避徐知道之亂入梓州。郪（qī）縣：今四川省三台縣，當時梓州州治。涪江：又名内江，源出四川松潘縣東北雪欄山，東南流與嘉陵江合，梓州是涪江流經之地。

〔三〕不相放：不饒人。黃花：即菊花。不甘衰老，而白髮催人，故云“苦遭”；菊花常新，而已已衰老，所以“羞見”。

〔四〕鬱鬱：抑鬱不快貌。路難：謀生之路艱難。悠悠：漫長貌。傍人：倚人。

〔五〕酒闌：酒散，酒罷。十年事：王嗣奭云：“天寶十四年冬，公自京師歸奉先，路經驪山，玄宗時幸華清宫，禄山反，然後還京。……至今廣德元年，則十年矣。”腸斷：喻悲痛已極。驪山：見前《自京赴奉先縣詠懷》注。清路塵：古時皇帝出行須清道。此指玄宗在驪山事。仇兆鼇云：“酒闌以後，忽憶驪山往事，蓋嘆明皇荒游無度，以致世亂路難也。末作推原禍本，方有關係。若徒説追思盛事，詩義反淺矣。”

征　夫〔一〕

十室幾人在，千山空自多〔二〕。路衢唯見哭，城市不聞歌。漂梗無安地，銜枚有荷戈〔三〕。官軍未通蜀，吾道竟如何〔四〕！

〔一〕廣德元年初冬在閬州（今四川省閬中縣）作。杜甫是年秋自梓州至閬州弔唁房琯。時吐蕃圍攻松州（今四川省松潘縣），蜀地人民應征服役，戰事失敗。征夫即指出征士兵。

〔二〕千山句：言群山多有險要而無人把守。暗示士卒多死亡。

〔三〕漂梗：漂蕩無定之枯枝。喻征夫東西奔走。銜枚：枚狀如筷，兩端有帶，可系頸上。古時行軍，令戰士銜枚，以止言語喧嘩。《周禮·夏官·大司馬》：“徒銜枚而進。”荷戈：揹着武器。

〔四〕未通蜀：指增援的官軍未至。時長安通蜀中之路爲吐蕃兵所遮斷。吾道句:自嘆進退失據。

早　花〔一〕

西京安穩未〔二〕,不見一人來。臘日巴江曲,山花已自
開〔三〕。盈盈當雪杏,豔豔待春梅〔四〕。直苦風塵暗〔五〕,誰
憂客鬢催!

〔一〕廣德元年冬末在閬州作。詩嘆臘月花早發而世亂未平。

〔二〕西京:指長安。唐顯慶二年(六五七)以洛陽爲東都,乃稱長
安爲西都。天寶元年(七四二)定稱西京。未:同“否”。王維《雜
詩》:“寒梅著花未?”此句指廣德元年吐蕃焚掠長安,代宗出奔陝州
(今河南省陝縣)事。《通鑑》卷二二三:“(廣德元年)冬十月,吐蕃寇
涇州,刺史高暉以城降之,遂爲之鄉導,引吐蕃深入,過邠州。……辛
未,寇奉天、武功,京師震駭。……上方治兵,而吐蕃已度便橋,倉猝不
知所爲。丙子,出幸陝州。官吏藏竄,六軍逃散。……戊寅,吐蕃入長
安,……剽掠府庫市里,焚閭舍,長安中蕭然一空。”后郭子儀率兵反
擊,吐蕃逃遁。直到十二月,代宗才回長安。杜甫遠在閬州,消息不
明,故十分憂念。

〔三〕臘日:臘祭之日,古在十二月間行之。《說文》段注:“臘本
祭名,因呼臘月臘日耳。”日,一本作“月”。巴江:即嘉陵江。曲:見前
《哀江頭》注。閬州在嘉陵江邊,所以巴江曲即指閬州地帶。山花自
開:蜀地氣暖,臘月山花已開。《荆楚歲時記》:“十二月八日爲臘日,
諺語:臘鼓鳴,春草生。”

〔四〕盈盈:儀態美好貌。《古詩十九首》:“盈盈樓上女,皎皎當窗牖。”當雪杏:杏花冒雪而開。豔豔:鮮麗貌。待春梅:梅花先春而發。

〔五〕直:猶“但”、“特”。《孟子・梁惠王下》:“寡人非能好先王之樂也,直好世俗之樂耳。”兩句謂憂時尚不暇,豈能自憂客居異地之歲月催人老乎?

天邊行〔一〕

天邊老人歸未得,日暮東臨大江哭〔二〕。隴右河源不種田,胡騎羌兵入巴蜀〔三〕。洪濤滔天風拔木,前飛禿鶖後鴻鵠〔四〕。九度附書向洛陽,十年骨肉無消息〔五〕。

〔一〕廣德元年在閬州作。詩抒憂亂傷時之痛與骨肉離散之悲。取篇首二字爲題。

〔二〕天邊老人:杜甫自謂。大江:指嘉陵江。嘉陵江在閬州東,故云“東臨”。

〔三〕隴右:唐隴右道,轄境約當今甘肅省六盤山以西,青海省青海湖以東及新疆東部。治所在鄯州(今青海省樂都縣)。河源:郡名,在青海省境内。轄地約當今共和、興海、同德、瑪沁等縣地。《通鑑》卷二二三:“廣德元年秋七月,……吐蕃入大震關。陷蘭、廓、河、鄯、洮、岷、秦、成、渭等州,盡取河西隴右之地。……數年間,西北數十州相繼淪没。自鳳翔以西,邠州以北,皆爲左衽矣。”胡騎羌兵:朱鶴齡謂:胡騎指吐蕃,羌兵指党項羌、渾、奴剌之類。《資治通鑑》卷二二三：“（廣德元年十二月）吐蕃陷松、維、保三州，及雲山、新築二城。”

〔四〕禿鶖（qiū）：鳥名，似鶴而大，青蒼色，頭項皆無毛。《詩·小雅·白華》：“有鶖在梁。”鴻鵠：鴻，大雁；鵠，黃鵠。亦有謂鴻即黃鵠者。鴻，一本即作“黃”。《孟子·告子上》：“一心以爲有鴻鵠將至。”王洙云：“洪濤滔天，言民罹昏墊；禿鶖鴻鵠，欲與偕飛而不能也。”

〔五〕九度：極言其多。十年：天寶十四載安史之亂起至此年恰十年。骨肉：指在東都之弟。

發閬中〔一〕

前有毒蛇後猛虎，溪行盡日無村塢〔二〕。江風蕭蕭雲拂地，山木慘慘天欲雨〔三〕。女病妻憂歸意急，秋花錦石誰能數〔四〕？別家三月一得書〔五〕，避地何時免愁苦。

〔一〕廣德元年冬末自閬州回梓州途中作。杜甫九月從梓州至閬州，至此已三月。詩人之妻自梓州來信，言女病，故即離閬回梓。閬中：即閬州。閬水迂曲，經郡三面，故稱閬中。

〔二〕溪行：緣水而行。

〔三〕雲拂地：烏雲掠地而過，故下句有雨象。慘慘：暗淡無光貌。庾信《傷心賦》：“天慘慘而無色，雲蒼蒼而正寒。”

〔四〕急：一本作“速”。秋花：杜甫回梓州在冬末，此係回憶來時所見。錦石：有錦文的美石。數：仔細看賞。言歸心急切，未若來時之能細賞秋花錦石也。

〔五〕得書：一本作“書來”。

歲　暮[一]

歲暮遠爲客，邊隅還用兵[二]。烟塵犯雪嶺，鼓角動江城[三]。天地日流血，朝廷誰請纓[四]？濟時敢愛死，寂寞壯心驚[五]。

〔一〕廣德元年在梓州作。是年十二月吐蕃連陷松（今四川省松潘縣）、維（今四川省理縣西）、保（今四川省理縣附近）。時杜甫由閬州回梓州，適在冬盡，故題作"歲暮"。

〔二〕邊隅：指松、維、保三州，爲蜀境邊防重地。

〔三〕雪嶺：即雪欄山，俗呼寶鼎山，在今四川省松潘縣東三十里，終年積雪，故名。鼓角：見前《秦州雜詩二十首》注。江城：指梓州。兩句言吐蕃寇邊，聲勢遠播。

〔四〕天地：猶天下。請纓：喻投軍報國。《漢書·終軍傳》："軍自請：'願受長纓，必羈南越王而致之闕下。'"

〔五〕濟時：《晉書·慕容廆傳》："（張）華甚嘆異，謂曰：君至長，必爲命世之器，匡難濟時者也。"寂寞：寓自己被朝廷遺棄意。壯心：曹操《步出夏門行》："烈士暮年，壯心不已。"兩句謂報國豈敢惜生，但被棄之身，徒自憂慮嘆息而已。

釋　悶[一]

四海十年不解兵，犬戎也復臨咸京[二]。失道非關出襄野，揚鞭忽是過湖城〔三〕。豺狼塞路人斷絕〔四〕，烽火照夜屍縱橫。天子亦應厭奔走，群公固合思昇平〔五〕。但恐誅求不改轍，聞道嬖孽能全生〔六〕。江邊老翁錯料事，眼暗不見風塵清〔七〕。

〔一〕此詩作於廣德二年（七六四）春，其時詩人又攜眷自梓州至閬州。詩爲排律體。

〔二〕十年：見前《天邊行》注。犬戎：古時西戎種族名。此喻吐蕃。咸京：秦都咸陽。此喻長安。指廣德元年十月吐蕃兵攻陷長安事。

〔三〕襄野：襄城（今河南省襄城縣）之野。《莊子・徐无鬼》：“黃帝將見大隗乎具茨之山，……至於襄城之野，七聖皆迷，無所問塗。”忽：突然。湖城：即安徽蕪湖。《晉書・明帝紀》：“（王）敦將舉兵內向。帝密知之，乃乘巴滇駿馬，微行至於湖，陰察敦營壘而出。”兩句用黃帝訪道和晉明帝偵敵兩典，暗刺代宗非因迷路或探察敵情而匆忙策馬出行，乃因避難方蒼黃奔逃陝州。

〔四〕豺狼：指吐蕃入寇與各地叛軍。

〔五〕天子：指代宗。群公：指當權大臣。

〔六〕誅求：《左傳・襄公三十一年》：“以敝邑褊小，介於大國，誅求無時。”注：“誅，責也。”意爲責令供應其求索。嬖（pì）孽：受寵之佞臣，指宦官程元振。此句言程元振專權釀亂，代宗不加誅戮事。《通鑑》卷二二三：“（廣德元年）驃騎大將軍、判元帥行軍司馬程元振專權自恣，人畏之甚於李輔國。諸將有大功者，元振皆忌疾欲害之。吐蕃入寇，元振不以時奏，致上狼狽出幸。……太常博士柳伉上疏：……必欲存宗廟社稷，獨斬元振首，馳告天下，……上以元振嘗有保護功，十一月辛丑，削元振官爵，放歸田里。”

〔七〕江邊老翁:杜甫自謂。錯料事:此係反語,不言朝廷處事乖
謬,反言自己料事差錯,正所以深責之也。仇兆鰲云:詩意謂"其事之
舛謬,真出於意料之外矣。然則風塵亦何由清,而太平將何時可
見乎?"

有感五首〔一〕(選二)

其二

幽薊餘蛇豕,乾坤尚虎狼〔二〕。諸侯春不貢,使者日相
望〔三〕。慎勿吞青海,無勞問越裳〔四〕。大君先息戰,歸馬
華山陽〔五〕。

〔一〕此五章應是廣德二年初隨時感事而作,合爲一組,並非一次
寫成。各章均對當時政治、軍事重大問題而發。此章抒其對河北藩鎮
跋扈問題的見解。
〔二〕幽薊:見前《恨別》注。蛇豕:長蛇封豕。語出《左傳·定公
四年》:"吳爲長蛇封豕,以薦食上國。"注:"言吳貪害如蛇豕。"封,大。
此處喻名爲投降實擁兵割據的安、史餘孽。《通鑑》卷二二二:"(廣德
元年正月),時(史)朝義范陽節度使李懷仙已……請降,……朝
義……東奔廣陽,……李懷仙遣兵追及之,朝義窮蹙,縊於林中,懷仙
取其首以獻。僕固懷恩與諸軍皆還。……癸亥,以史朝義降將薛嵩爲
相、衛、邢、洺、貝、磁六州節度使,田承嗣爲魏、博、德、滄、瀛五州都防

禦使,李懷仙仍故地爲幽州、盧龍節度使。……懷恩亦恐賊平寵衰,故奏留嵩等及李寶臣分帥河北,自爲黨援。朝廷亦厭苦兵革,苟冀無事,因而授之。"代宗將河北一帶授予李懷仙等四降將,遂種下藩鎮割據禍根,"餘蛇豕"指此。虎狼:亦喻藩鎮割據勢力。

〔三〕諸侯:指李懷仙、田承嗣等。唐代藩鎮亦如周初分封的諸侯,名爲服屬,實不受節制。不貢:不向朝廷納稅。《舊唐書·田承嗣傳》:"承嗣不習教義,沉猜好勇,雖外受朝旨,而陰圖自固,重加稅率,修繕兵甲,……郡邑官吏,皆自署置,戶版不籍於天府,稅賦不入於朝廷,雖曰藩臣,實無臣節。"又《舊唐書·李寶臣傳》:"(寶臣)與薛嵩、田承嗣、李正己、梁崇義等連結姻婭,互爲表裏,意在以土地傳付子孫,不稟朝旨,自補官吏,不輸王賦。"使者句:言藩鎮之間互通聲氣,狼狽爲患,彼此使者往來頻仍。

〔四〕青海:指吐蕃。青海時爲吐蕃根據地。越裳:指南詔。《南史·夷貊傳》:"林邑國,本漢日南郡象林縣,古越裳界也。"在今雲南省境內。兩句言不應急於用兵吐蕃、南詔,而應先平服河北藩鎮的叛亂。作此詩時杜甫尚不知吐蕃陷長安,代宗出奔陝州之事,故謂。

〔五〕大君:皇帝。唐人多稱天子爲"聖人"或"大君"。儲光羲《秋庭貽馬九》:"大君幸東嶽,世哲扈時巡。"此指代宗。華山陽:華山之南。《尚書·武成》:"歸馬於華山之陽,放牛於桃林之野,示天下弗服(乘用)。"詩意望代宗收鎮兵以實關內,息戰禍而安民生。

其三

洛下舟車入,天中貢賦均〔一〕。日聞紅粟腐,寒待翠華春〔二〕。莫取金湯固,長令宇宙新〔三〕。不過行儉德,盜賊本王臣〔四〕。

〔一〕此章反對遷都洛陽之議。錢謙益云："自吐蕃入寇,車駕東幸,天下皆咎。程元振勸帝且都洛陽,以避蕃寇。郭子儀因兵部侍郎張重光宣慰迴,附章論奏。其略曰:'東周之地,久陷賊中,宮室焚燒,十不存一。矧其土地狹阨,纔數百里間,東有成皋,南有二室,險不足恃,適爲戰場。明明天子,躬儉節用,……則黎元自理,盜賊自平。'公(指杜甫)正隱括汾陽論奏大意。"天中:舊時稱洛陽居天下之中。貢賦均:《史記·周本紀》:"成王在豐,使召公復營洛邑……曰:'此天下之中,四方入貢道里均。'"此言建議遷都者侈言洛陽爲都之有利。

〔二〕紅粟腐:形容倉中儲粟之多。寒:形容久被冷落。翠華:皇帝儀仗中的翠羽之旗。司馬相如《上林賦》:"建翠華之旗。"兩句亦建議遷都洛陽者之侈談,言洛陽倉廩多積粟,亟待皇帝臨幸以爲城池添春色。

〔三〕莫取:猶莫恃,金湯:"金城湯池"之略詞。《漢書·蒯通傳》:"皆如金城湯池,不可攻也。"形容城池險固。宇宙:天下。兩句言不應仗恃地理險固,而應靠革新政治,使國家有新氣象。

〔四〕王臣:語出《詩·小雅·北山》:"率土之濱,莫非王臣。"兩句意爲盜賊之所以產生,係因在上者窮奢極慾,苛政暴斂所致。帝王有儉德,則莫非王臣矣。

憶昔二首〔一〕

其一

憶昔先皇巡朔方,千乘萬騎入咸陽〔二〕。陰山驕子汗血馬,

長驅東胡胡走藏〔三〕。鄴城反覆不足怪，關中小兒懷紀
綱〔四〕，張后不樂上爲忙〔五〕。至令今上猶撥亂，勞身焦思
補四方〔六〕。我昔近侍叨奉引，出兵整肅不可當〔七〕。爲留
猛士守未央，致使岐雍防西羌〔八〕。犬戎直來坐御牀，百官
跣足隨天王〔九〕。願見北地傅介子，老儒不用尚書郎〔一〇〕。

〔一〕廣德二年作。錢謙益云：“憶昔之首章，刺代宗也。肅宗之
禍亂，成於張后、輔國。代宗在東朝，已身履其難。少屬亂離，長於軍
旅，即位以來，勞心焦思，禍猶未艾，亦可以少悟矣。乃復信任程元振，
解郭子儀兵柄，以召匈奴之禍。此不亦童昏之尤乎？公不敢斥言，而
以‘憶昔’爲詞，其旨意婉而切矣。”故題雖“憶昔”，意實諷今。

〔二〕先皇：指肅宗。巡朔方：指肅宗至德元載在靈武即位。《舊
唐書·肅宗本紀》：“上即皇帝位於靈武。……下制曰：‘……朕所以
治兵朔方，將殄寇逆，務以大者，本其孝乎。須安兆庶之心，敬順群臣
之請。”靈武原爲朔方節度使治所。咸陽：見前《釋悶》注。指至德二
載九月收復長安後，肅宗於十月還京。

〔三〕陰山：唐代屬安北都護府，回紇所在地。在今内蒙古自治區
西部。驕子：見前《留花門》注。指回紇。汗血馬：見前《房兵曹胡馬》
注。長驅：本指長驅直入，此作“驅逐”解。東胡：指安慶緒。肅宗借
回紇兵討安慶緒，收復兩京，安慶緒逃河北。

〔四〕鄴城反覆：指安慶緒被圍於鄴城，史思明既降復叛，引兵來
救，官軍潰敗，東京再次失陷事。關中小兒：指李輔國。《舊唐書·宦
官傳》：“李輔國，本名靜忠，閑廐馬家小兒。少爲閹，貌陋，粗知書計。
爲僕，事高力士。”唐代凡在宮禁執賤役的人，都稱小兒。

〔五〕張后：指肅宗皇后張良娣。《舊唐書·后妃傳》：“皇后寵遇
專房，與中官李輔國持權禁中，干預政事，請謁過當，帝頗不悅，無如之

何。”上爲忙：言張后不快，則肅宗倉皇失措，手忙腳亂。

〔六〕今上：指代宗。撥亂：指張后、李輔國先後被殺事。《通鑑》卷二二二：寶應元年四月乙丑，“（李輔國）以太子之命遷后於別殿。……幽於後宮……（丁卯）輔國等殺后……”又同卷：“（冬十月）上在東宮，以李輔國專橫，心甚不平，及嗣位，以輔國有殺張后之功，不欲顯誅之。壬戌夜，盜入其第，竊輔國之首及一臂而去。”勞身焦思：語出《史記・夏本紀》：“禹傷先人父鯀功之不成受誅，乃勞身焦思。”身，一本作“心”。補四方：指補肅宗未竟之業，征討安、史餘孽，經營河北等事。

〔七〕近侍：指任左拾遺事。叨：猶“忝”。奉引：供奉扈從。出兵：指代宗爲太子時統兵事。《舊唐書・代宗本紀》：“從肅宗蒐兵靈武，以上爲天下兵馬元帥。……賊鋒方銳，屢來寇襲。上選求勇幹，頻挫其鋒。……香積之戰，賊徒大敗，遂委西京而遁。……既收京城，令行禁止，民庶按堵，秋毫不犯。”

〔八〕猛士：指郭子儀統率之朔方軍。未央：漢代宮殿名。此喻唐宮。《通鑑》卷二二二：“（寶應元年八月），郭子儀自河東入朝。時程元振用事，忌子儀功高任重，數譖之於上。子儀不自安，表請解副元帥、節度使。上慰撫之，子儀遂留京師。”又同書卷二二三：“（廣德元年十月）吐蕃入長安。”岐：岐州。雍：爲岐州故治。岐、雍：唐代大散關內地，在今陝西省鳳翔縣境。西羌：指吐蕃。《舊唐書・吐蕃傳》：“乾元之後，……鳳翔之西，邠州之北，盡蕃戎之境。”此句意爲因郭子儀留朝，遂使邊防無人，岐、雍近畿亦成被吐蕃騷擾的邊防地帶。

〔九〕犬戎：見前《釋悶》注。此句指廣德元年十月，吐蕃入長安，長安第二次淪陷事。坐御床，事見《南史・侯景傳》：“大同中，太醫令朱耽嘗直禁省，無何夢犬羊各一在御坐。……既而天子蒙塵，景登正殿焉。”此化用其意。跣足：赤腳。天王：指代宗。言百官倉皇隨代宗逃奔陝州。

〔一〇〕傅介子:見前《秦州雜詩二十首》注。老儒:杜甫自謂。尚書郎:是年(廣德二年)六月,杜甫因嚴武表荐,授檢校尚書工部員外郎。不用尚書郎:語出《木蘭辭》:"可汗問所欲,木蘭不用尚書郎。"兩句言但願有如傅介子者爲王朝雪恥,一己之富貴仕禄,實視之若浮雲也。

其二

憶昔開元全盛日,小邑猶藏萬家室〔一〕。稻米流脂粟米白,公私倉廩俱豐實〔二〕。九州道路無豺虎,遠行不勞吉日出〔三〕。齊紈魯縞車班班,男耕女桑不相失〔四〕。宮中聖人奏雲門,天下朋友皆膠漆〔五〕。百餘年間未災變,叔孫禮樂蕭何律〔六〕。豈聞一絹直萬錢,有田種穀今流血〔七〕!洛陽宮殿燒焚盡,宗廟新除狐兔穴〔八〕。傷心不忍問耆舊,復恐初從亂離説〔九〕。小臣魯鈍無所能,朝廷記識蒙禄秩〔一〇〕。周宣中興望我皇,灑淚江漢身衰疾〔一一〕。

〔一〕仇兆鰲云:"此章於理亂興亡之故,反覆痛陳。蓋亟望代宗撥亂反治,復見開元之盛焉。"小邑句:小城即有居民一萬户,極寫人口之繁盛。

〔二〕流脂:形容肥滑雪白。粟米白:粟米本黄色,求其精故亦舂白。倉廩:藏穀者稱"倉",藏米者稱"廩"。

〔三〕豺虎:指行凶劫奪者。吉日:古人迷信,出行須擇吉日,以防災患。《通鑑》卷二一四:"(開元二十八年),西京、東都米斛直錢不滿二百,絹匹亦如之。海内富安,行者雖萬里不持寸兵。"

〔四〕齊紈:齊地所産之細白熟絹。魯縞:魯地所産之潔白生絹。車班班:形容商賈販運絡繹不絶。班班:衆車聲。不相失:各安其業,絶無離散之苦。《通典‧食貨七》:“(開元十三年)米斗至十三文,青、齊穀斗至五文。自後天下無貴物。兩京米斗不至二十文,麵三十二文,絹一疋二百一十二文。東至宋汴,西至岐州,夾路列店肆待客,酒饌豐溢。每店皆有驢賃客乘,倏忽數十里,謂之驛驢。南詣荆、襄,北至太原、范陽,西至蜀川、涼府,皆有店肆以供商旅。遠適數千里,不持寸刃。”此即上六句所反映的歷史情況。

〔五〕雲門:周代“六舞”之一。相傳是黃帝的樂舞。《周禮‧春官‧宗伯》:“大司樂……歌大吕,舞雲門,以祀天神。”此處喻皇帝修明禮樂,敬天祭祖。膠漆:喻朋友親睦,風俗淳厚。

〔六〕百餘年間:唐自高祖開國(六一八),至玄宗開元末(七四一),凡百餘年。叔孫:西漢叔孫通。爲漢高帝制禮儀。此用以喻開元制禮事。《通鑑》卷二一三:“(開元二十年)九月乙巳,新禮成,上之。號曰《開元禮》。”又《唐會要》卷三十二:“(開元)二十九年六月,太常奏東封太山日所定雅樂。”蕭何:漢高帝時任相國,漢高祖命其制定律令,蕭何作律九章。亦借以喻開元制律事。《舊唐書‧刑法志》:“岑羲等删定開元前格十卷,姚崇等删定開元後格十卷。”

〔七〕直:同“值”。自此以下陡然一轉,寫安、史亂後情況,前後對比鮮明。

〔八〕宗廟句:指廣德二年吐蕃入長安,燒殺十五天,十二月代宗返長安,始清除穢跡。狐兔穴:語出顏之推《古意二首》:“狐兔穴宗廟。”

〔九〕傷心兩句:意謂耆舊均生長於開元盛世,若回溯喪亂經過,恐撫今追昔,不勝傷感。

〔一〇〕小臣魯鈍:語出劉楨《贈五官中郎將》:“小臣信魯鈍。”

識(zhì)，一本作“憶”，義同。禄秩：俸禄、官職。指授檢校工部員外郎。

〔一一〕周宣：指周宣王。宣王承厲王之亂，復興周室，史稱爲“宣王中興”。淚：一本作“血”。江漢：見前《枯》注。兩句切盼代宗如周宣之復振唐室。

閬水歌[一]

嘉陵江色何所似，石黛碧玉相因依[二]。正憐日破浪花出，更復春從沙際歸[三]。巴童蕩槳欹側過，水雞銜魚來去飛[四]。閬中勝事可腸斷，閬州城南天下稀[五]！

〔一〕廣德二年春作。是年正月杜甫攜家至閬州，准備循嘉陵江過渝州東下。暮春前游賞閬州山水，作寫景詩多首，此爲其一。閬水：即嘉陵江閬州段，又名閬中水。《大清一統志》：“四川保寧府：嘉陵江在閬中縣西南，……即西漢水也。亦曰閬水，又名渝水。”

〔二〕色：一本作“水”。石黛：即石墨，青黑色。因依：猶言銜接，間錯。言水色近岸淺處如碧，中流深處如黛。

〔三〕憐：可愛。正憐兩句，形容水波蕩漾，日照江上，如破浪而出。岸邊花草繁茂，如春色自沙灘上步歸人間。

〔四〕巴童：巴地兒童。閬中古屬巴國。欹(qī)側：又欹又側，形容其蕩槳時運動姿勢，與下“去來”對仗。水雞：朱鶴齡云：“嘗聞一蜀士云：水雞，其狀如雄雞而短尾，好宿水田中，今川人呼爲水雞翁。”

〔五〕勝事：美景。馮忠恕記云：“閬之爲郡，當梁、洋、梓、益之衝，有五城十二樓之勝概。"腸斷：原爲悲痛之意，此反義相訓，即令人愛殺。城南：指錦屏山勝景。《大清一統志》："四川保寧府：閬中山，《輿地紀勝》：在縣（閬中縣）南三里。一名錦屏山。……《舊志》：在江南岸，兩峰連亘，壁立如屏，四時花木，錯雜如錦。"

別房太尉墓〔一〕

他鄉復行役〔二〕，駐馬別孤墳。近淚無乾土，低空有斷雲〔三〕。對棋陪謝傅，把劍覓徐君〔四〕。惟見林花落，鶯啼送客聞〔五〕。

〔一〕廣德二年三月作。房太尉：即房琯。《舊唐書·房琯傳》記載：天寶十四年玄宗入蜀時拜爲相。後又爲肅宗相，陳陶斜兵敗後罷相，乾元元年貶爲邠州刺史。"上元元年四月，改禮部尚書，尋出爲晉州刺史。八月，改漢州刺史。……寶應二年四月，拜特進刑部尚書，在路遇疾，廣德元年八月四日，卒於閬州僧舍。時年六十七，贈太尉。"杜甫於乾元元年任左拾遺時因疏救房琯，也被貶官。二人關係密切。房琯死後，杜甫專程由梓州赴閬州祭弔。回成都前，又往房琯墓告別，作此詩。

〔二〕行役：行旅。指去成都。

〔三〕低空：野曠天低，故云"低空"。一本作"空山"。

〔四〕謝傅：指晉謝安。謝安字安石。孝武帝時爲尚書僕射，錄尚書事，死後追贈太傅。《晉書·謝安傳》："（苻）堅後率衆，號百萬，次於淮肥，京師震恐。加安征討大都督。（謝）玄入問計，安夷然無懼色，答曰：‘已別有旨。’……方與玄圍棋賭別墅。……安顧謂其甥羊曇曰：‘以墅乞汝。’安遂游涉，至夜乃還，指授將帥，各當其任。玄等既破堅，有驛書至，安方對客圍棋，看書既竟，便攝放牀上，了無喜色。……（羊曇）爲安所愛重。安薨後，輟樂彌年，行不由西州路。”此處以房琯喻謝安，以羊曇自比。徐君：《史記·吳太伯世家》：“季札之初使，北過徐君。徐君好季札劍，口弗敢言。季札心知之，爲使上國，未獻。還至徐，徐君已死，於是乃解其寶劍，繫之徐君冢樹而去。”此係詩人自比於季札，比房琯爲徐君。言交情生死不渝。

　　〔五〕林花：隋煬帝《捨舟登陸示慧日道場玉清玄壇德衆》：“灑林花落。”與“鶯啼”，均形容墓地寂寞之狀。暗寓嘆息房琯身後蕭條之意。

將赴成都草堂，途中有作，先寄嚴鄭公五首〔一〕（選一）

常苦沙崩損藥欄，也從江檻落風湍〔二〕。新松恨不高千尺，惡竹應須斬萬竿〔三〕！生理祇憑黃閣老，衰顏欲付紫金丹〔四〕。三年奔走空皮骨，信有人間行路難〔五〕。

　　〔一〕廣德二年春作。是年正月，杜甫攜眷復由梓州赴閬州，擬出峽東下。二月，嚴武再度被任爲成都尹兼劍南節度使。有信相邀，於是由閬州重返成都。途中作詩五章寄嚴武。此爲其第四首。《新唐書·嚴武傳》：“（廣德元年）封鄭國公，遷黃門侍郎。”故稱“嚴鄭公”。

　　〔二〕藥欄：見前《賓至》注。江檻：即水檻。前選《江上值水如海勢，聊短述》有“新添水檻供垂釣”句。葯欄與水檻同爲杜甫親手營造。風湍：風濤。兩句言常恐沙岸崩坍，損壞花欄，隨水檻同捲入風濤。

〔三〕新松句：化用吴均《贈王桂陽》：“何當數千尺，爲君覆明月”句意。惡竹：竹繁殖快速，侵地甚多，故云“惡”。《史記·貨殖列傳》：“竹竿萬个。”兩句借修飾花木，表現詩人彰善疾惡情操。

〔四〕黄閣老：指嚴武。嚴武以黄門侍郎鎮蜀，故稱。顔：一本作“容”，義同。付：付託、倚仗；與上“憑”互文見義。紫金丹：見前《贈李白》注。言欲藉煉丹以延年壽。嚴武也好服紫金丹。

〔五〕三年句，言自寶應元年（七六二）七月別嚴武至此已將三年，其間奔走梓州、閬州之間，形銷骨瘦。信：誠，果然。行路難：喻謀生維艱。

草　堂〔一〕

昔我去草堂，蠻夷塞成都〔二〕。今我歸草堂，成都適無虞〔三〕。請陳初亂時，反覆乃須臾〔四〕。大將赴朝廷，群小起異圖〔五〕。中宵斬白馬，盟歃氣已粗〔六〕。西取邛南兵，北斷劍閣隅〔七〕。布衣數十人，亦擁專城居〔八〕。其勢不兩大，始聞蕃漢殊〔九〕。西卒卻倒戈，賊臣互相誅〔一〇〕。焉知肘腋禍，自及梟獍徒〔一一〕。義士皆痛憤，紀綱亂相踰〔一二〕。一國實三公，萬人欲爲魚〔一三〕。唱和作威福，孰肯辨無辜〔一四〕？眼前列杻械，背後吹笙竽〔一五〕。談笑行殺戮，濺血滿長衢。到今用鉞地,風雨聞號呼[一六]。鬼妾與鬼馬,色悲充爾娛[一七]。國家法令在,此又足驚吁[一八]。賤子且奔走,三年望東吳[一九]。弧矢暗江海,難爲游五湖[二〇]。不忍竟捨此,復來薙榛蕪[二一]。入門四松在,步屧萬竹疏[二二]。舊犬喜我歸,低徊入衣裾[二三]。鄰里喜我歸,沽酒攜胡蘆[二四]。大官喜我來,遣騎問所須[二五]。城郭喜我來,賓客隘村墟[二六]。天下尚未寧,健兒勝腐儒。飄飄風塵際,何地置老夫? 於時見疣贅[二七],骨髓幸未枯。飲啄愧殘生,食薇不敢餘[二八]。

〔一〕廣德二年春自閬州回成都草堂後作。此詩所記徐知道叛變時情況,史無記載,可補史闕。

〔二〕蠻夷:指徐知道。徐知道並非蠻夷,但在叛亂時曾勾引邊地少數民族入侵,故謂。

〔三〕無虞:安靖無憂。"昔我"、"今我",與《詩·小雅·采薇》:"昔我往矣,楊柳依依,今我來思,雨雪霏霏"同一格局。

〔四〕陳:陳述。須臾:一本作"斯須",意同。言叛亂係頃刻而至。

〔五〕大將,指嚴武。赴朝廷:嚴武寶應元年被召還朝。群小:指徐知道等。

〔六〕中宵:半夜。斬白馬:古人殺白馬以爲盟誓。《史記·蘇秦列傳》:"令天下之將相會於洹水之上,通質,刳白馬而盟。"歃(shà):即歃血。立盟者以馬血塗唇,示不反悔。《左傳·隱公七年》:"壬申,及鄭伯盟,歃如忘。"氣粗:氣勢凌人。

〔七〕邛:邛州,即今四川省邛崍縣,在成都之西。邛南:邛州之南當時爲羌、彝等族居處,故又稱之爲"南蠻"。杜甫《東西兩川説》:"脱南蠻侵掠,邛雅子弟不能獨制。"劍閣:在成都之北。兩句指叛將南連邛南少數民族,北斷劍閣以絶王師。

〔八〕布衣:指隨徐知道反叛之平民。專城居:作一城的長官。語出漢樂府《陌上桑》:"四十專城居。"此言叛將封官自立。

〔九〕兩大:語出《左傳·莊公二十二年》:"物莫能兩大,陳衰,此其昌乎!"此指蕃漢爭長,各不相讓。蕃,指羌、彝,爲叛將李忠厚所統領之部。漢,叛將徐知道所統領之部。

〔一〇〕西卒:指李忠厚部蕃兵。卻倒戈:轉身反戈相向。賊臣句:言李、徐自相殘殺。寶應元年八月,徐知道爲其部下李忠厚所殺。

〔一一〕肘腋禍:喻禍變起於自身周圍。《晉書·江統傳》:"寇發心腹,害起肘腋。"梟獍:喻逆賊。《漢書·郊祀志》:"用一梟、破鏡。"孟康注:"梟,鳥名,食母。破鏡(通獍),獸名,食父。"

〔一二〕紀綱句:言法制倫常,均被叛亂之徒踐踏。

〔一三〕一國三公:喻徐、李叛將等號令不一。《左傳·僖公五年》:"(士蔿)退而賦曰:狐裘尨茸,一國三公,吾誰適從?"爲魚:指人民塗炭。《左傳·昭公元年》:"劉子曰……微禹,吾其魚乎!"

〔一四〕唱和:此唱彼和。《詩·鄭風·蘀兮》:"倡予和女。"肯,一本作"能"。句意爲玉石俱焚,胡亂殺戮。

〔一五〕杻械:刑具。在手爲杻,在足爲械。笙竽:均簧管樂器。笙有簧管,自十三至十九根不等,簇聚參差,排列弧中。竽形似笙而較大,簧管多至三十六根,分前後兩排。兩句謂叛將暴虐荒淫,刑人取樂。

〔一六〕鉞:古代兵器。方形圓刃,持以砍伐。兩句言行刑之地,風雨時猶聞冤魂號哭。

〔一七〕鬼妾、鬼馬:指被殺害者的妻妾和馬匹。色悲:面帶悲色。

〔一八〕驚吁:驚嘆。兩句言國法蕩然,深足驚嘆。

〔一九〕賤子：詩人自稱。三年：指逃離成都，往來梓州和閬州之間凡三年。望東吴：想望東游吴地。杜甫自青年時游吴、越後，常懷念吴中風景，詩中屢次提及。

〔二〇〕弧矢：弓箭。以喻戰亂。五湖：指太湖。太湖南通霄溪，東通松江，西通荆溪，北通滆溪，東南通韭溪，合之爲太湖，故别稱五湖。

〔二一〕此：指成都草堂。薙(tì)：除草。榛蕪：雜草雜木。

〔二二〕步屧(xiè)：著屧步行。屧：木屐。疏：林間空地。

〔二三〕低徊：徘徊留戀貌。裾：衣服下襬。

〔二四〕攜胡蘆，一本作“提榼壺”。胡蘆：村野酒器。

〔二五〕大官：指嚴武。騎：騎馬的使者。須：需要。

〔二六〕城郭：指城郭間鄰人。隘村墟：擠滿村落。隘，一本作“溢”。以上八句與《木蘭辭》：“爺娘聞女來，出郭相扶將。阿姊聞妹來，當户理紅妝。小弟聞姊來，磨刀霍霍向豬羊。”同一機杼。

〔二七〕疣(yóu)贅：皮膚上的腫瘤，喻無用之物。《莊子·大宗師》：“彼以生爲附贅縣疣。”言儒士於世亂之時爲無用之物。

〔二八〕薇：野草名，高二三尺，嫩時可食，歲欠常採以充飢。此句意謂甘於清貧。

四　松 〔一〕

四松初移時，大抵三尺强。别來忽三歲，離立如人長〔二〕。會看根不拔〔三〕，莫計枝凋傷。幽色幸秀發，疏柯亦昂藏〔四〕。所插小藩籬〔五〕，本亦有堤防。終然振撥損，得愧千葉黄〔六〕。敢爲故林主？黎庶猶未康〔七〕。避賊今始歸，春草滿空堂。覽物嘆衰謝，及茲慰淒涼〔八〕。清風爲我起，灑面若微霜〔九〕。足爲送老資，聊待偃蓋張〔一〇〕。我生無根蒂，配爾亦茫茫〔一一〕。有情且賦詩，事迹可兩忘〔一二〕。勿矜千載后，惨澹蟠穹蒼〔一三〕。

〔一〕廣德二年作。四松：爲杜甫親栽，詩中常詠。如《寄題江外草堂》：“尚念四小松，蔓草易拘纏。霜骨不堪長，永爲鄰里憐。”別草堂三年後又見此四松，不勝喜悦，因賦詩以抒懷抱。

〔二〕三歲：自寶應元年離草堂，至此凡三年。離立：并立。《禮記·曲禮》：“離坐離立，毋往參焉。”鄭玄注：“離，兩也。”

〔三〕會：此處有“唯”、“但”之意。

〔四〕秀發：秀曼挺拔。《詩·大雅·生民》：“實發實秀。”柯：樹枝。昂藏：氣概不凡貌。

〔五〕藩籬：用竹木編成的籬笆或圍柵。

〔六〕振（chéng）撥：碰撞。謝惠連《祭古冢文序》：“以物振撥之，應手灰滅。”得愧：豈得不愧。愧，一本作“恢”。兩句言松樹畢竟被人畜撞損，使千葉萎黄，自己焉得不抱愧於心。

〔七〕故林：指草堂。黎庶：人民。兩句言人民還未安生之時，那敢以草堂主人自居？言外之意爲不能追究他人對松樹之傷害。

〔八〕覽物兩句：言觀覽草堂風物，自嘆衰邁之身，在松間觀賞，亦足以自慰。及：接觸，對。兹，指四松。

〔九〕清風：松間的風。《世説新語·言語》：“劉尹云：‘此想長松下，當有清風耳。’”若微霜：松風拂面生寒，有若微霜。

〔一〇〕爲：一本作“以”。送老資：娱老之物。資，一本作“姿”。偃蓋：停立的傘蓋。喻松樹伸張的枝葉。《抱朴子·對俗》：“千歲松樹，四邊枝起，上杪不長，望而視之，有如偃蓋。”

〔一〕根蒂:猶根柢。陶淵明《雜詩》:"人生無根蒂,飄如陌上塵。"此句化用其意。爾:指松樹。自慮身世飄泊,恐不能與四松長久相伴,故云"茫茫"。

〔一二〕事迹:指與松樹相陪之陳迹。可兩:一本作"兩可"。

〔一三〕矜:誇耀。千載:松樹千年才能平頂偃蓋。此爲預想未來松樹蒼老之狀。穹蒼:見前《同諸公登慈恩寺塔》注。兩句謂不必預誇千載後松蓋蟠空之狀。言外之意,但求目前能暫時相伴,亦可作吟詩寄情之資了。

登　樓〔一〕

花近高樓傷客心,萬方多難此登臨〔二〕。錦江春色來天地,玉壘浮雲變古今〔三〕。北極朝廷終不改,西山寇盜莫相侵〔四〕。可憐後主還祠廟,日暮聊爲《梁甫吟》〔五〕。

〔一〕廣德二年春初回成都時作。詩題取自王粲《登樓賦》。

〔二〕客:杜甫自謂。萬方多難故見花反覺傷心。

〔三〕玉壘:山名。在四川理縣東南,灌縣西北。《大清一統志》:"四川成都府:玉壘山在灌縣西北。"句意爲玉壘山浮雲,如古往今來之世事,變化無定。

〔四〕北極:見前《奉送嚴公入朝十韻》注。言朝廷爲萬方之宗。終不改:喻唐王朝基礎極穩固,如北極星之不可動搖。此處指代宗還京,唐王朝轉危爲安事。《新唐書·吐蕃傳》:"(寶應元年)破西山合水城。明年(廣德元年)……高暉導虜入長安,立廣武王承宏爲

帝。……吐蕃留京師十五日乃走，天子還京。吐蕃退圍鳳翔。”西山
寇盜：指吐蕃。《通鑑》卷二二三：“（廣德元年十二月）吐蕃陷松、維、
保三州及雲山新築二城，西川節度使高適不能救，於是劍南西山諸州
亦入於吐蕃矣。”兩句警告吐蕃不得妄動。

〔五〕後主：蜀漢先主劉備子劉禪。備死後，諸葛亮佐劉禪即位於
成都。諸葛亮死後，宦官黃皓弄權，終致亡國。後主廟在成都城外先
主廟東側。詩人借劉後主事暗諷代宗任用宦官程元振、魚朝恩等，致
召“蒙塵”之禍。言昏庸如後主，因有諸葛亮輔佐，尚有其祠廟，況代
宗乎？梁甫：山名，在泰山下。《梁甫吟》：樂府楚調曲名，或謂係挽
歌，或謂係琴曲。《三國志・蜀書・諸葛亮傳》：“亮躬畊隴畝，好爲
《梁父吟》。”杜甫將登樓所詠，比於諸葛亮的《梁甫吟》，蓋嘆息時無英
雄以濟世。

歸　雁[一]

東來萬里客，亂定幾年歸[二]？腸斷江城雁，高高正北飛[三]。

〔一〕廣德二年春初回成都時所作。

〔二〕東來客：詩人自稱。杜甫家洛陽，在成都之東。萬：一本作
“千”。亂定：時安、史之亂已平定。

〔三〕江城：成都南臨錦江，故稱“江城”。正：一本作“向”。詩人
見雁北飛而起思鄉之念。

絶句二首^{〔一〕}

遲日江山麗,春風花草香^{〔二〕}。泥融飛燕子,沙暖睡鴛鴦^{〔三〕}。

〔一〕兩詩借景抒情,亦廣德二年回成都時作。

〔二〕遲日:指春日。語出《詩·豳風·七月》:"春日遲遲。"

〔三〕泥融句:春暖泥融,則燕子飛來銜泥作巢。沙暖句:春暖則鴛鴦貪睡。詩人咏景體物,工秀而自然。

其二

江碧鳥逾白,山青花欲燃^{〔一〕}。今春看又過,何日是歸年^{〔二〕}?

〔一〕花欲燃:花紅似火。語出庾信《奉和趙王隱士》:"山花焰火然。"

〔二〕何日句:化用陸機《挽歌三首》"我行無歸年"句意。此首抒賞春景所起羈旅愁思。

絕句六首〔一〕（選二）

其四

急雨捎溪足，斜暉轉樹腰〔二〕。隔巢黃鳥並，翻藻白
魚跳〔三〕。

〔一〕廣德二年春回草堂時所作。王嗣奭云：“奔竄既久，初歸草
堂，凡目所見，景所觸，情所感，掇拾成詩，猶之漫興也。”

〔二〕捎：拂掠。司馬相如《上林賦》：“拂鷖鳥，捎鳳皇。”轉：
橫穿。

〔三〕黃鳥：黃鸝。《詩·秦風·黃鳥》：“交交黃鳥。”樹上黃鸝隔
巢對坐，溪中白魚翻藻跳躍。極寫急雨乍晴萬物喜躍之狀。

其六

江動月移石，溪虛雲傍花〔一〕。鳥棲知故道〔二〕，帆過宿
誰家？

〔一〕江動兩句：月照水上，水波流動，恍若月光移石而去；雲投影
於溪面，與岸畔花影相依傍。

〔二〕故道：回巢之路。

絕句四首^{〔一〕}（選一）

兩個黃鸝鳴翠柳，一行白鷺上青天。窗含西嶺千秋雪，門泊東吳萬里船^{〔二〕}。

〔一〕廣德二年春初回成都時作。全組四首，此選其第三首。此詩四句構成兩對，一句一景。

〔二〕窗含句：含，受。即西嶺之雪景入窗。西嶺：指岷山。岷山在成都西，積雪長年不化。東吳：泛指今江蘇省江南地區。蜀人赴吳地，在成都城外上船，可以萬里直達。范成大《吳船錄》：“石湖居士以淳熙丁酉五月二十九日戊辰離成都，泊舟合江亭下，……蜀人入吳者，皆從此登舟，其西則萬里橋。”末句結出草堂形勝，並流露去蜀游吳之想。

丹青引贈曹將軍霸^{〔一〕}

將軍魏武之子孫，於今爲庶爲清門^{〔二〕}。英雄割據雖已矣，文采風流今尚存^{〔三〕}。學書初學衛夫人，但恨無過王右軍^{〔四〕}。丹青不知老將至，富貴於我如浮雲^{〔五〕}。開元之中常引見，承恩數上南薰殿[六]。凌烟功臣少顏色，將軍下筆開生面[七]。良相頭上進賢冠，猛將腰間大羽箭[八]。褒公鄂公毛髮動，英姿颯爽來酣戰[九]。先帝御馬玉花驄，畫工如山貌不同[一〇]。是日牽來赤墀下，迥立閶闔生長風[一一]。詔謂將軍拂絹素，意匠慘淡經營中[一二]。斯須九重真龍出，一洗萬古凡馬空[一三]！玉花卻在御榻上，榻上庭前屹相向[一四]。至尊含笑催賜金，圉人太僕皆惆悵[一五]。弟子韓幹早入室，亦能畫馬窮殊相[一六]。幹惟畫肉不畫骨，忍使驊騮氣凋喪[一七]。將軍畫善蓋有神，偶逢佳士亦寫真[一八]。即今漂泊干戈際，屢貌尋常行路人[一九]。窮途反遭俗眼白[二〇]，世上未有如公貧。但看古來盛名下，終日坎壈纏其身[二一]。

〔一〕此詩作於廣德二年。丹青：丹砂、青臒等繪畫顏料，故作繪畫代稱。引：原爲琴曲之一種，演爲古詩的體裁，與“歌”、“行”相近。曹霸：張彥遠《歷代名畫記》卷九：“曹霸，魏曹髦（曹操曾孫）之後。髦畫稱於後代，霸在開元中已得名。天寶末，每詔寫御馬及功臣，官至左武衛將軍。”全詩共四十句，每八句一換韻，意隨韻轉，平仄相間，是杜甫七言古詩中的創格。此詩寫曹霸之不幸遭遇，實亦自抒身世之憤。

〔二〕魏武：魏武帝曹操。《三國志·魏書·武帝紀》：“太祖武皇帝，沛國譙人也，姓曹，諱操，字孟德，漢相國參之後。”首言曹霸家世原屬貴介。庶：庶人、老百姓。清門：寒門，即平民。蔡夢弼云：“霸，玄宗末年得罪，削籍爲庶人。”

〔三〕英雄割據：指曹操。文采風流：曹操長於詩歌，故云。言曹霸工於書畫，係曹操文采的流風餘韻。

〔四〕衛夫人：晉代有名的書法家。《法書要録》卷八引張懷瓘《書斷》：“衛夫人，名鑠，字茂猗，廷尉展之女弟，恒之從女，汝陰太守李矩之妻也。隸書尤善，規矩鍾繇。……永和五年卒，年七十八。”無過：一本作“未過”。王右軍：晉代大書法家王羲之。《晉書》本傳：“字逸少，司徒導之從子也。……尤善隸書，爲古今之冠，論者稱其筆勢，以爲飄若浮雲，矯若驚龍。……乃以爲右軍將軍、會稽内史。”兩句言曹霸曾學書。

〔五〕不知老將至：《論語・述而》：“發憤忘食，樂以忘憂，不知老之將至云爾。”富貴如浮雲：《論語・述而》：“不義而富且貴，於我如浮雲。”兩句化用《論語》，贊揚曹霸潛心書畫。

〔六〕引見：引領觀見皇帝。承恩：舊時以被皇帝召見爲承受恩賜。數（shuò），屢次。南薰殿：《長安志》卷九：“南内興慶宫，……宫内正殿曰興慶殿，……前有瀛洲門，内有南薰殿，北有龍池。”

〔七〕凌烟：指凌烟閣。《玉海》卷一六三“宫室”引《五代會要》：“閣在西内三清殿側，畫像皆北向，閣有隔，隔内北面寫功高宰輔，南面寫功高諸侯王，隔外次第圖畫功臣題贊。”凌烟功臣：《唐會要》卷四五：“貞觀十七年二月二十八日，詔曰：自古皇王，褒崇勳德，既勒名於鍾鼎，又圖形於丹青。……司徒趙國公無忌……等二十四人……可並圖畫於凌烟閣。”少顔色：言以前所繪已顔色黯淡。開生面：别創一種意境。

〔八〕良相：指凌烟功臣像中的文臣，如長孫無忌等。進賢冠：《後漢書・輿服志》：“進賢冠，古緇布冠也，文儒者之服也。”猛將：指凌烟功臣像中的武將，如秦叔寶等。大羽箭：一種四羽大笴長箭。蔡夢弼云：“太宗嘗自製長弓大羽箭，皆倍常製，以旌武功。”畫像以進賢冠、大羽箭概括文臣、武將的特徵。

〔九〕褒公：指段志玄。《舊唐書》本傳：“齊州臨淄人也。……封樊國公，……改封褒國公。”鄂公：指尉遲敬德。《舊唐書》本傳：“朔州善陽人。……賜爵吳國公，……改封鄂國公，……與長孫無忌等二十四人圖形於凌烟閣。”在凌烟閣功臣像中尉遲敬德屬第七，段志玄屬第十。毛髪動：鬚眉生動。颯爽：豪邁英俊貌。來：一本作“猶”。酣戰：久戰不歇。黃生云：“于功臣但言褒、鄂，舉二公以見其餘，想畫此尤生動耳。”

〔一〇〕先帝：指玄宗。御：一本作“天”。玉花驄：駿馬名。《明皇雜録》：“上所乘馬有玉花驄、照夜白。”畫工如山：言畫工之多。與《觀公孫大娘弟子舞劍器行》“觀者如山色沮喪”中之“如山”意同。貌不同：所繪之馬皆不能與真馬相同，即不逼真。貌：名詞，和下文“屢貌尋常行路人”的“貌”之爲動詞不同。

〔一一〕赤墀：即丹墀。墀是殿上地，殿中階墀用丹泥塗之，故稱丹墀。迥立：昂首卓立。閶闔：《楚辭·離騷》：“吾令帝閽開關兮，倚閶闔而望予。”本指天宮之門，借指皇帝宮門。生長風：形容此馬神駿，如挾風霜之勢。

〔一二〕詔：皇帝的命令。絹素：古代繪畫均用白絹。意匠：陸機《文賦》：“辭程才以效伎，意司契而爲匠。”謂使意境能巧妙地表現。慘淡經營：聚精會神，苦心構思。

〔一三〕斯須：片刻。九重：指皇宮。語出《楚辭·九辯》：“君之門兮九重。”真龍出：活現了御馬的形像。馬高八尺曰龍。此指玉花驄。一洗：即“一掃”。句意爲古來所畫的凡庸之馬均被壓倒，成爲空前傑作。

〔一四〕玉花：“玉花驄”的簡稱。御榻上：指曹霸所畫之馬出現於御榻上。此句與《奉先劉少府新畫山水障歌》中之“堂上不合生楓樹”同一機杼。榻上：指畫中馬。庭前：指真馬。屹相向：畫馬逼真，與真馬對峙而不可辨。屹，屹立，直立不動。

〔一五〕至尊：指玄宗。圉（yǔ）人：《周禮·夏官》："圉人，掌養馬
芻牧之事，以役圉師。"太僕：《漢書·百官公卿表》："太僕，秦官，掌輿
馬。"惆悵：贊賞出神狀。言無法形容對畫馬形神俱似的驚異情緒，只
有付之贊嘆。

〔一六〕韓幹：《歷代名畫記》卷九："韓幹，大梁人，……官至太府寺
丞。善寫貌人物，尤工鞍馬。初師曹霸，後自獨擅。"入室：舊時稱得
老師親授嫡傳者曰"入室弟子"。語出《論語·先進》："子曰：由也升
堂矣，未入於室也。"窮殊相：窮形極相，曲盡變化之妙。

〔一七〕畫肉：措寫其臃腫之形體。畫骨：表達出名馬神駿的風神。
驊騮：見前《天育驃圖歌》注。氣凋喪：言不具有駿馬的精神。杜甫其
時尚未見韓幹後來的藝術成就，今故宮所藏韓幹畫馬，已非"畫肉不
畫骨"了。韓幹畫馬既能"窮殊相"，技術亦自不凡，詩人當係用韓幹
來陪襯曹霸繪畫技能的高超。

〔一八〕善：一本作"妙"。蓋有神：實因其能傳神。偶：一本作
"必"。佳士：見《送陵州路使君之任》注。寫真：指寫生畫像。

〔一九〕干戈際：戰亂時代。屢貌：屢次措繪。兩句言曹霸以前必
爲佳士寫真，喪亂以來，不得不爲尋常人畫像，言落魄已極。

〔二〇〕俗眼白：庸俗者之輕視。《晉書·阮籍傳》："籍又能爲青白
眼，見禮俗之士，以白眼對之。"此言既爲尋常人畫像，又遭俗人白眼，
可謂已至窮途末路。

〔二一〕盛名：即大名。《後漢書·黃瓊傳》："李固素慕於瓊，乃以
書逆遺之曰：'……盛名之下，其實難副。'"坎壈：窮困失意貌。《楚
辭·九辯》："坎壈兮貧士失職而志不平。"全詩概括曹霸一生事迹，極
似一篇傳記。

送韋諷上閬州録事參軍[一]

國步猶艱難，兵革未衰息[二]。萬方哀嗷嗷，十載供軍食[三]。庶官務割剥，不暇憂反側[四]。誅求何多門，賢者貴爲德[五]。韋生富春秋，洞澈有清識[六]。操持綱紀地，喜見朱絲直[七]。當令豪奪吏，自此無顔色[八]。必若救瘡痍，先應去蟊賊[九]。揮涙臨大江，高天意悽惻[一〇]。行行樹佳政，慰我深相憶[一一]！

〔一〕廣德二年回成都後作。韋諷：成都人。上：猶"赴"。唐人習慣"赴上"連文，如《舊唐書·來瑱傳》："（瑱）上表稱'淮西無糧饋軍，臣去秋種得麥，請待收麥畢赴上'。"閬州：見前《發閬中》注。録事參軍：晉制本爲京城公府官，掌總録衆曹文簿，舉善彈惡。後代刺史有軍權而開府辦公的，也設此官。

〔二〕國步：猶國運。《詩·大雅·桑柔》："國步斯頻。"兵革：喻戰亂。

〔三〕嗷嗷：飢寒啼叫之聲。十載：自天寶十四載安、史之亂至作此詩，已凡十載。

〔四〕庶官：衆官。割剥：掠奪、剥削。《漢書·匈奴傳》："割剥百姓，以奉寇讎。"反側：懷貳心。《荀子·王制》："故姦言、姦説、姦事、姦能、遁逃反側之民。"兩句謂官吏專事掠奪，毫不考慮人心思叛。

〔五〕誅求：見《釋悶》注。多門：語出《左傳·哀公二年》"政出多門”。言衆多官府均在誅求。爲德:施德政。指減輕剥削,安定民生。

〔六〕富春秋:正年富力强之時。《史記・李斯傳》:“(趙高)乃説二世曰:……且陛下富於春秋。”洞澈:通達。清識:清明的識鑒。

〔七〕操持:掌管。綱紀:指録事參軍所司職務有舉善彈惡之責。仇兆鰲注引《白帖》:“録事參軍,謂之綱紀掾。”朱絲直:喻正直。朱絲,染成朱紅色之琴瑟絃。鮑照《白頭吟》:“直如朱絲繩。”兩句謂欣幸得見正直之人去任録事參軍。

〔八〕當令:一本作“因循”。豪奪吏:貪官污吏。無顏色:猶言“失色”。

〔九〕瘡痍:見前《北征》注。蟊賊:食禾根之蟲曰“蟊”,食禾節之蟲曰“賊”。《詩・小雅・大田》:“去其螟螣,及其蟊賊。”此喻豪奪吏。黄生云:“軍國事繁,徵求固所不免,尤苦貪墨之吏,從中更朘削耳。”

〔一〇〕大江:指岷江。高天:秋高氣爽之時。《楚辭・九辯》:“泬寥兮天高而氣清。”

〔一一〕行行:不斷、連續。樹佳政:建立善政。

太子張舍人遺織成褥段〔一〕

客從西北來,遺我翠織成〔二〕。開緘風濤湧,中有掉尾鯨〔三〕。逶迤羅水族,瑣細不足名〔四〕。客云“充君褥,承君終宴榮〔五〕。空堂魑魅走,高枕形神清〔六〕。”領客珍重意,顧我非公卿〔七〕。留之懼不祥,施之混柴荆〔八〕。服飾定尊卑,大哉萬古程〔九〕。今我一賤老,短褐更無營〔一〇〕。煌煌珠宮物，寢處禍所嬰〔一〕。嘆息當路子，干戈尚縱橫〔一二〕。掌握有權柄，衣馬自肥輕〔一三〕。李鼎死岐陽，實以驕貴盈〔一四〕。來瑱賜自盡，氣豪直阻兵〔一五〕。皆聞黃金多，坐見悔吝生〔一六〕。奈何田舍翁，受此厚貺情〔一七〕！錦鯨卷還客，始覺心和平〔一八〕。振我粗席塵，愧客茹藜羹〔一九〕。

〔一〕廣德二年回成都後作。太子舍人：職掌侍從太子。遺：贈送。織成：古代有圖案的名貴織物。《北堂書鈔·服飾部三》引《魏略》：“大秦國以野繭織成氍，非獨以羊毛爲織，具以五色毛六七寸，中屈采相次，爲鳥獸、人物、草木、雲氣，千奇萬變，唯意所作。”又引《廣志》：“氍，白疊毛織也。近出南海，織毛褥也。”段：通“緞”，古人對絲織品亦泛稱“段”。張衡《四愁詩》：“美人贈我錦繡段。”關於此詩創作意圖，錢謙益云：“史稱嚴武累年在蜀，肆志逞欲，恣行猛政，窮極奢靡，賞賜無度（俱見《舊唐書·嚴武傳》），公在武幕下，此詩特借以諷諭，朋友責善之道也。不然，辭一織成之遺，而侈談殺身自盡之禍，不疾而呻，豈詩人之意乎？”

〔二〕客：指張舍人。西北：指長安。織成：指織成褥段。按，此類織物，均達官貴人所用，歷來均有禁限。《後漢書·輿服志》：“衣裳玉佩備章采，乘輿刺〔繡〕，公侯九卿以下皆織成，陳留襄邑獻之云。”又《宋書·禮志》：“諸織成衣帽、錦帳、純金銀器、雲母，從廣一寸以上物者，皆爲禁物。”兩句化用《古詩十九首》“客從遠方來，遺我一端綺”句意。

〔三〕緘：封。掉尾鯨：搖擺尾巴的鯨魚。劉禹錫《歷陽書事七十韻》：“華茵織鬥鯨。”可見唐朝錦繡多織鯨魚圖案。兩句言織物精緻，圖像栩栩如生。

〔四〕逶迤：委曲延長貌。羅：羅列。水族：水中的動物。不足名：

數不盡。

〔五〕承：猶“載”，坐於其上。兩句意謂作坐褥則終宴增光。

〔六〕魑魅：見前《天末懷李白》注。兩句謂鋪在空堂可使妖怪驚走，設於枕席能使形神交泰。以上言物之貴重。

〔七〕珍重：猶“殷勤”。顧：但。言自愧非公卿，受之不安。

〔八〕施：陳設。混：混淆、不調和。柴荆：柴門。言與田舍人家身分不稱。

〔九〕程：規矩、法度。

〔一〇〕裋（shù）褐：見前《冬日有懷李白》注。裋，一本作“短”。更無營：別無營求。

〔一一〕煌煌：光彩顯赫貌。珠宮：傳説中的龍宮。《楚辭·九歌·河伯》：“紫貝闕兮珠宮。”珠宮物：皇宮中的禁物。嬰：觸犯。

〔一二〕當路子：當權者。阮籍《詠懷》：“如何當路子，磬折忘所歸。”干戈句：言各處戰亂未平。

〔一三〕掌握：即手中。自，一本作“已”。肥輕：語本《論語·雍也》：“赤之適齊也，乘肥馬，衣輕裘。”

〔一四〕李鼎：肅宗上元元年時任鳳翔尹。岐陽：岐山之陽，即鳳翔。李鼎死於岐陽事，史書不見記載。驕貴盈：驕貴過分。《舊唐書·蕭宗本紀》：“上元元年十二月庚辰，以右羽林軍大將軍李鼎爲鳳翔尹，興、鳳、隴等州節度使。……二年二月己未，党項寇寶雞，入散關，陷鳳州，殺刺史蕭，鳳翔李鼎邀擊之。……六月癸丑朔。己卯，以鳳翔尹李鼎爲鄩州刺史、隴右節度營田等使。”從以上記載，知李鼎不但對唐王朝有軍功，且官階極高。當係因恃功驕貴被殺。杜甫此詩可補史書之闕。

〔一五〕來瑱：《舊唐書》本傳：“上元三年，……以瑱爲鄧州刺史，充山南東道襄、鄧、唐、復、郢、隨等六州節度。……裴茂頻表陳瑱之狀,……稱‘瑱善謀而勇,崛强難制’,……代宗即位,……潛令裴茂圖之……（瑱）擒茂於申口,送至京師。……入朝謝罪。……寳應二年正月,貶播州縣尉員外置。翌日,賜死於鄠縣,籍没其家。”直:只。阻兵:依恃武力。《左傳·隱公四年》:“夫州吁阻兵而安忍。”言來瑱只因依恃武力而被賜死。

〔一六〕黄金多:指李鼎、來瑱二人驕貴多金。悔吝:悔恨。庾僧淵《代答張君祖》:“悔吝生有情。”言兩人皆因貪婪致死,悔恨不及。

〔一七〕田舍翁:杜甫自謂。貺（kuàng）:贈送。

〔一八〕卷:同“捲”。和平:心安理得之狀。

〔一九〕振:抖落。粗席:與錦褥相對。茹:吃。一本作“飯”。藜羹:藜草所作之羹,即菜湯。此句言慚愧無佳肴待客。

宿　府〔一〕

清秋幕府井梧寒〔二〕,獨宿江城蠟炬殘。永夜角聲悲自語,中天月色好誰看〔三〕？風塵荏苒音書絶,關塞蕭條行路難〔四〕。已忍伶俜十年事,强移棲息一枝安〔五〕。

〔一〕此詩係廣德二年在成都嚴武幕府中所作。是年嚴武薦杜甫爲節度使參謀、檢校工部員外郎、賜緋魚袋。宿府:宿於幕府。

〔二〕幕府:古代軍隊出征,將帥以帳幕爲府署。後遂作地方軍政長官和節度使等衙門的代稱。井梧:井邊的梧桐。庾肩吾《賦得有所思》:“井梧生未合。”

〔三〕永夜:長夜。悲自語:軍中號角聲悲壯悽厲,如自訴胸懷。

中天句：言天空中央大好月色與誰共看？寫長夜清靜無人。

〔四〕荏苒：時光逐漸推移。潘岳《悼亡詩》："荏苒冬春謝，寒暑忽流易。"句意言光陰在戰亂中流逝，家書久斷。關塞：關隘要塞。行路難：歸路艱難。吳兢《樂府古題要解》："《行路難》，備言世路艱難及離別悲傷之意。"

〔五〕伶俜：見前《新安吏》注。十年：從天寶十四載安禄山反至此凡十年。言已忍受十年孤零之苦。强移棲息：勉强移家棲息於此。一枝安：見前《秦州雜詩二十首》注。

除　草^{〔一〕}

草有害於人，曾何生阻修^{〔二〕}。其毒甚蜂蠆，其多彌道周^{〔三〕}。清晨步前林，江色未散憂。芒刺在我眼，焉能待高秋^{〔四〕}！霜露一霑凝，蕙葉亦難留^{〔五〕}。荷鋤先童稚，日入仍討求^{〔六〕}。轉致水中央，豈無雙釣舟^{〔七〕}？頑根易滋蔓，敢使依舊丘^{〔八〕}？自兹藩籬曠，更覺松竹幽^{〔九〕}。芟夷不可闕，疾惡信如讎^{〔一〇〕}。

〔一〕此詩爲代宗永泰元年（七六五）正月辭去節度參謀職務回草堂後所作。原注："去薟草也。"薟（qián）：葉如苧麻，有毛能螫人。用以比喻奸人。

〔二〕曾何：猶乃何。阻修：喻道路。語出《詩·秦風·蒹葭》："道阻且長。"意謂毒草爲何生於道路？

〔三〕蠆(chài):蝎類毒蟲。《左傳·僖公二十二年》:"蜂蠆有毒。"道周:道邊。毒草滿道邊,喻惡人之多且又當權。

〔四〕芒刺兩句:言除惡貴速,不能等待秋後任其自滅。

〔五〕露:一本作"雪"。蕙葉:香草葉。兩句言如至露結爲霜時,香草亦必凋枯,若不及早除掉惡草,則將薰蕕莫辨。

〔六〕先童稚:趕在童子之前。日入:日落後。討求:即尋求,尋找惡草而去之。

〔七〕轉致:轉送,擲至。擲草於水,典出《周禮·秋官·司寇》:"薙氏掌殺草,……若欲其化也,則以水火變之。"豈無句:言豈無漁舟可運?

〔八〕舊丘:舊地。言豈能使之留在原處。

〔九〕藩籬曠、松竹幽:寫除惡草後之情景。

〔一○〕芟(shān)夷:剗除。闕:通"缺"。疾惡句:語出《左傳·隱公六年》:"爲國家者,見惡,如農夫之務去草焉。芟夷蘊崇之,絕其本根,勿使能殖,則善者信矣。"

去　蜀〔一〕

五載客蜀郡〔二〕,一年居梓州。如何關塞阻,轉作瀟湘游〔三〕?萬事已黃髮,殘生隨白鷗〔四〕。安危大臣在,何必淚長流〔五〕。

〔一〕永泰元年作。是年四月嚴武死去,杜甫失去倚援,乃於五月離成都,乘舟出峽,東游荆湘。

〔二〕五載:杜甫于上元元年(七六〇)、上元二年(七六一)、寶應元年(七六二)、廣德二年(七六四)、永泰元年(七六五)居成都,前後合計約五年。一年:廣德元年(七六三)。杜甫因避徐知道之亂居梓州達一年。

〔三〕轉:猶"反"。瀟湘:見前《病橘》注。兩句意爲由于戰亂,關塞阻隔,不能北還洛陽。瀟湘之游,原非本意。

〔四〕萬:一本作"世"。黄髮:指老年。《詩·魯頌·閟宫》:"黄髮台背。"鄭玄箋:"皆壽徵也。"殘生:餘生。此嘆一生潦倒,萬事無成,餘生亦將如白鷗到處飄蕩。

〔五〕大臣:指朝廷掌權者。何:一本作"不"。兩句言既不在位,何必抱杞人之憂,此是用反語以自寬慰。

旅夜書懷〔一〕

細草微風岸,危檣獨夜舟〔二〕。星垂平野闊,月湧大江流〔三〕。名豈文章著?官應老病休〔四〕! 飄飄何所似,天地一沙鷗〔五〕。

〔一〕此詩爲永泰元年五月,攜家離成都後,乘舟下樂山、渝州(今重慶市)、忠州(今四川省忠縣)途中所作。

〔二〕危檣句:言孤舟夜泊。危,高;檣,船桅。

〔三〕星垂句:岸上平原遼闊,故仰觀星辰遥掛如垂。大江:長江。舟前大江奔流,水上明月亦動蕩如涌。李白《渡荆門送別》"山隨平野盡,江入大荒流"爲兩句所本。

〔四〕名豈句：自顧生平，見稱於世者，其惟文章乎？官應：一本作
“官因”。杜甫因疏救房琯而罷拾遺之職，流落多年，得嚴武表奏，始
授檢校工部員外郎。嚴武死，不得不再事漂流，故謂“老病休”者，憤
懑之詞也。

〔五〕飄飄兩句：與前《去蜀》詩“殘生隨白鷗”同意。

三絶句〔一〕（選二）

其二

二十一家同入蜀，惟殘一人出駱谷〔二〕。自説二女齧臂
時〔三〕，迴頭卻向秦雲哭〔四〕。

〔一〕永泰元年離成都，暫寓雲安（今四川省雲陽縣）時作。是年
党項、吐谷渾不斷侵擾隴右及關内一帶，人民大批逃難入蜀。屯駐漢
水上之官軍，復殘酷凌辱人民。此章叙一避亂者之不幸遭遇。

〔二〕殘：猶“餘”。駱谷：駱谷道，由秦入蜀的通路。《元和郡縣
志》：“山南道洋州興道縣：儻谷，一名駱谷，在縣北三十里。……駱谷
路在今洋州西北二十里，州至谷四百二十里。”在今陝西省周至縣西
南至洋縣北，長四百二十里。再南行即入蜀郡夔州府（今四川省奉節
縣）境。雲安屬夔州。

〔三〕齧（niè）臂：以齒咬臂。是古人分別時的一種習慣，表示忍
痛分手。《史記·孫子吳起列傳》：“（吳起）東出衛郭門。與其母訣，

齧臂而盟。"此人戰亂中恐同行不能兩全,故棄二女而走。

〔四〕秦:古秦國地,今陝西省,爲逃難者所自來之地,亦其與二女訣別之所在。故言之悲切,回望失聲。

其三

殿前兵馬雖驍雄,縱暴略與羌渾同[一]。聞道殺人漢水上,婦女多在官軍中[二]。

〔一〕殿前兵馬:指皇帝禁衛軍。當時代宗任命宦官率領禁衛軍平亂。驍(xiāo):勇捷貌。羌渾:党項及吐谷渾的軍隊。

〔二〕漢水:西漢水,即嘉陵江。婦女句:言官軍殺男子而擄掠婦女。詩人揭露官軍之凶暴荒淫,甚於敵寇,暗諷代宗任用宦官統領禁軍之不當。

遣　憤[一]

聞道花門將,論功未盡歸[二]。自從收帝里,誰復總戎機[三]?蜂蠆終懷毒,雷霆可震威[四]。莫令鞭血地,再濕漢臣衣[五]!

〔一〕永泰元年作。時回紇誇功邀賞,宦官橫暴專權,故作此詩以遣憤。

〔二〕花門:見前《留花門》注。論功:兩句指郭子儀與回紇聯合,再破吐蕃後,論功封賞回紇事。《通鑑》卷二二三永泰元年十月載:"藥葛羅帥衆追吐蕃,子儀使白元光帥精騎與之俱。癸酉,戰於靈臺西原,大破之。……丙子,又破之於涇州東。……乙酉,回紇胡禄都督等二百餘人入見。前後贈賚繒帛十萬匹,府藏空竭,稅百官俸以給之。"

〔三〕帝里:京城。廣德元年(七六三)十月,郭子儀擊敗吐蕃,收復長安。總戎機:總理軍務。當時代宗任用宦官魚朝恩爲天下觀軍容使,兼統神策軍,總攬軍權。前加"誰復"二字,乃譴責代宗所用非人,以致招來外患。

〔四〕蜂蠆:以蜂蠆之毒喻回紇之凶橫。蠆(chài):見前《除草》注。雷霆:喻朝廷之整軍經武。兩句言借回紇兵力"助順",等於養癰貽患。朝廷應震雷霆之威以防制回紇。

〔五〕鞭血:指回紇可汗鞭楚雍王李适(即德宗)僚屬事。《通鑑》卷二二二寶應元年十月載:"雍王适至陝州,回紇可汗屯於河北。适與僚屬從數十騎往見之。可汗責适不拜舞,藥子昂對以禮不當然。回紇將軍車鼻曰:'唐天子與可汗約爲兄弟,可汗於雍王,叔父也,何得不拜舞?'子昂曰:'雍王,天子長子,今爲元帥,安有中國儲君向外國可汗拜舞乎!且兩宮在殯,不應舞蹈。'力爭久之,車鼻遂引子昂、魏琚、韋少華、李進,各鞭一百,以适年少未諳事,遣歸營。琚、少華一夕而死。"漢臣:唐臣之代稱。意謂前恥未雪,豈忍再蹈覆轍乎?

漫成一首〔一〕

江月去人只數尺,風燈照夜欲三更〔二〕。沙頭宿鷺聯拳靜,船尾跳魚撥剌鳴〔三〕。

〔一〕此詩爲大曆元年(七六六)春,自雲安赴夔州途中所作。漫
成:信手寫就。詩就遠、近、視、聽分寫舟中夜景。

〔二〕江月句:以月行喻夜景推移。梁劉瑗《在縣中庭看月》:“月
光移數尺,方知夜已深。”風燈:風檣掛燈。

〔三〕聯拳:群聚貌。靜:一本作“起”。撥剌:象聲詞。《後漢
書・張衡傳》:“彎威弧之撥剌兮,射嶓冢之封狼。”乃形容開弓聲。杜
甫則形容魚跳出水面聲。撥:一本作“潑”,又作“跋”。

白帝城最高樓〔一〕

城尖徑仄旌斾愁,獨立縹緲之飛樓〔二〕。峽坼雲霾龍虎臥,
江清日抱黿鼉游〔三〕。扶桑西枝對斷石,弱水東影隨長
流〔四〕。杖藜歎世者誰子? 泣血迸空回白頭〔五〕。

〔一〕杜甫於大曆元年春,自雲安遷居夔州。此詩爲至夔州之初
所作。白帝城:在夔州東南,即今四川省奉節縣東之白帝山上。東漢
初公孫述築城,自號白帝,因以爲名。《水經・江水注》:“(白帝山城)
周迴二百八十步,北緣馬嶺,接赤岬山。其間平處,南北相去八十五
丈,東西七十丈。又東傍東瀼溪,即以爲隍,西南臨大江,闞之眩目,惟
馬嶺小差委迤,猶斬山爲路,羊腸數四,然後得上。”

〔二〕城尖:城角高聳。白帝城高據白帝山上,故云。徑仄:山路
狹窄,且傾斜度大。仄,傾側。旌斾(pèi):軍中旗幟。地高而險,故旌

斾亦愁；並暗示當時戰亂未已。縹緲：高遠隱約之貌。飛樓：樓高屋簷若飛。之：往。此句言身往獨立縹緲之飛樓。以下叙登臨時所見所感。

〔三〕峽坼（chè）：山峽斷裂。雲霾：雲霧晦暗。卧：一本作“睡”。言山峽斷裂，上有雲烟籠罩，其突兀蟠屈之勢彷彿藏龍卧虎。日抱：日光普照。黿鼉（yuán tuó）：皆大江中水族。黿，似鱉而極大，頭有磊塊。鼉，鱷魚屬，言當江清日照時，可以看到水中黿鼉游動之形影。此寫登樓時所見之山光水色。

〔四〕扶桑：即榑桑。傳説中東方的神木，指日出之處。《説文》卷六：“榑桑，神木，日所出也。”弱水：傳説中的神水，在西方崑崙山下。《山海經·大荒西經》：“崑崙之丘……其下有弱水之淵環之。”稱“弱”者，據傳其浮力不能勝鴻毛。斷石：指山峽。長流：指長江。言山峽之高，可以望見扶桑木西向之枝；長江之遠，可以連接東來的弱水。此寫登樓遠望時所引起的遐想，以見樓之“最高”。

〔五〕杖藜：見《絶句漫興九首》注。歎世者：詩人自謂。泣血：言泣無聲，淚如血出（見《禮記·檀弓》注）。进：散、灑。身在高樓，淚灑向空中，故言“进空”。回白頭：摇動白頭而嘆息。

八陣圖〔一〕

功蓋三分國，名成八陣圖〔二〕。江流石不轉，遺恨失吞吳〔三〕。

〔一〕大曆元年初到夔州時作。詠諸葛亮的“八陣圖”。所謂八陣,即:天、地、風、雲、飛龍、翔鳥、虎翼、蛇盤。八陣的地點共有四處:一在漢魚復縣(即唐夔州)永安宮南江灘,一在沔縣(今陝西省勉縣)的高平舊壘,一在新都縣(今四川省新都縣)的八陣鄉,一在廣都(今四川省雙流縣東南)。此詩詠魚復縣的八陣圖,即《夔府詠懷一百韻》中"陣圖沙岸北"之八陣圖。在夔州西南七里平沙上,聚石成堆,縱橫棋布,夏季爲水所没,冬季水退則現。《水經·江水注》:"江水又東逕諸葛亮圖壘南,石磧平曠,望兼川陸,有亮所造八陣圖,東跨故壘,皆累細石爲之。自壘西去,聚石八行,行間相去二丈,因曰八陣。"

〔二〕蓋:猶超、越。三分國:即蜀、魏、吴三國。此言諸葛亮輔佐劉備,造成三國鼎立之勢,建立蓋世功業。

〔三〕石不轉:八陣圖中之積石,雖被江水衝激,數百年來,仍屹然不稍移動。韋絢《劉賓客嘉話録》:"夔州西市,俯臨江沙,下有諸葛亮八陣圖,聚石分布,宛然猶存。峽水大時,三蜀雪消之際,潁湧滉漾,大木十圍,枯槎百丈,隨波而下。及乎水落川平,萬物皆失故態,諸葛小石之堆,標聚行列依然。如是者近六百年,迄今不動。"此爲劉禹錫於長慶二年(八二二)任夔州刺史時親睹。遺恨句:舊説謂諸葛亮志在伐魏滅吴,北定中原,目的未達而死。八陣圖布在控扼東吴之口,故志在吞吴。但劉備爲報關羽被殺之仇,急於發兵征吴,結果大敗於猇亭(今湖北省宜都縣西)。從此楚地盡爲吴有,布八陣圖的計劃完全落空,故云"失"。宋蘇軾則云,諸葛恨劉備之失計於興兵吞吴,遂致大敗,因諸葛亮素主聯吴攻魏之策。劉辰則云:孔明蓋世奇才,布江上陣圖,劉備如能用其陣法,何至敗績。欲吞吴而不知陣法,故有遺恨。

古柏行[一]

孔明廟前有老柏[二],柯如青銅根如石。霜皮溜雨四十圍,黛色參天二千尺[三]。君臣已與時際會,樹木猶爲人愛惜[四]。雲來氣接巫峽長,月出寒通雪山白[五]。憶昨路遶錦亭東,先主武侯同閟宮[六]。崔嵬枝幹郊原古,窈窕丹青戶牖空[七]。落落盤踞雖得地,冥冥孤高多烈風[八]。扶持自是神明力,正直元因造化功[九]。大廈如傾要梁棟,萬牛迴首丘山重[一〇]。不露文章世已驚,未辭剪伐誰能送[一一]?苦心豈免容螻蟻?香葉終經宿鸞鳳[一二]。志士幽人莫怨嗟:古來材大難爲用[一三]。

〔一〕大曆元年在夔州作。詩人借詠諸葛亮廟古柏,以抒發懷才不遇之慨。

〔二〕孔明廟:諸葛廟有三處:一在陝西勉縣定軍山墓地;一在成都,附於劉備廟中;一在夔州,與劉備廟分立。此詩詠夔州孔明廟,但也聯及成都武侯廟。杜甫在《夔州歌十絕句》中亦詠廟中松柏:"武侯祠堂不可忘,中有松柏參天長。"

〔三〕霜皮溜雨:樹皮色白而潤澤。霜:一本作"蒼"。黛色:青黑色。參天:高與天齊。以上兩句極言其高大。

〔四〕君臣兩句:一本在"雲來"兩句之後,此從宋本及《杜詩鏡銓》。君臣:指劉備及孔明。際會:猶遇合。樹木句:用《左傳·定公》

九年“詩云：‘蔽芾甘棠，勿翦勿伐，召伯所茇’。思其人猶愛其樹，況用其道而不恤其人乎？”之意，言劉備、孔明君臣因時遇合，有功德於民。人民因懷念他們而對柏樹不加剪伐。

〔五〕巫峽長：《宜都山川記》：“巴東三峽巫峽長。”又《水經·江水注》：“江水歷峽東逕新崩灘，⋯⋯其間首尾百六十里。”雪山：泛指岷山。《元和郡縣志》：“劍南道松州嘉誠縣：雪山在縣東八十里，春夏常有積雪，故名。”此寫柏樹高大之氣象，近接巫峽，遠瞰雪山。趙次公云：“巫峽在夔之下，巫峽之雲來而柏之氣與接；雪山在夔之西，雪山之月出而柏之寒與通，皆言其高大也。”

〔六〕錦亭：指成都錦江亭。武侯祠在亭之東，故云。先主：指劉備。武侯：指諸葛亮。亮曾被封武鄉侯，謚忠武，世稱諸葛武侯。閟（bì）宫：《詩·魯頌》篇名，係詠廟祀之詩，故作廟祠代稱。閟，即“閉”。成都武侯廟附於先主廟中，故云“同閟宫”。

〔七〕崔嵬：高峻貌。窈窕：深邃貌。丹青：見前《丹青引贈曹將軍霸》注。此指武侯廟壁上的繪畫。户牖空：廟宇中空寂無人。

〔八〕落落：超群獨立貌。盤踞：指柏樹扎根極牢固。《西京雜記》卷六，中山王《文木賦》：“或如龍盤虎踞。”得地：得其所。柏樹生於夔州武侯廟前，爲人所愛惜，故云。冥冥：高空幽暗之狀。此句言柏樹既高，又獨立高山之上，故常爲烈風吹撼。

〔九〕扶持句：言柏樹不爲烈風所拔，似有神靈護持。造化功：天地自然之力。言柏樹之正直本出於天然。《莊子·德充符》：“受命於地，唯松柏獨也在，冬夏青青，⋯⋯”

〔一○〕大厦句：語意雙關，大厦喻國家，梁棟喻治世之才。《後漢書·陳球傳》：“公爲國棟梁。”萬牛句：形容古柏重如丘山，萬牛難曳。

〔一一〕不露文章：古柏不自炫耀枝葉之美。文章，文采。未辭句：言古柏雖不避砍伐，復有誰採送。言棟梁之材欲爲時用而無人引薦。

〔一二〕苦心：柏心味苦。容螻蟻：成爲螻蟻之巢穴。香葉：柏葉有香氣。宿鸞鳳：被鸞鳳所棲宿。

〔一三〕材大：指柏樹，也是自指。託物興感，結出一篇本意。

負薪行〔一〕

夔州處女髮半華〔二〕，四十五十無夫家。更遭喪亂嫁不售，一生抱恨長咨嗟〔三〕。土風坐男使女立，男當門户女出入〔四〕。十有八九負薪歸，賣薪得錢應供給〔五〕。至老雙鬟只垂頸，野花山葉銀釵並〔六〕。筋力登危集市門，死生射利兼鹽井〔七〕。面妝首飾雜啼痕，地褊衣寒困石根〔八〕。若道巫山女粗醜，何得此有昭君村〔九〕？

〔一〕大曆元年春在夔州作。

〔二〕處女：處居未嫁之女。華：花白。

〔三〕不售：所願不償，指無娶之者。喪亂之年，男子多出征戰死，鄉間女多於男，故貧女出嫁更難。長：一本作“堪”。

〔四〕土風句：言當地風俗，男子守家而女子操作。男當門户：男，一本作“應”。又一本作“應門當户”，應當，猶主持門户，當家。傅玄《苦相篇豫章行》：“男兒當門户，墮地自生神。”此化用其意。出入：出入操作。

〔五〕有：一本作“猶”。“有”“猶”古通。應供給：供給一家生活所需和繳納捐税。

〔六〕雙鬟：唐人髮式，未婚女子結雙鬟於頭頂，婚後始挽成髻子。老女未嫁，所以猶結雙鬟。年長頭髮稀落，故雙鬟散亂垂頸。野花句：言貧無翠鈿，但以野花爲頭飾。陸游《入蜀記》第六："大抵峽中負物率著背，又多婦人……未嫁者。率爲同心髻，高二尺，插銀釵至六隻，後插大象牙梳，如手大。"

〔七〕筋力：使盡氣力。登危：攀登高山。指上山打柴。集市門：集聚市中賣柴。死生射利：不顧死活以求財。射利，見利而急取之。兼鹽井：言賣柴以外，兼事負鹽販賣。《新唐書·食貨志》："乾元元年，鹽鐵、鑄錢使第五琦初變鹽法，就山海井灶近利之地置監院，游民業鹽者爲亭戶，免雜徭。盜鬻者論以法。"朝廷爲專有鹽利，禁止民間私賣，百姓販鹽須冒極大危險，故云"死生射利"。

〔八〕褊：偏僻險窄。石根：即山根。言夔州女子困居於山腳偏險之處。

〔九〕巫山：在今四川省巫山縣，泛指夔州地方。昭君：名王嬙，西漢元帝時宮女，貌美，竟寧元年（前三三），被遣嫁匈奴呼韓邪單于。昭君村：《太平寰宇記》："山南東道歸州興山縣：王昭君宅，漢王嬙即此邑之人，故云昭君之縣，邾連巫峽，是此地。"即今湖北省興山縣南妃臺山下之昭君村，兩句意爲如謂巫山婦女粗醜，則何以又有王昭君之人？言粗醜乃貧苦、勞累所致。

最能行〔一〕

峽中丈夫絕輕死，少在公門多在水〔二〕。富豪有錢駕大舸，貧窮取給行艓子〔三〕。小兒學問止論語，大兒結束隨商旅^{〔四〕}。欹帆側柂入波濤,撇漩捎濆無險阻^{〔五〕}。朝發白帝暮江陵,頃來目擊信有徵^{〔六〕}。瞿塘漫天虎鬚怒,歸州長年行最能^{〔七〕}。此鄉之人器量窄,誤競南風疏北客^{〔八〕}。若道士無英俊才,何得山有屈原宅^{〔九〕}?

〔一〕此詩與《負薪行》同時作。內容、結構均相近,可稱姊妹篇。最能:指駕船的能手。有人以爲即水手別稱。

〔二〕峽中:指夔州。夔州在瞿塘峽畔。絕輕死:最不以死亡爲意。絕,最。公門:指官府。言夔州男子少有讀書爲吏,大多水上駕船。

〔三〕舸(gě):大船。言富者駕大舟經商營利。艓(yè):小船。取給:謀生,取得生活資料。

〔四〕小兒、大兒:王嗣奭云:“小兒大兒,不作兩人説,言其自幼而長也。”止論語:讀至《論語》而止。言不重讀書。結束:備裝。

〔五〕欹帆側柂(duò):駕船左右搖蕩之狀。柂:同“舵”。撇漩:繞過漩渦。捎濆(pēn):掠過湧起的高浪。蜀諺有“濆起如屋,漩下如井”語,言濆汹湧高起如屋,漩急轉深没如井。兩句謂善於弄水,波濤間履險如夷。

〔六〕白帝:見前《白帝城最高樓》注。江陵:即荆州,今湖北省江陵縣。兩地相距千餘里。《水經·江水注》:“有時朝發白帝,暮到江陵,其間千二百里,雖乘奔御風,不以疾也。”目擊:目所親睹。徵:徵驗。兩句謂“朝發白帝、暮到江陵”之説,以前僅見於記載,今睹實況乃信而有徵。

〔七〕瞿塘:峽名,巴東三峽第一峽,在夔州東一里。《大清一統志》:“四川夔州府:《明統志》:瞿塘峽,乃三峽之門,兩岸對峙,中貫一江,灩澦堆當其口。”虎鬚:灘名,在今四川省忠縣西,有石梁綿亘三十

餘丈,橫截江中。《水經‧江水注》:“江水右逕虎鬚灘,灘水廣大,夏
斷行旅。”歸州:今湖北省秭歸縣。長(zhǎng)年:即長年三老,蜀地方
言。陸游《入蜀記》第五:“問何謂‘長年三老’? 云:梢公是也。”兩句
言駕船經瞿塘峽、虎鬚灘二天險而能不出事故,惟歸州梢公爲最有
能耐。

〔八〕器量窄:心胸狹窄。《水經‧江水注》:“袁山松曰:……抑
其山秀水清,故出僑異,地險流疾,故其性亦隘。”器:一本作“氣”。競
南風:競尚南人輕生謀利之習。疏北客:不慣北人文明禮讓。按,古代
中原地區稱文物之邦,西南則開化較晚,故謂。

〔九〕屈原宅:在歸州秭歸縣,今屬湖北省。《水經‧江水注》:
“(秭歸)縣東北數十里,有屈原舊田宅,雖畦堰麋漫,猶保屈田之稱
也。縣北一百六十里,有屈原故宅,累石爲室基,名其地曰樂平里。”
士,一本作“土”。兩句謂如言歸州男子無才能,何以復有屈原其人?
意爲器量之窄,非山川之故,蓋社會條件使然。

夔州歌十絶句〔一〕(選三)

其一

中巴之東巴東山,江水開闢流其間〔二〕。白帝高爲三峽鎮,
夔州險過百牢關〔三〕。

〔一〕此組詩十首,大曆元年夏作。均寫夔州山川、形勢、古跡。

〔二〕中巴：指今四川省東部一帶。三國時劉璋據蜀，始分巴郡爲三巴，即東巴、中巴及西巴。夔州在唐屬巴東郡，在中巴之東，故云。巴東山，指巫山。江水開闢：巫山中斷，江水奔流其間。

〔三〕白帝：即白帝城。三峽：瞿塘峽、巫峽、西陵峽之總稱。三峽相連，七百餘里，重巖疊嶂，隱天蔽日。鎮：古時稱一方的主山爲鎮。《尚書·舜典》：“封十有二山。”孔傳：“每州之名山殊大者，以爲其州之鎮。”瞿塘峽爲三峽之首，且最險峻。白帝城扼瞿塘峽口，高據山巔，爲三峽之鎮，故云。百牢關：在今陝西省勉縣西南，爲入蜀要道。《元和郡縣志》：“山南道興元府西縣：百牢關在縣西南三十步。……自京師赴劍南，達淮左，皆由此也。”兩壁山峰相對，六十里不斷，漢水流其間。因其形勢與夔州之白帝城相似，故取以爲比。此寫夔州地勢之險。夔州，一本作“瞿塘”，此從宋本。

其四

赤甲白鹽俱刺天，閭閻繚繞接山巔〔一〕。楓林橘樹丹青合，複道重樓錦繡懸〔二〕。

〔一〕赤甲、白鹽：均山名。赤甲山在夔州城東北七里。郝郊《入蜀記》：“山不生樹木，土石紅紫，如人袒背，故曰赤甲。”白鹽山在夔州城東十七里，《水經·江水注》：“北岸山上有神淵，淵北有白鹽崖，高可千餘丈，俯臨神淵。土人見其高白，故因名之。”兩山隔江相對，崖壁高聳直刺天空。閭閻：鄉里之門，泛指民房。繚繞：迴環盤旋貌。此言從山腳至山頂各處均有人家。杜詩《贈李十五丈別》：“峽人鳥獸居，其室附曾巔。”亦叙此景。

〔二〕丹青合：楓葉丹、橘葉青，兩種樹相間而生。複道：樓閣間通行之道。因上下皆有道,故稱。山上房屋掩映於楓林橘樹之中,遠望似懸有錦繡的複道重樓。

其九

武侯祠堂不可忘[一],中有松柏參天長。干戈滿地客愁破,雲日如火炎天涼[二]。

〔一〕武侯祠:在夔州府治八陣臺下。不可忘:指武侯精神令人千古難忘。

〔二〕干戈滿地:其時崔旰之亂未平。按崔旰原爲嚴武部將,武死後,與新任節度使郭英不睦,遂反,蜀中大亂。事見《通鑑》卷二二四。兩句謂唯武侯祠之松柏陰森,可納涼,且可破戰亂中羈旅之愁。蓋亦對樹懷人,心仰前賢之意。

驅豎子摘蒼耳[一]

江上秋已分,林中瘴猶劇[二]。畦丁告勞苦,無以供日夕[三]。蓬莠獨不焦,野蔬暗泉石[四]。卷耳況療風,童兒且時摘[五]。侵星驅之去,爛熳任遠適[六]。放筐亭午際,洗剝相蒙冪[七]。登牀半生熟,下筯還小益[八]。加點瓜薤間,依稀橘奴跡[九]。亂世誅求急,黎民糠籺窄[一〇]。飽食復何心? 荒哉膏粱客[一一]! 富家厨肉臭,戰地骸骨白〔一二〕。寄語惡少年，黃金且休擲！

〔一〕此詩爲大曆元年秋在夔州作。一説作於大曆二年。豎子：僮僕，指阿段。他有《示獠奴阿段》詩。蒼耳：即卷耳。形似鼠耳，叢生如盤，可食。

〔二〕秋已分：已過秋分。秋分：節氣名，在陽曆九月二十三至二十四日間。瘴：山川濕熱蒸鬱之氣。劇：甚、厲害。

〔三〕畦丁：種菜的園丁。指杜甫此時雇傭的信行、伯夷、辛秀等。供日夕：供應早晚食事。因秋旱菜蔬欠收，故無以供應。

〔四〕蓬莠：蓬草和狗尾草。暗泉石：陰蔽泉石。野草耐旱，且在泉石之間，故能生長繁盛。

〔五〕療風：《重修政和證類本草》卷八："菜耳（即卷耳）主風頭寒痛，風濕周痺，四肢拘攣。"杜甫當時患風病，半身不遂。

〔六〕侵星：星將落時，即凌晨。爛熳：天真活躍狀。

〔七〕放筐：歸來放下筐子。亭午：正午。晨去午歸，以避瘴熱。羃（mì）：蓋食物之罩巾。言洗土剝毛，蓋上覆巾，以備烹食。

〔八〕登牀：端上飯桌。牀，古人稱放器物的架子爲"牀"，如筆牀、琴牀等。半生熟：半生不熟，取其脆嫩。小益：言不無小補，蓋蔬菜缺乏，唯蒼耳尚可佐餐。

〔九〕薤（xiè）：與蔥、蒜相近，俗稱"藠頭"。加點：指在瓜、薤之間參用少許蒼耳。依稀：猶彷彿。橘奴：即橘子。《水經·沅水注》："沅水又東歷龍陽縣之氾洲，洲長二十里。吳丹楊太守李衡植柑於其上，臨死，敕其子曰：'吾州里有木奴千頭，不責衣食，歲絹千匹。'"橘因有"木奴"、"橘奴"之稱。古人用橘皮調味，蒼耳色青，與橘皮相近。

〔一〇〕誅求：見前《釋悶》注。此時第五琦行新税法，剝削更重，故云"誅求急"。籺（hé）：粗糠。窄：不足。

〔一〕荒哉：何其荒唐。膏粱客：富貴之人。膏粱，肥肉好米。

〔一二〕富家二句：與《自京赴奉先縣詠懷五百字》中"朱門酒肉臭，路有凍死骨"句同意，唯時經戰亂，特著"戰地"二字。

白　帝〔一〕

白帝城中雲出門，白帝城下雨翻盆〔二〕。高江急峽雷霆鬥，古木蒼藤日月昏〔三〕。戎馬不如歸馬逸，千家今有百家存〔四〕。哀哀寡婦誅求盡，慟哭秋原何處村〔五〕？

〔一〕大曆元年秋在夔州作。代宗永泰元年（七六五）十月，劍南西山都知兵馬使崔旰殺節度使郭英，據成都反叛。邛州牙將柏茂琳、瀘州牙將楊子琳、劍南牙將李昌夔等，興兵討旰，於是蜀中大亂。明年（大曆元年）二月，朝廷命杜鴻漸以宰相兼充成都尹、劍南西川節度使，以平蜀亂。杜鴻漸心無遠圖，志氣怯懦。既到成都，畏懼崔旰雄武，不敢討伐。三月，山南西道節度使兼充東川節度使張獻誠與崔旰戰於梓州，獻誠大敗。自崔旰叛亂以來，四川地方軍閥連年混戰，人民大量死亡。存活者受盡殘酷剝削，也難以爲生。此詩通過詠白帝雨景，感嘆戰亂中夔州人民之苦難。

〔二〕雲出門：雲氣從城門中散出。白帝城在高山之上，故云。此句一本作"城頭雲若屯"。翻盆：即傾盆，形容雨大勢猛。

〔三〕高江：雨大洪水暴漲，故江水升高。急峽：山峽陡窄，水大流急。雷霆鬥：言水急峽窄，江水與峽石相衝激，聲如雷霆大作。古木，一本作"翠木"。日月昏：言樹木皆被烏雲暴雨籠罩，故日月昏暗。以上寫自然景物,亦喻社會之動亂。

〔四〕戎馬、歸馬:皆指戰馬。《老子·儉欲》:“天下無道,戎馬生於郊。”《尚書·武成》:“乃偃武修文,歸馬於華山之陽,放牛於桃林之野,示天下弗服。”天下戰亂不止,戰馬常在郊境之上;停止戰亂後,戰馬無用,乃放牧於山下。兩句言與其從事戰事,不如休馬息戰。蓋深望蜀地軍閥混戰早日結束。千家句:極言人民死於兵役、賦稅者之多。

〔五〕誅求盡:生事被剥奪一空。何處村:猶何以爲家。《禮記·檀弓下》:“何以處我?”鄭注:“處,猶安也。”集中《西閣夜》:“無衣何處村?”與此同義。杜甫反對苛捐雜稅及非分徵調,斥之爲“誅求”。如《奉送王信州崟北歸》:“朝廷防盜賊,供給愍誅求。”《東屯北崦》:“盜賊浮生困,誅求異俗貧。”《驅豎子摘蒼耳》:“亂世誅求急,黎民糠籺窄。”與此詩均指責此類殘酷剥削。

同元使君舂陵行〔一〕有序

覽道州元使君結《舂陵行》兼《賊退後示官吏作》二首,志之曰:當天子分憂之地,效漢官良吏之目〔二〕。今盜賊未息,知民疾苦,得結輩十數公,落落然參錯天下爲邦伯〔三〕,萬物吐氣,天下小安可待矣! 不意復見比興體制,微婉頓挫之詞〔四〕。感而有詩,增諸卷軸,簡知我者,不必寄元〔五〕。

遭亂髮盡白,轉衰病相嬰〔六〕。沉綿盜賊際,狼狽江漢行〔七〕。嘆時藥力薄,爲客羸瘵成〔八〕。吾人詩家秀,博采世上名〔九〕。粲粲元道州,前聖畏後生〔一〇〕。觀乎《舂陵》作,欻見俊哲情〔一一〕。復覽賊退篇,結也實國楨〔一二〕。賈誼昔流慟,匡衡嘗引經〔一三〕。道州憂黎庶,詞氣浩縱橫〔一四〕。兩章對秋月,一字偕華星〔一五〕！致君唐虞際,淳樸憶大庭〔一六〕。何時降璽書,用爾爲丹青〔一七〕？獄訟永衰息,豈唯偃甲兵〔一八〕！悽惻念誅求,薄斂近休明〔一九〕。乃知正人意,不苟飛長纓〔二〇〕！涼颸振南嶽〔二一〕,之子寵若驚。色沮金印大,興含滄浪清〔二二〕。我多長卿病〔二三〕,日夕思朝廷。肺枯渴太甚,漂泊公孫城〔二四〕。呼兒具紙筆,隱几臨軒楹〔二五〕。作詩呻吟內,墨淡字欹傾〔二六〕。感彼危苦詞,庶幾知者聽〔二七〕。

〔一〕大曆元年在夔州作。元使君:即元結,字次山。時爲道州(今湖南省道縣)刺史。《舂陵行》爲元結所作詩。舂陵:漢長沙定王子買封於舂陵鄉,號舂陵侯,故城在今湖南省寧遠縣西北,即道州故地。同:即“和”。

〔二〕分憂:爲君上分擔責任,共任憂勞。《漢書·循吏傳》中記宣帝常云:“庶民所以安其田里而亡嘆息愁恨之心者,政平訟理也。與我共此者,其唯良二千石乎!”元結身爲刺史,即漢之二千石(太守),故曰“當天子分憂之地。”良吏:即“循吏”。目:條目,題目,標格。古人對士大夫行止,常加品題,以作評價。此係贊元結有漢循吏風範。

〔三〕落落:不苟合貌。參錯:加入於其間。邦伯:即州牧,指刺史。此句意爲倘有耿介如元結者十數人加入於地方官的行列。

〔四〕比興體制:指繼承《詩·國風》傳統,反映人民疾苦的詩篇。微婉:語出杜預《左傳序》:“微而顯,志而晦,婉而成章。”頓挫:情調抑揚徐疾有致。

〔五〕卷軸：書籍。此指詩稿。古代書籍、稿件裝軸捲藏，故稱。簡：寄。兩句言此僅爲自存或寄知交，不一定寄給元結。

〔六〕盡：一本作"遽"。嬰：同"攖"，觸犯。

〔七〕沉綿：久病不愈。狼狽：陷於進退兩難之困境。

〔八〕嘆時句：亦因憂時心切，故服藥不見效。羸瘵（zhài）：瘦弱的肺癆病。

〔九〕秀：一本作"流"。博采句：廣泛采訪世間名人佳作。

〔一〇〕粲粲：鮮明貌，形容人之才華氣宇出衆。後生：見前《戲爲六絶句》注。言元結之才，足使前賢望而生畏。

〔一一〕舂陵作：指《舂陵行》。欻（xū）忽：此處有"驚奇"意。俊哲：秀麗明達。

〔一二〕賊退篇：指《賊退示官吏》。國楨：國家幹材。楨：築牆於兩端所立之木。以喻支撐局面的人材。

〔一三〕賈誼：西漢政論家，文學家，《漢書》有傳。流慟：流涕痛哭。賈誼憂慮國事，上《陳政事疏》："臣竊惟事勢，可爲痛哭者一，可爲流涕者二，可爲長太息者六。"匡衡：西漢經學家，元帝時官至太子少傅、丞相。《漢書》本傳："衡上疏陳便宜，及朝廷有政議，傅經以對，言多法義。"此處以賈誼、匡衡喻元結。言其詩之痛悼國勢、引經議政，與賈、匡同調。

〔一四〕浩縱橫：正氣洋溢。

〔一五〕兩章：指《賊退》、《舂陵》二詩。兩句贊美元結詩可與秋月爭光，華星同輝。

〔一六〕唐虞：唐堯、虞舜，見前《奉贈韋左丞丈》注。大庭：即大庭氏，傳說中的古帝王，號曰炎帝。《莊子·胠篋》："昔者容成氏、大庭氏、……當是時也，民結繩而用之，甘其食，美其服，樂其俗，安其居，鄰國相望，雞狗之音相聞，民至老死而不相往來。若此之時，則至治已。”兩句謂元結意圖在於致君堯、舜，使民康樂。

〔一七〕璽書：皇帝詔書。丹青：本指繪畫，此處喻治理國家的卿相。語出《鹽鐵論·相刺》：“公卿者，四海之表儀，神化之丹青也。”

〔一八〕偃甲兵：停止戰爭。

〔一九〕悽惻兩句：言元結痛惜生民被剝割之苦。休明：施政和善。《新唐書·元結傳》：“結以人困甚，不忍加賦，……‘請免百姓所負租稅及租庸使和市雜物十三萬緡。’……結爲民營舍給田，免徭役，流亡歸者萬餘。”

〔二〇〕長纓：繫冠的長彩帶，喻高官厚爵。兩句言元結不肯苟且犧牲人民利益以維持自己的官爵。

〔二一〕涼飆：清風。南嶽：衡山。道州與衡山均在今湖南省境。“振南嶽”，以南嶽的清峻絕俗形容元結的標格。之子：此子，指元結。寵若驚：語出《老子》：“寵辱若驚。”寵，指皇帝的任用。言元結受任而憂勤。

〔二二〕色沮：顏色沮喪。沮，一本作“阻”。金印大：喻官高。此句言官高任重，情色反而沮喪。滄浪清：見前《狂夫》注。此句言元結常存功成歸隱之意。元詩《賊退示官吏》中有“思欲委符節……窮老江湖邊”之語，故云。

〔二三〕長卿病：指消渴病，即糖尿病。西漢司馬相如，字長卿，曾患有此病。

〔二四〕肺枯：指肺病。公孫城：即白帝城，見前《白帝城最高樓》注。

〔二五〕隱几：即“憑几”。

〔二六〕作詩句：言此詩作於病中，邊呻吟邊命筆。欹傾：歪斜，指書寫不工整。

〔二七〕危苦詞：指元結詩。知者：即詩序中所云“知我者”。黃生云：“此詩前後皆自敘，自敘多言病，其筋節在‘嘆時藥力薄’句。知作者全是借酒杯澆塊磊也。”

壯　游〔一〕

往者十四五，出游翰墨場〔二〕。斯文崔魏徒，以我似班揚〔三〕。七齡思即壯，開口詠鳳凰〔四〕。九齡書大字，有作成一囊〔五〕。性豪業嗜酒，嫉惡懷剛腸〔六〕。脫落小時輩，結交皆老蒼〔七〕。飲酣視八極，俗物多茫茫〔八〕。東下姑蘇臺，已具浮海航〔九〕。到今有遺恨，不得窮扶桑〔一〇〕。王謝風流遠，闔閭丘墓荒〔一一〕。劍池石壁仄，長洲芰荷香〔一二〕。嵯峨閶門北，清廟映迴塘〔一三〕。每趨吳太伯，撫事淚浪浪〔一四〕。蒸魚聞匕首，除道哂要章〔一五〕。枕戈憶勾踐，渡浙想秦皇〔一六〕。越女天下白，鑑湖五月涼〔一七〕。剡溪蘊秀異〔一八〕，欲罷不能忘。歸帆拂天姥，中歲貢舊鄉〔一九〕。氣劘屈賈壘，目短曹劉牆〔二〇〕。忤下考功第，獨辭京尹堂〔二一〕。放蕩齊趙間，裘馬頗清狂〔二二〕。春歌叢臺上，冬獵青丘旁〔二三〕。呼鷹皂櫪林，逐獸雲雪岡〔二四〕。射飛曾縱鞚，引臂落鶖鶬〔二五〕。蘇侯據鞍喜，忽如攜葛強〔二六〕。快意八九年，西歸到咸陽〔二七〕。許與必詞伯，賞游實賢王〔二八〕。曳裾置醴地，奏賦入明光〔二九〕。天子廢食召，群公會軒裳〔三〇〕。脱身無所愛,痛飲信行藏〔三一〕。黑貂寧免敝?斑鬢兀稱觴〔三二〕。杜曲換耆舊,四郊多白楊〔三三〕。坐深鄉黨敬,日覺死生忙〔三四〕。朱門務傾奪,赤族迭罹殃〔三五〕。國馬竭粟豆,官雞輸稻粱〔三六〕。舉隅見煩費,引古惜興亡〔三七〕。河朔風塵起,岷山行幸長〔三八〕。兩宮各警蹕,萬里遥相望〔三九〕。崆峒殺氣黑,少海旌旗黃〔四〇〕。禹功亦命子,涿鹿親戎行〔四一〕。翠華擁吳岳,螭虎嗷豺狼〔四二〕。爪牙一不中,胡兵更陸梁〔四三〕。大軍載草草,凋瘵滿膏肓〔四四〕。備員竊補袞,憂憤心飛揚〔四五〕。上感九廟焚〔四六〕,下憫萬民瘡。斯時伏青蒲,廷諍守御牀〔四七〕。君辱敢愛死?赫怒幸無傷〔四八〕。聖哲體仁恕,宇縣復小康〔四九〕。哭廟灰燼中,鼻酸朝未央〔五〇〕。小臣議論絕,老病客殊方〔五一〕。鬱鬱苦不展,羽翮困低昂〔五二〕。秋風動哀壑,碧蕙捐微芳〔五三〕。之推避賞從,漁父濯滄浪〔五四〕。榮華敵勛業,歲暮有嚴霜〔五五〕。吾觀鴟夷子,才格出尋常〔五六〕。群兇逆未定,側佇英俊翔〔五七〕。

〔一〕此詩大曆元年秋在夔州作。自叙一生經歷及當時社會變動情況,堪稱系統的自傳詩。詩題"壯游",但所寫不限於壯年之游,兼及少年、老年的經歷,應作心懷壯志而出游解。

〔二〕者:一本作"昔"。翰墨場:指文場。阮籍《詠懷》:"昔年十四五,志尚好詩書。"爲兩句所本。

〔三〕斯文:語出《論語·子罕》:"天之將喪斯文也。"原意指禮樂教化的傳統,後轉義爲對儒者之稱。此處有文壇名流之意。崔、魏:原

注："崔鄭州尚，魏豫州啟心。"《唐科名記》："崔尚，擢久視（武后年號）二年（七〇一）進士。"又《唐會要》卷七十六："神龍（中宗年號）二年（七〇六），才膺管樂科，魏啟心及第。"二人均杜甫前輩。似：一本作"比"。班、揚：指漢代史學家班固和文學家揚雄。

〔四〕思即壯：構思遒勁敏捷。詠鳳凰：以鳳凰爲題之詩。當係杜甫最早作品，今不傳。

〔五〕一囊：古人盛詩文用錦囊。

〔六〕業：既、原來。剛腸：語出嵇康《與山巨源絕交書》："剛腸疾惡。"

〔七〕脫落：超脫、不受拘束。《晉書·韓伯傳》："崇尚莊老，脫落名教。"落，一本作"略"。句意謂不願與同輩少年交往。小：小看，卑視。老蒼：年長者。如"求識面"的李邕和"願卜鄰"的王翰，均係年歲大過杜甫二、三十歲的前輩。

〔八〕八極：見前《鳳凰臺》注。俗物：凡流。茫茫：看不見，不放在眼中。

〔九〕姑蘇臺：又稱胥臺，在江蘇省蘇州市姑蘇山上。相傳是春秋時吳王闔閭所建。航：大船。

〔一〇〕扶桑：見前《白帝城最高樓》注。此指今日本國。

〔一一〕王謝：東晉名流王導、謝安等，以文采風流著稱於世。闔閭：即吳王闔閭。《越絕書》卷二："闔閭冢在閶門外，……魚腸之劍在焉。千萬人築治之，取土臨湖口，築三日，而白虎居上，故號爲虎丘。"地在今江蘇省蘇州市郊。

〔一二〕劍池：在蘇州市虎丘，相傳爲吳王闔閭鑄劍之處。又《吳地記》載："秦始皇東巡，至虎邱，求吳王寶劍。其虎當墳而踞，始皇以劍擊之，不及，誤中於石。其虎西走，……劍無復獲，乃陷成池，故號劍池。"有石壁高數丈。仄：陡峭。長洲：苑名，在蘇州西南，太湖之北，爲吳王闔閭游獵處。芰(jì):菱角。

〔一三〕嵯峨:高聳貌。閭門:蘇州城西門。清廟:即吳太伯廟,在閭門外,爲東漢永興二年太守糜豹所建。迴塘:即洋中塘,離蘇州二十六里。

〔一四〕吳太伯:《史記·吳太伯世家》:"吳太伯,太伯弟仲雍,皆周太王之子,而王季歷之兄也。季歷賢,而有聖子昌,太王欲立季歷以及昌,於是太伯、仲雍二人乃奔荆蠻,文身斷髪,示不可用,以避季歷。"墓在今蘇州北五十里梅里村。撫事:撫今懷古。浪浪:流貌。語本《楚辭》:"沾余襟之浪浪。"

〔一五〕蒸魚兩句:一本在"渡浙想秦皇"句下。蒸魚,指公子光刺王僚事。《史記·刺客列傳》:"光伏甲士於窟室中,而具酒請王僚。……使專諸置匕首魚炙之腹中而進之。既至王前,專諸擘魚,因以匕首刺王僚,王僚立死。左右亦殺專諸,王人擾亂。公子光出其伏甲以攻王僚之徒,盡滅之,遂自立爲王,是爲闔閭。"除道:清掃道路。古代郡縣以上的官員出行,都先使人民清除道路。哂:譏笑。要章:腰間佩帶的印綬。要,同"腰"。此係叙漢會稽太守朱買臣事,漢代會稽郡治在今蘇州市。《漢書·朱買臣傳》:"(朱買臣)家貧,好讀書,不治產業,常艾薪樵,賣以給食,擔束薪,行且誦書。其妻亦負戴相隨,數止買臣勿歌嘔道中,買臣愈益疾歌,妻羞之,求去。買臣笑曰:'我年五十當富貴,今已四十餘矣。汝苦日久,待我富貴報汝功。'妻恚怒曰:'如公等,終餓死溝中耳,何能富貴?'買臣不能留,即聽去。……上拜買臣會稽太守。……會稽聞太守且至,發民除道,縣吏并送迎,車百餘乘。入吳界,見其故妻、妻夫治道,買臣駐車呼之,令後車載其夫妻,到太守舍,置園中,給食之。居一月,妻自經死。"以上十句,均叙吳地故事,言吳謝風流,闔閭丘墓,太伯祠廟及專諸刺王僚,朱買臣妻棄夫等事,均已成陳跡,撫今追昔,感慨隕涕。

〔一六〕枕戈:即枕戈待旦。語出《晉書·劉琨傳》:"吾枕戈待旦,志梟逆虜。”此用以喻越王勾踐“臥薪嘗膽”報仇滅吳事。渡浙句：秦始皇曾游會稽，渡浙江。以下至“歸帆”句，均詠其游越所見之風光人物。

〔一七〕越：今浙江省紹興市一帶。越女句：蓋以西施出於越地，故使越女之美，聲聞天下。李白《越女詞》：“鏡湖水如月，耶溪女如雪。”鑑湖：在浙江省紹興市南，傳説是因黃帝曾在此鑄鏡而得名。

〔一八〕剡（shàn）溪：在浙江省嵊縣南，爲曹娥江上游，山川秀美。

〔一九〕天姥（mǔ）：山名，在今浙江省新昌縣東五十里，東接天台山。杜甫爲參加進士考試，自吳越回洛陽時，曾乘舟經天姥山下，未得暢游，所以言“拂”。中歲：杜甫此時年二十四。貢：貢舉。古代對被州縣保送參加科舉考試的稱謂。《新唐書·選舉志》：“唐制，取士之科，多因隋舊，然其大要有三。由學館者曰生徒，由州縣者曰鄉貢，……其天子自詔者曰制舉。”開元二十三年，進士考試在洛陽舉行，杜甫家在河南鞏縣，由州縣保送參加考試，故云“貢舊鄉”。

〔二○〕劘（mó）：削砍。屈、賈：屈原、賈誼。壘：壁壘。自言文章氣勢可與屈、賈交鋒。目短：輕視。曹、劉：建安詩人曹植與劉楨。牆：王嗣奭曰：“猶云及肩之牆。”言曹、劉不足跨越。

〔二一〕忤：違逆，不順。考功：指考功員外郎。開元二十三年（七三五）以前，進士考試由吏部考功員外郎主持。開元二十四年始改由禮部侍郎主持。開元二十三年考功員外郎孫狄知貢舉於洛陽福唐觀（在洛陽崇業坊，見《兩京城坊考》）。第：等第，考試榜上的名次。杜甫因文章不合時宜而落第。京尹：當指東都洛陽之河南尹，非西京長安之京兆尹。此言因落第，乃隻身辭京尹堂而東去。

〔二二〕放蕩：無拘束。齊、趙：今山東省南部、河北省南部、河南省東部，古代屬齊、趙之地。裘馬：輕裘肥馬。《論語·雍也》：“子曰：‘赤之適齊也，乘肥馬，衣輕裘。’”清狂：放佚豪邁。

〔二三〕叢臺:戰國時趙王故臺,在今河北省邯鄲縣。青丘:相傳爲春秋時齊景公狩獵處,約在今山東省高青縣一帶。

〔二四〕皁櫪林、雲雪岡:齊地名,不詳其確處。當在青州附近。皁:黑色。櫪:櫟樹。呼鷹、逐獸:寫游獵之快。

〔二五〕射飛:仰射飛鳥。縱鞚:放轡馳馬。引臂:拉弓射箭。鷙鶡:見前《乾元中寓居同谷縣作歌七首》注。

〔二六〕蘇侯:原注:"監門胄曹蘇預。"蘇預,字源明,武功人,杜甫好友,《八哀詩》中有詠蘇源明一首。時蘇源明在徐州、兗州一帶作客,常同杜甫一起游獵。葛强:晉代山簡的愛將,常與山簡同游。杜甫用以自比。

〔二七〕八九年:杜甫自開元二十四年(七三六)初游齊、趙,開元二十九年(七四一)曾一度回洛陽,天寶三載(七四四)再游齊、趙,至天寶五載(七四六)西入長安,在齊、趙前後共逗留八、九年。咸陽:指長安。

〔二八〕許與:贊許。詞伯:文壇霸主,即文豪。指岑參、高適、鄭虔等人。賢王:指汝陽王李璡及漢中王李瑀。言在長安曾爲詞伯所贊許,與賢王同游賞。

〔二九〕曳裾(jū)句:言爲王公待爲上賓。裾,衣服的大襟。古代文士的服飾都是長裾曳地。《漢書·鄒陽傳》:"飾固陋之心,則何王之門不可曳長裾乎?"置醴地:指楚元王爲穆生設醴事。《漢書·楚元王傳》:"穆生不嗜酒,元王每置酒,常爲穆生設醴。"醴:甜酒。奏賦:指獻《三大禮賦》事。明光:漢宮殿名。借喻唐大明宮,後改爲蓬萊宮。

〔三〇〕廢食召:指被天子重視。杜甫獻賦後,玄宗奇之,急命待制集賢院,令宰相試以文章。會軒裳:貴官乘高車着麗服相聚集。指達官貴人爭求結識。集中《莫相疑行》:"憶獻三賦蓬萊宮,自怪一日聲輝赫。集賢學士如堵牆，觀我落筆中書堂。"即所謂"群公會軒裳"。

〔三一〕脱身句:指天寶十四載(七五五)被任命爲河西尉不就事。愛，一本作"受"。信:任意、隨便。行藏:猶出處。行，指出仕;藏，指退隱。言但獲痛飲，出仕或隱居均無不可。

〔三二〕黑貂:典出《戰國策·秦策》:"(蘇秦)説秦王，書十上而説不行，黑貂之裘敝，黄金百斤盡，資用乏絶，去秦而歸。"此用以自喻生活窮困。斑鬢:頭髮花白。兀稱觴:仍舉杯痛飲。兀，尚、還。

〔三三〕杜曲:見前《曲江三章章五句》注。換耆舊:老人凋謝，新人接替。換，一本作"挽"，又作"晚"。多白楊:言墳墓日益增多。古時墳旁多栽白楊。

〔三四〕坐深:古人坐席，年長者居上，由堂下視之，年尊者在深處。鄉黨:鄉里。此句言年齒漸長，爲鄉里所敬。日覺句:言常因生老病死、人生匆促而感慨。

〔三五〕務傾奪:務，一本作"任"。指李林甫、楊國忠等權奸專事傾軋爭權。赤族:滅族。迭:更迭。罹殃:遭禍、遇害。言權臣傾陷朝士，時見株連滅族之事。

〔三六〕國馬:指玄宗所養的"舞馬"和"立仗馬"。《通鑑》卷二一八:"(上皇)又教舞馬百匹，銜杯上壽。"胡三省注:"帝以馬百匹，盛飾，分左右，施三重榻，舞'傾盃'數十曲，壯士舉榻，馬不動。"又《新唐書·李林甫傳》:"君等獨不見立仗馬乎? 終日無聲，而飫三品芻豆。"官雞:指朝廷所養專供玩樂的鬥雞。《東城老父傳》:"玄宗在藩邸時，樂民間清明節鬥雞戲。及即位，治雞坊於兩宮間。索長安雄雞，金毫鐵距高冠昂尾千數，養於雞坊。選六軍小兒五百人，使馴擾教飼。"此舉有特徵性之兩例，喻皇帝的奢侈靡費。

〔三七〕舉隅:語出《論語·述而》:"舉一隅不以三隅反，則不復也。"朱注:"物之有四隅者，舉一可知其三。"煩費:浪費。引古:引證古史。興亡：複詞偏義，即亡。兩句謂舉上二例可見當時君王之靡費，引證古史，惜國家之衰亡。

〔三八〕河朔：指河北。風塵：指安禄山於范陽起兵叛亂。岷山：在四川境内。行幸：皇帝出游。此句指安禄山逼近長安，玄宗長途奔波逃往蜀中事。

〔三九〕兩宫：指玄宗、肅宗父子。警蹕（bì）：古時帝王所至，戒嚴遮斷行人，稱“警蹕”。遥相望：指玄宗逃蜀，肅宗即位靈武。

〔四〇〕崆峒：山名，在甘肅省平涼縣西。肅宗到平涼收兵，以武力討伐叛軍，故云“殺氣黑”。少海：指太子。古代以皇帝比大海，以太子比少海。《文苑英華》卷五五七，唐常衮《代宗讓皇太子表》：“取法於地，視少海之朝宗。”旌旗黄：古時天子旌旗用黄色。肅宗以太子繼位爲天子，所以用黄旌。

〔四一〕命子：傳子。夏禹傳帝位於其子啓。此喻玄宗傳位肅宗。涿鹿：山名。在今河北省涿鹿縣東南。戎行：軍隊。《太平御覽·天部》十五引《志林》：“黄帝與蚩尤戰於涿鹿之野，蚩尤作大霧瀰三日，軍人皆惑，黄帝乃令風后法門機作指南車，以别四方，遂擒蚩尤。”此處喻肅宗親自指揮軍隊，命太子李俶爲天下兵馬元帥征討安禄山。

〔四二〕翠華：見前《北征》注。吴岳：即吴山。在陝西省隴縣南，鳳翔縣北。此句指肅宗由靈武移鎮鳳翔事。螭（chī）：傳説中蛟龍類動物。螭虎喻唐朝軍隊。螭，一本作“貙”。噉（dàn）：吃。豺狼：喻安禄山軍隊。《通鑑》卷二一九：至德二載二月，“上（肅宗）至鳳翔旬日，隴右、河西、安西、西域之兵皆會。”

〔四三〕爪牙：喻敵將安守忠。一不中：一擊不中。指房琯在陳陶斜與安守忠交戰，一日之間全軍覆没事。見前《悲陳陶》注。陸梁：猶猖獗。

〔四四〕大軍：官軍。大，一本作“天”。載：同“再”。草草：輕率，無充分準備。指郭子儀又敗於清渠的事。《通鑑》卷二一九：“(至德二載)子儀與王思禮軍合於西渭橋，進屯灞西。安守忠、李歸仁軍於京城西清渠。相守七日，官軍不進。五月癸丑，守忠僞退，子儀悉師逐之。賊以驍騎九千爲長蛇陣，官軍擊之，首尾爲兩翼，夾擊官軍，官軍大潰。”瘵(zhài)：見前《同元使君春陵行有序》注。膏肓：不治之疾，典出《左傳·成公十年》。此言民力困疲，國家病患已深。

〔四五〕備員：忝列官員之内，猶充數。竊：自謙非分而得。補袞：唐代拾遺、補闕，均爲諫官，職司相同。補闕意爲補救君主過失，不敢直指君主，故諱言“袞”，即帝王之衣服。此指至德二載任左拾遺事。心飛揚：猶言思潮澎湃。

〔四六〕九廟焚：喻朝廷傾危。九廟：王朝代稱。皇室宗廟祀九祖，故云。

〔四七〕伏青蒲：用漢代史丹伏青蒲泣諫元帝事。《漢書·史丹傳》：“丹以親密臣得侍視疾，候上間獨寢時，丹直入卧内，頓首伏青蒲上，涕泣言曰……”青蒲：元帝卧室地。應劭注：“以青規地曰青蒲。”此以自喻直言敢諫。廷諍：面折廷諍，當廷勸諫皇帝。守：侍候。御床：皇帝的寶座。此指至德二載，爲諫房琯罷相事。

〔四八〕君辱句：化用《國語·越語》“君辱臣死”之意。赫怒：語出《詩·大雅·皇矣》：“王赫斯怒。”指肅宗怒杜甫疏救房琯，賴人營救，方得免罪事。

〔四九〕聖哲：猶聖明，聖人。古代臣僚對皇帝的稱謂。此指肅宗。宇縣：猶“宇内”，即天下。小康：指至德二載，長安、洛陽先後收復，國事漸有起色。

〔五〇〕哭廟兩句：言兩京收復，故在灰燼之餘，哭祭宗廟。群臣亦得在舊宫朝見君王。未央：漢宫名。此指唐宫。肅宗回京，杜甫亦從鄜州還朝供職，故云。

〔五一〕議論絶：指罷去左拾遺職，貶爲華州司功參軍。殊方：異鄉。乾元二年杜甫自華州棄官，經秦州入蜀。

〔五二〕翮（hé）：羽莖。困低昂：不能奮飛，此句以鳥自況。

〔五三〕秋風兩句：喻身在草野。蕙，蘭屬香草，古人常以比君子，此是以香草自比。

〔五四〕之推：即介之推，春秋時人。曾隨晉文公在外流亡十九年，晉文公回國即位，他避不受賞，隱於綿山。漁父：屈原《漁父》中所寫漁人。篇末有漁父之歌："滄浪之水清兮，可以濯吾纓；滄浪之水濁兮，可以濯吾足。"此用古隱者自喻。

〔五五〕榮華兩句：言富貴功名如盛開之花，至秋冬霜至即謝。不足豔羨。

〔五六〕鴟夷子：春秋時越國大夫范蠡，佐越王勾踐滅吳後，知勾踐可與共患難，不可與共安樂，乃棄官泛游五湖，自號"鴟夷子皮"。兩句言范蠡建立功業後能棄官遠走，其才能品格超群出衆。或謂鴟夷子，係喻李泌。李泌曾事肅、代、德三朝，多次贊畫大計，又多次引退。

〔五七〕群兇：指恃強割據的藩鎮。側佇：側身佇盼。兩句謂國事未寧，切盼有英俊之才者平定禍亂，振興王朝。

昔　游〔一〕

昔者與高李，晚登單父臺〔二〕。寒蕪際碣石，萬里風雲來〔三〕。桑柘葉如雨，飛藿共徘徊〔四〕。清霜大澤凍〔五〕，禽獸有餘哀。是時倉廩實，洞達寰區開〔六〕。猛士思滅胡，將帥望三台〔七〕。君王無所惜，駕馭英雄材〔八〕。幽燕盛用

武〔九〕,供給亦勞哉! 吳門轉粟帛,泛海陵蓬萊〔一○〕。肉食
三十萬〔一一〕,獵射起黃埃。隔河憶長眺,青歲已摧頹〔一二〕。
不及少年日,無復故人杯〔一三〕。賦詩獨流涕,亂世想賢才。
有能市駿骨,莫恨少龍媒〔一四〕。商山議得失,蜀主脱嫌
猜〔一五〕。呂尚封國邑,傅説已鹽梅〔一六〕。景晏楚山深,水
鶴去低回〔一七〕。龐公任本性,攜子卧蒼苔〔一八〕。

〔一〕大曆元年秋在夔州作。回憶過去游宋、齊事,抒發今昔之
感。可作《壯游》篇的補充。

〔二〕高、李:原注:"高適、李白"。晚:一本作"同"。單父臺:即
宓子賤琴臺,在今山東省單縣北。

〔三〕際:連接。碣石:此碣石山當爲今山東省無棣縣之馬谷山。
二句謂寒草無涯,直接碣石,萬里風雲,盡入眼簾。

〔四〕柘:叢生灌木,葉可飼蠶。藿:豆葉。兩句謂桑柘葉與豆葉
一齊隕落,隨風飛舞。

〔五〕大澤:即孟諸澤,宋州(今河南省商丘市)東北直至單父(今
山東省單縣)之間的大澤,爲古時游獵之地。

〔六〕是時:指天寶三載(七四四)與高、李同游之時。倉廩實:即
《憶昔二首》中所言"公私倉廩俱豐實"。洞達:暢通。寰區:全國,天
下。區,一本作"瀛"。句意謂全國道路暢通。

〔七〕望三台:冀求建功以取相位。三台:唐時尚書令、中書令、侍
中爲尚書省、中書省(西台)、門下省(東台)三省長官,實即宰輔之職。
蔡夢弼云:"禄山領范陽節度,求平章事也。"平章事是唐代宰相另一
稱號。

〔八〕君王兩句:指玄宗濫賞諸將官爵,以爵賞覊縻諸將,賜安禄
山鐵券,封東平郡王等事。

〔九〕幽燕:見前《恨別》注。盛用武:指安禄山任范陽節度使征討契丹事。

〔一〇〕吳門:蘇州,泛指江南。蓬萊:今山東省蓬萊縣。陵:踰越。二句即《後出塞》“雲帆轉遼海,粳稻來東吳”之意。申上“供給”句意。

〔一一〕肉食:指安禄山所部。安禄山所部皆雜種胡人,以牛羊肉爲主食,故稱。

〔一二〕河:唐時黄河流經宋州、單父之間,即今廢黄河。兩句爲詩人感懷往事,自傷衰老。

〔一三〕故人:指高適、李白。此時高、李已死,故已無舉杯同歡之望。

〔一四〕市駿骨:《戰國策·燕策》:“燕昭王收破燕後即位,卑身厚幣,以招賢者,欲將以報仇。故往見郭隗……(郭隗)曰:‘臣聞古之君人,有以千金求千里馬者,三年不能得。涓人言於君曰:請求之。君遣之。三月,得千里馬。馬已死,買其首五百金,反以報君。君大怒曰:所求者生馬,安事死馬而捐五百金? 涓人對曰:死馬且買之五百金,況生馬乎? 天下必以王爲能市馬,馬今至矣。於是不能期年,千里之馬至者三。今王誠欲致士,先從隗始;隗且見事,況賢於隗者乎? 豈遠千里哉!’於是昭王爲隗築宫而師之。”後人因以買駿骨比喻求賢才。龍媒:駿馬。《漢書·禮樂志》:“天馬徠,龍之媒”,應劭注:“言天馬者乃神龍之類,今天馬已來,此龍必至之效也。”兩句謂世多賢才,但患無人求之耳。

〔一五〕商山:指漢初商山四皓,東園公、綺里季、夏黄公、甪里先生。據《史記·留侯世家》載:漢高祖重四皓,求而不得。後欲廢太子盈,立趙王如意,四皓調護太子,使不能廢。四皓曾謂高祖:“陛下輕士善罵,臣等義不受辱,故恐而亡匿。竊聞太子爲人仁孝,恭敬愛士,天下莫不延頸欲爲太子死者，故臣來耳。”此即所謂“議得失”。蜀主：
指劉備。《三國志·蜀書·諸葛亮傳》：“（先主）與亮情好日密，關羽、
張飛等不悦。先主解之曰：‘孤之有孔明，猶魚之有水也！願諸君勿
復言。’羽、飛乃止。”此即所謂“脱嫌猜”。

〔一六〕吕尚：即姜尚，周文王四友之一。後輔佐周武王滅殷，被封
於齊。傅説：殷高宗賢相。鹽、梅：調味之料。《尚書·説命》：“若作
和羹，爾爲鹽梅。”喻輔佐君主治理國家的賢才。以上列舉賢材及能
用賢材之明主，深致慕古自慨之意。

〔一七〕景晏：歲暮。楚山：指夔州。水鶴：杜甫自喻。低回：徘徊
留戀。

〔一八〕龐公：即龐德公，東漢人。躬耕峴山，與司馬徽、諸葛亮爲
友。任本性：放達任性，隱居不仕。晚年攜妻子隱居於鹿門山。兩句
以龐德公之隱居作結，暗喻己之懷才不遇，感慨無窮。

遣　懷〔一〕

昔我游宋中，惟梁孝王都〔二〕。名今陳留亞，劇則貝魏
俱〔三〕。邑中九萬家，高棟照通衢。舟車半天下，主客多歡
娱。白刃讎不義，黄金傾有無〔四〕。殺人紅塵裏，報答在斯
須〔五〕。憶與高李輩，論交入酒壚〔六〕。兩公壯藻思，得我
色敷腴〔七〕。氣酣登吹臺，懷古視平蕪〔八〕。芒碭雲一去，
雁鶩空相呼〔九〕。先帝正好武，寰海未凋枯〔一〇〕。猛將收
西域，長戟破林胡〔一一〕。百萬攻一城，獻捷不云輸〔一二〕。

組練棄如泥,尺土負百夫[一三]。拓境功未已,元和辭大
爐[一四]。亂離朋友盡,合沓歲月徂[一五]。吾衰將焉託?存
歿再嗚呼[一六]！蕭條病益甚,獨在天一隅[一七]。乘黃已去
矣,凡馬徒區區[一八]。不復見顏鮑,繫舟臥荆巫[一九]。臨
餐吐更食,常恐違撫孤[二〇]。

〔一〕大曆元年在夔州作,實爲《昔游》續篇。

〔二〕宋中:今河南省商丘市一帶,古時屬宋國地。天寶三載秋,
杜甫曾與高適、李白同游梁、宋。梁孝王都:宋中爲漢梁孝王所都。梁
孝王自大梁(今河南省開封市)遷都睢陽(今商丘市南)。《漢書·梁
孝王傳》:"(城睢陽)北界泰山,西至高陽,四十餘城,多大縣。……孝
王築東苑,方三百餘里,廣睢陽城七十里。"睢陽,春秋時屬宋地,唐代
爲宋州。

〔三〕陳留亞:僅次於陳留。陳留:漢時所置郡,是漢、唐以來商業
都會,在今河南省陳留鎮。《史記·酈生陸賈列傳》:"夫陳留,天下之
衝,四通五達之郊也。"劇:政務繁重之地。《漢書·陳遵傳》:"乃舉遵
能治三輔劇縣。"貝、魏:指貝州及魏州。貝州,今河北省清河縣。魏
州,今河北省大名縣。言宋中人多事重、煩劇難治,正與貝、魏二州
相同。

〔四〕讎不義:殺死不義的壞人。讎,仇殺。傾有無:罄其所有。
有無:複詞偏義,即"有"。

〔五〕紅塵:指鬧市。報答:酬答知遇之恩。斯須:頃刻。以上各
句寫宋中俗尚任俠。

〔六〕酒壚:酒家。

〔七〕壯藻思:文思壯麗。敷腴:歡悅貌。

〔八〕氣酣:情緒高昂。吹臺:即繁臺。梁孝王所築,在今河南省

開封市東南。《新唐書·杜甫傳》:"嘗從白及高適過汴州,酒酣登吹臺,慷慨懷古,人莫測也。"平蕪:原野。

〔九〕芒碭:即芒山、碭山,在今安徽省碭山縣東南,二山相去八里。《漢書·高祖本紀》:"高祖隱於芒碭山澤間,所居上常有雲氣。"兩句言高祖久已死去,此地空有雁鶩相呼而已。

〔一〇〕先帝:指玄宗。好武:指發動擴邊戰爭。寰海:海内,天下。凋枯:衰敗,病困。

〔一一〕收西域:指天寶五載(七四六)至八載(七四九)王忠嗣、高仙芝、哥舒翰等征討吐蕃事。長戟:一種兵器。破林胡:指開元二十二年(七三四)安禄山、張守珪攻取契丹事。林胡:地名,戰國時林胡地,唐時是契丹所在。

〔一二〕百萬:指唐官軍兵員數。不云輸:唐人俗語謂負爲輸。趙次公:"攻取豈無勝負? 唯獻捷而掩敗,故不云輸。"

〔一三〕組練:組甲、練袍,即軍隊的服裝。尺土句:意爲爭得尺土,須犧牲百人,言浪費物力,草菅人命,得不償失。

〔一四〕元和:太平安定的氣象。大爐:指天地、人間。《莊子·大宗師》:"今一以天地爲大爐,以造化爲大冶,惡乎往而不可哉!"此言黷武召亂,導致安禄山之亂。

〔一五〕朋友盡:指李白、高適先後死亡。李白死於廣德元年(七六二),高適死於永泰元年(七六五)。合沓(tà):相繼、連續。徂:往,消逝。

〔一六〕存:自指。歿:指高適、李白。嗚呼:慟哭。

〔一七〕病益甚:病情更加嚴重。一本作"益堪愧"。獨在:一本作"塊獨"。

〔一八〕乘黃:駿馬名,見前《瘦馬行》注。這裏以喻高、李。凡馬:杜甫自喻。區區:猶拳拳,忠愛懷念之心。

〔一九〕顏、鮑:顏延之、鮑照,均南朝宋時著名詩人。此以比高適、李白。荆巫:荆州與巫峽,指夔州。

〔二〇〕吐更食:言悲悒不能下咽,勉强吞咽。常恐句:謂恐客死異鄉,不能照看高、李遺孤,故勉爲加餐。

宿江邊閣〔一〕

暝色延山徑,高齋次水門〔二〕。薄雲巖際宿,孤月浪中翻。鸛鶴追飛靜,豺狼得食喧〔三〕。不眠憂戰伐,無力正乾坤〔四〕!

〔一〕作於大曆元年在夔州時。江邊閣:即草閣,一説即西閣。杜甫是年秋移居江邊閣,此詩當係移居前先曾來此住宿時所作。

〔二〕暝色:暮色。延:延展。高齋:指江邊閣。次:臨。

〔三〕鸛(guàn):鳥名,似鶴而頂不紅,頸嘴皆長,全身呈灰白色。追飛靜:追飛時見形而不聞聲。靜,一本作"盡"。得食喧:豺狼爭食,聞聲而未見形。兩句寫水閣所聞所見,鄰近皆鳥獸,倍興漂泊孤獨之感。

〔四〕正:整頓,撥亂反正。乾坤:見前《北征》注。

諸將五首〔一〕

漢朝陵墓對南山,胡虜千秋尚入關〔二〕。昨日玉魚蒙葬地,

早時金盌出人間〔三〕。見愁汗馬西戎逼,曾閃朱旗北斗
殷〔四〕。多少材官守涇渭? 將軍且莫破愁顏〔五〕!

〔一〕此五章作於大曆元年秋在夔州時,爲一組政論詩。評隴當
時武將之失,有鑑往警來之意。

〔二〕漢朝:喻唐朝。陵墓:皇帝墳稱陵,公卿墳稱墓。南山:終南
山。帝王陵墓均南向,故唐帝陵廟正對終南山。關:指蕭關。在今寧
夏回族自治區固原縣東南。《史記·匈奴列傳》:"漢孝文皇帝十四
年,匈奴單于十四萬騎入朝邢、蕭關,殺北地都尉卬,虜人民畜産甚多,
遂至彭陽。"《通鑑》卷二二三,廣德元年:"吐蕃入長安,……剽掠府庫
市里,焚閭舍,長安中蕭然一空。……太常博士柳伉上疏,以爲:'犬
戎犯關度隴,不血刃而入京師,劫宮闈,焚陵寢,武士無一人力戰者,此
將帥叛陛下也。'"自漢文帝十四年(前一六六)匈奴入蕭關,至唐代宗
廣德元年(七六三)吐蕃犯長安。計九百餘年,故云"千秋尚入關"。

〔三〕玉魚:帝王殉葬品。《九家集注杜詩》引韋述《西京雜記》:
"長安大明宮宣政殿,每夜見數十騎衣鮮麗,游經其間。高宗使巫祝
劉明奴、王湛然問其所由。鬼曰:我是漢楚王戊太子,死葬於此。明奴
因宣詔與改葬,鬼喜曰:改卜極幸甚,我死時天子殮我玉魚一雙,今猶
未朽,必以此相送,勿見奪也。明奴以事奏聞,乃發掘,玉魚宛然。"
蒙:埋蓋、覆蔽。早時:早年。金盌:亦帝王殉葬品。《太平御覽·皇
王部》十三引《漢武故事》:"居歲餘,鄠縣又有一人於市貨玉杯,吏疑
其御物,欲捕之,因忽不見。縣送其器,推問,又茂陵中物也。"《南
史·沈炯傳》:"(炯)嘗獨行,經漢武通天臺,爲表奏之,陳己思鄉之
意,曰:……甲帳珠簾,一朝零落,茂陵玉碗,遂出人間。"戴叔倫《贈徐
山人》詩:"漢陵帝子黃金碗。"又《文物》一九七二年第一期載有《西
安南郊何家村發現唐代窖藏》中有"刻花赤金碗二件,素面赤金碗一

件”，亦唐朝皇帝賞賜宗室之物。兩句言武將不能滅寇，遂使皇陵
被盜。

〔四〕見：同“現”。汗馬：見前《高都護驄馬行》注。西戎逼：指吐
蕃與回紇連兵入寇事。《舊唐書·吐蕃傳》：“（永泰元年）秋九月，僕
固懷恩誘吐蕃、回紇之衆，南犯王畿，……二十萬衆至奉天界，……京
城戒嚴，……於是詔追副元帥郭子儀於河中府領衆赴援，屯於涇陽，諸
將各屯守要害。”朱旗：大將所建的旗。北斗：見前《奉送嚴公入朝十
韻》注。殷（yān）：赤黑色。一本作“間”，非。朱旗爲兵象，北斗擬朝
廷，象徵長安遭受兵亂。

〔五〕多少：言其多。材官：猶“武將”。《史記·周勃世家》：“勃
材官引彊。”涇渭：涇河渭河，指畿輔周圍。據《通鑑》卷二二三載，當
時郭子儀屯兵涇陽，李忠臣屯兵東渭橋，李光進屯兵雲陽，馬璘、郝庭
玉屯兵便橋，李抱玉屯兵鳳翔，李日越屯兵盩厔，以防吐蕃。長安附
近，大兵雲集。破愁顏：言忘形勢之危殆而一味享樂。《通鑑》卷二二
三，永泰元年三月，獨孤及上疏云：“擁兵者第館亘街陌，奴婢厭酒
肉。”可見將軍之奢侈腐化。

其二

韓公本意築三城，擬絶天驕拔漢旌〔一〕。豈謂盡煩回紇馬，
翻然遠救朔方兵〔二〕！胡來不覺潼關隘，龍起猶聞晉水
清〔三〕。獨使至尊憂社稷，諸君何以答升平〔四〕？

〔一〕韓公：即張仁願，曾封韓國公。築三城：事在中宗神龍三年
（七〇七），三城均在黃河北，今内蒙古自治區境内。《舊唐書·張仁
願傳》：“先，朔方軍北與突厥以河爲界，……時突厥默啜盡衆西擊突

騎施娑葛,仁願請乘虚奪取漠南之地,於河北築三受降城,首尾相應,以絕其南寇之路。……自是突厥不得度山放牧,朔方無復寇掠。”天驕:見前《留花門》注。拔漢旌:拔掉漢軍旗幟,指入侵。

〔二〕翻然:此處猶“反而”意。朔方兵:指郭子儀所部。《舊唐書・郭子儀傳》:“(至德二載九月子儀)從元帥廣平王率蕃漢之師十五萬進收長安。回紇遣葉護太子領四千騎助國討賊。……子儀奉元帥爲中軍,與賊將安守忠、李歸仁戰於京西香積寺之北。……回紇以奇兵出賊陣之後,夾攻之,賊軍大潰。……”又:“安慶緒遣嚴莊悉其衆十萬來赴陝州,與張通儒,……屯於陝西。……子儀以大軍擊其前,回紇登山乘其背,……賊驚顧曰:‘回紇來!’即時大敗。……子儀奉廣平王入東都。”兩京收復皆借回紇兵力,故云“盡煩”。杜甫一貫反對借兵回紇。如《北征》:“此輩少爲貴。”《留花門》:“中原有驅除,隱忍用此物。”故用張仁願事,譏諸將之無能。

〔三〕胡來:指安禄山破潼關陷長安,以及吐蕃與回紇連兵入犯蹂躪三輔事。潼關本險隘難攻,而安禄山卻長驅直入,可知守將哥舒翰之無能。詩人以此例暗譏當時諸將。龍起:《錢注杜詩》引一行《并州起義堂頌》:“我高祖龍躍晉水,鳳翔太原。”晉水:出山西太原西南,東流入汾河。《冊府元龜・帝王部・徵應》:“高祖……癸巳次龍門縣,河水變清。”錢謙益云:“龍起猶聞晉水清,即李翱所謂神堯以一旅取天下也。其感嘆如此!”詩人以唐高祖起兵太原事,比擬代宗收復兩京。代宗於至德二載九月收復西京,同年七月嵐州合關河清三十里。

〔四〕至尊:指代宗。此時吐蕃連年入寇,禍患未艾,而諸將只知安享尊榮,不思殺敵報國。故杜甫感慨而詰責之。

其三

洛陽宮殿化爲烽,休道秦關百二重〔一〕。滄海未全歸禹貢,薊門何處盡堯封〔二〕？朝廷袞職雖多預，天下軍儲不自供〔三〕。稍喜臨邊王相國，肯銷金甲事春農〔四〕。

〔一〕烽：烽煙瀰漫之地。曹植《送應氏》：“洛陽何寂寞？宮室盡燒焚。”是此句所本。洛陽於天寶十四載（七五五）毀於安祿山，乾元二年（七五九）又毀於史朝義，二次成爲戰場。秦關百二：形容形勢險要。《史記·高祖本紀》：田肯曰：“秦，形勝之國，帶河山之險，懸隔千里，持戟百萬，秦得百二焉。”重（chōng）：堅固。兩句由洛陽言及關中，謂形勝不足恃。

〔二〕滄海：指山東淄、青等地。禹貢：《尚書》篇名，叙“禹別九州，隨山濬川，任土作貢”事。九州即全部國土，後世遂以“禹貢”作國境的代稱。薊門：指河北北部盧龍等地。何處：猶那得。庾信《烏夜啼》：“御史府中何處宿？洛陽城頭那得栖？”“何處”與“那得”互文。堯封：唐堯之封疆。周封帝堯的後人於薊。兩句言天下尚未統一。安、史之亂後，朝廷對史朝義部下如薛嵩、田承嗣、李懷仙等降將，均任命爲河北諸鎮節度使，以羈縻之。此輩擁兵自恣，不輸貢賦，割據一方，隱然爲朝廷敵國。

〔三〕袞職：指三公大臣。預：參與。當時朝廷大臣多兼軍事重任，而諸鎮節度使則多加中書令、平章事等内職高銜，將相不分，故云“袞職多預”。雖多預：一本作“誰爭補”。天下句：唐初行府兵制，屯田積穀，軍糧皆自給。安、史亂後，府兵制敗壞，軍糧多取自賦斂，各鎮均仰仗朝廷供給，故云“軍儲不自供”。

〔四〕王相國：指王縉。《舊唐書·王縉傳》：“（廣德二年）河南副元帥李光弼薨於徐州，以縉爲侍中、持節都統河南、淮西、山南東道諸節度行營事。……兼東都留守。歲餘，遷河南副元帥，請減軍資錢四十萬貫修東都殿宇。”事春農：指實行屯田制。按王縉實行屯田制的事,史書無記載,此可補史之不足。兩句贊美王相國,以勸勵諸將。

其四

迴首扶桑銅柱標,冥冥氛祲未全銷〔一〕。越裳翡翠無消息,南海明珠久寂寥〔二〕。殊錫曾爲大司馬,總戎皆插侍中貂〔三〕。炎風朔雪天王地,只在忠良翊聖朝〔四〕。

〔一〕扶桑:唐代嶺南道有扶桑縣,屬禺州。此泛指南海一帶。銅柱標:指後漢馬援征交趾(今越南北部),立銅柱事。《水經·溫水注》引《林邑記》:“建武十九年,馬援樹兩銅柱於象林界,與西屠國分,漢之南疆也。”玄宗時復立銅柱。《新唐書·南蠻傳》:天寶七載,“玄宗詔特進何履光以兵定南詔境,取安寧城及井,復立馬援銅柱,乃還。”冥冥:見前《古柏行》注。氛祲(jìn):妖氣,指戰亂。未:一本作“不”。時南詔正與吐蕃一同進擾,南疆不靖。

〔二〕越裳:見前《有感五首》注。翡翠:鳥名,其羽毛美觀,呈青色斑紋,可做飾物。南海:唐嶺南道廣州南海縣,盛產明珠。言越裳、南海等地多輸翡翠、明珠等貢品,但如今久已不通貢賦,《舊唐書·楊思勗傳》載:“開元初,安南首領梅玄成叛,……詔思勗將兵討之。……盡誅其黨與,積屍爲京觀而還。”《舊唐書·代宗本紀》載:“宦官市舶使呂太一逐廣南節度使張休,縱下大掠廣州。”當地因宦官的殺戮掠奪,憤而拒不貢賦。集中《自平》詩:“近供生犀翡翠稀,復恐征戍干戈密。”可與“氛祲未全銷”相發明。

〔三〕殊錫:破格賞賜。大司馬:周代官稱,約當於唐之兵部尚書。泛指朝廷軍政要職。總戎:即元帥,泛指統兵將領。侍中:唐門下省主官,相當於左相。貂:即貂尾,侍中冠飾。《唐六典》卷八引董巴《輿服志》：“侍中冠武弁大冠，亦曰惠文冠，加金璫附蟬爲文，貂尾爲飾。侍中服之則左貂，常侍則右貂。”錢謙益云：“此深戒朝廷不當以中官爲將也。……李輔國以中官爲大司馬，所謂‘殊錫’也。”當時節度使皆帶宰相之銜，故有“總戎”句云云。

〔四〕炎風句：言天南地北，皆王朝之疆土。忠良：忠臣良將，指諸將。良，一本作“臣”。翊（yì）：輔佐。兩句責擁高官厚爵者不能盡綏撫之道。

其五

錦江春色逐人來，巫峽清秋萬壑哀〔一〕。正憶往時嚴僕射，共迎中使望鄉臺〔二〕。主恩前後三持節，軍令分明數舉杯〔三〕。西蜀地形天下險，安危須仗出群材〔四〕！

〔一〕錦江春色：此句回憶成都的景色，爲頷聯回憶嚴武作引。巫峽：見前《古柏行》注。

〔二〕嚴僕射：即嚴武。嚴武死後追贈尚書左僕射。中使：宦官，皇帝所遣的宮内使官。望鄉臺：《大清一統志》：“四川成都府：望鄉臺，在成都縣北九里，蜀王秀所築。”杜甫任嚴武幕僚，曾在望鄉臺一同迎接中使。

〔三〕主恩：皇帝的恩典。指嚴武受到皇帝重用。三持節：嚴武曾三次出使。節，符節，官員出使時，持以爲信。嚴武初以御史中丞爲綿州刺史，後遷東川節度使；再拜成都尹、劍南節度使；入朝後，又以黃門侍郎任劍南節度使。數舉杯：言常飲酒賦詩。集中《八哀詩·贈左僕射鄭國公嚴公武》：“豈無成都酒，憂國只細傾。”此贊美嚴武治軍紀律嚴明，又有儒將風度。

〔四〕西蜀兩句：因慨蜀帥非材，故緬懷嚴武之將略。《八哀詩·贈左僕射鄭國公嚴公武》有“公來雪山重，公去雪山輕”句，可互見。當時蜀地崔旰、柏茂琳等互相攻伐，杜鴻漸以三川副元帥兼節度使鎮蜀，卻不能裁制，反而奏請朝廷將節度使讓給崔旰等人，使各罷兵。蜀境多事，詩人爲之深慨。

秋興八首〔一〕

玉露凋傷楓樹林，巫山巫峽氣蕭森〔二〕。江間波浪兼天湧，塞上風雲接地陰〔三〕。叢菊兩開他日淚，孤舟一繫故園心〔四〕。寒衣處處催刀尺，白帝城高急暮砧〔五〕。

〔一〕此組詩八首，爲大曆元年秋在夔州所作。興：讀去聲，猶“感興”、“遣興”。題目取自潘岳《秋興賦序》：“於時秋也，遂以名篇。”八首皆因秋遣興。查慎行云：“身居巫峽，心望京華，爲八詩之大旨。”全詩可分兩部分：前三首寫身處夔州而思念長安；後五首寫思念長安而歸結到在夔州的處境。其中以第四首爲過渡，各首之間，脈絡相承，首尾相應。雖云八首，實則一篇。黄生云：“杜公七律，當以《秋興》爲裘領，乃公一生心神結聚之所作也。”

〔二〕巫山：在四川省巫山縣東，即巴山山脈特起處，有十二峰。巫峽：見前《古柏行》注。蕭森：蕭索陰森。《水經·江水注》：“自三峽七百里中，兩岸連山，略無闕處，重巖疊嶂，隱天蔽日，自非停午夜分，不見曦月。”高山崇嶺，遮天蔽日，故云“氣蕭森”。

〔三〕塞上：絕塞之上，指巫山，即夔州。集中《秋日夔府詠懷奉寄鄭監李賓客一百韻》：“絶塞烏蠻北。”又《白帝城樓》：“城高絶塞樓。”
都指巫山。兼天：齊天。兩句言江上波浪滔天，風雲匝地。

〔四〕叢菊兩開：杜甫自永泰元年（七六五）五月離成都，擬循水路
出峽東去，卻淹留於雲安與夔州，至此已見兩度秋光，故云“叢菊兩
開”。他日：有“往日”和“來日”二解，此處爲“往日”意。言對菊而感
傷往事。大曆二年作《送李八秘書赴杜相公幕》有“櫓搖背指菊花開”
句，亦以菊詠懷。一繫（jì）：猶“常繫”。言思鄉之念縈繞胸際。即《九
日五首》中“繫舟身萬里，伏枕淚雙痕”之意。

〔五〕急暮砧：秋夜搗衣聲急。砧：見前《擣衣》注。兩句謂歲云暮
矣，家家趕製冬衣。言外之意爲己尚無禦寒之策也。

其二

夔府孤城落日斜，每依北斗望京華〔一〕。聽猿實下三聲淚，
奉使虛隨八月槎〔二〕。畫省香爐違伏枕，山樓粉堞隱悲
笳〔三〕。請看石上藤蘿月，已映洲前蘆荻花〔四〕。

〔一〕夔府：即夔州。貞觀十四年（六四〇）於夔州設都督府，故
又稱夔府。每依：常常依憑。北斗：見前《奉送嚴公入朝十韻》注。京
華：指長安。趙次公云：“長安上直北斗，號北斗城。”杜詩常以北斗代
長安，如《中夜》：“中夜江山靜，危樓望北辰。”又《月》：“故園當北斗，
直想照西秦。”依，用爲標誌之意。北，一本作“南”，非。

〔二〕聽猿句：《水經·江水注》：“每至晴初霜旦，林寒澗肅，常有
高猿長嘯，屬引淒異，空谷傳響，哀轉久絶。故漁者歌曰：‘巴東三峽
巫峽長，猿鳴三聲淚沾裳。’”言如今身臨其境，真爲聽猿而下淚，故著
一“實”字。奉使：奉命出使。此用漢代張騫乘槎至天河事。周密《癸

辛雜識》前集引《荆楚歲時記》：“武帝使張騫使大夏尋河源，乘槎見所謂織女、牽牛。”今本《荆楚歲時記》無之。八月槎(chá)：用海邊居民乘槎至天河事。張華《博物志》卷十：“舊説云：天河與海通。近世有人居海渚者，年年八月有浮槎去來，不失期。人有奇志，……多齎糧，乘槎而去。……去十餘日，奄至一處，……見一丈夫牽牛渚次飲之。牽牛人乃驚問曰：何由至此？此人具説來意，并問此是何處？答曰：君還至蜀郡訪嚴君平，則知之。竟不上岸，因還如期。後至蜀問君平，曰：某年月日，有客星犯牽牛宿。計年月，正是此人到天河時也。”槎：木筏。此句合用以上兩典，以往天河表述切盼回京之望。按，嚴武任劍南節度使時，表薦杜甫爲檢校尚書工部員外郎，入節度幕府爲參謀。杜甫本擬隨嚴武還朝，不料次年四月，嚴武死於成都，還朝成爲泡影，故云“虛隨”。

〔三〕畫省：即尚書省。應劭《漢官儀》卷上：“省皆胡粉塗畫古賢人烈女。”故稱。香爐：尚書省中用具。《漢官儀》卷上：尚書郎入直臺廨，“給尚書史二人、女侍史二人，皆選端正。從直女侍執爐燒香，從入臺”。唐循漢制，亦有胡粉畫壁，女侍執香爐故事。故此處畫省、香爐均喻在尚書省供職。伏枕：指卧病。杜甫此時名義上仍任檢校工部員外郎，屬尚書省。因卧病不能去京師供職，故云。山樓：白帝城樓。粉堞(dié)：塗白粉的矮牆。笳：見前《後出塞五首》注。句意爲隱隱有悲笳之聲傳入山樓。悲笳爲日暮之聲，引出下句月色。

〔四〕請看兩句：言藤蘿上月光已伸展至洲前蘆荻花，説明時光轉移，佇立凝望之久。

其三

千家山郭靜朝暉，日日江樓坐翠微〔一〕。信宿漁人還汎汎，清秋燕子故飛飛〔二〕。匡衡抗疏功名薄，劉向傳經心事違〔三〕。同學少年多不賤，五陵衣馬自輕肥〔四〕。

〔一〕山郭：山城，即夔府。翠微：淡青的山色。左思《蜀都賦》："鬱菳蒀以翠微。"

〔二〕信宿：隔夜，再宿曰"信"。汎汎：汎行無阻貌。《易林》："汎汎柏舟，流行不休。"此言仍在捕魚。故：仍，猶。

〔三〕匡衡：見《同元使君春陵行》注。杜甫自謂亦如匡衡之據義諫諍，而無匡衡之顯達。指任左拾遺時，曾上疏救房琯，反遭貶斥事。劉向：《漢書》本傳："向字子政，本名更生，年十二以父德任爲輦郎。……會初立《穀梁春秋》，徵更生受《穀梁》，講論五經於石渠。復拜爲郎中，給事黃門，遷散騎諫大夫，給事中。……成帝即位……詔向領校中五經秘書。"杜甫世習儒業，未能如劉向之講論經學，故云"心事違"。

〔四〕多不賤：即《乾元中寓居同谷縣作歌七首》中"長安卿相多少年"之意。五陵：漢代長安、咸陽之間的五座帝王陵墓，即長陵、安陵、陽陵、茂陵、平陵。五陵爲豪門貴家集居之地。衣馬：即"裘馬"。見前《壯游》注。兩句言同學少年置身通顯，不過志在裘馬輕肥，不足爲道。

其四

聞道長安似弈棋〔一〕，百年世事不勝悲。王侯第宅皆新主，文武衣冠異昔時〔二〕。直北關山金鼓振，征西車馬羽書馳〔三〕。魚龍寂寞秋江冷，故國平居有所思〔四〕。

〔一〕似弈棋:喻政局多變。百年:自唐初貞觀之治至此,已一百四十年,百年係舉其成數。

〔二〕王侯句:《封氏聞見記》卷五《第宅》:“則天以後,王侯妃主京城宅第日加崇麗。至天寶中御史大夫王鉷有罪賜死,縣官簿録太平坊宅,數日不能遍。……安禄山初承寵遇,勅營甲第,瓌材之美,爲京城第一。太真妃諸姊妹宅第,競爲壯麗。曾不十年,皆相次覆滅。”文武句:記非如盛世時之重用正人。玄宗晚年已寵任李林甫、楊國忠等佞臣。肅宗、代宗更寵信宦官。寶應元年,“以李輔國爲司空兼中書令”,宦官而竟拜相;廣德元年,“以魚朝恩爲天下觀軍容宣慰處置使”(以上見《通鑑》卷二二二、二二三),是宦官爲帥;代宗又以魚朝恩“加判國子監事”(見《舊唐書·魚朝恩傳》),是宦官又涸跡儒林。又如裴冕、郭英、白志貞等,均爲不知書之武夫,亦爲集賢待詔。當政非人,故國事日非。

〔三〕直北:長安之正北方。指隴右、關輔地區。金鼓振:喻戰亂。金鼓,軍中助戰之器。《吕氏春秋·不二》:“有金鼓,所以一耳。”高誘注:“金,鐘也。擊金則退,擊鼓則進。”振:一本作“震”。征西:指西方征討吐蕃。羽書馳:言軍書頻繁。羽書,古時軍中文書,上插鳥羽表示緊急。馳:一本作“遲”,非。

〔四〕魚龍寂寞:喻秋蟄。《西溪叢語》:“陸農師引《水經》:魚龍以秋日爲夜。按:龍秋分而降則蟄寢於淵。龍以秋日爲夜,豈謂是乎?”故國:指長安。平居:平昔,引申爲“往事”。言長安喪亂,往事歷歷。與上“百年世事”句呼應。

其五

蓬萊高闕對南山,承露金莖霄漢間〔一〕。西望瑶池降王母,

東來紫氣滿函關〔二〕。雲移雉尾開宮扇,日繞龍鱗識聖
顏〔三〕。一臥滄江驚歲晚,幾回青瑣點朝班〔四〕?

〔一〕蓬萊:漢宮殿名。唐大明宮,亦稱"蓬萊宮"。《唐會要》卷
三十:"龍朔二年,……乃修舊大明宮,改名蓬萊宮。北據高原,南望
爽塏。"南山:終南山。高,一本作"宮",與下文"宮扇"重,非。承露:
指仙人承露盤。金莖:承露盤下的銅柱。張衡《西京賦》:"立修莖之
仙掌,承雲表之清露。"李善注引《三輔故事》:"武帝作銅露盤,承天露
和玉屑飲之,欲以求仙。"唐代無承露盤,此泛以漢宮喻唐宮。

〔二〕瑤池:傳說中西王母居住之處。《北堂書鈔》卷一五五"歲
時部"引《漢武故事》:"七月七日,忽然有青鳥從西而來集殿前。上問
東方朔,朔曰:此王母欲來也。有頃,王母至,有二青鳥夾侍王母之
傍。"東來紫氣:用老子的故事。《關令內傳》:"關令登樓四望,見東極
有紫氣西邁,喜曰:……應有聖人經過京邑,至期乃齋戒,其日果見老
子。"函關:即函谷關。老子自洛陽入函谷,故云"東來"。兩句寫長安
宮闕之宏偉。

〔三〕雉尾:即雉尾扇。帝王儀仗之一種。緝雉尾製成,又稱障
扇。《唐會要》卷二十四:"開元中,蕭嵩奏:每月朔望,皇帝受朝於宣
政殿,……臣以爲宸儀肅穆,升降俯仰,眾人不合得而見之,乃請備羽
扇於殿兩廂。上將出,所司承旨索扇,扇合。上座定,乃去扇。"雲移:
形容宮扇張開如雲之移動。龍鱗:指皇帝袞袍上之錦繡龍紋。聖顏:
指皇帝容貌。古時拂曉時早朝,待日出照射至袞衣上,始能看清皇帝
容貌。此處亦以"雲"、"日"比喻玄宗的神聖,用《史記‧五帝本紀》
"就之如日,望之如雲"之意。杜甫感激玄宗賞識其所獻之賦,故詩中
每有美詞。錢謙益云:"識聖顏者,公以布衣朝見,所謂'往時文彩動
人主'也。"

〔四〕滄江：江水呈青蒼色，故稱。此指夔州。歲晚：言年已遲暮。青瑣：漢代未央宮中宮門名，門窗雕刻作連環花紋，用青色塗飾，故稱。此泛指宮門。點：傳點。傳呼點名，順序入朝。朝班：上朝時依官職排列班次。杜甫任左拾遺時，曾參與班列，入宮朝見；此言“幾回”，嘆立朝不多。今卧病滄江，仍有工部員外郎虛銜，北望長安，不勝想望。

其六

瞿塘峽口曲江頭，萬里風烟接素秋〔一〕。花蕚夾城通御氣，芙蓉小苑入邊愁〔二〕。珠簾繡柱圍黄鵠，錦纜牙檣起白鷗〔三〕。迴首可憐歌舞地，秦中自古帝王州〔四〕。

〔一〕瞿塘峽：見前《最能行》注。曲江：見前《樂游園歌》注。風烟：同風雲。素秋：古以四季應四方，秋當西方，屬白色，故云。瞿塘與曲江雖相距萬里，因見瞿塘秋色而想望長安。

〔二〕花蕚：即花蕚相輝之樓，簡稱“花蕚樓”。在長安南内興慶宮西南隅。夾城：即興慶宮至曲江芙蓉園的複道，見前《樂游園歌》注。御氣：猶“王氣”。玄宗常自花蕚樓循夾城游曲江，故云“通御氣”。芙蓉小苑：即芙蓉園，見前《樂游園歌》注。邊愁：指安禄山在邊疆倡亂。錢謙益云：“禄山反報至，帝欲遷幸，登興慶宮花蕚樓置酒，四顧悽愴，此所謂‘入邊愁’也。”

〔三〕珠簾繡柱：指曲江行宮別院之樓亭建築。黄鵠(hú)：傳説中仙人所乘大鳥。《漢書·昭帝紀》：“始元元年春二月，黄鵠下建章宮太液池中。”鵠，一本作“鶴”。錦纜牙檣：指曲江中之貴族游船。兩句言宮殿林立，黄鵠入園；舟楫衆多，白鷗驚起。極寫當時盛況。一説係詠曲江昔盛今衰，昔日珠簾繡柱之間，今日空寂無人，惟有黄鵠飛翔；

昔日錦纜牙檣之地,今惟有白鷗飛起。二説均可通。

〔四〕歌舞地:指曲江。即《樂游園歌》"拂水低回舞袖翻,緣雲清切歌聲上"的情景。秦中:即關中。兩句嘆自古帝王建都之地,今遭戎馬踐踏,豈不可悲!

其七

昆明池水漢時功,武帝旌旗在眼中〔一〕。織女機絲虛夜月,石鯨鱗甲動秋風〔二〕。波漂菰米沉雲黑,露冷蓮房墜粉紅〔三〕。關塞極天唯鳥道,江湖滿地一漁翁〔四〕。

〔一〕昆明池:在長安西南二十里。《漢書·武帝紀》:"(元狩三年),發謫吏穿昆明池。"注引傅瓚曰:"《西南夷傳》有越嶲、昆明國,有滇池,方三百里。漢使求身毒國,而爲昆明所閉。今欲伐之,故作昆明池象之,以習水戰。"池周圍四十里,亦爲唐朝帝王游樂之處。武帝旌旗:漢武帝鑿此池,原爲練水兵用,故云。此處武帝亦喻玄宗。玄宗尊號爲"神武皇帝"。集中《寄賈嚴兩閣老五十韻》:"無復雲臺仗,虛修水戰船。"可知玄宗曾置戰船於昆明池,練兵攻南詔。

〔二〕織女:指昆明池織女石像。《三輔黃圖》卷四引關輔古語曰:"昆明池中有二石人,立牽牛、織女於池之東西,以象天河。"名爲織女,卻不能趁月紡織,故云"虛夜月"。石鯨:指昆明池中玉石刻的鯨魚。《西京雜記》卷一:"昆明池刻玉石爲魚,每至雷雨,魚常鳴吼,鬐尾皆動。"石鯨造型生動,鱗甲逼真,故云"動秋風"。一説兩句係寫經亂後昆明池荒涼冷落景象。

〔三〕菰(gū)米:禾本科植物,生淺水中,梗高五、六尺,嫩芽如筍,即茭白。結實如米,即菰米,又稱"雕胡米",可作飯。句意謂菰米叢密,波中望之,黯黯似沉雲。蓮房:即蓮蓬。句意謂秋後蓮花結蓬,紅花即隕墜。

〔四〕關塞句:言從夔州遠望秦中,但見關塞連天,僅一綫鳥道可通。江湖句:自嘆漂泊於江湖之上,故宫可想不可即。

其八

昆吾御宿自逶迤,紫閣峰陰入渼陂〔一〕。香稻啄餘鸚鵡粒,碧梧棲老鳳凰枝〔二〕。佳人拾翠春相問,仙侣同舟晚更移〔三〕。綵筆昔曾干氣象,白頭吟望苦低垂〔四〕。

〔一〕昆吾、御宿:均漢武帝時建築。《漢書・揚雄傳》:"武帝廣開上林,南至宜春、鼎胡、御宿、昆吾。"《大清一統志》:"陝西西安府:昆吾亭在藍田縣東,御宿川在咸寧縣南。"皆自長安去渼陂必經之地。逶迤:道路曲折貌。紫閣峰:終南山山峰。《大清一統志》:"陝西西安府:紫閣峰在鄠縣東南。張禮《游城南記》:在終南山祠之西,其陰即渼陂。"在今陝西省户縣東南。言紫閣峰北面倒影投入渼陂。渼陂:見前《渼陂行》注。該詩"半陂以南純浸山,動影裊窕沖融間"即寫此景象。

〔二〕香稻、碧梧:香稻爲鸚鵡所食,故稱"鸚鵡粒";碧梧爲鳳凰所棲,故稱"鳳凰枝"。餘,一本作"殘"。香稻:一本作"紅豆"。兩句寫香稻、梧枝之美,以見昆吾、御宿至渼陂東西百餘里間物産之豐美。

〔三〕拾翠:採拾花草。語本曹植《洛神賦》:"或采明珠,或拾翠羽。"春相問:游春時採拾花草互相贈送。問,慰問、贈送。仙侣:游伴。晚更移:天晚仍移棹他游,形容樂而忘返。兩句寫士女游觀之樂。

〔四〕綵筆:五彩筆,指卓越的文筆。語出《南史・江淹傳》:

"（淹）夢一丈夫自稱郭璞，謂淹曰：'吾有筆在卿處多年，可以見還。'淹乃探懷中得五色筆一以授之，爾後爲詩，絶無美句。"曾：一本作"游"。干氣象：張綖注云係"氣凌山水"之意，錢謙益注以爲指獻詩賦與玄宗之意，則"氣象"指朝廷言，兩説似均可通。吟望句：吟，一作"今"。"今"與上"昔"相對，似較勝。言今日頭白低垂，想望過去長安繁盛生活，有不堪回首之感。兩句爲此章總結，亦係一組八首的總結。

詠懷古跡五首〔一〕

支離東北風塵際，漂泊西南天地間〔二〕。三峽樓臺淹日月，五溪衣服共雲山〔三〕。羯胡事主終無賴，詞客哀時且未還〔四〕。庾信平生最蕭瑟，暮年詩賦動江關〔五〕。

〔一〕此組詩五章，與《秋興八首》作於同時。詠古迹以抒懷。每章詠一歷史人物遺跡，各自成篇。

〔二〕支離：分散流離。東北風塵際：指安禄山叛亂之時。其時杜甫自長安逃鄜州，隻身奔赴行在，中途被俘回長安。又自長安逃歸鳳翔，復因疏救房琯獲譴，至鄜州探家，又貶官華州。旋即棄官至秦州，客同谷，然後入蜀。西南天地間：指蜀地。杜甫入蜀後，居無定所，先後漂泊於成都、梓州、閬州、雲安及夔州等地。

〔三〕三峽：見前《夔州歌十絶句》注。指夔州。樓臺：杜甫在夔州三次遷居，皆名"高齋"，故云。淹：久留。五溪：《水經·沅水注》："辰水又右會沅水，名之爲辰溪口。武陵有五溪，謂雄溪、樠溪、潕溪、酉

溪、辰溪其一焉。夾溪悉是蠻左所居,故謂此蠻五溪蠻也。"五溪衣
服:指五溪人。《後漢書·南蠻傳》載:五溪蠻"好五色衣服,製裁皆有
尾形"。共雲山:五溪在今湖南、貴州兩省交界處,與夔州共屬西南僻
地。當時夔州一帶可能亦有五溪人居住,故《閣夜》有"夷歌處處起漁
樵"之句。

〔四〕羯胡:見前《彭衙行》注。指南朝梁侯景。侯景叛梁事,見
《南齊書》。此暗喻安禄山。安禄山,亦胡人,受恩而反作亂,故斥之
爲"無賴"。詞客:指庾信,又暗喻自己。庾信困於北周,不得返建康,
作《哀江南賦》;杜甫亦淹留蜀地,不能回長安。

〔五〕庾信:見前《春日憶李白》注。庾信于梁亡後,留居北朝達二
十七年之久,心境蕭瑟。暮年詩賦:指庾信晚年作品,如《哀江南賦》
等。動江關:猶"驚海内"。庾信仕梁時,詩文追求綺麗。入北周後,
常有鄉關之思,風格轉爲悲壯蒼涼,傾動當世。《哀江南賦序》:"信年
始二毛,即逢喪亂,藐是流離,至於暮齒。……將軍一去,大樹飄零;壯
士不還,寒風蕭瑟。"爲兩句所本。杜甫晚年漂泊異鄉,詩風沉郁悲
涼,與庾信處境頗相似,故引以詠懷。

其二

搖落深知宋玉悲,風流儒雅亦吾師〔一〕。悵望千秋一灑淚,
蕭條異代不同時〔二〕。江山故宅空文藻,雲雨荒臺豈夢
思〔三〕? 最是楚宮俱泯滅,舟人指點到今疑〔四〕。

〔一〕搖落:宋玉《九辯》:"悲哉,秋之爲氣也! 蕭瑟兮草木搖落
而變衰。"宋玉:戰國時楚頃襄王侍臣,爲屈原之後傑出的辭賦家。杜
甫言"深知宋玉"者,因其時蕭瑟搖落之感相同。故下文有"異代不同

時”句。風流儒雅：語出庾信《枯樹賦》：“殷仲文風流儒雅，海内知名。”

〔二〕千秋：宋玉生於戰國末年，約公元前二五〇年左右，至杜甫時已有千年。兩句意謂與宋玉雖爲異代之人，但其坎坷不遇（蕭條）則同。

〔三〕故宅：指宋玉舊居。宋玉故宅相傳有兩處，一在歸州（今湖北省秭歸縣），一在荆州（今湖北省江陵縣）。此指歸州故宅。歸州在三峽間，故云“江山故宅”。空文藻：言宅廢人亡，惟有文采留傳。雲雨：宋玉《高唐賦》：“昔者先王（懷王）嘗游高唐。怠而晝寢，夢見一婦人，曰：‘妾巫山之女也……’王因幸之，去而辭曰：‘妾在巫山之陽，高邱之阻，旦爲朝雲，暮爲行雨，朝朝暮暮，陽臺之下。’”荒臺，指陽臺，在今四川省巫山上。又今湖北省漢川縣南，亦有陽臺山。豈夢思：言宋玉蓋以辭賦諷諫楚王，豈僅夢思而已。

〔四〕最是兩句：言楚宮及高唐臺觀等俱已毀滅，陳迹全無，雖經舟人指點，但無可憑信。此章謂宋玉雖死，文采足存千古，可嘆者今人或不解其辭賦之意。所謂“文章千古事，得失寸心知”。杜甫深有此憾焉。

其三

群山萬壑赴荆門，生長明妃尚有村〔一〕。一去紫臺連朔漠，獨留青塚向黄昏〔二〕。畫圖省識春風面，環珮空歸夜月魂〔三〕。千載琵琶作胡語，分明怨恨曲中論〔四〕。

〔一〕荆門：山名，在今湖北省宜都縣西北。三峽山勢蜿蜒，連亘東向，有若奔赴之勢。明妃：即漢王昭君，名嬙，今湖北省興山縣人。

晉代避司馬昭諱,改稱“明君”,故稱明妃。村:指昭君村,見前《負薪行》注。言王昭君所生長之村莊,至今尚在。

〔二〕紫臺:即紫宫,漢代宫名。朔漠:北方沙漠,匈奴所居。王昭君遠嫁之地。《漢書·匈奴傳》:“竟寧元年,單于復入朝,……自言願壻漢氏以自親。元帝以後宫良家子王嬙字昭君賜單于。”青塚:王昭君墓。在今内蒙古自治區呼和浩特市南。《歸州圖經》:“胡中多白草,王昭君冢獨青,號青冢。”江淹《恨賦》:“若夫明妃去時,仰天太息。紫臺稍遠,關山無極。”爲兩句所本。

〔三〕畫圖句:謂僅憑圖像,豈能辨識美人乎?《西京雜記》卷二:“元帝後宫既多,不得常見,乃使畫工圖形,案圖召幸之。諸宫人皆賂畫工,多者十萬,少者亦不減五萬。獨王嬙不肯,遂不得見。匈奴入朝求美人爲閼氏,於是上案圖以昭君行。及去,召見,貌爲後宫第一,善應對,舉止閑雅。帝悔之,而名籍已定,帝重信於外國,故不復更人。乃窮案其事,畫工皆棄市。籍其家資,皆巨萬。”環珮:古時婦女佩帶之玉飾,代指昭君。言元帝先未知昭君之美,遣其遠嫁,死在匈奴,故空有魂魄月夜歸來。

〔四〕琵琶:石崇《明君詞》序:“昔公主嫁烏孫,令琵琶馬上作樂,以慰其道路之思。”後世畫《昭君出塞圖》,亦作戎裝騎馬,手抱琵琶之像。《琴操》:“昭君至單于,心思不樂,乃作《怨曠思惟歌》。”言昭君既嫁胡人,其琵琶亦奏胡音矣。曲中論:在樂曲中寄託情懷。此章嘆美人淪落,暗喻自己未被當道者賞識而沉屈。

其四

蜀主窺吴幸三峽,崩年亦在永安宫〔一〕。翠華想像空山裏,玉殿虚無野寺中〔二〕。古廟杉松巢水鶴,歲時伏臘走村翁〔三〕。武侯祠屋長鄰近,一體君臣祭祀同〔四〕。

〔一〕蜀主:指劉備。窺吳:《三國志·蜀書·先主傳》:"(章武元年)先主忿孫權之襲關羽,將東征,秋七月,遂帥諸軍伐吳。……(二年)二月,先主自秭歸率諸將進軍,緣山截嶺,於夷道猇亭駐營。"永安宮:在夔州。即漢魚復縣。《蜀書·先主傳》:"陸議大破先主軍於猇亭……先主自猇亭還秭歸,收合離散兵,遂棄船舫,由步道還魚復,改魚復縣曰永安。……(三年)夏四月癸巳,先主殂於永安宮。"

〔二〕翠華:以翠羽爲飾的帝王旗幟。空山:指夔州。夔州城在山上。空,一本作"寒"。言先主翠羽,今惟想像可得。玉殿:原注:"殿今爲臥龍寺,廟在宮東。"野寺:即指臥龍寺。

〔三〕巢水鶴:水鶴在杉、松上築巢而栖。《抱朴子·對俗》:"千歲之鶴,隨時而鳴,能登於木,其未千載者,終不集於樹上也。"言廟之古老。伏臘:古代祭祀之日。伏在夏六月,臘在冬十二月。言寺廟雖古,但至今村翁仍祭祀不衰。

〔四〕武侯:見前《古柏行》注。長鄰近:武侯祠在先主廟之西,一體:同心同德。語出王襃《四子講德論》:"君爲元首,臣爲股肱,明其一體,相待而成。"此章詠先主廟,深羨古人君臣相得。

其五

諸葛大名垂宇宙,宗臣遺像肅清高〔一〕。三分割據紆籌策,萬古雲霄一羽毛〔二〕。伯仲之間見伊呂,指揮若定失蕭曹〔三〕。運移漢祚終難復,志決身殲軍務勞〔四〕。

〔一〕宗臣:重臣,爲人所仰望的大臣。《三國志·蜀書·諸葛亮傳》裴注引張儼《默記》:“亦一國之宗臣,霸王之賢佐也。”肅:儼然、魏然。

〔二〕紆籌策:曲爲規劃策略。諸葛亮《隆中對》,已爲劉備定計,後果實現三分局面。萬古句:言諸葛亮才略、品德出衆,如鸞鳳高翔,獨步雲霄。羽毛,喻珍禽。

〔三〕伯仲:兄弟,引申爲評論人物之等第,猶言“不相上下”。見:猶“有”。伊吕:伊尹及吕尚。伊尹輔佐商湯建立王業,吕尚輔佐周文王、周武王治理天下。言諸葛亮與伊尹、吕尚相伯仲。語本《三國志·蜀書·彭羕傳》載彭羕《與諸葛亮書》:“足下當世伊、吕也。”指揮若定:策劃指揮軍國大事,胸有成竹,從容不迫。失:猶“無”。蕭曹:指蕭何、曹參。均爲輔佐劉邦建立漢朝的謀臣。此句言諸葛亮的指揮才能,非蕭、曹可比。

〔四〕運:一本作“福”。祚:帝位。運移漢祚:言漢運已終,帝祚將歸他姓。志決:猶“矢志”。身殲:以身殉職。即“鞠躬盡瘁,死而後已”之意。軍務勞:《三國志·蜀書·諸葛亮傳》裴注引《魏氏春秋》:“使對曰:‘諸葛公夙興夜寐,罰二十以上,皆親覽焉。所噉食不至數升。’宣王曰:‘亮將死矣。’”此章稱頌諸葛亮大材,惜生不逢時,所謂“出師未捷身先死,長使英雄淚滿襟”也。

存歿口號二首〔一〕（選一）

鄭公粉繪隨長夜,曹霸丹青已白頭〔二〕。天下何曾有山水?人間不解重驊騮〔三〕!

〔一〕大曆元年作。口號(háo)：信口吟詠。詩中所詠人物，一生一死，故題爲“存歿”。此爲其二。

〔二〕原注：“高士滎陽鄭虔善畫山水，曹霸善畫馬。”鄭公：即鄭虔。廣德二年(七六四)死於台州。粉繪：指繪畫。長夜：喻死。人既死，畫亦成絕筆，故云“粉繪隨長夜”。曹霸：見前《丹青引》注。當時年已老，故云“已白頭”。

〔三〕天下句：言鄭虔既死，天下遂無人能臻其畫山水之造詣。人間句：言曹霸雖生，但無識者能重視其所繪驊騮之作，與世無伯樂之慨相同。

偶　題〔一〕

文章千古事〔二〕，得失寸心知。作者皆殊列，名聲豈浪垂〔三〕！騷人嗟不見，漢道盛於斯〔四〕。前輩飛騰入，餘波綺麗爲〔五〕。後賢兼舊制，歷代各清規〔六〕。法自儒家有，心從弱歲疲〔七〕。永懷江左逸，多謝鄴中奇〔八〕。騄驥皆良馬，騏驎帶好兒〔九〕。車輪徒已斲，堂構惜仍虧〔一〇〕。漫作《潛夫論》，虛傳幼婦碑〔一一〕。緣情慰漂蕩〔一二〕，抱疾屢遷移。經濟慚長策，飛棲假一枝〔一三〕。塵沙傍蜂蠆，江峽繞蛟螭〔一四〕。蕭瑟唐虞遠，聯翩楚漢危〔一五〕。聖朝兼盜賊，異俗更喧卑〔一六〕。鬱鬱星辰劍，蒼蒼雲雨池〔一七〕。兩都開幕府，萬宇插軍麾〔一八〕。南海殘銅柱，東風避月支〔一九〕。音書恨烏鵲，號怒怪熊羆〔二〇〕。稼穡分詩興，柴荊學土

宜〔二一〕。故山迷白閣，秋水隱皇陂〔二二〕。不敢要佳句，愁
來賦別離〔二三〕。

〔一〕大曆元年秋在夔州作。詩係針對當時人對其詩歌的批評而
發，自叙其對詩歌之見解及平生境遇。

〔二〕文章句：曹丕《典論·論文》：“蓋文章，經國之大業，不朽之
盛事。”

〔三〕殊列：言各有其獨到之處，方能存世。浪垂：輕易流傳。

〔四〕騷人：騷體詩作者。漢道：漢代的詩道。指五言詩。言古代
騷人絶響，乃有盛於漢代的五言詩。

〔五〕前輩：指漢末魏初建安、黄初詩人。飛騰入：飛躍而入文苑。
餘波句：言六朝如齊梁詩人，汲漢魏餘波而作，崇尚綺麗，詩風又爲之
一變。即陳子昂所謂“齊梁間詩，采麗競繁而興寄都絶”，李白所謂
“自從建安來，綺麗不足珍”之意。

〔六〕兼舊制：兼有前代詩歌的體制。制，一本作“例”。清規：新
風貌。規，規制，風裁。兩句言後代作者繼承前代詩歌體制，而各具時
代風格。

〔七〕法：指作詩的法度。儒家作詩之法，指《毛詩序》所論述的
風、雅、頌、賦、比、興“六義”。弱歲：即“弱冠”，此處指成年以前。句
意謂早年即爲此耗疲心力。杜甫七歲即用心作詩，所謂“學詩猶孺
子”（《贈鮮于京兆》），“七齡思即壯，開口詠鳳凰”（《壯游》）；至老而
不懈，所謂“他鄉閱遲暮，不敢廢詩篇”（《歸》）。

〔八〕江左：江東，指長江下游，今江蘇省江南地區，因建業（今南
京市）爲東晉都城。江左逸，指晉以後飄逸之風。《宋書·謝靈運傳
論》：“降及元康，潘（岳）陸（機）特秀。……遺風餘烈，事極江
左。……自建武暨乎義熙，歷載將百。……仲文始革孫、許之風，叔源

大變太元之氣。爰逮宋氏,顏、謝騰聲。"鄴:在今河北省臨漳縣西,三國時曹魏初封於此。鄴中奇:指建安七子瑰奇磊落的詩風。曹丕《典論·論文》:"今之文人,魯國孔融文舉,廣陵陳琳孔璋,山陽王粲仲宣,北海徐幹偉長,陳留阮瑀元瑜,汝南應瑒德璉,東平劉楨公幹。斯七子者,於學無所遺,於辭無所假,咸以自騁驥騄於千里,仰齊足而並馳。"謝,一本作"病"。多謝:猶多愧,差等。言仰慕江左詩人之飄逸,自愧不如建安詩人之瑰奇。

〔九〕騄(lù)驥、騏驎:千里馬。騏驎,一本作"麒麟"。以喻鄴中詩人。帶好兒:化用《詩·周南·麟之趾》"麟之趾,振振公子"句,喻曹操之有曹丕、曹植,猶如騏驎之帶好兒。

〔一〇〕斲(zhuó):刀斧砍削。此句言作詩雖已有豐富經驗及卓越技巧。斲輪,典出《莊子·天道》輪扁對齊桓公語:"斲輪,徐則甘而不固,疾則苦而不入。不徐不疾,得之於手而應於心。口不能言,有數存焉於其間。臣不能以喻臣之子,臣之子亦不能受之於臣,是以行年七十而老斲輪。"堂構:築室,以喻子承父業。《尚書·大誥》:"若考作室,既底法,厥子乃弗肯堂,況肯構?"惜:一本作"肯"。兩句慨嘆自己作詩儘管得心應手,而兒懶失學,不能如曹氏父子之承繼家學淵源。

〔一一〕潛夫論:書名。東漢王符所著。《後漢書·王符傳》:"王符字節信,安定臨涇人也。……自和、安之後,世務游宦,當塗者更相薦引,而符獨耿介不同於俗,以此遂不得升進。志意蘊憤,乃隱居著書三十餘篇,以譏當時失得,不欲章顯其名,故號曰《潛夫論》。其指訐時短,討謫物情,足以觀見當時風政。"杜甫自比王符,政治上不得意,便作詩以譏刺時政。言"漫作"係謙詞。幼婦碑:即曹娥碑,邯鄲淳所作。漢代少女曹娥投江尋找父屍,當時人於其死處立碑紀念,見《後漢書·曹娥傳》。幼婦:蔡邕評價碑文的隱語。據《後漢書·曹娥傳》李賢注引《會稽典錄》:蔡邕曾用八字隱語評價碑文。《世說新語·捷悟》亦載:"魏武嘗過曹娥碑下,楊脩從。碑背上見題作'黃絹幼婦外孫齏臼’八字。魏武謂脩曰:‘解不?’……脩曰:‘黄絹,色絲也,於字爲絶;幼婦,少女也,於字爲妙;外孫,女子也,於字爲好;齏臼,受辛也,於字爲辭。所謂‘絶妙好辭’也。”後世遂以此八字隱語及四字釋文作爲稱贊文詞美妙之語。虚傳:杜甫自謙之詞,意爲外人傳我之詩,贊爲絶妙,實則虚譽也。

〔一二〕緣情:意同“抒情”,即循情之所至而作詩。陸機《文賦》:“詩緣情而綺靡。”慰漂蕩:作詩以自慰漂蕩之苦。

〔一三〕經濟:經邦濟世。慚長策:愧無優長的策略。實係對其政治主張不被采納的憤慨之語。假一枝:見前《秦州雜詩二十首》注。指流寓夔州。

〔一四〕塵沙、江峽:均喻眼前所寓的夔州。蠆:見前《除草》注。螭:蛟龍類動物。兩句言其所居環境險惡。

〔一五〕蕭瑟:此處解作遥遠貌。唐虞:喻太平盛世。聯翩:接連不斷。楚漢:秦末楚、漢相爭時期,喻兵革擾攘之世。

〔一六〕兼盗賊:盗賊相兼而來。遠指全國兵亂,近指蜀中軍閥崔旰之亂。異俗句:言夔州荒僻,風俗特異,居民喧卑而不知禮。

〔一七〕星辰劍:文采如星辰的寶劍。《初學記》卷二十二“武部”引《吴越春秋》載,薛燭贊美越王之純鈞劍云:“觀其文如列星之行,觀其光如水溢於塘。”(今本《吴越春秋》不載。)雲雨池:藏有蛟龍之池。語本《三國志·吴書·周瑜傳》載周瑜語:“蛟龍得雲雨,終非池中物也。”兩句言寶劍深埋地下,文采不顯;蛟龍潛藏池中,不能飛騰。此杜甫自喻。

〔一八〕兩都:指東川及西川。幕府:見前《宿府》注。此句喻武人當政。萬:即萬方。寓,同“宇”。軍麾:軍旗。天下遍插軍旗,喻四方戰亂不息。

〔一九〕南海:指今廣東省及廣西省地區。此處泛指南方邊地。銅柱:見前《諸將五首》注。時嶺南有亂事,又南詔亦不寧靖。故謂"銅柱殘"。東風:喻唐朝。月支:古西域國名,故地在今甘肅省西部及青海省一帶。此喻吐蕃在西陲侵擾。

〔二〇〕烏鵲:此處指喜鵲。《開元天寶遺事》:"時人之家,聞鵲聲皆爲喜兆,故謂靈鵲報喜。"烏鵲空啼,而家鄉弟妹音書不至,故云"恨"。怪熊羆:厭聞蜀中猛獸號叫。熊羆:見前《石龕》注。

〔二一〕稼穡句:言農作事煩,遂少閑暇作詩。杜甫在夔州寓居時期,曾經營種植。柴荆:一說指所居之房舍,一說指砍柴植樹。土宜:原意爲因土性不同,其生殖物産各有所宜,此處猶言"當地風習"。

〔二二〕白閣:白峰閣,在終南山上。皇陂:即渼陂。見前《渼陂行》注。皇:一本作"黃",非。兩句意謂望故山白閣,迷不可見;憶渼陂秋水,舊迹難尋。極寫故鄉之思。隱:一本作"憶"。

〔二三〕要(yāo):期望。兩句言漂蕩之中作詩不望能得佳句,但賦別離以寄託愁思而已。王嗣奭云:"此公一生精力用之文章,始成一部杜詩,而此篇乃其自序也。"

李潮八分小篆歌〔一〕

蒼頡鳥跡既茫昧,字體變化如浮雲〔二〕。陳倉石鼓又已訛,大小二篆生八分〔三〕。秦有李斯漢蔡邕,中間作者絕不聞〔四〕。嶧山之碑野火焚,棗木傳刻肥失真〔五〕。苦縣光和尚骨立,書貴瘦硬方通神〔六〕。惜哉李蔡不復得,吾甥李潮下筆親〔七〕。尚書韓擇木,騎曹蔡有鄰〔八〕。開元已來數八分,潮也奄有二子成三人〔九〕。況潮小篆逼秦相,快劍長戟森相向〔一〇〕。八分一字直百金,蛟龍盤拏肉屈强〔一一〕。吴郡張顛誇草書,草書非古空雄壯〔一二〕。豈如吾甥不流宕,丞相中郎丈人行〔一三〕。巴東逢李潮,逾月求我歌〔一四〕。我今衰老才力薄,潮乎潮乎奈汝何〔一五〕!

〔一〕大曆元年在夔州作。李潮係杜甫外甥,周越《書苑》:"李潮善小篆,師李斯《嶧山碑》。"又趙明誠《金石録》卷八:"唐慧義寺《彌勒像碑》,韓偡撰,李潮八分書。"此時李潮亦在夔州。其書法或不見重於當世,故杜甫爲之作詩推薦。

〔二〕蒼頡:黄帝史臣,傳説爲文字之創造者。許慎《説文解字序》:"黄帝之史蒼頡,見鳥獸远蹏之跡,知分理之可相別異也,初造書契。"茫昧:幽遠不可知。浮雲:喻輕快。《晉書·王羲之傳》:"尤善隸書,……論者稱其筆勢,以爲飄若浮雲。"

〔三〕陳倉:古陳倉縣,在今陝西省寶雞縣東。石鼓:即石鼓文。刊製時代歷來衆説紛紜。近代學者研治結果,斷定爲秦代之物。今尚有存物。但唐人均信爲周宣王時史籀所書。《元和郡縣志》:"鳳翔府天興縣:石鼓文在縣南二十許里,石形如鼓,其數有十。蓋紀周宣王田獵之事,其文即史籀之跡也。"又已訛:言石鼓所刻大篆與倉頡鳥篆(古文)又有變化。又:一本作"文"。大小二篆:大篆,指史籀的籀文;小篆,指秦朝李斯等根據大篆加以簡化的一種文字。衛恒《四體書勢》:"昔周宣王時史籀始著大篆十五篇,或與古同,或與古異,世謂之籀書者也。……(李)斯作《倉頡篇》,中車府令趙高作《爰歷篇》,太史令胡毋敬作《博學篇》,皆取史籀大篆,或頗省改。"八分:傳爲秦羽士王次仲所創造。關於"八分"的解釋,張懷瓘《書斷》:"若八字分散,……名之爲八分。"周越《書苑》引《蔡文姬別傳》:"臣父邕言:割程邈隸字,八分取二,割李斯小篆,二分取八,故名八分。"此句意爲大篆、小篆後，又衍生八分。

〔四〕李斯：秦丞相。《史記》本傳：“李斯者，楚上蔡人也。……秦王拜斯爲客卿。……官至廷尉。二十餘年，竟并天下，尊主爲皇帝，以斯爲丞相。”李斯改籀文爲小篆以統一全國文字。蔡邕：東漢人。《後漢書》本傳：“蔡邕字伯喈，陳留圉人也。……少博學，師事太傅胡廣。好辭章、數術、天文、妙操音律。”蔡邕擅長八分書法，曾爲漢石經書丹。後因涉入董卓事下獄，死於獄中。中間：指秦、漢之間。絶不聞：言秦漢兩代未有善書如李斯、蔡邕者。

〔五〕嶧（yì）山之碑：相傳爲李斯以小篆所書。《史記·秦始皇本紀》：“二十八年，始皇東行郡縣，上鄒嶧山。立石，與魯諸儒生議，刻石頌秦德，議封禪望祭山川之事。”但未言係李斯篆書。歐陽修《集古録·秦泰山刻石》：“今俗所謂《嶧山碑》者，《史記》不載。又其字體差大，不類泰山存者。”嶧山：即鄒嶧山，又名邾嶧山，在今山東省棗莊市。野火焚：爲野火燒毀。《封氏聞見記》卷八：嶧山：“始皇刻石紀功，其文字李斯小篆。後魏太武帝登山，使人排倒之，然而歷代摹拓以爲楷則。邑人疲於供命，聚薪其下，因野火焚之。由是殘缺，不堪摹寫，然猶上官求請，行李登涉，人吏轉益勞弊。有縣宰取舊文勒於石碑之上，凡成數片，置之縣廨，須則拓取。……今間有嶧山碑，皆新刻之碑也。”棗木傳刻：刻于棗木之上流傳於世。封氏説“取舊文勒於石”，與杜甫“棗木傳刻”之説不合，可能關於嶧山碑有不同傳説，杜甫取其一説。肥失真：字體肥胖無筋骨，已失其本來面目。此慨嘆李斯《嶧山碑》之失傳。

〔六〕苦縣：古縣名，故城在今河南省鹿邑縣東。此指苦縣老子碑。趙明誠《金石録》卷十五：“漢老子銘，舊傳蔡邕文并書。”光和：東漢靈帝年號（一七八——一八四）。傳苦縣老子碑立於光和年間。骨立：立，一本作“力”。骨格錚棱，此形容字體之瘦挺。句意謂老子碑字體遒勁，至今尚存。瘦硬：言字勢疏瘦，剛勁有力。方通神：方可達到神品。以上叙書法源流。

〔七〕親：近。兩句謂李斯、蔡邕書法不可復得，唯李潮下筆能與之相近。

〔八〕韓擇木：唐朝昌黎人。《舊唐書・肅宗本紀》：“上元元年四月……以右散騎常侍韓擇木爲禮部尚書。”《宣和書譜》卷二：“韓擇木，……工隸，兼作八分字。隸學之妙，唯蔡邕一人而已。擇木乃能追其遺法，風流閑媚，世謂蔡中興焉。”蔡有鄰：蔡邕的後代。陶宗儀《書史會要》卷五：“蔡有鄰，……漢左中郎將邕十八代孫，官至右衛率府兵曹參軍。工八分書，……書法勁險，驅使筆墨盡得如意，當與鴻都石經相繼也。”二人皆以八分書聞名於唐。

〔九〕開元句：言韓、蔡兩人之八分書爲開元以來屈指可數者。奄有：全有。此句言李潮兼有韓、蔡二人八分書的長處，和韓、蔡鼎足而三。

〔一〇〕逼：近。秦相：指李斯。森相向：肅然相對。形容李潮小篆筆勢森森然如劍戟矗立。

〔一一〕直：同值。百：一本作“千”。蛟龍盤拏(ná)：蛟龍盤屈逶迤。拏：牽引。肉屈强：喻筆力遒勁。屈强，同“倔强”。此句與前“快劍長戟森相向”皆形容李潮書法之瘦硬。

〔一二〕張顛：即張旭，以擅長草書名重當世。見前《飲中八仙歌》注。誇草書：以草書自負。草書句：言草書空有雄壯的筆勢，但不合古法。

〔一三〕如：一本作“知”。流宕：流動蕩漾。指草書之筆勢。雄壯、流宕，皆與八分書之瘦硬相對立。丞相：指李斯。中郎：指蔡邕。丈人：前輩長者。行：輩分。言李潮書法謹嚴，追隨於李斯、蔡邕等長者的行輩之間。

〔一四〕巴東：指夔州。夔州古屬巴東郡。逾月：一月後。言與李潮在夔州相處月餘。

〔一五〕奈汝何：意謂對爾書法之妙，實無能加以表達。王嗣奭云："字體變化如浮雲，一語已括全篇。鳥跡變而大小篆，又變而八分，至變而草書，極矣。大小篆與八分猶未失古意，若草書則非古矣。雄壯何足取！快劍長戟，蛟龍屈强，俱形容瘦硬，而書已通神矣，宜其字直百金也。瘦硬之書，未易形容，故自恨才力之薄。'瘦硬'兼分、篆言之。"

閣 夜〔一〕

歲暮陰陽催短景，天涯霜雪霽寒宵〔二〕。五更鼓角聲悲壯，三峽星河影動摇〔三〕。野哭千家聞戰伐，夷歌幾處起漁樵〔四〕。卧龍躍馬終黃土，人事音書漫寂寥〔五〕。

〔一〕大曆元年冬，寓居夔州西閣時所作。

〔二〕陰陽：日月。景：同"影"。冬季日短，倍感日月相催，光陰消逝迅速。集中《向夕》："深山催短景。"亦寫冬季景色。霽：天晴，此謂雪光照亮。宵：一本作"霄"。

〔三〕鼓角：見前《秦州雜詩二十首》注。《通典》卷一四九"兵二"："軍城及野營行軍在外，日出日没時搥鼓千搥。三百三十三搥爲一通。鼓音止，角音動，吹十二聲爲一疊。角音止，鼓音動。如此三角三鼓，而昏明畢之。"星河：天河。兩句言鼓角之聲，當更盡而悲壯；星河之影，映峽水而動摇。

〔四〕千：一本作"幾"。戰伐：指蜀中自永泰元年開始的崔旰、郭英、楊子琳等的混戰。夷歌:指當地少數民族歌曲。幾:一本作"是"。
起漁樵:起於漁人樵夫之中。野哭千家,言死者之多;夷歌幾處,言生
人之少。

〔五〕卧龍:指諸葛亮。《三國志·蜀書·諸葛亮傳》載徐庶曰:
"諸葛孔明,卧龍也。"躍馬:指公孫述。左思《蜀都賦》:"公孫躍馬而
稱帝。"黄土:喻死亡。諸葛亮命世英材;公孫述割據稱雄,同歸黄土。
言宇宙無窮,人命短暫。因夔州有諸葛及公孫祠,故及之。人事:指平
生遇合及眼前生涯。漫寂寥:言聽任其寂寥。漫,一本作"久"。句意
謂思及千古愚忠同歸一死,則目前生涯,遠地音信,亦漫付之寂寥
可矣。

縛雞行〔一〕

小奴縛雞向市賣,雞被縛急相喧爭。家中厭雞食蟲蟻,不
知雞賣還遭烹。蟲雞於人何厚薄〔二〕? 吾叱奴人解其縛。
雞蟲得失無了時,注目寒江倚山閣〔三〕。

〔一〕大曆元年冬在夔州西閣所作。

〔二〕厚薄:厚此薄彼。《莊子·列禦寇》:"在上爲烏鳶食,在下
爲螻蟻食,奪彼與此,何其偏也。"此化用其意。言何以厚蟲而薄雞?

〔三〕雞蟲兩句:喻世間爭紛無窮。王嗣奭云:"雞得則蟲失,蟲得
則雞失,世間類此者甚多,故云'無了時'。計無所出,只得注目寒江
倚山閣而已!"

立　春〔一〕

春日春盤細生菜，忽憶兩京全盛時〔二〕。盤出高門行白玉，菜傳纖手送青絲〔三〕。巫峽寒江那對眼〔四〕，杜陵遠客不勝悲。此身未知歸定處〔五〕，呼兒覓紙一題詩。

〔一〕大曆二年（七六七）春在夔州作。立春：二十四節氣之一，在陽曆二月四日或五日。

〔二〕春日：指立春節。春盤：馮應京《月令廣義》卷五：“唐人立春日，食春餅生菜，號春盤。”唐人於立春日吃春餅生菜是一種習俗。生菜：即韭黃。歐陽修《歸田錄》：“楊文公（楊億）常戒其門人爲文宜避俗語，既而公因作表云：‘伏惟陛下德邁九皇。’門人鄭戩遽請於公曰：‘未審何時得賣生菜？’於是公爲之大笑而易之。”“九皇”，諧音“韭黃”。白居易《簡簡吟》：“玲瓏雲髻生菜樣。”是形容簡簡的頭髮束如韭黃之細絲。兩京：杜甫家在洛陽附近的陸渾莊，又曾寓居長安杜陵。故兩京的春餅、生菜皆所嘗食。

〔三〕高門：貴家。行：傳送。白玉：比喻盤。傳：經過。纖手：喻手之潔白纖柔。《古詩十九首》：“纖纖出素手。”青絲：喻生菜之纖細。

〔四〕那：猶“奈”，唐人習用語。對眼：面對。言那堪面對巫峽寒江。

〔五〕歸定處：歸宿安身之地。

愁[一]

江草日日喚愁生，巫峽泠泠非世情[二]。盤渦鷺浴底心性？
獨樹花發自分明[三]。十年戎馬暗萬國，異域賓客老孤
城[四]。渭水秦山得見否？人今罷病虎縱橫[五]。

〔一〕大曆二年春在夔州作。原注：“强戲爲吳體。”强：勉强。吳
體：樂府吳聲歌曲的體裁。杜甫此類詩大抵採用吳地民間歌謠聲調，
聲律不嚴，故稱“拗體詩”。集中《夜宴左氏莊》：“詩罷聞吳詠，扁舟意
不忘。”所謂“吳詠”即蘇浙地區的民謠。劉禹錫《竹枝詞》自序中云：
“余來建平（四川省巫山縣），里中見聯歌竹枝，……聆其音，中黃鍾之
羽，其卒章激訐如吳聲；雖傖儜不可分，而含思宛轉，有湛濮之豔音。”
杜甫當是取吳聲的“激訐”以爲基調。王嗣奭云：“胸有抑鬱不平之
氣，而以拗體發之。”良是。

〔二〕泠（líng）泠：流水聲。陸機《文賦》：“音泠泠而盈耳。”非世
情：不近人情。言峽水泠泠流去，毫無情意。

〔三〕盤渦：即“漩渦”。鷺：水鳥，似鶴而小，純白色，捕魚爲
食。底：何、甚。兩句謂鷺因何浴盤渦，令人不解；獨樹爲何發花，
亦僅樹自知。意即恨鷺、樹無情，不與人互通聲氣。蓋觸物皆生
恨耳。

〔四〕戎馬：喻戰亂。暗萬國：使全國昏暗。萬：一本作“南”。異
域：指夔州。賓客：杜甫自謂。

〔五〕渭水秦山：指長安。罷（pí）病：指人民財殫力竭，兼指自己

年老多病。罷，同"疲"。虎縱橫：用《禮記・檀弓下》"苛政猛於虎"
意，喻驕兵悍將騷擾作亂，暴吏貪官强行徵斂。張璁云："時京兆用第
五琦十一稅法，民多流亡，是即虎也。"

畫　夢[一]

二月饒睡昏昏然，不獨夜短晝分眠[二]。桃花氣暖眼自醉，
春渚日落夢相牽[三]。故鄉門巷荆棘底，中原君臣豺虎
邊[四]。安得務農息戰鬥，普天無吏橫索錢[五]！

〔一〕大曆二年春在夔州作。

〔二〕饒睡：多睡、貪睡。昏昏然：糊塗貌。《孟子・盡心下》："今
以其昏昏使人昭昭。"晝分：晝之分，即中午。句意爲晝寢非僅因夜短
缺眠之故。

〔三〕醉：喻睏倦。渚：水中洲，此指江濱。日落夢相牽：日落時夢
尚未醒。

〔四〕故鄉：指洛陽。荆棘底：埋没於荆棘之中。中原：見前《劍
門》注。豺虎：指外族入侵及藩鎮割據。時内亂外患紛至沓來，朝廷
處境危殆。

〔五〕務農：以農業生産爲急務。橫索：橫加勒索。張綖云："務農
息兵，吏無橫斂，則中原清而故鄉可歸矣。"

暮春題瀼西新賃草屋五首〔一〕（選二）

綵雲陰復白，錦樹曉來青〔二〕。身世雙蓬鬢，乾坤一草
亭〔三〕。哀歌時自惜，醉舞爲誰醒〔四〕？細雨荷鋤立，江猿
吟翠屏〔五〕。

　　〔一〕大曆二年三月由夔州赤甲遷居瀼西時所作。瀼西：在今四
川省奉節縣。縣有大瀼水，一名西瀼水。杜甫至夔州後已三次遷居，
初居西閣，繼遷赤甲，再遷瀼西，所居皆名高閣。賃：租。詩共五首，現
選其第三第五兩首。

　　〔二〕綵雲：朝霞。陰復白：天空呈灰白色，雨中之象。錦樹：春花
繁茂之樹。

　　〔三〕雙蓬鬢：雙鬢如蓬草，喻年老。一草亭：指新賃草屋，兩句言
一生無所成，惟剩雙蓬鬢；天地之大，而爲我所有者僅所賃得的草屋
而已。

　　〔四〕自惜：自憐。暗喻無人了解。惜，一本作“短”。醉舞句：言
醒而無知音，不如沉緬於醉舞之中。

　　〔五〕荷鋤：扛鋤。翠屏：指山。山色青翠如畫屏矗立。

欲陳濟世策，已老尚書郎〔一〕。不息豺狼鬥，空慚鴛鷺
行〔二〕。時危人事急，風逆羽毛傷〔三〕。落日悲江漢，中宵
淚滿床〔四〕。

〔一〕陳:陳獻。濟世策:治國之方。尚書郎:見前《憶昔》注。

〔二〕豺狼:見前《晝夢》注。鴛鷺行:鴛,同“鵷”。鵷及鷺飛行有序,以喻百官入朝時行列整齊。《隋書·音樂志中》:“懷黃綰白,鵷鷺成行。”兩句言自慚名列朝臣,未能盡職以平息戰亂。

〔三〕時危句:言世事危殆,亟須人材挽救。急,一本作“惡”。風逆句:言自己遭遇惡劣,奔波衰病。逆,一本作“急”。

〔四〕江漢:指夔州。夔州地臨長江及西漢水(嘉陵江),故稱。中宵:猶“半夜”。

承聞河北諸道節度入朝歡喜口號絕句十二首〔一〕(選二)

禄山作逆降天誅,更有思明亦已無〔二〕。洶洶人寰猶不定,時時戰鬬欲何須〔三〕?

〔一〕此十二首組詩爲大曆二年在夔州時作。河北諸道節度:原爲安禄山部將,降唐後被任爲當地節度使,此輩名雖歸順,實則割據自雄。大曆元年十月,代宗生日,諸道節度使曾獻金帛爲壽。大曆二年,淮南李忠臣、汴宋田神功、鳳翔李抱玉諸節度使曾先後入朝,但河北諸道節度從未朝覲。杜甫僻居夔州,當係以誤傳認爲河北諸道節度亦曾入朝。現選其第一、第三兩章。

〔二〕作逆:叛亂。降天誅:至德二載(七五七)正月,安禄山爲其子安慶緒所殺。上元二年(七六一)三月,史思明爲其子史朝義所殺。亦已無:亦已死去。

〔三〕洶(xiōng)洶：喧擾貌。洶，同“汹”。《三國志·魏書·曹爽傳》：“天下汹汹，人懷危懼。”人寰：即人間。欲何須：意猶今語“有什麼好下場”。言外之意爲戰鬥不已，則亦將如安、史之降天誅。

喧喧道路多歌謠，河北將軍盡入朝〔一〕。自是乾坤王室正，卻教江漢客魂銷〔二〕。

〔一〕喧喧：衆語紛紛貌。多歌謠：猶言紛紛歡頌。一本作“好童謠”。指所傳河北諸將盡入朝事。

〔二〕自是：從此。自，一本作“始”。乾坤王室正：乾坤反正，王朝鞏固。江漢：見前《暮春題瀼西新賃草屋》注。魂銷：猶“銷魂”。形容感情激動，喜不可支。

暇日小園散病，將種秋菜，督勒耕牛，兼書觸目〔一〕

不愛入州府，畏人嫌我真〔二〕。及乎歸茅宇，旁舍未曾嗔〔三〕。老病忌拘束，應接喪精神。江村意自放，林木心所欣〔四〕。秋耕屬地濕〔五〕，山雨近甚勻。冬菁飯之半，牛力曉來新〔六〕。深耕種數畝，未甚後四鄰〔七〕。嘉蔬既不一，名數頗具陳〔八〕。荆巫非苦寒，采擷接青春〔九〕。飛來兩白鶴，暮啄泥中芹〔一〇〕。雄者左翮垂〔一一〕，損傷已露筋。一步再流血，尚驚矰繳勤〔一二〕。三步六號叫，志屈悲哀頻〔一三〕。鸞凰不相待,側頸訴高旻〔一四〕。杖藜俯沙渚,爲汝鼻酸辛!

〔一〕大曆二年秋在夔州作。小園:指瀼西園圃。散病:病中稍事活動以利於恢復。勒:一本作“勤”。全詩即景抒懷,有如生活散記。

〔二〕不愛兩句:言恐官府嫌我之真摯、直率,實則自憎官府中人之虛僞、欺詐。

〔三〕歸茅宇:指棄官回家。旁舍:鄰居。嗔:怪怒。兩句言鄉民淳厚真率,反襯上文。

〔四〕江村:指瀼西茅屋。自放:愉快舒暢。林木句:猶陶潛《歸園田居》“性本愛丘山”意。

〔五〕屬(zhǔ):正值。

〔六〕冬菁:即蕪菁,因冬熟,故稱。《重修政和證類本草》卷二七:“蕪菁,北人又名蔓菁。……三蜀之人今呼蔓菁爲諸葛菜。”飯之半:所種蔓菁可佐飯食之一半。曉來新:早上力壯。曉,一本作“晚”。

〔七〕後:後於,遲於。

〔八〕名數:名目。指蔬菜種類。具陳:齊備。

〔九〕荆巫:指夔州。采擷:採摘。《詩·周南·芣苢》:“薄言采之。”“薄言擷之。”句意言秋菜可食用至來春。

〔一○〕兩:一本作“雙”。芹:又名“楚葵”,生於澤田濕地。

〔一一〕翮:翅莖,此指翼毛。

〔一二〕再流血:流血不止。再,兩次。矰繳(zēng zhuó):射具。矰,用繩索所拴之短箭。繳,拴箭之繩。《淮南子·説山訓》:“好弋者先具繳與矰。”

〔一三〕志屈:猶“喪氣”。張華《鷦鷯賦》:“屈猛志以服養。”

〔一四〕鸞:傳説爲鳳類佳鳥。待:接待,顧惜。高旻(mín):高空。

言鶴向空哀鳴。古樂府《豔歌何嘗行》：“飛來雙白鵠，乃從西北來。
十十五五，羅列成行。妻卒被病，行不能相隨。五里一反顧，六里一徘
徊。吾欲銜汝去，口噤不能開。吾欲負汝去，毛羽何摧頹。樂哉新相
知，憂來生別離。躊躇顧群侶，淚下不自知。”以上叙鶴一段，係化用
此古樂府意。暗寄自己潦倒江村，無人援引之慨。

解悶十二首^{〔一〕}（選五）

其一

草閣柴扉星散居，浪翻江黑雨飛初^{〔二〕}。山禽引子哺紅果，
溪女得錢留白魚^{〔三〕}。

〔一〕大曆二年在夔州作。王嗣奭云：“隨意所至，吟爲短章，以自
消遣耳。”故雖係組詩，實各章獨立。

〔二〕草閣：當即江邊閣。見前《宿江邊閣》注。星散居：語出庾信
《寒園即目》：“寒園星散居。”形容居處離人烟稠密之地甚遠。浪翻
句：言山雨初來，烏雲下黑浪翻騰。

〔三〕引子：帶着小鳥。哺：喂飼。溪女：溪邊的婦女。杜甫在夔
州詩寫溪女者不少，如《雲安詩》：“負鹽出井此溪女。”《負薪行》：“應
當門户女出入，……賣薪得錢應供給。”寫溪女賣魚、賣柴、販鹽，以勞
力支持門户。女：一本作“友”，非。留白魚：賣魚已得錢，白魚自己留
用。此寫夔州風物。

其二

商胡離別下揚州，憶上西陵故驛樓〔一〕。爲問淮南米貴賤，老夫乘興欲東游〔二〕。

〔一〕商胡：胡人經商者。唐代胡商，以揚州爲基地，在長江上下運販。《新唐書·田神功傳》：“（上元元年）神功入揚州，遂大掠居人貲産，發屋剔窌，殺商胡波斯數千人。”可見當時揚州胡商之多。西陵：渡名，舊爲驛，有驛樓。白居易《答元積泊西陵驛見寄詩》：“烟波盡處一點白，應是西陵古驛臺。”其地五代吴越時改名西興，相沿至今。在今浙江省杭州市錢塘江對岸，屬蕭山縣。杜甫於開元十九年（七三一）至開元二十二年（七三四）游吴越時，曾至此，因而憶及。

〔二〕淮南：揚州唐時爲淮南道治所。此寫渴望乘舟東下。

其七

陶冶性靈存底物？新詩改罷自長吟〔一〕。孰知二謝將能事，頗學陰何苦用心〔二〕。

〔一〕陶冶：制瓦器謂陶，鑄金謂冶。喻修養鍛煉。性靈：此處作“情操”、“情感”解。《南史·文學傳叙》：“自漢以來，詞人代有，大則憲章典誥，小則申舒性靈。”《顏氏家訓·文章篇》：“陶冶性靈，從容諷諫，入其滋味，亦樂事也。”存底物：憑何物。

〔二〕孰知：熟知，久知，有“久慕”意。孰，同“熟”，一本徑作

“熟”。二謝:指南朝著名詩人謝靈運、謝朓。將:近,庶幾。能事:精
於此道。前選《戲題王宰畫山水圖歌》:“能事不受相促迫,王宰始肯
留真跡。”又集中《奉寄章十侍御》:“指揮能事迴天地,訓練强兵動鬼
神。”“能事”意均同此。學:一本作“覺”,非。陰何:指南北朝時著名
詩人陰鏗、何遜。苦用心:作詩時字斟句酌,苦心推敲。此自叙作詩
經驗。

其九

先帝貴妃今寂寞,荔枝還復入長安〔一〕。炎方每續朱櫻獻,
玉座應悲白露團〔二〕。

　　〔一〕先帝:指玄宗。今寂寞:已死去。今,一本作“俱”。楊貴妃
喜食荔枝,玄宗責令地方供應,飛馳進獻。兩句謂兩人已死,而陋習
仍存。
　　〔二〕炎方:南方,這裏指蜀地。朱櫻獻:用櫻桃薦廟。朱櫻,櫻
桃。此句言宮中以櫻桃薦廟後,又續以四川所進荔枝。玉座:御座,指
玄宗。白露團:形容荔枝去壳後晶瑩圓潤之狀。句意謂玄宗死若有
靈,見荔枝時必然悲傷。此婉諷弊政不改。

其十二

側生野岸及江浦,不熟丹宮滿玉壺〔一〕。雲壑布衣鮐背死,
勞人害馬翠眉須〔二〕。

　　〔一〕側生:左思《蜀都賦》:“側生荔枝。”江浦:江邊。浦,一本作

"蒲"。丹宮：朱漆宮殿，指皇宮。玉壺：泛指玉製器皿，因押韻而用"壺"字。兩句言荔枝生長於江邊野岸，不成熟于宮中，卻盛滿於宮中玉壺，明係徵斂而得。

〔二〕雲壑布衣：即山野居民，種植荔枝者。鮐（tái）背死：辛勤而死。鮐，河。老年人背皮粗黑如鮐皮，故云。勞人害馬：《新唐書·楊貴妃傳》："妃嗜荔枝，必欲生致之，乃置騎傳送，走數千里，味未變已至京師。"常使人勞馬斃。人，一本作"生"。翠眉須：滿足楊貴妃需要。翠眉：美人眉，指楊貴妃。此追憶玄宗弊政，結出天寶之亂的根源。

復愁十二首〔一〕（選六）

其三

萬國尚戎馬，故園今若何〔二〕？昔歸相識少，早已戰場多〔三〕！

〔一〕大曆二年秋在夔州瀼西作。前愁未了，新愁又生，故題爲"復愁"。

〔二〕尚戎馬：當時吐蕃入侵邠州（今陝西省彬縣）、靈州（今寧夏回族自治區靈武縣），京師戒嚴。故園：指洛陽舊居。

〔三〕昔歸：指乾元元年（七五八）冬，由華州回洛陽。兩句謂十年前故鄉已少熟人，今則更多死於戰火矣。

其六

胡虜何曾盛？干戈不肯休〔一〕！閭閻聽小子，談笑覓
封侯〔二〕。

〔一〕胡虜：指安、史及擾邊之少數民族。時安史之亂已平，邊寇
亦非心腹之患。兩句言干戈不息，正因藩鎮擁兵割據爭雄。

〔二〕閭閻：鄉里。小子：年輕人。覓封侯：希望乘戰亂之世，拜將
封侯。表明兵亂以來，武將擅權，自作威福，給社會造成不良影響，人
人皆思鋌而走險。

其七

貞觀銅牙弩，開元錦獸張〔一〕。花門小箭好，此物棄
沙場〔二〕。

〔一〕銅牙弩：銅牙弩弓。弩係用機械力量發箭的弓；牙爲弩上發
矢之機。錦獸：錦製射侯。射侯即箭靶，上繪熊羆等獸，故云。張：張
設。言貞觀、開元之際常以良弓利箭習武。

〔二〕花門：見前《留花門》注。此物：指牙弩、錦獸。兩句慨嘆國
家不修武備，但仗借兵回紇平息戰亂。

其八

今日翔麟馬，先宜駕鼓車〔一〕。無勞問河北，諸將角

榮華〔二〕。

〔一〕翔麟馬：即翔麟紫，唐太宗所乘良馬，係骨利幹大酋長所獻。《新唐書·回鶻傳》："其大酋俟斤因使者獻馬，帝取其異者號十驥，皆爲美名，曰'騰霜白'，曰'皎雪驄'，曰'凝露驄'，曰'縣光驄'，曰'決波騟'，曰'飛霞驃'，曰'發電赤'，曰'流金𩣡'，曰'翔麟紫'，曰'奔虹赤'。"鼓車：帝王出行時載樂隊的車。翔麟馬不用於戰陣而駕鼓車，喻良將如郭子儀不用以將兵，而置於閑散之地。

〔二〕無勞問：不須問罪。河北：指河北割據之藩鎮。角榮華：角逐權勢。兩句謂河北諸鎮跋扈，如興兵問罪，統兵將領必乘機角逐榮華。一說謂河北藩鎮諸將競逐榮華，誰起而問之？亦可通。

其九

任轉江淮粟，休添苑囿兵〔一〕，由來貔虎士，不滿鳳凰城〔二〕。

〔一〕轉：漕運。江淮：長江、淮河流域。苑囿兵：禁兵。兩句謂任憑朝廷從江淮轉運多少糧食，亦不應用以增添禁兵。按，禁兵由宦官統領，增禁兵即擴大宦官權勢。時代宗以宦官魚朝恩爲天下觀軍容宣慰處置使，總禁兵。禁軍膨脹，大耗糧食。《通鑑》卷二二三：廣德二年，"時兵火之後，中外艱食，關中米斗千錢，百姓接穗以給禁軍。"

〔二〕貔（pí）虎士：見前《後出塞五首》注。鳳凰城：喻京都長安。據《列仙傳》載：秦穆公女弄玉吹簫，有鳳凰降落城上，故名丹鳳城。兩句謂兵士應以守邊爲主，不應麕集京師。即古所謂"天子有道，守在四夷"意。

其十二

病減詩仍拙，吟多意有餘[一]。莫看江總老，猶被賞時魚[二]。

〔一〕意有餘：愁緒猶有未盡。

〔二〕江總：南北朝陳朝尚書令，陳亡入隋，歸老江南。杜甫自比。被：佩帶。賞時魚：皇帝當時賞賜的魚袋。魚，即魚袋。內盛魚符，刻官職姓名，作爲證明身份的符契。《唐會要》三十一："（開元九年）中書令張嘉貞奏曰：致仕官及內外官五品已上檢校試判，……聽準正員例，許終身佩魚，以爲榮寵。以理去任，亦許佩魚。自後恩制賞緋紫，例兼魚袋，謂之章服。"杜甫被嚴武表薦爲檢校工部員外郎，曾蒙賜緋魚袋。意謂己雖年老，但曾膺官職，豈能不憂國事而形諸歌詠？

歷　歷[一]

歷歷開元事[二]，分明在眼前。無端盜賊起[三]，忽已歲時遷。巫峽西江外，秦城北斗邊[四]。爲郎從白首[五]，臥病數秋天。

〔一〕大曆二年在夔州作。用首二字爲題。

〔二〕歷歷：分明貌。《搜神記》卷六："前世之事，歷歷可聞。"開元事:開元極盛時期情形。

　〔三〕盗賊起:指安史之亂。

　〔四〕巫峽:見前《古柏行》注。指夔州。西江:夔州在長江上游（西段），故云。秦城:指長安。北斗:星名。見前《秋興八首》注。兩句喻漂泊之遠與回京之難。

　〔五〕爲郎句:言任檢校工部員外郎時已年老。杜甫爲郎時,已五十三歲。荀悦《前漢紀》卷八:"馮唐白首,屈於郎署,豈不惜哉!"此化用其意。

提　封〔一〕

提封漢天下,萬國尚同心〔二〕。借問懸車守,何如儉德臨〔三〕? 時徵俊乂入,莫慮犬羊侵〔四〕。願戒兵猶火,恩加四海深〔五〕。

　〔一〕大曆二年在夔州作。以首二字作題。提封:指全國領土而言。《漢書·刑法志》注引李奇説:"提,舉也,舉四封之内也。"又《漢書·地理志》:"提封田一萬萬四千五百一十三萬六千四百五頃。"所云漢代可耕地面積,即就全國范圍而言。

　〔二〕提封句:言漢王朝天下一統,四海之内同心同德。此以漢借喻唐開元前盛世。

　〔三〕懸車守:防守險要地區。懸車:喻極險要處。《史記·齊太公世家》:"（桓公）束馬懸車登太行,至卑耳山而還。"車,一本作"軍"。儉德臨:以節儉治國。臨:監臨。兩句言據險固守不如躬行節儉,暗諷玄宗好邊功尚奢侈,導致天下大亂。

〔四〕俊(ài):俊傑之士。犬羊:喻異族入侵者。兩句暗諷玄宗因不能重用賢才、采納忠言,遂招致安禄山之亂。

〔五〕戒:警惕,慎用。兵猶火:用兵如玩火。《左傳·隱公四年》:"兵,猶火也。不戢,將自焚也。"言不應窮兵黷武,而應以恩德統御天下。

麂 [一]

永與清溪別,蒙將玉饌俱 [二]。無才逐仙隱,不敢恨庖廚 [三]。亂世輕全物,微聲及禍樞 [四]。衣冠兼盜賊,饕餮用斯須 [五]!

〔一〕大曆二年在夔州作。麂(jǐ):鹿類獸,雄者有短角,腳短力勁,善跳躍,居於深山僻地。此詩代麂立言,揭露上層階級之貪婪、殘暴。

〔二〕清溪:關名,在今四川省漢源縣南。其地連山帶谷,夾澗臨溪,倚險結關。此指麂生活游息之地。麂被獵捕,故永別清溪。將:與。玉饌:美味菜肴。言蒙受抬舉,與其他珍肴美饌并薦宴席。

〔三〕逐仙隱:傳說中的仙人多騎鹿或乘鹿車。此麂自嘆才不及鹿,故不能隨仙隱遁。不敢句:言屠殺煎煮雖經庖廚之手,但彼係聽食用者之命,故不敢恨。此句與下"衣冠"兩句呼應。

〔四〕全物:保全生命。言亂世重殺物而輕保全。微聲:微小的名聲。指其肉以味美著稱。及禍樞:遭禍患。禍樞:猶禍機。此暗喻文人才士,多因微名而蒙禍被害。

〔五〕衣冠:喻達官貴人。饕餮(tāo tiè):傳説中的惡怪,性貪嗜食。《神異經》:"西南方有人焉,身多毛,頭上戴豕,貪如狼惡,好自積財,而不食人穀。强者奪老弱者,畏群而擊單,名曰饕餮。"又《左傳·文公十八年》注:"貪財爲饕,貪食爲餮。"此處作"狼吞虎咽"解。斯須:刹那間。

登　高〔一〕

風急天高猿嘯哀,渚清沙白鳥飛迴〔二〕。無邊落木蕭蕭下〔三〕,不盡長江滾滾來。萬里悲秋常作客,百年多病獨登臺〔四〕。艱難苦恨繁霜鬢,潦倒新停濁酒杯〔五〕。

〔一〕大曆二年秋在夔州作。登高:舊時風俗,重陽節有登高之舉。《續齊諧記》:"汝南桓景隨費長房游學累年,長房謂曰:九月九日汝家中當有災,宜急去,令家人各作絳囊盛茱萸以繫臂,登高飲菊花酒,此禍可除。……今世人九日登高飲酒,婦人帶茱萸囊,蓋始於此。"

〔二〕渚:水上沙洲。在巫峽登高,故聞猿嘯;下臨長江,故渚清沙白。

〔三〕蕭蕭:風吹樹葉聲。《楚辭·九歌》:"風颯颯兮木蕭蕭。"

〔四〕萬里:指夔州距京城遥遠,回京無望。悲秋:秋氣蕭森,令人生悲。《楚辭·九辯》:"悲哉!秋之爲氣也。"百年:一生、終身。

〔五〕苦恨:極恨。繁霜鬢:形容白髮之多,如鬢著繁霜。潦倒:失意頹喪貌。新停濁酒杯：停，一本作“亭”。舊解以爲杜甫患病，故停杯，非。是年《九日五首》即有“重陽獨酌杯中酒”之句，可知“新停”者，“方飲罷”之意。

九日五首[一]（選一）

重陽獨酌杯中酒[二]，抱病起登江上臺。竹葉於人既無分，菊花從此不須開[三]！殊方日落玄猿哭，舊國霜前白雁來[四]。弟妹蕭條各何在？干戈衰謝兩相催[五]！

〔一〕這組詩是大曆二年秋在夔州所作。九日：指重陽節。詩題“五首”，實僅四首。一般認爲包括前一首《登高》在內，故得五首。此爲其第一首。詩中懷念弟妹，亦王維“每逢佳節倍思親”意。

〔二〕重陽：古人以“九”爲陽數，二“九”相重，故稱“重陽”。言獨酌無味，因而扶病登臺。

〔三〕竹葉：酒名。無分：無緣分，言獨酌亦不能引起興致。不須開，慨無人同賞菊花之恨詞。

〔四〕殊方：指夔州。玄猿：語出《三國志·蜀書·秦宓傳》秦宓《答王商書》：“聽玄猿之悲吟。”玄，赤黑色。舊國：故鄉。白雁：《夢溪筆談》卷二四：“北方有白雁，似雁而小，色白，秋深則來，白雁至則霜降，河北人謂之霜信。”兩句言殊方猿哭，聞而生悲；故鄉雁來，更勾起對弟妹之思。

〔五〕蕭條：言無音信。干戈：指戰亂，兼有憂慮時世意。衰謝：言老病。句意謂干戈不息，死亡將臨，恐將再無與弟妹相見之期。

又呈吴郎〔一〕

堂前扑棗任西鄰,無食無兒一婦人〔二〕。不爲困窮寧有此,
祇緣恐懼轉須親〔三〕。即防遠客雖多事,便插疏籬卻甚
真〔四〕。已訴徵求貧到骨,正思戎馬淚盈巾〔五〕。

〔一〕大曆二年秋作。是時杜甫由夔州的瀼西遷居東屯。東屯距
白帝城約四、五里,杜甫農莊所在。因時近秋收,爲便於督理,乃遷居
東屯,原瀼西草屋借與剛來自忠州之吳南卿居住。吳爲杜甫表親,任
忠州司法參軍。吳南卿遷來後即在堂前築籬,以防人打棗。杜甫遂以
此詩代簡。因前此已有《簡吳郎司法》一詩,故題作"又呈"。

〔二〕扑棗:打棗。任:聽憑。杜甫《秋野五首》曾云:"棗熟從人
打。"此言西鄰老婦無食無兒,任其打棗充飢。

〔三〕寧:怎。轉須親:言老婦心懷恐懼,反應更加和藹。

〔四〕防:一本作"知"。遠客:指吳郎。多事:多餘的顧慮。兩句
言婦人見新居者係遠來之客,心懷戒懼,未免過慮。便插句:言吳郎立
即插上籬笆,鄰婦即以爲不許其打棗。甚:一本作"任"。此係對吳郎
委婉的批評。

〔五〕已訴兩句:述婦人平日相訴之詞。徵求:橫徵暴斂,百計誅
求。貧到骨:極言窮困。戎馬:喻兵亂。巾:同"襟"。

虎牙行[一]

秋風嶽吸吹南國,天地慘慘無顏色[二]。洞庭揚波江漢迴,
虎牙銅柱皆傾側[三]。巫峽陰岑朔漠氣,峰巒窈窕谿谷
黑[四]。杜鵑不來猿狖寒,山鬼幽陰霜雪逼[五]。楚老長嗟
憶炎瘴,三尺角弓兩斛力[六]。壁立石城橫塞起,金錯旌竿
滿雲直[七]。漁陽突騎獵青丘,犬戎鎖甲圍丹極[八]。八荒
十年防盜賊[九],征戍誅求寡妻哭,遠客中宵淚霑臆[一〇]。

〔一〕大曆二年在夔州作。虎牙:山名,在今湖北省宜昌市東南三
十里長江北岸,與南岸荆門山相對。《水經·江水注》:"荆門在南,上
合,下開,闇徹山南。有門像虎牙,在北。石壁色紅,間有白文,類牙
形,並以物像受名。"此詩題名"虎牙",實非詠虎牙山。因詩中有"虎
牙"二字,取以爲題。

〔二〕秋:一本作"北"。嶽(xū)吸:呼吸之間,形容疾速。謝脁
《高松賦》:"卷風飈之嶽吸。"南國:南方。慘慘:暗淡無光貌。庾信
《傷心賦》:"天慘慘而無色,雲蒼蒼而正寒。"

〔三〕洞庭:湖名,在今湖南省北部。銅柱:即銅柱灘,在四川省重
慶市附近,涪陵江口。《水經·江水注》:"江水又東逕漢平縣二百餘
里,左自涪陵東出百餘里,而屆于黃石,東爲銅柱灘。"此極寫風勢之
大,足使洞庭波涌,長江、漢水倒流,虎牙山、銅柱灘傾斜。

〔四〕陰岑:背陽的山。朔漠氣:北方沙漠的寒氣。窈窕:深遠貌。

〔五〕杜鵑:鳥名,一名“子規”,又稱“杜宇”。猿狖(yòu):猿猴的一種。寒:一本作“啼”。山鬼:即山魈,傳係山中木石之怪,一説即狒狒。杜鵑、猿狖、山鬼,爲巫峽所有。兩句意爲因氣候嚴寒,皆銷聲匿迹。

〔六〕楚老:楚地老人。楚:古楚地爲今湖南、湖北省一帶。言老人衣單畏寒,反思念夏季之瘴熱。角弓:以獸角爲飾的良弓。斛(hú):古人張弓所需氣力的計算單位。拉三尺之弓,須用兩斛力,形容天寒弓硬絃緊。

〔七〕石城:即白帝城。城在山上,故云“橫塞起”。金錯:用金塗飾。旌竿:軍旗。滿雲直:直立如雲。此寫危城屯兵景象。

〔八〕漁陽:見前《後出塞五首》注。漁陽突騎:指安、史叛軍。青丘:見前《壯游》注。犬戎:見前《釋悶》注。指吐蕃。鎖甲:即鎖子甲,古代武士臨陣的一種鎧甲。《正字通・金部》:“鎖子甲,五環相互,一環受鏃,諸環拱護,故箭不能入。”丹極:帝王宮殿。圍丹極,指吐蕃陷長安。圍:一本作“聞”。

〔九〕八荒:見前《秋雨嘆三首》注。十年:指安、史之亂以來的十年。

〔一〇〕遠客:杜甫自謂。中宵:半夜。臆:猶“胸”。

寫懷二首〔一〕(選一)

勞生共乾坤,何處異風俗〔二〕?冉冉自趨競,行行見羈束〔三〕。無貴賤不悲,無富貧亦足〔四〕。萬古一骸骨,鄰家遞歌哭〔五〕。鄙夫到巫峽,三歲如轉燭〔六〕。全命甘留滯,忘情任榮辱^{〔七〕}。朝班及暮齒,日給還脱粟^{〔八〕}。編蓬石城東,采藥山北谷^{〔九〕}。用心霜雪間,不必條蔓緑^{〔一〇〕}。非關故安排,曾是順幽獨^{〔一一〕}。達士如絃直,小人似鈎曲^{〔一二〕}。曲直吾不知,負暄候樵牧^{〔一三〕}。

〔一〕大曆二年冬在夔州作。此選其第一首。

〔二〕勞生:勞苦之人生。語出《莊子・大宗師》:"夫大塊載我以形,勞我以生,佚我以老,息我以死。"此處泛指人群。兩句言普天之下,人情相似。

〔三〕冉冉:緩行貌。趨競:爲求富貴而奔走競爭。行行:猶處處,動輒。兩句謂人人爲名繮利索所牽。

〔四〕無貴二句:語本阮籍《大人先生傳》:"無貴則賤者不怨,無富則貧者不爭。"

〔五〕遞:接續。兩句言凡人皆有死,自古皆然,悼死之聲絡繹不絶。

〔六〕鄙夫:杜甫自稱。三歲:杜甫自永泰元年(七六五)至夔州,至此已三年。轉燭:見前《佳人》注。此處喻遷徙無定。

〔七〕全命:苟全性命。甘留滯:甘心滯留於異鄉。忘情句:言忘情榮辱,委時隨命。

〔八〕朝班:見前《秋興八首》注。暮齒:年老。杜甫是年已五十六歲。日給:每日食用所需。脱粟:脱壳的粟,指粗米飯。兩句言昔爲朝廷官員,今則食粗糲以爲活。

〔九〕編蓬:結茅而居。石城:見前《虎牙行》注。杜甫在瀼西、東屯都有茅屋,兩地皆在夔州城東,故云"石城東"。北:一本作"林"。

〔一〇〕用心兩句:指采藥生涯。但求霜雪間藥草之蒼老者,不用枝蔓青緑之嫩草。

〔一〕故安排：有意如此營生。順幽獨：應順僻靜孤獨之性。

〔二〕達士：情操高尚、性格曠達之人。如絃直、似鈎曲：《後漢書·順帝紀》載東漢順帝時童謠：“直如絃，死道邊；曲如鈎，反封侯。”兩句化用其意。

〔三〕曲直句，言不與人計較是非，猶上“忘情任榮辱”意。負暄：晒太陽。《列子·楊朱》：“昔者宋國有田夫，常衣緼黂，僅以過冬。及春東作，自曝於日，不知天下之有廣厦隩室、綿纊狐貉。顧謂其妻曰：負日之暄，人莫知者，以獻吾君，將有重賞。”此喻生活貧困而自得其樂。

觀公孫大娘弟子舞劍器行〔一〕并序

大曆二年十月十九日〔二〕，夔州别駕元持宅，見臨潁李十二娘舞劍器，壯其蔚跂〔三〕。問其所師，曰：“余，公孫大娘弟子也。”開元五載，余尚童稚〔四〕，記於郾城，觀公孫氏舞劍器、渾脱〔五〕，瀏灕頓挫，獨出冠時〔六〕。自高頭宜春、梨園二伎坊内人洎外供奉舞女〔七〕，曉是舞者，聖文神武皇帝初〔八〕，公孫一人而已！玉貌錦衣，況余白首！今兹弟子，亦匪盛顔〔九〕。既辯其由來，知波瀾莫二〔一〇〕。撫事慷慨〔一一〕，聊爲《劍器行》。昔者吳人張旭，善草書書帖，數嘗於鄴縣見公孫大娘舞西河劍器，自此草書長進〔一二〕，豪蕩感激，即公孫可知矣〔一三〕！
昔有佳人公孫氏，一舞劍器動四方〔一四〕。觀者如山色沮喪,天地爲之久低昂[一五]。爥如羿射九日落,矯如群帝驂龍翔[一六]。來如雷霆收震怒,罷如江海凝清光[一七]。絳唇珠袖兩寂寞,晚有弟子傳芬芳[一八]。臨潁美人在白帝,妙舞此曲神揚揚[一九]。與余問答既有以[二〇],感時撫事增惋傷。先帝侍女八千人,公孫劍器初第一[二一]。五十年間似反掌,風塵澒洞昏王室[二二]。梨園弟子散如烟,女樂餘姿映寒日[二三]。金粟堆南木已拱,瞿唐石城草蕭瑟[二四]。玳筵急管曲復終,樂極哀來月東出[二五]。老夫不知其所往,足繭荒山轉愁疾[二六]。

〔一〕大曆二年在夔州作。公孫大娘:開元間著名劍器、渾脱舞藝人。《明皇雜録》:“時有公孫大娘者,善劍舞,能爲《鄰里曲》、《裴將軍滿堂勢》、《西河劍器渾脱》。”弟子:即序中李十二娘。劍器:唐代“健舞”之一,亦即“武舞”。表演時舞伎服戎裝,手持旗劍。司空圖《劍器詩》:“樓下公孫昔擅場,空教女子愛軍裝。”姚合《劍器詞》:“揮劍龍纏臂,開旗火滿身。”陳寅恪《元白詩箋證稿》釋舞劍器爲舞雙劍。一説係用丈餘綵綢結兩頭,雙手執之而舞,見清桂馥《札樸》。杜甫此詩係觀劍器舞而“感時撫事”之作。不僅描叙唐代卓絶舞技,亦且抒發自開元、天寶以來五十年間國家興亡、社會動亂的感慨。

〔二〕大曆二年:黄生云:“觀舞細事爾,序首特紀歲月,蓋與開元三年句打照;并與詩中五十年間句針綫。無數今昔之悲,盛衰之感,俱於紀年見之。”

〔三〕別駕:州刺史的佐吏,隨刺史巡行時得別乘一車,故稱。元持:生平事蹟不詳,當時任夔州別駕。臨潁:縣名,故城在今河南省臨潁縣西北,唐代屬許州。壯:傾賞(其壯觀)。蔚跂:光采蔚然,舉步凌厲奮發之狀。

〔四〕開元五載(七一五)：應作"開元五年"，唐玄宗於天寶三年始改"年"爲"載"。開元五年杜甫六歲，故云"尚童稚"。一本作三載，錢謙益云："公七齡思即壯，六齒觀劍似無不可。"但開元三年杜甫僅四歲，似太早。

〔五〕郾城：縣名，即今河南省郾城縣，唐代屬許州。渾脱(tuó)：本指一種用烏羊毛制的氈帽，《新唐書·五行志》："(太宗時)太尉長孫無忌以烏羊毛爲渾脱氈帽，人多效之，謂之'趙公渾脱'。近服妖也。"按，此指西域傳入之渾脱舞。帽與舞之關係難以確考。有名的《蘇幕遮》亦爲渾脱舞之一種。劍器渾脱，即劍器與渾脱合舞。

〔六〕瀏灕：流旋輕逸貌。頓挫：高下回旋搖曳有致貌。獨出：猶"特出"。冠時：超越一時。《錢注杜詩》引《明皇雜録》："妍妙皆冠於時。"

〔七〕高頭：前頭，常在皇帝前之意。宜春、梨園：唐時皇家的歌舞班子。伎坊：即教坊，教習音樂歌舞的機構。《雍録》卷九："開元二年(七一四)置教坊於蓬萊宮，上自教法曲，謂之梨園弟子。至天寶中即東宮置宜春北苑，命宮女數百人爲梨園弟子。"又崔令欽《教坊記》："西京：右教坊在光宅坊，左教坊在延政坊。右多善歌，左多工舞。……妓女入宜春院，謂之'內人'，亦曰'前頭人'。"洎(jì)：及。外供奉：除宜春院、梨園以外，居住在宮外，隨時入宮承應娛樂的舞女官妓。此句一本無"舞女"二字。

〔八〕聖文神武皇帝：指玄宗。《舊唐書·玄宗紀》："開元二十七年己巳，加尊號爲開元聖文神武皇帝。"從此年至天寶十二載，共爲玄宗加尊號四次，每次都有"聖文神武"稱號。

〔九〕玉貌錦衣：寫公孫大娘容貌美麗，衣服華豔。錦，一本作"繡"。況余白首：一説"況余"應爲"晚余"之脱文。又一説應作"恍余”。但作“況今余（杜甫）已白首，六歲時所見之公孫大娘更已不在人世矣”解，亦可通。匪：同“非”。盛顔：年輕時的容貌。

〔一〇〕由來：來歷。波瀾莫二：言既知其師承淵源，可知其舞技與公孫大娘一脈相承。

〔一一〕撫事：追念往事。慷慨：亦作“忼慨”。《古詩十九首》：“一彈再三嘆，慷慨有餘哀。”

〔一二〕張旭：見前《飲中八仙歌》注。鄴縣：故城在今河北省臨漳縣西。西河劍器：舞曲名。崔令欽《教坊記》：“曲名有《西河劍器》、《西河獅子》……”西河：應是地名。陳寅恪《元白詩箋證稿》立部伎：“西河，疑即河西或河湟之異稱，乃與西域交通之孔道。……皆足明此伎實源出西胡也。”又據南卓《羯鼓録》：“太簇角有《西河》、《獅子》等曲。”則《西河》又自爲一種舞曲。録以備考。草書長進：草書書法大有提高。李肇《國史補》卷上：“旭嘗言：始吾見公主擔夫爭路，而得筆法之意。後見公孫氏舞劍器，而得其神。”

〔一三〕豪蕩感激：言其書法豪放跌蕩，係受公孫大娘舞姿之感染。即：猶則。言其舞姿尚能感激（感染而誘發之）張旭，則公孫大娘劍器舞之豪蕩動人也可想而知。

〔一四〕動四方：轟動天下。

〔一五〕如山：言觀衆環集之多而專注不動。色沮喪：失色、變色。言舞姿驚心動魄。低昂：高低易位。言舞姿變化莫測，使人目眩，似天地亦爲之震動。

〔一六〕爥（huò）：光芒閃爍貌。羿射九日：古代神話，帝堯時天有十日，草木枯死。有窮國君后羿，善射，射落其九。《楚辭·天問》王逸注：“羿仰射十日，中其九日，日中烏皆死，墜其羽翼。”矯：矯健，飛騰。群帝：即群仙。帝，以稱神之尊者。驂（cān）龍翔：駕龍飛翔。

〔一七〕雷霆：雷聲轟鳴。形容爲劍器舞伴奏的鼓樂聲。罷：舞終。

凝清光：當指劍光，言舞罷劍光凝固，如江波澄息。

〔一八〕絳脣：指美貌。珠袖：指舞蹈。兩寂寞：人與舞俱亡。傳芬芳：指李十二娘傳公孫大娘的精妙舞技。

〔一九〕臨潁美人：指李十二娘。白帝：即白帝城，指夔州。神揚揚：神采飛揚，指舞技之妙。

〔二〇〕與余問答：指詩序中之問答。既有以：有根由，有名師傳授。即序中所謂"辯其由來"。

〔二一〕先帝：指玄宗。初：本。

〔二二〕五十年間：即從開元五年（七一七）至大曆二年（七六七），凡五十年。反掌：喻時流之速。頃洞：見前《自京赴奉先縣詠懷》注。句意爲安、史之亂使唐王朝形勢危急。

〔二三〕梨園句：指京師樂工舞伎多流落江南各地。餘姿：言李十二娘猶有開元盛世的歌舞風姿。寒日：杜甫觀舞作詩時值十月。餘姿與寒日相映，暗含日暮途窮之意。

〔二四〕金粟堆：即金粟山，在今陝西省蒲城縣東北二十五里，玄宗陵墓在其上，號泰陵。《大清一統志》："陝西同州府：明皇泰陵在蒲城縣。《唐書·地理志》：在奉先縣東北二十里金粟山。"拱：雙手合抱。玄宗死於寶應元年（七六二），據《舊唐書·玄宗紀》載："以廣德元年（七六三）三月辛酉，葬於泰陵。"至此已逾四年。瞿唐石城：指夔州。草：一本作"暮"。

〔二五〕玳筵：玳瑁裝飾的筵席。形容宴席的豐盛。筵，一本作"弦"。樂極哀來：言觀舞既罷，撫往事而生悲。

〔二六〕老夫句：言離元持宅後，心緒茫然，不知往何處去。足繭：腳掌下生的厚皮。疾：一本作"寂"。仇兆鰲云："足繭行遲，反疾其疾，臨去而不忍其去也。"

冬　至[一]

年年至日長爲客，忽忽窮愁泥殺人[二]。江上形容吾獨老，
天涯風俗自相親[三]。杖藜雪後臨丹壑，鳴玉朝來散紫
宸[四]。心折此時無一寸，路迷何處是三秦[五]？

〔一〕大曆二年冬在夔州作。

〔二〕至日：即冬至日。長爲客：杜甫自乾元二年（七五九）棄官入
蜀，至此已經八九年。忽忽：失意貌。司馬遷《報任安書》：“居則忽忽
若有所亡。”泥殺人：即纏殺人。泥：見前《遭田父泥飲美嚴中丞》。

〔三〕江上：與下“天涯”均指夔州。涯，一本作“邊”。形容：體
態容貌。兩句言久客而容顏老去，但亦因久客而能適應異地風俗。

〔四〕丹壑：紅色的山谷。丹，山石、泥土及秋後楓葉的紅色。鳴
玉：馬行走時玉珂動搖碰撞作響。玉，指玉珂，馬勒上的裝飾物。紫
宸：唐大明宮紫宸殿。兩句謂當雪後扶杖臨丹壑之際，正長安百官從
紫宸殿散朝之時。寫身在夔州，心懷朝廷。

〔五〕心折：猶“心碎”。一寸：即方寸，指心。心已折碎，故言“無
一寸”。路迷：形容路途遙遠。是：一本作“見”。三秦：陝西關中地
區。此指長安。秦末，項羽入函谷關，將關中地區分封予秦三降將，故
稱“三秦”。

暮 歸^{〔一〕}

霜黃碧梧白鶴棲,城上擊柝復烏啼^{〔二〕}。客子入門月皎皎,誰家搗練風淒淒^{〔三〕}。南渡桂水闕舟楫,北歸秦川多鼓鞞^{〔四〕}。年過半百不稱意,明日看雲還杖藜^{〔五〕}。

〔一〕大曆三年(七六八)秋在江陵所作。杜甫於是年正月自夔州出峽,寓居江陵之公安縣。

〔二〕黃:用作動詞,即染黃意。擊柝(tuò):打更。柝,巡夜打更用的木梆。烏啼:暗喻時已逾子夜。陳後主《烏棲曲》:"烏啼漢没天應曙。"

〔三〕客子:杜甫自稱。皎皎:光明貌。《古詩十九首》:"明月何皎皎。"搗練:用木杵捶平絹帛,以便縫製寒衣。參見前《擣衣》注。淒淒:寒涼貌。《詩·鄭風·風雨》:"風雨淒淒。"兩句寫深夜歸來時所見所聞。

〔四〕桂水:在今湖南省郴縣西,位於江陵之南。闕舟楫:猶孟浩然《臨洞庭》"欲濟無舟楫"意。闕:同"缺"。又張衡《四愁詩》:"我所思兮在桂林,欲往從之湘水深。"此化用其意。秦川:見前《樂游園歌》注。秦:一本作"洛",非。鼓鞞:指戰爭。《通鑑》卷二二四:"(大曆三年)八月,壬戌,吐蕃十萬衆寇靈武。丁卯,吐蕃尚贊摩二萬衆寇邠州,京師戒嚴。"

〔五〕稱意:如意。明日句:言明日亦仍只能如今日之閑游看雲。黃生云:"起一'復'字,結一'還'字,見日日如此,皆無可奈何之詞。"

江　漢〔一〕

江漢思歸客,乾坤一腐儒〔二〕。片雲天共遠,永夜月同孤〔三〕。落日心猶壯,秋風病欲蘇〔四〕。古來存老馬,不必取長途〔五〕。

〔一〕大曆三年秋漂泊於江陵時所作。用首二字爲題。江漢:長江、漢水。江陵屬江漢流域地。

〔二〕腐儒:見前《賓至》注。

〔三〕片雲兩句:言與片雲共在遠天,與孤月同處長夜。

〔四〕落日:喻年歲迫近晚景。蘇:一本作"疏"。以上四句,眼前景與心中情相交融,趙汸曰:"情景混合入化。"

〔五〕存:收養。老馬:杜甫自喻。《韓非子·説林上》:"管仲、隰朋從於桓公伐孤竹,春往冬返,迷惑失道,管仲曰:'老馬之智可用也。'乃放老馬而隨之,遂得道。"兩句言應取老馬識途之智,不必取長途奔馳之力。張遠云:"全首是'老驥伏櫪,志在千里。烈士暮年,壯心不已'意。"

公安送韋二少府匡贊〔一〕

逍遥公後世多賢,送爾維舟惜此筵〔二〕。念我能書數字至,將詩不必萬人傳[三]。時危兵革黄塵裏,日短江湖白髮前[四]。古往今來皆涕淚,斷腸分手各風烟。

〔一〕大曆三年晚秋漂泊於公安縣時所作。少府:唐人稱縣尉曰"少府"。韋匡贊:排行第二,生平不詳。或即公安縣尉,將解任,至杜甫船上看望并辭行,故杜甫作此詩以惜别。

〔二〕逍遥公:指韋匡贊的祖先北周韋敻與唐初韋嗣立。韋敻,北周時人。《北史》本傳:"敻養高不仕,……所居之宅,枕帶林泉。敻對翫琴書,蕭然自逸。……明帝即位,禮敬愈厚,……號之曰逍遥公。"韋嗣立,中宗時人。《舊唐書》本傳:"(中宗)封嗣立爲逍遥公,名其所居爲清虚原幽棲谷。"韋氏九房,以敻後爲逍遥公房,嗣立後爲小逍遥公房。維舟:繫舟。惜此筵:此,一本作"别"。後會難期,故惜此筵。

〔三〕念我兩句:言如蒙思念,盼常惠數行書;攜去之詩,不可傳示他人。杜甫詩多譏諷時政,故有此囑。能書,一本作"常能"。

〔四〕時危句:指是年八月吐蕃兵十萬寇靈武、邠州事。日短:喻自己之衰暮。江湖:漂泊江湖。

曉發公安[一]

北城擊柝復欲罷,東方明星亦不遲[二]。鄰雞野哭如昨日,物色生態能幾時[三]?舟楫眇然自此去,江湖遠適無前期[四]。出門轉眄已陳跡,藥餌扶吾隨所之[五]。

〔一〕大曆三年冬末離公安往岳陽時所作。原注：“數月憩息此縣。”杜甫於大曆三年秋天來公安，冬末離去。

〔二〕擊柝：見前《暮歸》注。欲罷（pí）：將停歇。上着一“復”字，言已經飽聽。明星：即金星。早晨出自東方，稱“啟明”；夜晚見於西方，稱“長庚”。柝聲方停，啟明星即出，故云“亦不遲”。

〔三〕鄰雞句：言鄰雞曉唱與原野間哭聲相間，一如昨日。物色：指自然間各種生物。生態：生機勃勃之態。一本作“生生”。時值冬末，草木皆已枯萎，故有此嘆。

〔四〕眇然：遙遠貌。眇，通“渺”。無前期：無預期之目的地。兩句言從此遠涉江湖，漂泊無定。

〔五〕轉眄（miǎn）：轉眼，瞬間。陳跡：舊事。言一經離此，則眼前公安之景即成陳跡。扶：陪隨、維護。杜甫是年已五十七歲，百病纏身，不離藥物。隨所之：隨處飄蕩。

夜聞觱篥[一]

夜聞觱篥滄江上，衰年側耳情所嚮[二]。鄰舟一聽多感傷，塞曲三更欻悲壯[三]。積雪飛霜此夜寒，孤燈急管復風湍[四]。君知天地干戈滿，不見江湖行路難[五]。

〔一〕大曆三年暮冬泊舟於岳州（今湖南省岳陽縣）時所作。觱篥（bì lì）：古樂器。段安節《樂府雜錄》：“觱篥，本龜茲國（今新疆維吾爾自治區庫車縣一帶）樂也，亦名悲篥。”以竹爲管，以蘆爲首，其聲悲栗，有類於笳。一説，觱篥即笳管。

〔二〕滄江:指長江。情:黃生注:"'情'字疑作'尋'。"情所嚮:即尋所嚮。與白居易《琵琶行》"忽聞水上琵琶聲,……尋聲暗問彈者誰?"同意。仇兆鰲云:"情所嚮,謂旅情頓起。"兩説均可通。

〔三〕塞曲:邊塞之曲。指鄰舟觱篥所吹之曲。

〔四〕急管:指觱篥急促的節奏。風湍:風吹浪濤奔湍。一本作"奔湍"。

〔五〕君:指吹觱篥者。干戈滿,指當時吐蕃多次進擾,商州、幽州等地有戰亂,桂州少數民族起事,成都楊子琳反復叛亂等。行路難:指自己漂泊江湖之苦。兩句爲一篇之骨。

歲晏行〔一〕

歲云暮矣多北風,瀟湘洞庭白雪中〔二〕。漁父天寒網罟凍,莫徭射雁鳴桑弓〔三〕。去年米貴闕軍食,今年米賤大傷農〔四〕。高馬達官厭酒肉,此輩杼柚茅茨空〔五〕。楚人重魚不重鳥,汝休枉殺南飛鴻〔六〕。況聞處處鬻男女,割慈忍愛還租庸〔七〕。往日用錢捉私鑄,今許鉛鐵和青銅〔八〕。刻泥爲之最易得,好惡不合長相蒙〔九〕! 萬國城頭吹畫角,此曲哀怨何時終〔一〇〕?

〔一〕大曆三年冬,流寓岳州時所作。歲晏:即歲暮。

〔二〕歲云暮:歲暮。云,語助詞,無義。《詩·小雅·小明》:"歲聿云暮,采蕭穫菽。"瀟、湘:見前《病橘》注。洞庭:見前《虎牙行》注。

湘江在岳陽入洞庭湖。雪：一本作“雲”。

〔三〕罟(gǔ)：即網。莫徭：雜居於長沙一帶的少數民族。《隋書·地理志》下：“長沙郡，又雜有夷蜒(yán)，名曰莫徭。自云其先祖有功，常免徭役，故以爲名。”桑弓：桑木製的弓。莫徭人善射，冬季以射獵爲生。弓發射時有聲，故云“鳴”。

〔四〕去年句：據《舊唐書·代宗本紀》：大曆二年十月，“減京官職田三分之一，給軍糧。”十一月，“率百官、京城士庶，出錢以助軍。”今年句：當時户調須繳錢幣，農民賣米換錢，米價被抑，故傷農。

〔五〕高馬：高頭大馬，達官貴人所騎。厭：同“饜”，飽膩。此輩：指農民、漁父、獵人。杼柚：織布機。茅茨：即茅屋。《詩·小雅·大東》：“小東大東，杼柚其空。”句意言貧民織機上的織物亦被搜括一空。

〔六〕重魚不重鳥：仇注引《風俗通義》：“吳楚之人嗜魚鹽，不重禽獸之肉。”汝：指莫徭獵手。

〔七〕鬻(yù)：賣。租庸：唐代賦税制度，納糧爲“租”，服勞役或繳綾絹代役爲“庸”。《舊唐書·楊炎傳》：至德後“科歛之名凡數百，廢者不削，重者不去，新舊仍積，不知其涯。百姓受命而供之，瀝膏血，鬻親愛，旬輸月送無休息。”

〔八〕捉私鑄：捕捉私自鑄錢者。《舊唐書·食貨志》載：唐初有“盜鑄者論死，没其家屬”之令。今許：一本作“今來”。此句言錢法大壞，惡錢盛行。

〔九〕刻泥爲之：用陶泥刻成錢模子。好惡：指好錢及惡錢。蒙：蒙混。《舊唐書·食貨志》：“(天寶)數載之後，……富商姦人，漸收好錢，潛將往江淮之南，每錢貨得私鑄惡者五文，假託官錢，將入京私用。”兩句言惡錢易鑄，蒙混害人，應禁絶濫鑄。

〔一〇〕萬國句：喻天下用兵不休。畫角：加彩繪的號角。此曲：指畫角所吹樂曲，兼指自己傷時憂世的詩歌。

登岳陽樓[一]

昔聞洞庭水，今上岳陽樓。吳楚東南坼，乾坤日夜浮[二]。親朋無一字，老病有孤舟[三]。戎馬關山北，憑軒涕泗流[四]。

〔一〕大曆三年十二月在岳州時作。岳陽樓：岳陽城西門樓。《太平寰宇記》：“江南西道岳州巴陵縣：岳陽樓……：城西門樓也。唐開元四年中書令張說除守此州，每與才士登樓賦詩，自爾名著。”岳陽樓下臨洞庭湖。此詩爲登樓所賦。

〔二〕吳楚：古代吳國、楚國地區，即今江蘇、浙江、安徽、江西、湖北、湖南等地。坼（chè）：分裂，此作“分界”解。言東吳南楚，在此分界。形容洞庭湖之大，跨有吳楚。乾坤：指日月。日夜浮：《水經·湘水注》：“（洞庭）湖水廣圓五百餘里，日月若出没於其中。”

〔三〕老病：杜甫是年五十七歲，先後患有肺病、惡性瘧疾、風痹、右臂偏枯等病。有孤舟：“有”猶“在”。顏延之《車駕幸京口侍游蒜山作》：“嶽濱有和會，祥習在卜征。”“有”與“在”互文同義。徐陵《内園逐涼》：“昔有北山北。”謂昔在北山之北。杜甫《贈李白》：“亦有梁宋游。”有，一本作“在”，均可證。

〔四〕戎馬句：言京城之北邊防緊急。《通鑑》卷二二四：大曆三年“八月壬戌，吐蕃十萬衆寇靈武。丁卯，吐蕃尚贊摩二萬衆寇邠州，京師戒嚴；邠寧節度使馬璘擊破之。……九月壬申，命郭子儀將兵五萬屯奉天,以備吐蕃。……壬午,朔方騎將白元光擊吐蕃,破之。壬辰,元光又破吐蕃二萬衆於靈武。鳳翔節度使李抱玉使右軍都將臨洮李晟將兵……屠吐蕃定秦堡,焚其積聚,虜堡帥慕容谷種而還。吐蕃聞之,釋靈州之圍而去。戊戌,京師解嚴。……十一月……郭子儀還河中。元載(當時宰相)以吐蕃連歲入寇,馬璘以四鎮兵屯邠寧,力不能拒,……而使子儀以朔方兵鎮邠州。"憑軒:依欄。王粲《登樓賦》:"憑軒檻以遥望兮。"涕泗:《詩·陳風·澤陂》:"涕泗滂沱。"《傳》曰:"自目曰涕,自鼻曰泗。"言憂時而不禁愴然涕淚。

南　征〔一〕

春岸桃花水,雲帆楓樹林〔二〕。偷生長避地,適遠更霑襟〔三〕。老病南征日,君恩北望心〔四〕。百年歌自苦,未見有知音〔五〕!

〔一〕此詩於大曆四年(七六九)春,自岳州赴潭州(長沙)時所作。潭州在岳州南,故題名"南征"。

〔二〕桃花水:指桃汛,亦稱春汛,三月漲水。楊慎云:"桃水,用秦人桃源事。"兩句言乘船於春汛中駛過楓林。

〔三〕避地:避難於異地。適:往。

〔四〕君恩:指代宗之恩。代宗曾對他兩次授官(補京兆功曹及檢校工部員外郎)。

〔五〕百年兩句:意本《古詩十九首》"不惜歌者苦,但傷知音稀"。

祠南夕望[一]

百丈牽江色，孤舟泛日斜[二]。興來猶杖屨，目斷更雲沙[三]。山鬼迷春竹，湘娥倚暮花[四]。湖南清絕地，萬古一長嗟[五]。

〔一〕大曆四年春，杜甫自岳州乘船赴潭州，途經湘陰縣，謁湘夫人祠，寫有《湘夫人祠》詩。次夕，船至祠南，登岸回望，又寫成此詩。

〔二〕百丈：用竹篾編成的縴纜。兩句言孤舟於日斜之時，行於江上；縴拉船行，泛動江水。

〔三〕杖屨（jù）：枴杖與鞋。喻扶杖曳屨，登岸閑步。目斷：望盡之處。兩句寫乘興登岸回望湘祠，目光卻爲浮雲及沙汀所隔。

〔四〕山鬼：屈原《九歌·山鬼》所寫的山中女神。《山鬼》中有“余處幽篁兮終不見天”句。詩人見春竹而想像山鬼在竹林中時隱時現。湘娥：湘妃，見前《渼陂行》注。即屈原《九歌》中《湘君》、《湘夫人》兩章所寫的湘水女神。《湘君》中有“采薜荔兮水中，搴芙蓉兮木末”之句，詩人見暮花而想像湘妃正倚花而立。

〔五〕湖南：洞庭湖之南。清絕：清幽絕塵。萬古句：係仰弔屈原。屈原當年爲民生之多艱而太息掩泣，詩人亦有同感而長嗟。此詩係因湘夫人祠而思及《楚辭》，由《楚辭》而思及屈原，由思古之幽情而及眼前遭遇。內涵豐富而不著痕跡。黃生云：“此近體中，弔屈原賦也，結亦自喻。”

遣　遇[一]

磬折辭主人[二]，開帆駕洪濤。春水滿南國，朱崖雲日
高[三]。舟子廢寢食，飄風爭所操[四]。我行匪利涉，謝爾
從者勞[五]。石間采蕨女，鬻市輸官曹[六]。丈夫死百役，
暮返空村號[七]。聞見事略同，刻剝及錐刀[八]。貴人豈不
仁，視汝如莠蒿[九]。索錢多門户，喪亂紛嗷嗷[一〇]。奈何
黠吏徒，漁奪成逋逃[一一]。自喜遂生理，花時甘縕袍[一二]。

〔一〕大曆四年春由岳州至潭州途中作。黃生云：“題曰‘遣遇’，
謂雖遇風濤之險，猶得遂其生理，不若迫於征役者，有死亡離散之悲，
故以此自遣也。”

〔二〕磬：一種玉或石質的屈形打擊樂器。磬折：形容彎腰作揖如
磬之彎曲，以表示恭敬。主人：當指岳陽守裴使君，杜甫在岳陽有《陪
裴使君登岳陽樓》詩。

〔三〕朱崖：湘江中丹岩。《湘中記》：“湘水至清，雖深五、六丈，
見底了了。……白沙如霜雪，赤崖如朝霞。”

〔四〕飄風：旋風。所操：所駕之船。兩句言船夫廢寢忘食，駕船
與風浪搏鬥。

〔五〕匪：同“非”。利涉：此處作“順利航行”解。從者：指操
舟者。

〔六〕蕨：鳳尾蕨科多年生草本，春生嫩葉，卷曲如拳，可作菜食。

鬻市：上市出賣。市，一本作“菜”。官曹：官府。官府分曹辦事，故稱。

〔七〕丈夫：采蕨女之夫。死百役：在各種徭役中被折磨而死。空村：荒村。號：號哭。

〔八〕聞見：所聞所見。略同：大致相同。錐刀：喻事物之微小者。言官府殘酷剥削，無孔不入，錐刀之微，亦須抽税。

〔九〕莠蒿：猶言“草芥”。視民如草芥，則貴人之仁可知。

〔一〇〕索錢：收税。門户：名目。嗷嗷：啼飢號寒之聲。

〔一一〕黠(xiá)：奸狡。漁奪：侵吞掠奪如漁人之捕魚唯恐有漏網者。成逋(bū)逃：造成人民逃亡避難。

〔一二〕自喜兩句：言與被凌虐之百姓相比，仍能得以存活，已屬慶幸，春暖尚著緼袍亦所甘心矣。花時：花發之時，指春天。緼(yùn)袍：舊綿衣，以舊綿雜亂麻爲絮的袍子。甘：一本作“貰”。

解　憂 〔一〕

減米散同舟，路難思共濟〔二〕。向來雲濤盤〔三〕，衆力亦不細。呀坑瞥眼過，飛櫓本無蒂〔四〕。得失瞬息間，致遠宜恐泥〔五〕。百慮視安危，分明曩賢計〔六〕。兹理庶可廣，拳拳期勿替〔七〕。

〔一〕大曆四年由岳州去潭州時所作。途中過一險灘，賴衆人之力得以脱險，故題爲“解憂”。

〔二〕減米：減餐。散同舟：分予同舟之人。路難：世路艱難。共濟：“同舟共濟”之略詞。濟，原爲“渡越”之意，此處作互助以度困難解。

〔三〕向來：猶“適繞”。事後追叙之詞。雲濤盤：險灘處波浪汹湧，有如雲濤盤轉。

〔四〕呀坑：旋渦中出現之深坑，如口之張開，故稱。坑，一作“帆”，又作“吭”。飛檣：形容船行急速。兩句言船隻如無根蒂，迅速渡過險渦。以上六句寫同舟共濟的情況。

〔五〕得失：指生死。致遠句：語出《論語·子張》：“子夏曰：‘雖小道，必有可觀者焉；致遠恐泥，是以君子不爲也。’”原指小道不足以行遠。此處言雖暫免危難，但涉遠恐將仍有阻滯。

〔六〕百慮：喻考慮周詳。視安危：視安若危，即“居安思危”之意。曩賢：前賢。言前賢均主張“安不忘危，治不忘亂”。

〔七〕庶可廣：差堪推廣。拳拳句：用《中庸》“得一善，則拳拳服膺而弗失之矣”之意。拳拳，專心貌。替：廢棄。期勿替，希望永不墜失。

宿花石戍〔一〕

午辭空靈岑，夕得花石戍〔二〕。岸疏開闢水，木雜古今樹〔三〕。地蒸南風盛，春熱西日暮〔四〕。四序本平分，氣候何迴互〔五〕？茫茫天地間，理亂豈恒數〔六〕？繫舟盤藤輪，杖策古樵路〔七〕。罷人不在村，野圃泉自注〔八〕。柴扉雖蕪沒，農器尚牢固〔九〕。山東殘逆氣，吳楚守王度〔一〇〕。誰能叩君門，下令減征賦〔一一〕？

〔一〕此詩係大曆四年春初抵潭州時所作。花石戍：故址在今湖南省湘潭縣西一百六十里。戍，軍隊守衛之所。《新唐書·地理志》：長沙“有淥口、花石二戍”。

〔二〕空靈：峽名，又稱“空泠峽”，在湘潭縣西。《水經·湘水注》：“湘水又北逕建寧縣，有空泠峽，驚浪雷奔，濬同三峽。”岑：山小而高曰“岑”。得：到達。

〔三〕疏：通。開闢水：開天闢地時即有之水。水，一本作“山”。雜：間錯。句意言古木新樹夾雜而生。

〔四〕地蒸：地氣蒸騰，言南風盛吹而氣候炎熱。春熱句：言春令燠熱，西天落日甚晚。

〔五〕四序：四季運行順序。平分：指春暖、夏熱、秋涼、冬寒，氣候隨季節而均分。《九辯》：“皇天平分四時兮，竊獨悲此凜秋。”迴互：混雜交錯。言時當春令而氣候蒸熱，與時序相背。

〔六〕地，一本作“造”。間，一作“開”。理亂：治亂。恒數：常規、定則。兩句言天地間氣候尚且參差不齊，人世治亂豈能有定則？

〔七〕盤藤輪：仇兆鰲注以爲“舟纜盤岸，圓若藤輪”，藤輪係形容纜繩的盤繞。或謂輪係南方田間灌水車輪，經久不用，已被葛藤盤繞。兩説均可通。古樵路：嚮日由樵夫踐踏成的荒僻小徑。

〔八〕罷（pí）人：疲困之人，指爲徵斂所苦之百姓。不在村：言逃亡一空。野圃：無人管理之荒園。泉自注：引水灌圃，水足即堵，導至他處。此因無人管理，故泉水不斷流注。

〔九〕柴扉句：柴門被野草掩没，形容人民逃亡已久。以上六句寫農村殘破荒凉景象。爲捨舟登岸所見。

〔一〇〕山東：崤山、函谷以東。此句言河北諸降將擁兵割據，仍有叛逆之心。殘：猶“餘”。吳、楚：見前《登岳陽樓》注。王度：王朝法度。言外之意爲吳楚雖無叛亂迹象，但人民卻苦於橫徵暴斂。

〔一〕叩君門：呈請朝廷。減征賦：據《舊唐書·代宗本紀》：
“（大曆三年八月）潭衡水災。”“（四年）連歲治戎，天下凋瘵，……比
屋流散。”可見當時兵亂天災嚴重，民不聊生，故詩人以“減徵賦”爲當
務所急，於詩篇中再三呼籲。

清明二首〔一〕（選一）

此身飄泊苦西東，右臂偏枯半耳聾〔二〕。寂寂繫舟雙下淚，
悠悠伏枕左書空〔三〕。十年蹴鞠將雛遠，萬里鞦韆習俗
同〔四〕。旅雁上雲歸紫塞，家人鑽火用青楓〔五〕。秦城樓閣
烟花裏，漢主山河錦繡中〔六〕。春水春來洞庭闊，白蘋愁殺
白頭翁〔七〕。

〔一〕此題二章，應是大曆四年三月初至潭州時所作。爲清明節
抒懷之詩。茲選其第二首。

〔二〕偏枯：半身不遂。半耳聾：一耳襲聵。集中《復陰》詩：“變
子之國杜陵翁，牙齒半落左耳聾。”可知是左耳已聾。右臂偏枯、左耳
襲皆始自夔州。

〔三〕繫舟：繫身於舟中。杜甫出峽後，長期住在船上，以船爲家，
故云。伏枕：喻卧病。左：左手。右臂偏枯，故僅能用左手。書空：在
空中虛寫字形。見前《對雪》注。

〔四〕十年：指從乾元二年十二月入蜀，至作此詩時整整十年。
蹴（cù）鞠：踢球。鞠，皮球。古時清明節的一種游戲。此喻己身之奔
波無定，亦如蹴鞠。將雛：攜帶子女。萬里：極言潭州與長安相距之

遠。鞦韆:古時清明節以蕩秋千爲戲。

〔五〕上雲:飛上雲際。紫塞:崔豹《古今注·都邑》:“秦築長城,土色皆紫,漢塞亦然,故稱‘紫塞’焉。”此處指長安。鑽火:上古鑽木取火,此泛指取火。舊俗清明節前爲寒食節,家家禁火,故清明須取新火。用青楓:楚地用青楓取火,北方用榆、柳取火,各地習俗不同。兩句暗寓漂泊異鄉,思念長安之意。

〔六〕秦城:亦指長安。烟花:指春日的繁華景色。烟,一本作“鶯”。漢主:喻唐皇。兩句想像京都春日風光。

〔七〕春水春來:指年光遞換。水,一本作“風”。白頭翁:杜甫自謂。兩句言洞庭廣闊,水上白蘋,引起無限愁思。

樓　上〔一〕

天地空搔首,頻抽白玉簪〔二〕。皇輿三極北,身事五湖南〔三〕。戀闕勞肝肺,論材愧杞柟〔四〕。亂離難自救,終是老湘潭〔五〕。

〔一〕此詩當係大曆四年秋在潭州所作。

〔二〕天地句:言天地雖大,卻無處容身,惟有搔首嘆息而已。頻抽句:王嗣奭云:“白玉簪,蓋朝冠所用。屢思入朝而中止,故云‘頻抽’。”古人蓄髮,頭上插簪綰髮。

〔三〕皇輿:皇帝乘車,指代朝廷。屈原《離騷》:“恐皇輿之敗績。”三極北:地有四極,皇輿在東、西、南三極之北,故云。身事:指身世漂泊。五湖:《史記·河渠書》索隱:“五湖者,郭璞《江賦》云具區、洮滆、彭蠡、青草、洞庭是也。"此專指洞庭湖。潭州在五湖之南，故云。

〔四〕闕：宮門望樓，喻朝廷。論，一本作"掄"。杞、梓：兩種美木，可作棟梁之材。兩句言報國有心，但材不堪用。實係慨詞。

〔五〕老湘潭：老死於湘潭。仇兆鰲云："戀闕而不才淪棄，既無補於皇輿；亂離而終老湘潭，又無濟於一身，此所以搔首躕蹢耳。"

登舟將適漢陽[一]

春宅棄汝去[二]，秋帆催客歸。庭蔬尚在眼，浦浪已吹衣[三]。生理飄蕩拙，有心遲暮違[四]。中原戎馬盛，遠道素書稀[五]。塞雁與時集，檣烏終歲飛[六]。鹿門自此往，永息漢陰機[七]。

〔一〕此詩當係大曆四年初秋在潭州作。漢陽：即今湖北省漢陽縣，由潭州赴襄陽向洛陽，須經此。杜甫欲去漢陽，實未成行。

〔二〕春宅：杜甫是年春二月至潭州後所居之宅。

〔三〕庭蔬：春宅庭前所種蔬菜。浦：指湘江。

〔四〕生理兩句：言漂泊中拙於經營生計，報國之心因衰老而莫遂。

〔五〕遠道：指故鄉。素書：尺素書。古時書信常寫在一尺長的絹帛上，故云。

〔六〕塞雁句：雁爲候鳥，至秋由塞北南來，集於南方。檣烏：帆柱上端所置鳥形風標。此喻客舟。終歲飛：指客舟終年飄蕩不停。弦外之音爲塞雁可以按時南來,而自己卻欲歸不能,駕舟終年飄蕩。

〔七〕鹿門:見前《冬日有懷李白》注。漢陰機:《莊子・天地篇》:"子貢南游於楚,反於晉,過漢陰,見一丈人方將爲圃畦,鑿隧而入井,抱甕而出灌,搰搰然用力甚多而見功寡。子貢曰:'有械於此,一日浸百畦,用力甚寡而見功多,夫子不欲乎?'……爲圃者忿然作色而笑曰:'吾聞之吾師,有機械者必有機事,有機事者必有機心……'"兩句言將由漢陽赴襄陽鹿門山隱居以忘機。杜甫遠祖杜遜(杜預曾孫)隨晉元帝南遷,居襄陽,襄陽本杜甫祖籍,故有歸隱鹿門之想。

暮秋枉裴道州手札,率爾遣興,寄遞呈蘇渙侍御^{〔一〕}

久客多枉友朋書,素書一月凡一束^{〔二〕}。虛名但蒙寒暄問,泛愛不救溝壑辱^{〔三〕}。齒落未是無心人,舌存恥作窮途哭^{〔四〕}。道州手札適復至,紙長要自三過讀^{〔五〕}。盈把那須滄海珠?入懷本倚崑山玉^{〔六〕}。撥棄潭州百斛酒,蕪没湘岸千株菊^{〔七〕}。使我晝立煩兒孫,令我夜坐費燈燭^{〔八〕}。憶子初尉永嘉去,紅顏白面花映肉^{〔九〕}。軍符侯印取豈遲,紫燕騄耳行甚速^{〔一〇〕}。聖朝尚飛戰鬥塵,濟世宜引英俊人^{〔一一〕}。黎元愁痛會蘇息,戎狄跋扈徒逡巡^{〔一二〕}。授鉞築壇聞意旨,頹綱漏網期彌綸^{〔一三〕}。郭欽上書見大計,劉毅答詔驚群臣^{〔一四〕}。他日更僕語不淺,明公論兵氣益振^{〔一五〕}。傾壺簫管動白髮,舞劍霜雪吹青春^{〔一六〕}。宴筵曾語蘇季子，後來傑出雲孫比[一七]。茅齋定王城郭門，藥物楚老漁商市[一八]。市北肩輿每聯袂，郭南抱甕亦隱几[一九]。無數將軍西第成，早作丞相東山起[二〇]。鳥雀苦肥秋粟菽，蛟龍欲蟄寒沙水[二一]。天下鼓角何時休？陣前部曲終日死[二二]！附書與裴因示蘇，此生已愧須人扶。致君堯舜付公等，早據要路思捐軀[二三]！

　　[一] 大曆四年秋在潭州作。裴道州：即裴虯，時任道州刺史。枉：猶“辱荷”，對他人賜書的敬詞。蘇渙：蜀人，生平事迹見高仲武《中興間氣集》中小傳。時正佐潭州刺史兼御史中丞崔瓘幕。杜甫與之初識，頗稱賞其人其詩。曾作《蘇大侍御訪江浦，賦八韻紀異》詩，詩序云：“蘇大侍御渙，靜者也。旅於江側，不交府之客，人事都絕久矣。肩輿江浦，忽訪老夫舟楫。……才力素壯，辭句動人。”浦起龍云：“裴之官之始，公嘗有《湘江宴餞》詩。裴到官後，致札來諗，故復作此寄遞。其‘呈蘇渙’者，當餞裴時，渙亦在坐，今作此詩，省憶往事，遂連及之。蓋公自呈蘇，非託裴轉寄，渙亦在潭故也。”

　　[二] 素書：見前《登舟將適漢陽》注。

　　[三] 寒暄：問寒問暖。泛愛：普愛衆人。用《論語・學而》“泛愛衆，而親仁”語。此處實指客套的關懷與同情。溝壑辱：流轉於溝壑的屈辱。

　　[四] 齒落：據《復陰》詩：“牙齒半落左耳聾”，可知杜甫前此已牙齒半落。無心人：不留心世事之人。舌存：用戰國張儀故事。《史記・張儀列傳》：“（儀）嘗從楚相飲，已而楚相亡璧，門下意張儀，曰：‘儀貧無行，必此盜相君之璧。’共執張儀，掠笞數百，……其妻曰：‘嘻！子毋讀書游説，安得此辱乎？’張儀謂其妻曰：‘視吾舌尚在不？’其妻笑曰：‘舌在也。’儀曰：‘足矣。’”窮途哭：用晉阮籍故事。《晉

書》本傳："時率意獨駕，不由徑路，車迹所窮，輒慟哭而反。"兩句言齒
雖半落，未忘棄濟世之志；三寸之舌雖存，恥作窮途之哭。以上用世俗
應酬書信之虛僞，反襯裴虬手札之真誠可貴。

〔五〕三過：三遍。句意言信雖長，内容卻真誠感人，故反復閲讀。

〔六〕滄海珠、崑山玉：喻裴虬手札中文辭之精美。兩句言得裴虬
之書不必再求滄海之珠，置書在懷如倚崑山之玉。極言珍視之情。

〔七〕撥棄：撇棄。潭州酒：盛弘之《荆州記》卷上："（長沙郡）醴
有醴湖，周迴三里，取湖水爲酒，酒極甘美。"湘岸：湘江岸邊。湘，一
本作"瀟"，非。瀟水在今廣西湖南兩省間，非若湘江之流經潭州。蕪
没：荒草掩没。兩句意爲既得手札，珍如珠玉，愛不釋手，已無心飲美
酒，賞黄花。

〔八〕兒孫：複詞偏義，即兒子。杜甫此時尚無孫子。煩兒孫：站
立時久，需兒子扶持。兩句寫閲讀書札，晝夜忘倦。

〔九〕子：指裴虬。初尉永嘉：杜甫居長安時曾作《送裴二虬尉永
嘉》詩，時在天寶十三載（七五四）。紅顔句：形容裴虬盛年容貌。

〔一〇〕軍符侯印：指刺史之職。漢至六朝，刺史掌一州軍政大權，
並加將軍銜，權位如侯王。惟隋以後權任漸輕，僅等於郡太守。杜甫
此處係用古刺史例，以喻裴虬現職。遲：晚。紫燕：即紫燕騮，漢文帝
九逸馬之一。《西京雜記》卷二："文帝自代還，有良馬九匹，皆天下之
駿馬也。一名浮雲，一名赤電，一名絶群，一名逸驃，一名紫燕騮，一名
緑螭驄，一名龍子，一名麟駒，一名絶塵，號爲九逸。"騄耳：亦作"騄
駬"，周穆王八駿之一。《史記·秦本紀》："造父以善御幸於周繆王，
得驥、温驪、驊駵、騄耳之駟。"行甚速：言裴虬飛黄騰達，升遷極速。

〔一一〕聖朝句：言王朝戰亂未息。引：招致，任用。英俊人：指
裴虬。

〔一二〕黎元：猶"黎庶"，百姓。會：定，當。戎狄：古時對西北少數

民族之蔑稱。兩句言裴虬當權,百姓苦難定能解除,戎狄雖飛揚跋扈,亦將遲疑不前。

〔一三〕授鉞築壇:喻擔任方面大吏。鉞,大斧,古時大將出征及方面官出使,朝廷築壇授以節鉞。節爲符節,係出使之信物;鉞表示可專刑殺。聞意旨:親領皇帝的意旨。頽綱漏網:喻法制之敗壞而有弊漏者。期:可望。彌綸:彌縫,修補。以上四句贊美裴虬文能經邦,武足戡亂。

〔一四〕郭欽:晉武帝時侍御史。《通鑑》卷八一,太康元年:“侍御史西河郭欽上疏曰:‘戎狄彊獷,歷古爲患。……宜及平吳之威,謀臣猛將之略,漸徙内郡雜胡於邊地,峻四夷出入之防,明先王荒服之制,此萬世之長策也。’”劉毅:晉武帝時官至司隸校尉、尚書左僕射。《晉書》本傳:“(武帝)喟然問毅曰:‘卿以朕方漢何帝也?’對曰:‘可方桓、靈。’帝曰:‘吾雖德不及古人,猶克己爲政;又平吳會,混一天下,方之桓、靈,其已甚乎!’對曰:‘桓、靈賣官,錢入官庫,陛下賣官,錢入私門,以此言之,殆不如也!’帝大笑曰:‘桓、靈之世,不聞此言,今有直臣,故不同也’。”兩句以郭欽之獻大計,劉毅之敢直言,推許裴虬。唐代安、史之亂迄以後回紇、吐蕃等騷擾,均係不善處理邊疆民族之故,代宗性好聚斂,而無直言敢諫之士。故杜甫引此二人,實係切合時事者。

〔一五〕他日:前日。指裴虬赴道州任,路經潭州,當地官員爲之餞行,杜甫即席賦《湘江宴餞裴二端公赴道州》詩之日。更僕:《禮記·儒行》:“遽數之不能終其物,悉數之乃留。更僕,未可終也。”意爲爲時甚久,侍僕已倦,須更僕輪侍。語不淺:言談投機而深入。明公:指裴虬。氣益振:精神更加焕發。

〔一六〕傾壺:斟酒。簫管:指飲宴時奏樂歌唱。動白髮:引動老年人使之興奮。動,一本作“黑”,又作“理”。霜雪:指劍光。吹青春:形容劍光閃爍,雖春日亦恍若寒氣逼人。

〔一七〕蘇季子：即蘇秦，字季子，戰國時縱橫家。此喻蘇渙。雲孫：遠代子孫。《爾雅·釋親》：“仍孫之子爲雲孫。”注：“言輕遠如浮雲。”兩句言宴會中曾與裴虬談及蘇渙，稱之爲蘇秦傑出裔孫。

〔一八〕定王城：即長沙城。西漢景帝子劉發，封長沙王，卒，謚定。故稱。城北有漢長沙定王所築望母台。言蘇渙卜居於長沙。藥物：指賣藥。魚商市：指潭州市集。仇注：“公賣藥魚商市上……。公昔進《三大禮賦》，表中有‘賣藥都市’句，知此處藥物楚老，當屬自謂。”

〔一九〕肩輿：轎。聯袂：攜手。袂，衣袖。抱甕：指抱甕灌園。見前《登舟將適漢陽》注中所引《莊子·天地篇》漢陰丈人“抱甕而出灌”事。隱几：憑几。《莊子·齊物論》：“南郭子綦，隱几而坐。”兩句言或則杜甫乘轎訪蘇渙於市北，攜手同游，或則蘇渙訪杜甫於城南，一同抱甕灌園，憑几談心。

〔二〇〕無數句：用東漢外戚大將軍梁冀事，喻當時武將競求奢華。《後漢書·梁冀傳》：“冀乃大起第舍，而壽（梁冀妻）亦對街爲宅，彌極土木，互相夸競……冀又起別第於城西，以納姦亡。”早作句：用東晉高崧諷謝安事。《晉書·謝安傳》：“征西大將軍桓溫請爲司馬，將發新亭，朝士咸送，中丞高崧戲之曰：‘卿累違朝旨，高卧東山，諸人每相與言：安石不肯出，將如蒼生何！蒼生今亦將如卿何！’安甚有愧色。”意爲謝安對朝廷任命尚矜持推讓，而今日文臣謀取高位，竟急不及待。

〔二一〕鳥雀：喻庸人。蛟龍：喻賢士。蟄：蟄伏。兩句以鳥雀因爭食秋熟之粟菽而肥，蛟龍卻願蟄伏於寒沙水中，喻庸人高官厚禄、尸位素餐，賢士卻終生窮困，沉滯下僚。

〔二二〕部曲：《後漢書·百官志》：“（將軍）其領軍皆有部曲。大將軍營五部，部校尉一人，……部下有曲，曲有軍候一人。”此處指士兵及下級軍官。仇兆鰲云：“鼓角未休，部曲死戰，見多事之秋，非鳥雀庸才所能勝任，而蛟龍奮起，必不終困寒沙也。”

〔二三〕致君堯舜：即《奉贈韋左丞丈》詩“致君堯舜上，再使風俗淳”句意，見該詩注。公等：指裴虬、蘇涣。早據要路：早登要職。語出《古詩十九首》：“何不策高足，先據要路津。”捐軀：爲國獻身。

客　從〔一〕

客從南溟來，遺我泉客珠〔二〕。珠中有隱字，欲辨不成書〔三〕。緘之篋笥久，以俟公家須〔四〕。開視化爲血，哀今徵斂無〔五〕。

〔一〕大曆四年在潭州作。取首二字爲題。以寓言體諷諭橫徵暴斂，末句顯示主題。杜集有《自平》詩云：“自平中官吕太一，收珠南海千餘日。”亦以南海收珠喻官府掠奪壓榨之酷烈。

〔二〕客、我：皆泛指。南溟：南海。《莊子·逍遥游》：“南溟者，天池也。”泉客：即鮫人。《述異記》卷上：“鮫人，即泉先也，又名泉客。”又，卷下：“南海中有鮫人室，水居如魚，不廢機織。其眼能泣則出珠。”兩句句法本《古詩十九首》：“客從遠方來，遺我雙鯉魚。”

〔三〕有隱字：隱約似有文字。兩句言似有文字又難辨認字跡。王嗣奭云：“珠中隱字，比民隱莫知。”

〔四〕緘：封藏。篋笥：竹箱，泛指藏物箱籠。俟：等待。須：同“需”，需索，徵斂。

〔五〕徵斂無：無物復可應徵。言小民已被搜括一空。王嗣奭云：“上之所斂，皆小民之血，今并血而無之矣。”

蠶穀行[一]

天下郡國向萬城，無有一城無甲兵[二]。焉得鑄甲作農器，
一寸荒田牛得耕？牛盡耕[三]，蠶亦成。不勞烈士淚滂沱，
男穀女絲行復歌[四]。

〔一〕此詩當係大曆四年在潭州作。時戰爭頻仍，農田荒廢，蠶穀
不收，故賦此寄慨。

〔二〕向：將近。甲兵：鎧甲與兵器。喻戰爭。仇兆鰲云："大曆三
年，商州兵馬使劉洽反；幽州兵馬使朱希彩反。四年，廣州人馮崇道、
桂州人朱濟時反。又連年吐蕃入寇，所謂'無有一城無甲兵'也。"

〔三〕牛盡耕：一本"耕"下有"田"字。

〔四〕烈士：有志之士，此指士兵。仇兆鰲云："必銷兵之後，民始
復業，末云烈士，見當時征戍之士即農民耳。"滂沱：雨大貌，此喻淚落
如雨。行：猶"作"。行復歌，即且作且歌意。

朱鳳行[一]

君不見瀟湘之山衡山高，山巔朱鳳聲嗷嗷[二]。側身長顧
求其曹，翅垂口噤心甚勞[三]。下愍百鳥在羅網，黃雀最小

猶難逃〔四〕。願分竹實及螻蟻，盡使鴟梟相怒號〔五〕。

〔一〕大曆四年作。朱鳳：《説文》：“鳳，神鳥也。”古常以喻賢者。《論語·微子》：“鳳兮鳳兮，何德之衰。”邢疏：“知孔子有聖德，故比孔子於鳳。”杜甫亦以朱鳳自喻。

〔二〕瀟湘：泛指今湖南省湘水流域。衡山：即南嶽。在今湖南省衡山縣。巔：一本作“巖”。聲，一本作“鳴”。

〔三〕長顧：引頸四望。曹：同道，一本作“群”。甚勞，一本作“勞勞”。兩句言孤棲失志。

〔四〕愍：同“憫”，哀憐。兩句亦以鳥喻人，言人民爲賦斂所困。

〔五〕竹實：鳳凰所食，見前《鳳凰台》注。鴟梟（chī xiāo）：梟，又作“鴞”，猫頭鷹，舊時被認爲係惡禽，喻貪官惡吏。兩句意爲願分食物予百鳥以至於螻蟻，使咸得生存，而不屑惡鳥之號叫。喻但求造福於民，不惜見嫉於權貴。朱鶴齡云：“劉楨詩：‘鳳凰集南嶽，徊徘孤竹根。豈不長辛苦，羞與黃雀群？’公詩似取其意而反之。”

追酬故高蜀州人日見寄〔一〕并序

開文書帙中，檢所遺忘，因得故高常侍適往居在成都時高任蜀州刺史《人日相憶》見寄詩。淚灑行間，讀終篇末〔二〕！自蒙詩，已十餘年；莫記存殁，又六、七年矣〔三〕。老病懷舊，生意可知〔四〕。今海内忘形故人，獨漢中王瑀與昭州敬使君超先在〔五〕。愛而

不見〔六〕,情見乎辭。大曆五年正月二十一日,卻追酬
高公此作,因寄王及敬弟。

自蒙蜀州人日作,不意清詩久零落〔七〕。今晨散帙眼忽開,
迸淚幽吟事如昨〔八〕。嗚呼壯士多慷慨,合沓高名動寥
廓〔九〕。嘆我悽悽求友篇,感君鬱鬱匡時略〔一〇〕。錦里春
光空爛熳,瑤墀侍臣已冥寞〔一一〕。瀟湘水國傍黿鼉,鄠杜
秋天失鵰鶚〔一二〕。東西南北更誰論〔一三〕?白首扁舟病獨
存。遥拱北辰纏寇盜,欲傾東海洗乾坤〔一四〕。邊塞西羌最
充斥,衣冠南渡多崩奔〔一五〕。鼓瑟至今悲帝子,曳裾何處
覓王門〔一六〕。文章曹植波瀾闊,服食劉安德業尊〔一七〕。長
笛鄰家亂愁思,昭州詞翰與招魂〔一八〕!

〔一〕此詩創作日期見詩序。大曆五年爲七七〇年,時杜甫在潭
州。高蜀州:即高適。其時高適已死,詩係酬答高以往贈詩,故云"追
酬"。人日:古代習俗,夏曆正月初一日至初七日,各有所屬。《荆楚
歲時記》:"按董勛問禮俗曰:正月一日爲雞,二日爲狗,三日爲羊,四
日爲猪,五日爲牛,六日爲馬,七日爲人。"高適寄杜甫詩在上元二年
(七六一)正月初七日。

〔二〕帙(zhì):裝書籍文件的套子。高常侍:廣德元年(七六三),
高適被召還朝,任刑部侍郎、左散騎常侍。故稱。人日相憶見寄詩:即
高適《人日寄杜二拾遺》詩。

〔三〕蒙詩:蒙贈詩。蒙:一本作"枉"。十餘年:高適贈詩距此時
方十年。存殁:生死。高適死於永泰元年(七六五),距作此詩近
六年。

〔四〕生意:人生的意趣或情懷。自言年老多病,追懷故舊,情懷

惡劣。

〔五〕忘形故人:不拘形迹的舊日摯友。漢中王瑀:李瑀,玄宗兄
李憲第六子。《新唐書·三宗諸子傳》:“(讓皇帝憲子)瑀,早有才望,
偉儀觀。……從帝(玄宗)幸蜀,……封漢中王,山南西道防禦使。”杜
集有《戲題上漢中王》三首、《翫月呈漢中王》、《戲作上漢中王》二首
及《奉漢中王手札》等詩。敬超先:昭州(今廣西壯族自治區平樂縣)
人。使君:古時稱刺史爲使君,杜甫於大曆四年秋在長沙有《湖南送
敬十使君適廣陵》詩,當即此人。在:在世。

〔六〕愛而不見:語出《詩·邶風·靜女》:“愛而不見,搔首
踟躕。”

〔七〕久零落:猶“冷落”,即序中所言“遺忘”。

〔八〕開,一本作“明”。迸淚:淚泉迸灑。幽吟:輕聲吟哦。

〔九〕壯士多慷慨:喻高適。《舊唐書》本傳:“適喜言王霸大略,
務功名,尚節義。時逢多難,以安危爲己任。”合沓(tà):積聚、蔚凝
貌。賈誼《旱雲賦》:“遂積聚而合沓兮,相紛薄而慷慨。”指高適文武
才略積久而揚名。寥廓:高遠貌。動寥廓,猶言“震四海”。

〔一○〕求友篇:求友,語出《詩·小雅·鹿鳴之什·伐木》:“相彼
鳥兮,猶求友聲。”此自指在蜀時寄贈高適諸詩,如《寄高使君岑長
史》、《酬高使君相贈》及《高使君自成都回》等。詩中多身世凄涼之
詞,故云“悽悽”。鬱鬱:盛貌。匡時略:指高適經世之策。見前注
〔九〕所引之文。又《舊唐書》本傳載玄宗授適諫議大夫制云“侍御史
高適,……感激懷經濟之略,紛綸贍文雅之才。長策遠圖,可云大體;
讜言義色,實爲忠臣”云云。

〔一一〕錦里:即錦官城。見前《蜀相》注。爛熳:光彩鮮明貌。高
適曾任蜀州刺史,今已死去,城在人亡,故云“空爛熳”。瑤墀(chí):
即玉階,指宮庭殿前。侍臣:高適官終左散騎常侍。冥寞:喻死亡。

〔一二〕瀟湘:見前《朱鳳行》注。傍黿鼉:與黿鼉爲伍,此自傷漂泊湖南,寄居船上。黿鼉:見前《白帝城最高樓》注。鄠(hù)、杜:指長安鄠縣與杜曲,在長安城西南,雕、鶚:兩種猛禽。高適直言急諫,不避權貴,故比作"雕、鶚"。失,嘆其已死。

〔一三〕東西南北:用高適《人日寄杜二拾遺》結句:"愧爾東西南北人。"《禮記·檀弓上》:"今丘也,東西南北之人也。"高適以孔子語喻杜甫處境,今杜甫又取之以爲答。更誰論:言復與何人談論唱酬。

〔一四〕拱:原是圍繞之意,此處作"望"解。北辰:見前《奉送嚴公入朝十韻》注。纏寇盜:爲寇盜所攪擾,指吐蕃連年入寇。洗乾坤:蕩平天下戰亂。

〔一五〕西羌:指吐蕃。充斥:多,充滿。大曆三年、四年,吐蕃連連入寇。衣冠南渡:原指西晉末年,北方少數民族侵入,晉元帝渡江,士族也隨之南遷事。此處借指吐蕃入寇,代宗逃往陝州,中原士庶之紛紛避亂南奔。崩奔:山崩海奔,喻避亂逃竄時紛沓慌亂之狀。

〔一六〕鼓瑟:奏瑟。《楚辭·遠游》:"使湘靈鼓瑟兮。"帝子:《楚辭·九歌·湘夫人》:"帝子降兮北渚。"傳說帝舜南游,死於蒼梧之野,舜之二妃娥皇、女英悲泣,投湘水而死,成爲湘水女神。於風雨晦冥中,常出水面,鼓瑟悲歌。此爲流傳於湘江一帶的神話故事,杜甫因寄詩李瑀,故借此以表對王室多難的感傷。曳裾王門:寄食於王侯門下。曳裾,見前《壯游》注。此以王門指漢中王李瑀府邸,杜甫想前往投奔,但歸去無路。

〔一七〕曹植:魏宗室,封陳思王。波瀾闊:形容文章思路遼闊,筆力雄健。《三國志·魏書》本傳:"善屬文……言出爲論,下筆成章。"劉安:漢宗室,封淮南王。服食:服食丹藥,道家服食派的一種長生術。《古今注·音樂》篇:"淮南服食求仙,徧禮方士,遂與八公相攜俱去,莫知所在。"德業尊:《史記·淮南衡山列傳》:"淮南王安爲人好讀書鼓琴,不喜弋獵狗馬馳騁,亦欲以行陰德拊循百姓,流譽天下。"曹、劉二人均宗室,故以喻李瑀。

〔一八〕長笛鄰家:用晉向秀思念嵇康事。嵇康被殺後,向秀過其舊宅作《思舊賦》,序云:"余逝將西邁,經其舊廬,於時日薄虞淵,寒冰淒然。鄰人有吹笛者,發聲寥亮,追思曩昔游宴之好,感音而嘆,故作賦云。"喻自己的思念高適。鄰家,一本作"誰能"。昭州:指敬超先。與:猶"爲"。招魂:即《楚辭·招魂》,宋玉所作。宋玉哀憐屈原忠而斥棄,作《招魂》賦。句意爲自己聞笛而愁思紛亂,不能如向秀之作賦思舊,故望敬超先能代作《招魂》之賦。

江南逢李龜年^{〔一〕}

岐王宅裏尋常見,崔九堂前幾度聞^{〔二〕}。正是江南好風景,落花時節又逢君^{〔三〕}!

〔一〕大曆五年春在潭州作。江南:指江、湘之間。李龜年:唐代著名音樂家。安、史亂後,流落江南。《明皇雜錄》:"開元中,樂工李龜年、彭年、鶴年兄弟三人,皆有才學盛名。彭年善舞,鶴年、龜年能歌。……其後龜年流落江南,每遇良辰勝賞,爲人歌數闋,座中聞之,莫不掩泣罷酒。"杜甫少年時曾在洛陽聽李龜年演唱,此時又在潭州相遇,乃寫詩相贈,抒發今昔盛衰之感。

〔二〕岐王:李範。《舊唐書·睿宗諸子傳》:"惠文太子範,睿宗第四子也。……睿宗踐祚,進封岐王。……範好學工書,雅愛文章之士,士無貴賤,皆盡禮接待。"岐王宅,在東都洛陽尚善坊。杜甫十四歲時,"出游翰墨場",常在岐王宅見李龜年。崔九:原注:"崔九,即殿中監崔滌,中書令湜之弟。"《舊唐書·崔仁師傳》:"(滌)素與玄宗款密。……用爲秘書監,……後賜名澄。"常出入禁中,與諸王侍宴不讓席。開元十四年卒。崔滌亦有宅在東都洛陽遵化里,杜甫少年時亦常出入其宅第。

〔三〕是:一本作"值"。落花時節:指暮春季節。仇兆鰲云:"此詩撫今思昔,世境之離亂,人情之聚散,皆寓於其中。"

小寒食舟中作〔一〕

佳辰强飲食猶寒,隱几蕭條戴鶡冠〔二〕。春水船如天上坐,老年花似霧中看〔三〕。娟娟戲蝶過閒幔,片片輕鷗下急湍〔四〕。雲白山青萬餘里,愁看直北是長安〔五〕。

〔一〕大曆五年春在潭州作。小寒食:冬至後一百零五天爲寒食,寒食之次日是小寒食,亦即清明節前一日。杜甫到潭州後,未嘗卜居陸上,故詩作於舟中。

〔二〕佳辰:小寒食屬寒食節三日之内,次日即清明,故云"佳辰"。飲,一作"飯"。食猶寒:《荆楚歲時記》:"去冬節一百五日,即有疾風苦雨,謂之寒食,禁火三日,造餳大麥粥。"小寒食在停炊期内,故云"食猶寒"。蕭條:孤悽冷落貌。鶡(hé)冠:隱者之冠。戰國時楚有一隱士,常戴鶡冠,號鶡冠子。此係杜甫以野老自居。

〔三〕春水兩句:意爲春水清澈,藍天映入水中,船似飄浮天上。

年老眼花,看花如在霧中。

〔四〕娟娟:美好貌。幔:船艙前布帳。閒,與下句“急”字相對,微風不動之狀。一作“開幔”,非是。片片:形容鷗鳥展翅輕翔。

〔五〕萬餘里:喻潭州與長安相距之遠。《舊唐書·地理志》:潭州長沙郡,“在京師南二千四百四十五里”。直北:正北。直:一本作“西”。

白　馬[一]

白馬東北來,空鞍貫雙箭[二]。可憐馬上郎,意氣今誰見[三]?近時主將戮,中夜傷於戰[四]。喪亂死多門,嗚呼淚如霰[五]。

〔一〕大曆五年四月八日,湖南兵馬使臧玠殺潭州刺史兼湖南都團練觀察使崔瓘,據潭州作亂。事變發生於夜間,杜甫從城中躲亂回船往衡州(今湖南省衡陽市)進發。詩爲此時所作,用首二字爲題。

〔二〕東北來:衡州在潭州西南,故見馬從東北來。空鞍:鞍上無人,言騎者已死於兵亂。貫雙箭:言馬亦受傷。

〔三〕馬上郎:指原騎此馬之戰士。意氣:意態與氣概。兩句言人已戰死。

〔四〕主將:指崔瓘。崔瓘被殺是實事,此騎馬戰士半夜戰死,爲逆料之詞。

〔五〕多門:猶“多路”,死因非一。仇兆鰲云:“‘喪亂死多門’

一語極慘！或死於寇賊，或死於官兵，或死於賦役，或死於饑餒，或死於奔竄流離，或死於寒暑暴露。唯身歷患難，始知其情狀。"霰：雪珠。

逃　難[一]

五十白頭翁，南北逃世難[二]。疏布纏枯骨，奔走苦不暖[三]。已衰病方入，四海一塗炭[四]。乾坤萬里內，莫見容身畔[五]。妻孥復隨我，回首共悲嘆。故國莽丘墟[六]，鄰里各分散。歸路從此迷，涕盡湘江岸。

〔一〕大曆五年避臧玠之亂時作。故末句云"涕盡湘江岸"。

〔二〕五十：杜甫於至德元載（七五六）開始逃難，當時四十五歲，"五十"，係舉成數。南北句：北方逃安史之亂，由奉先到過白水、鄜州，又由長安逃回鳳翔，復由華州經秦州、同谷至蜀境。南方則在蜀境逃段子璋、徐知道與崔旰之亂。此時又在湖南逃臧玠之亂。

〔三〕疏布：粗布。枯骨：喻身體衰老瘦弱。不暖：不暇暖席，奔走無寧時。

〔四〕塗炭：泥淖炭火之中，喻處境險惡。塗，通"荼"。

〔五〕畔：疆界，處所。

〔六〕故國：指故鄉。莽：野草叢生。丘墟：廢墟。

聶耒陽以僕阻水，書致酒肉，療飢荒江，詩得代懷，興盡本韻，至縣，呈聶令[一]，陸路去方田驛四十里，舟行一日，時屬江漲，泊於方田

耒陽馳尺素，見訪荒江渺[二]。義士烈女家，風流吾賢紹[三]。昨見狄相孫，許公人倫表[四]。前朝翰林後，屈跡縣邑小[五]。知我礙湍濤，半旬獲浩溔[六]。孤舟增鬱鬱，僻路殊悄悄。側驚猿猱捷，仰羨鸛鶴矯[七]。禮過宰肥羊，愁當置清醥[八]。麾下殺元戎，湖邊有飛旐[九]。人非西諭蜀，興在北坑趙[一〇]。方行郴岸靜，未話長沙擾[一一]。崔師乞已至，澧卒用矜少[一二]。問罪消息真，開顏憩亭沼[一三]。

　　〔一〕大曆五年四月，杜甫避臧玠之亂，自潭州到達衡州，時其舅父崔偉，任郴州（今湖南省郴縣）錄事參軍，乃由衡赴郴相依，途徑耒陽方田驛，爲大水所阻，被迫泊舟五日，餱糧不繼。耒陽縣令聶某得知後，派人送信并饋以酒肉。杜甫作此詩酬謝。耒陽：即今湖南省耒陽縣。詩得代懷：作詩以表心情。興盡本韻：言全詩限用本韻，不及其他韻部。按詩中所押，皆《廣韻》三十“小”部韻。至縣：杜甫原擬至耒陽縣面送此詩致謝。實則因水勢浩大，未能成行。呈聶令：聶令姓名無考。浦起龍云：“題當至此，下疑小注原文，蓋以注明阻水之處耳。”陸路：指自衡州至耒陽方田驛的陸程。
　　〔二〕渺：形容水漲江闊。

〔三〕義士:指聶政。烈女:指聶政之姊聶嫈。以縣令姓聶,故及於聶姓之古賢人。聶政爲嚴仲子報仇,殺死韓相俠累,毀容自殺,以求不連累親屬。屍暴於市,其姊聶嫈(或作"榮"),伏屍痛哭,死於聶政屍旁以揚其弟義俠之名。事見《史記·刺客列傳》。風流:流風餘韻。吾賢:指聶令。紹:繼續。

〔四〕昨:以往。狄相:指狄仁傑。武則天時任鸞台侍郎同平章事,即宰相,封梁國公。狄相孫:杜甫在夔州時有《寄狄明府博濟》詩云:"梁公曾孫我姨弟。"當指此人。許:推許、贊揚。公:指聶縣令。表:表率。

〔五〕翰林後:聶令前代當有曾任翰林者。屈跡:猶屈就。言大材小用,屈居小縣之令。

〔六〕礙湍濤:爲急水洪濤所阻。半旬:五天。獲:困窘失志貌,此解作動詞"受困"。浩漾(yǎo):水無涯際貌。

〔七〕側驚兩句:言困於大水,舟滯難行,見猿猱鸛鶴之能捷走矯飛,甚爲驚羨。

〔八〕禮過句:言餽贈之禮品勝過肥羊,蓋指牛肉。《舊唐書·杜甫傳》亦謂"牛肉"。愁當句:言知我愁悶,須消遣,故爲我置清酒。醽,清酒。曹植《酒賦》:"蒼梧醽清。"

〔九〕麾下:將帥部屬。元戎:元帥,指崔瓘。此句言崔瓘被臧玠兵所殺。旐(zhào):魂幡,古代喪葬時在棺柩前引路之旗。《爾雅·釋天》:"緇廣充幅,長尋,曰旐。"上"飛"字狀其飄揚。潘岳《寡婦賦》:"飛旐翩以啟路。"這兩句寫臧玠殺崔瓘事。一本此二句在"孤舟增鬱鬱"句前。

〔一○〕人:杜甫自謂。西諭蜀:用司馬相如出使西蜀作《喻巴蜀檄》事。《漢書》本傳下:"相如爲郎數歲,會唐蒙使略通夜郎、僰中,發巴蜀吏卒千人,郡又多爲發轉漕萬餘人,用軍興法誅其渠率。巴蜀民

大驚恐。上聞之,乃遣相如責唐蒙等,因諭告巴蜀民以非上意。"北坑
趙:用秦將白起破趙後坑殺降卒事。《史記·白起列傳》:"(趙)括軍
敗,卒四十萬人降武安君(白起)。武安君計曰:'前秦已拔上黨,上黨
民不樂爲秦而歸趙。趙卒反覆,非盡殺之,恐爲亂。'乃挾詐而盡坑殺
之,遺其小者二百四十人歸趙。前後斬首虜四十五萬人。"興:快意。
兩句據朱鶴齡云:"臧玠之徒,非可檄論,必盡坑之乃快耳。"一本此二
句在"未話長沙擾"句後。

〔一〕郴岸:赴郴州途中的耒水之岸,即方田驛。長沙擾:指長沙
臧玠之亂。兩句言滯舟方田驛,未能與聶令細論長沙亂事。

〔二〕崔師二句:原注曰:"聞崔侍御漢乞師於洪府,師已至袁州
北;楊中丞琳(應作子琳,時任澧州刺史)問罪將士,自澧上達長沙。"
用矜少:自誇兵精不須多。

〔三〕問罪:聲罪致討。指討伐臧玠。開顏:破愁爲笑。憩:休
息,指泊船。亭沼:方田驛畔江漫之沼池。亭,驛亭。

長沙送李十一銜〔一〕

與子避地西康州,洞庭相逢十二秋〔二〕。遠愧尚方曾賜履,
竟非吾土倦登樓〔三〕。久存膠漆應難并,一辱泥塗遂晚
收〔四〕。李杜齊名真忝竊,朔雲寒菊倍離憂〔五〕。

〔一〕大曆五年秋,杜甫因臧玠之亂已平,乃自衡州耒陽轉回潭
州,詩爲至潭州後作。李銜:排行十一,事跡不詳。

〔二〕子:指李銜。避地:易地避亂。西康州:即同谷縣。十二秋:

杜甫於乾元二年(七五九)冬寄居同谷，至此恰十二年。

〔三〕尚方曾賜履：用東漢王喬故事。《後漢書》本傳："王喬者，河東人也。顯宗世，爲葉令。喬有神術，每月朔望，常自縣詣臺朝。帝(明帝)怪其來數，而不見車騎，密令太史伺望之。言其臨至，輒有雙鳧從東南飛來。於是候鳧至，舉羅張之，但得一隻舄焉。乃詔尚方診視，則四年中所賜尚書官屬履也。"尚方，又作"上方"，皇家製作器物的官署。杜甫任檢校工部員外郎，賜緋魚袋，故以"尚方賜履"作比。因係空銜遥授，故云"遠愧"。登樓：用三國魏時王粲避亂荆州事。王粲依劉表於荆州時所作《登樓賦》，中有"雖信美而非吾土兮，曾何足以少留"之句。非吾土，謂係他鄉。長沙屬荆州，故杜甫以王粲避亂荆州自比。

〔四〕膠漆：喻交誼之堅固。《後漢書·雷義傳》："膠漆自謂堅，不如雷與陳。"喻雷義與陳重友誼深固。應難并：應無人可與并比。指李銜友情誠篤，歷久不衰。一辱泥塗：自從陷没於泥塗。指自任左拾遺時被貶。晚收：收穫不及時，引申爲老而無成。

〔五〕李、杜：用東漢李膺、杜密齊名事以喻李銜和自己。《後漢書·杜密傳》："與李膺俱坐(罪)，而名行相次，故時人亦稱'李杜'焉。"忝竊：非分而得，謙辭。朔雲：喻北方，指李銜將北上。寒菊：喻秋景。句意言李銜北歸，而自己仍流落異鄉，對此秋景，倍增離憂。

暮秋將歸秦，留別湖南幕府親友〔一〕

水闊蒼梧野，天高白帝秋〔二〕。途窮那免哭，身老不禁愁〔三〕。大府才能會〔四〕，諸公德業優。北歸衝雨雪，誰憫敝貂裘[五]？

〔一〕大曆五年暮秋在潭州作。歸秦：杜甫欲歸秦，但終未能如願。湖南：洞庭湖以南。唐代尚未以“湖南”爲行政區劃之名。幕府：見前《宿府》注，此指地方官府。

〔二〕蒼梧：見《同諸公登慈恩寺塔》注。相傳帝舜死於蒼梧。故隱與下“白帝”相對。《史記·五帝本紀》：“（舜）踐帝位三十九年，南巡狩，崩於蒼梧之野。葬於江南九疑，是爲零陵。”按，古零陵爲今湖南省寧遠縣西南境。此處實寫湘江，言湘江水勢浩瀚可以直接蒼梧。野，一本作“晚”。白帝：古人以爲西方司理秋季之神。《禮記·月令》：“迎秋於西郊。”鄭玄注：“迎秋者，祭白帝白招拒於西郊之兆也。”兩句寫地點、季節。

〔三〕途窮句：用阮籍故事。《晉書·阮籍傳》：“（籍）時率意獨駕，不由徑路，車跡所窮，輒痛哭而返。”此以途窮喻自己之流浪無所依歸。

〔四〕大府：唐時稱節度使府曰“大府”。才能會：人才聚集。

〔五〕北歸句：言歸秦途中將冒雨雪。此詩寫於暮秋，預計到達秦中已是冬季，故謂。敝貂裘：破舊的貂皮襖。用蘇秦故事。《戰國策·秦策》：“（蘇秦）説秦王書十上而説不行，黑貂之裘敝，黃金百斤盡，資用乏絶，去秦而歸。”此句言無人憐恤己之窮困。詩意雖在求援，但屬辭蘊藉，不露寒乞之相。

風疾舟中伏枕書懷三十六韻
奉呈湖南親友[一]

軒轅休製律，虞舜罷彈琴[二]。尚錯雄鳴管，猶傷半死心〔三〕。聖賢名古邈，羈旅病年侵〔四〕。舟泊常依震，湖平早見參〔五〕。如聞馬融笛，若倚仲宣襟〔六〕。故國悲寒望，群雲慘歲陰〔七〕。水鄉霾白屋，楓岸疊青岑〔八〕。鬱鬱冬炎瘴，濛濛雨滯淫〔九〕。鼓迎方祭鬼，彈落似鴞禽〔一〇〕。興盡纔無悶，愁來遽不禁〔一一〕。生涯相汩沒，時物正蕭森〔一二〕。疑惑樽中弩，淹留冠上簪〔一三〕。牽裾驚魏帝，投閣爲劉歆〔一四〕。狂走終奚適，微才謝所欽〔一五〕。吾安藜不糝，汝貴玉爲琛〔一六〕。烏几重重縛，鶉衣寸寸針〔一七〕。哀傷同庾信，述作異陳琳〔一八〕。十暑岷山葛，三霜楚戶砧〔一九〕。叨陪錦帳坐，久放《白頭吟》〔二〇〕。反樸時難遇，忘機陸易沉〔二一〕。應過數粒食，得近四知金〔二二〕。春草封歸恨，源花費獨尋〔二三〕。轉蓬憂悄悄，行藥病涔涔〔二四〕。瘞夭追潘岳，持危覓鄧林〔二五〕。蹉跎翻學步，感激在知音〔二六〕。卻假蘇張舌，高誇周宋鐔〔二七〕。納流迷浩汗，峻址得嶔崟〔二八〕。城府開清旭，松筠起碧潯〔二九〕。披顏爭倩倩，逸足競駸駸〔三〇〕。朗鑒存愚直，皇天實照臨〔三一〕！公孫仍恃險，侯景未生擒〔三二〕。書信中原闊，干戈北斗深〔三三〕。畏人千里井，問俗九州箴〔三四〕。戰血流依舊，軍聲動至今〔三五〕。葛洪尸定解，許靖力難任〔三六〕。家事丹砂訣，無成涕作霖〔三七〕！

〔一〕大曆五年冬自潭州去岳州，船經洞庭湖時所作。詩成後不久，杜甫即病逝於舟中。此排律實係絕筆。風疾：即風痹病。杜甫早在成都時即患此病，客居夔州時加劇，以致右半身偏枯，這時越發嚴重，故僅能卧牀伏枕作書。

〔二〕軒轅：即黃帝，傳説中的古代帝王。制律：《漢書·律曆志上》：“黃帝使泠綸，自大夏之西，崑崙之陰，取竹之解谷生，其竅厚均者，斷兩節間而吹之，以爲黃鍾之宫。製十二箭以聽鳳之鳴，其雄鳴爲六，雌鳴亦六，比黃鍾之宫，而皆可以生之，是爲律本。至治之世，天地之氣合以生風；天地之風氣正，十二律定。”虞舜：見前《同諸公登慈恩寺塔》注。彈琴：指彈奏五絃琴。《史記·樂書》：“昔者舜作五絃之琴，以歌南風。”《集解》引王肅曰：“南風，育養民之詩也。其辭曰：‘南風之薰兮，可以解吾民之愠兮。’”黃帝制律以調八方之風，虞舜彈琴歌南風以解民之愠。此處言“休”、“罷”者，言雅音廢絶。暗喻時代之喪亂。

〔三〕錯：通“措”，置，安排。雄鳴管：古傳泠綸所製樂器，見前注。半死心：喻琴。語出枚乘《七發》：“龍門之桐，高百尺而無枝，……其根半死半生，冬則烈風漂霰飛雪之所激也，……使琴摯斫斬以爲琴。”但此處“半死心”語意雙關，猶言傷悼自己心未全死。兩句言自己猶弦歌不輟，以抒内心傷悲。喻身處亂世，仍奮發述作。杜甫患風疾，故開頭四句，句句切風。浦起龍云：“發端絶奇！言‘軒律’、‘虞琴’，本以調八風而應薰風者。乃今此之風，足以致疾，必其有管錯心傷處也，則不如勿製勿彈也。由其以風得疾，故詭爲追咎之語。”觀浦氏“管錯心傷”句，乃解“錯”爲“錯亂”意。於詩意恐有未諦。

〔四〕聖賢：指軒轅、虞舜。古邈（mò）：久遠。年侵：年復相侵，猶言病情日重。

〔五〕震：卦名，代表東方。依：瞻依，仰望。王嗣奭云：“漢陽在潭、岳東北，公將適漢陽，故瞻依在震。”湖：指洞庭湖。參：星名，西方七宿之一，即獵户星座，又稱曉星，是冬夜最明亮的星座。

〔六〕馬融：東漢人，字季長。作有《長笛賦》，其序云：“性好音律，能鼓琴吹笛。……有洛客舍逆旅，吹笛，爲《氣出》、《精列》相和。融去京師踰年，暫聞，甚悲而樂之。"仲宣：即王粲，字仲宣。見前《長沙送李十一銜》注。其《登樓賦》中有"憑軒檻以遥望兮，向北風而開襟"之句。馬融、王粲皆客居異地而望鄉，故杜甫引以自比。

〔七〕故國句：從顔延年《還至梁城作》"故國多喬木，空城凝寒雲"句化出，言寒冬悵望故鄉而生悲。群雲句：化用謝惠連《雪賦》："歲將暮，時既昏，寒風積，愁雲繁"句。歲陰，即歲暮，杜甫作此詩正在冬日。

〔八〕霾：塵霧蔽晦。白屋：即茅屋，貧者所居。句意爲水氣如霧，掩蔽茅屋。屋，一本作"厔"。青岑：即青山。句意爲岸邊紅楓與遠處青山重疊映襯。

〔九〕瘴：濕熱蒸騰之氣。滯淫：連綿不斷。

〔一〇〕鼓迎：擊鼓迎神。言民間擊鼓賽社，迎祭鬼神。《岳陽風土記》："荆湖民俗，歲時會集，或禱祠，多擊鼓，令男女踏歌，謂之歌場。"方，一本作"非"。彈落：中岸上獵者之彈而墜落者。鵶禽：南方怪異禽鳥。賈誼《鵩鳥賦》："鵩似鵶，不祥鳥也。"

〔一一〕興盡：即"盡興"，猶言"遂意"。無悶：無煩惱。《易·乾卦》："遯世無悶。"遽：陡然而來。兩句謂方得盡興驅悶，愁緒又不禁襲來。

〔一二〕汩(gǔ)没：滅没。時物：時節景物。兩句言生計既無着落，時景又值慘澹落寞。正，一作"自"。

〔一三〕樽中弩：用杯弓蛇影故事。《風俗通》："(應)郴爲汲令，以夏至日請見主簿杜宣，賜酒，時北壁上有懸赤弩照於杯，形如蛇，宣畏惡之，然不敢不飲，其日便得胸腹痛切，妨損飲食，大用羸露，攻治萬端，不爲愈。"此處自喻因病而疑慮多端。冠上簪：即朝簪，古代官員綰髮飾物。句意爲淹留異鄉，空掛朝官職銜，不能入朝任職。

〔一四〕牽裾：用三國魏時辛毗諫魏文帝事。《三國志·魏書·辛毗傳》：“帝欲徙冀州士家十萬戶實河南。……毗曰：‘陛下欲徙士家，其計安出？’帝曰：‘卿謂我徙之非邪？’毗曰：‘誠以爲非也。’帝曰：‘吾不與卿共議也。’毗曰：‘陛下不以臣不肖，置之左右，厠之謀議之官，安得不與臣議耶！臣所言非私也，乃社稷之慮也，安得怒臣！’帝不答，起入内；毗隨而引其裾，帝遂奮衣不還，良久乃出，曰：‘佐治（辛毗字），卿持我何太急邪？’”杜甫用此事自喻其至德二年疏救房琯觸怒肅宗事。投閣：用漢時揚雄因懼劉棻案株連而投閣事。見前《醉時歌》注。劉歆：劉棻之父。揚雄曾教劉棻作奇字，故懼受株連。此處改“棻”爲“歆”，係趁韻之故。杜甫用此事亦自喻受房琯株連貶官一事。

〔一五〕狂走：喻奔波不息。奚適：何往。謝：猶“愧對”。所欽：指“湖南親友”。欽，敬。

〔一六〕藜不糝：用藜做羹而無米粒。藜：野菜。糝（sǎn）：米粒。語出《莊子·讓王》：“孔子窮於陳蔡之間，七日不火食，藜羹不糝。”自喻安於貧困。汝：指上句之“所欽”。琛：寶玉。用晉馬岌贊宋纖語，但含諷刺意。《晉書·宋纖傳》：“（宋纖）少有遠操，沉靖不與世交，……酒泉太守馬岌，高尚之士也，具威儀，鳴鐃鼓，造焉。纖高樓重閣，距而不見。岌……銘詩於石壁曰：‘丹崖百丈，青壁萬尋。奇木蓊鬱，蔚若鄧林。其人如玉，維國之琛。’”兩句喻彼此苦樂各不相謀。

〔一七〕烏几：用烏羊皮蒙覆的小桌。重重縛：因日久損壞而一再綑扎。鶉衣：敝衣。鶉鳥尾禿，似敝衣短結，故稱。《荀子·大略》：“衣若縣鶉。”寸寸針：滿衣補丁。

〔一八〕庾信：見前《春日憶李白》注。自言憂國傷時與庾信作《哀江南賦》的心情相同。陳琳：漢末建安七子之一，善作章表。《三國志·魏書·陳琳傳》注引《典略》云：“琳作諸書及檄，草成，呈太祖。

太祖先苦頭風，是日疾發，臥讀琳所作，翕然而起曰：‘此愈我病’。”句意謂生平未嘗如陳琳之草擬書檄。

〔一九〕十暑：十年。岷山：喻蜀地。葛：麻布，指麻布服，夏日所服。杜甫自乾元二年（七五九）入蜀，至大曆三年（七六八）出峽，在蜀度過十個夏天，故十度衣葛。三霜：三年。楚户：指楚地。《史記·項羽本紀》：“楚雖三户，亡秦必楚也。”杜甫自大曆三年出峽，至此在楚已三度秋季，三聞楚户搗衣之聲。

〔二〇〕叨陪：忝陪。自謙之詞。錦帳：錦製幕帳。王洙云：“郎官有錦帳。”此句言自己曾被任命爲尚書工部員外郎。放：放歌。一説放作“仿”解，仿古之意，亦可通。《白頭吟》：漢樂府《楚調曲》名。此處僅借曲名自喻長期作詩嘆老傷貧。

〔二一〕反樸：語本《老子·反樸篇》：“復歸於樸。”又《梁書·明山賓傳》：“此言足使還淳反樸，激薄停澆矣。”時難遇：言世俗澆薄，難以還淳反樸。忘機：棄去營謀機巧之心，指將貴賤榮辱置之度外。陸沉：語本《莊子·則陽篇》：“方且與世違，而心不屑與之俱，是陸沉者也。”郭象注曰：“人中隱者，譬無水而沉也。”兩句自嘆清時難遇，隱逸似陸沉，不諧世俗。

〔二二〕數粒食：計算米粒而炊。上“過”，言較數粒而食猶且過之。喻生活極窮困。張華《鷦鷯賦》：“巢林不過一枝，每食不過數粒。”四知金：《後漢書·楊震傳》：“王密爲昌邑令，謁見。至夜，懷金十斤以遺震。震曰：‘故人知君，君不知故人，何也？’密曰：‘暮夜無知者。’震曰：‘天知，神知，我知，子知，何謂無知！’密愧而出。”句意謂即有所得，皆光明正大，無不義之財。

〔二三〕封：猶“增”。源花：指桃花源，即陶淵明《桃花源記》所寫之避世之處。兩句言北歸不能，見春草徒增思鄉之恨；欲在湖南覓避世之處，亦難如願。

〔二四〕轉蓬:見前《贈李白》注。悄悄:心憂貌。語出《詩·邶風·柏舟》:"憂心悄悄。"行藥:本指服藥後漫行散步,以宣導藥氣。此指服藥。涔涔:猶"岑岑"。《漢書·外戚傳上》:"(淳于)衍取附子并合大醫大丸以飲皇后。有頃曰:'我頭岑岑也,藥中得無有毒?'"顏師古注:"岑岑,痹悶之意。"此處喻服藥無效。

〔二五〕瘞(yì):埋葬。夭:年幼而亡。潘岳《西征賦》:"夭赤子於新安,坎路側而瘞之。"係悼念其夭亡之子。杜甫旅湘時亦有小女夭亡,故云"追潘岳"。持危:扶持敧危。《論語·季氏篇》:"危而不持,顛而不扶。"鄧林:指手杖。《山海經·海外北經》:"夸父與日逐走,入日。渴欲得飲,飲於河渭,河渭不足,北飲大澤。未至,道渴而死。棄其杖,化爲鄧林。"句意言步履艱難,故須尋覓拐杖,以扶持病體。

〔二六〕蹉跎:失足顛躓,謂拙於趨時,所歷人生道路,備極坎坷。學步:語出《莊子·秋水篇》:"獨不聞夫壽陵餘子之學行於邯鄲與?未得國能,又失其故行矣,直匍匐而歸耳!"此係慨詞,言歷盡坎坷,反欲學時人之行徑,寧不可笑。意實謂不願隨俗而趨。知音:指湖南親友。

〔二七〕假:借重。蘇、張:戰國時縱橫家蘇秦、張儀,均以舌辯著稱。喻湖南親友。鐔(tán):劍環,又稱劍鼻、劍口或劍首。周、宋鐔:語出《莊子·說劍篇》:"天子之劍,以燕谿、石城爲鋒,齊、岱爲鍔,晉、魏爲脊,周、宋爲鐔,韓、魏爲夾。"周、宋鐔,喻其重要,以劍喻人,則形容才具卓越。兩句謂多承湖南親友獎譽己之才能。

〔二八〕納流:容納細流。浩汗:水深廣貌。峻址:增高基址。嶔崟(qīn yín):山高崇貌。言水能容納細流則深廣,山能增加基址則巍峨。兩句猶《史記·李斯列傳》"太山不讓土壤,故能成其大;河海不擇細流,故能就其深"意。與《留別湖南幕府親友》中"大府才能會"句同意。但王嗣奭則謂係對幕府諸人不能一一拜訪,且有不敢高攀意。

其《杜臆》云：“納流，言廣而難遍；峻址，言高而難攀。”址，一本作
“趾”。

〔二九〕城府：指潭州長沙郡都督府。清旭：晨曦。筠：竹。潯：水
邊。兩句贊美湖南幕府景物之幽美。

〔三〇〕披顔：開顔。倩倩：笑容美好貌。《詩·衛風·碩人》：“巧笑
倩兮，美目盼兮。”言幕府親友喜顔相迎。逸足：駿馬。駸駸（qīn）：奔馳
貌。喻幕府中親友皆才能出衆。朱鶴齡云：“披顔，逸足，言歸往者多。”

〔三一〕朗鑒：明察。存：存問、慰勞。愚直：杜甫自謙之詞。兩句
言幕府親友待己之厚，己實衷心感激，皇天后土，可鑒此心。

〔三二〕公孫：即公孫述，見前《閣夜》注。恃險：依靠天險而割據。
喻當時藩鎮跋扈，如永泰元年（七六五）崔旰殺郭英，據成都；大曆四
年（七六九）楊子琳殺夔州別駕張忠，據夔州。侯景：南朝梁叛將。未
生擒：《南史·侯景傳》：慕容紹宗追侯景，“（侯景）晝夜兼行，追軍不
敢逼。使謂紹宗曰：‘景若就禽，公復何用？’紹宗乃縱之。”杜甫借此
事喻臧玠殺崔瓘後，三州刺史合兵進討，楊子琳受賂而還事。

〔三三〕闊：久絶。北斗：指長安。深：猶“烈”。言戰禍延及京城。

〔三四〕千里井：《蘇氏演義》卷下引《金陵記》：“江南計吏，止於傳
舍間，及將就路，以馬殘草瀉於井中，而謂己無再過之期。不久，復由
此，飲，遂爲昔時莖刺喉死。後人戒之曰：‘千里井，不瀉莖！’”此以
“千里井”喻人世之險惡。問俗：語本《禮記·曲禮上》：“入竟（境）而
問禁，入國而問俗。”箴：砭闕，規戒缺點。古代有一種寓規誡的文體
稱“箴”。《左傳·襄公四年》：“昔周辛甲之爲太史也，命百官，官箴王
闕。”句意謂行至各處均詢問當地宜謹慎之事，以免觸犯忌諱。

〔三五〕軍聲：金鼓殺伐之聲。據新舊《唐書》載，大曆四年冬十一
月，吐蕃攻靈州，馮崇道、朱濟時叛於廣南，湘、蜀亂事頻仍，河北亦不
寧静，自安、史之亂起，干戈至今未息。

〔三六〕葛洪:見前《贈李白》注。尸解:道家術語,即死亡。《後漢書·王和平傳》注:“尸解者,言將登仙,假託爲尸以解化也。”葛洪尸解,見《晉中興書》卷七:“葛洪止羅浮山中煉丹。……洪已亡,時年八十一,視其貌如平生,體亦軟弱,舉尸入棺,其輕如空衣,時咸以爲尸解得仙。”此句以葛洪自比,言病不見愈,必將死去。許靖:三國蜀人,曾攜親族輾轉避亂。《三國志·蜀書》本傳:董卓秉政,“靖懼誅,奔仲(豫州刺史孔仲)。仲卒,依揚州刺史陳禕。禕死,吳郡都尉許貢、會稽太守王朗素與靖有舊,故往保焉。……孫策東渡江,皆走交州以避其難,靖身坐岸邊,先載附從,疏親悉發,乃從後去,當時見者莫不嘆息。”此以許靖之奔走避亂自比。言年老多病,已倦於漂流,故云“力難任”。

〔三七〕家事:與“國事”、“王事”相對,即私人之事。丹砂訣:煉丹服食之法。涕作霖:淚淋如雨。以上四句,仇兆鰲云:“叙窮途無聊之況,……結語蓋待濟於諸公矣。”